外務省条約局編

復刻版

外地法制誌（第六部）　第一巻

［関東州租借地と南満洲鉄道附属地（中編）］

龍溪書舎

昭和四十三年三月

関東州租借地と南満洲鉄道附属地 中編

（「外地法制誌」第六部）

条約局法規課

「復刻」にあたって

浅野豊美

『外地法制誌』シリーズは、戦後日本の対アジア外交展開のための基礎資料として、昭和30年から44年にかけて外務省条約局により編纂された。植民地化から全統治期間を通じて制定された重要な法令が網羅されて納められ、また、外地法制度が確立されるに至るまでの帝国議会での審議録や、外地法制度の基本的な構造についての戦後の外務省による解説も付されている。更に、文生書院から小林勇之助氏の手で復刻された際には、当事者への聞き取りをふまえたと考えられる極めて詳しい解説まで施されている。しかしながら、『満洲法制誌』として編纂された15編中、現在までに復刻されたのは、13編だけで、『関東洲租借地と南満洲鉄道付属地（第6部）』においては、前編が復刻されているのみで、中・後編は、「内容の性質上、対外的に問題となる箇所があるため、あくまでも部内資料として公開並びに公刊」されてこなかった。

今回、情報公開法が施行され、国家機関で作成された組織的に用いられる行政資料は、すべて公開されることが原則となった。長く、秘蔵され部内参考資料とされてきた『関東洲租借地と南満洲鉄道付属地（第6部）』の中編と後編も、ついに公開され、ここに出版が可能となった。何がこの資料を世に出さしめることをためらわせたのか、戦後アジア外交の展開と、戦前の植民地統治との複雑な連関について、さまざまな想念をかき立てずには置かせない。あえて、文生書院のシリーズとは別に復刻する所以である。

昭和四十三年三月

関東州租借地と南満洲鉄道附属地　中編

（「外地法制誌」第六部）

条約局法規課

序

この度、「外地法制誌」第六部・関東州租借地と南満洲鉄道附属地・中編を刊行することとした。
なお、本調書は、元法規課事務官故中村洸氏の労作による貴重なものであるが、執筆当時と現在とでは国際情勢が大きく異なり、現在の情勢下では、公表は望ましくない記述が散見されることもあり、公表は控え関係各位の執務参考として部内資料とすることとした。

昭和六十三年二月

条約局

西田法規課長

邦暦・満洲国暦・中国暦及び西暦対照

邦　暦	満洲国暦	中国暦	西　暦	邦　暦	中国暦	西　暦
昭和 20	康徳 12	民国 34	1945	昭和 元 大正 15	民国 15	1926
〃 19	〃 11	〃 33	1944	〃 14	〃 14	1925
〃 18	〃 10	〃 32	1943	〃 13	〃 13	1924
〃 17	〃 9	〃 31	1942	〃 12	〃 12	1923
〃 16	〃 8	〃 30	1941	〃 11	〃 11	1922
〃 15	〃 7	〃 29	1940	〃 10	〃 10	1921
〃 14	〃 6	〃 28	1939	〃 9	〃 9	1920
〃 13	〃 5	〃 27	1938	〃 8	〃 8	1919
〃 12	〃 4	〃 26	1937	〃 7	〃 7	1918
〃 11	〃 3	〃 25	1936	〃 6	〃 6	1917
〃 10	〃 2	〃 24	1935	〃 5	〃 5	1916
〃 9	〃 元 大同 3	〃 23	1934	〃 4	〃 4	1915
〃 8	〃 2	〃 22	1933	〃 3	〃 3	1914
〃 7	〃 元	〃 21	1932	〃 2	〃 2	1913
〃 6		〃 20	1931	〃 元 明治 45	〃 元 宣統 4	1912
〃 5		〃 19	1930	〃 44	〃 3	1911
〃 4		〃 18	1929	〃 43	〃 2	1910
〃 3		〃 17	1928	〃 42	〃 元 光緒 35	1909
〃 2		〃 16	1927	〃 41	〃 34	1908

邦　暦	中国暦	西　暦	邦　暦	中国暦	西　暦
明治　40	光緒　33	1907	明治　20	光緒　13	1887
〃　39	〃　32	1906	〃　19	〃　12	1886
〃　38	〃　31	1905	〃　18	〃　11	1885
〃　37	〃　30	1904	〃　17	〃　10	1884
〃　36	〃　29	1903	〃　16	〃　9	1883
〃　35	〃　28	1902	〃　15	〃　8	1882
〃　34	〃　27	1901	〃　14	〃　7	1881
〃　33	〃　26	1900	〃　13	〃　6	1880
〃　32	〃　25	1899	〃　12	〃　5	1879
〃　31	〃　24	1898	〃　11	〃　4	1878
〃　30	〃　23	1897	〃　10	〃　3	1877
〃　29	〃　22	1896	〃　9	〃　2	1876
〃　28	〃　21	1895	〃　8	〃　元	1875
〃　27	〃　20	1894	〃　7	同治　13	1874
〃　26	〃　19	1893	〃　6	〃　12	1873
〃　25	〃　18	1892	〃　5	〃　11	1872
〃　24	〃　17	1891	〃　4	〃　10	1871
〃　23	〃　16	1890	〃　3	〃　9	1870
〃　22	〃　15	1889	〃　2	〃　8	1869
〃　21	〃　14	1888	〃　元 慶応　4	〃　7	1868

関東州租借地と南満洲鉄道附属地　中編

目次

第一章　警察・軍事

第一章　警察・軍事

第一節　警察組織

一　軍政時代　わが国が満洲の地に警察行政を布いたのは明治三十七年五月満洲軍政委員の制によって軍政を施行したことに始まる。すなわち、日露戦争において第三軍又は遼東守備軍の隷下に属する関東州全地域を旅順、大連、金州の三区に分け、各区に軍政署を置き、清国の事情に通ずる陸軍将校を選抜して軍政委員とし、これに軍政署長の職をもって管下の安寧秩序を維持するに必要な行政を執行させた。なお軍政署長の警察事務の執行については陸軍将校たる憲兵長及び下士官兵たる憲兵を配してこれに当らせ、もっぱら治安維持に任ぜしめた。これが憲兵警察制度と称されたものである。

明治三十八年五月「占領地民政署ノ職員ニ関スル件」（勅令第百五十六号）の公布によって各軍政署は閉鎖され、大連に満洲軍総兵站監の隷下に属する関東州民政署が設置された。しかして、民政署に警務部を設け、旅順、金州民政支署を、柳樹屯、普蘭店及び貔子窩に金州民政支署の出張所を置き、警視をもって民政部警務部長又は民政支署長に充て、これに若干の警部を配し、他はすべて戦線にあつた陸軍下士官兵のうち警察に経験のある者から選抜採用した二百名の巡査及び従前の軍政署巡補（清国人の巡査補）をそのまま民政署並びに同支署に配属し、新たに助長行政をも兼ねた警察行政を執行することとなつた。

この機構はもとより満洲軍総兵站監隷下の軍政系統に属するが、その要員は全部文官をもって組織されたので、従来に比してその形態は著しく軍政機関たるの色彩を減ずるにいたつたのである。

同年十月三十一日、軍政機関たる関東総督府の設置とともに、関東州民政署は満洲軍総司令部の隷下から脱して、同総督府に転属することとなつた。

二　関東都督府時代

イ　関東州の警察行政機関　明治三十九年八月関東都督府官制（勅令第百九十六号）が公布され、九月一日から実施となつたが、これに伴い関東総督の隷下に属する軍政を廃し、関東州を統轄するため大連に都督府民政部を設置し、その分課として警務課を置き、大連、旅順及び金州に民政署を設け、貔子窩及び普蘭店に在る元金州民政支署の二出張所を金州民政署の支署とした。しかして民政署長並びに同支署長は助長行政事務とともに警察行政事務を兼掌し、所属警察官吏をして警察行政と伴せて助長行政の事務を処理せしめた。

ロ　満鉄附属地の警察機関　関東都督は関東州のほか満鉄線路の保護及び取締の事務を管掌することとなつたので、これらの事務を分掌せしめるため、明治三十九年九月関東都督府令第二十二号をもつて満鉄附属地に警務署及び警務支署を置くこととし、同年十月奉天、公主嶺及び大石橋に警務署を置き、翌年十一月更に遼陽及び鉄嶺に奉天警務署の支署を設け、警務署長に警視を、警務支署長に警部を充て、警部以下の警察職員を配置し、従来の関東総督隷下の軍政署、守備隊及び領事館から事務引継をうけて、満鉄附属地の保護取締の任に当らせることとした。これが満鉄附属地における警察官署の始まりである。

関東都督府令第二十二号
南満洲ニ於ケル鉄道線路ノ保護及取締ノ事務ヲ分掌セシムル為南満洲鉄道附属地ニ警務署及支署ヲ置ク其ノ名称、位置及管轄区域ハ別ニ之ヲ定ム
明治三十九年九月一日　関東都督男爵大島義昌

関東都督府告示第二十二号

警務署ノ名称及位置左ノ通定ム

明治三十九年十月二十三日　関東都督男爵大島義昌

警務署名称及位置

名称	位置	名称	位置
大石橋警務署	大石橋	公主嶺警務署	公主嶺
奉天警務署	奉天		

八　領事館警察との統合制　南満洲の各地には関東都督府管下たる満鉄附属地にある警務署のほか、別にわが治外法権に基づく日本国領事館所属の警察官が駐在して、満鉄附属地外に在留する邦人の保護取締に任じていた。しかしてこの両警察は互に管轄が接壌し、その職責上密接な関係を有するが、法域を異にするため別箇の保護取締をなす奇観を呈し、ためにしばしば両者の間に摩擦を生じて行政の齟齬をきたし、これがまた、清国に対する関係において措置の機敏と交渉の円滑を害するおそれもあつた。ここにおいて南満洲におけるわが国施政の統一をはかり、併せて各機関の連絡を円滑ならしめるため、明治四十一年一月、関東都督府官制の一部を改正（勅令第二号）して、満鉄附属地に接壌する日本国領事館在勤の領事官に関東都督府事務官を兼任せしめると同時に同年勅令第五号「在南満洲帝国領事館附警察官ニ関スル件」により、関東都督府警察官に外務省警察官を兼ねしめ、これを領事館警察署に配属して警察事務を執行させた。これによつて両者の連絡は予期のとおり好成績を収め、一系統下に協力一致の活動を見ることができるようになつた。なお前記明治四十一年一月の都督府官制改正で、警察中央機関の長は警視総長（勅任）に改められた。

二　憲兵との統合制　当時警察官と憲兵はともに関東都督の隷下にあつて、同じく治安維持に任じたが、本来主管事務を異にする関係上、兎角活動の統一を欠き、かつ特殊の地域にあるその管内においては、是非とも警憲を統一して執務の敏活をはかる必要が痛感されたので、大正六年七月関東都督府官制を改正（勅令第八十二号）して警視総長を廃し、民制部の一分課であつた警務課を警務部に昇格するとともに南満洲駐箚の憲兵の長たる将校を警務総長に任命し、また憲兵将校には警視、軍曹以上の憲兵下士官には警部、伍長には警部補をそれぞれ兼任せしめて警憲を統合し、事務の連絡と進捗を図つた。

三　関東庁時代

イ　警憲統合制の撤廃　警憲の統合制は予想に反して成績挙がらず、一方世論は文治行政を要望していたので、朝鮮、台湾における武官総督制撤廃と同時に関東都督制も改められることとなり、大正八年四月勅令第九十四号により新たに関東庁官制が公布された。これによつて文官たる関東長官の下に、従来の武官をもつて警察首脳とする制度も廃止されるにいたつた。すなわち、わが国の満洲施政以来初めて純然たる文官系統機構による警察制度が実現したのである。

ロ　警務局の新設　関東庁官制により関東庁に長官々房、民政部及び外事部が設置され、民政部は行政機構の中枢をなしたが、大正十年六月勅令第二百四十七号による関東庁官制中改正において民政部は廃止され、新たに内務局及び警務局が設置された。しかして従来民政部に属した警察及び衛生の事務は警務局において分掌することとなつた。警務局には勅任官たる局長の下に警務、高等警察、保安、衛生の四課が設けられ、各課には事務官たる課長を置いて警察中央機関としての事務総括に任ぜしめた。

ハ　関東州における警察機関の独立　従来関東州には民政署を置いて諸般の政務を一括掌理せしめたが、本来助長行政と警察行政とを区別せず一機関に併せ掌理させる制度は、すでに施政以来文化の向上、諸般の進展を見るにいたつてからは不利不便を感ずるものがあるので、ここに民政署及び同支署から警察及び衛生の事務を分離し、独立機関たる警務署及び同支署を設置してこれを掌理せしめることとした（大正十年六月勅令第二百四十七号による関東庁官制第十四条ノ二)。その後大正十三年十二月に警務署は警察署に、警務支署は警察支署とそれぞれ改称された(勅令第四百三十九号)。

四　関東局時代

イ　警察機構の改正

昭和六年九月十八日満洲事変の勃発以来、支那軍警と在来の匪賊が合流して満洲各地に跳梁跋扈し、事変前において満鉄沿線を中心に蠢動する匪賊は約三万と推定されていたが、事変後は頭目五百、匪賊十五万を超える大激増となり、管下の治安は危機に頻した。因て管内及び接壌地の治安を確立するため昭和六年十二月、同七年三月及び七月の前後にわたり、警視三、警部二四、翻訳生四、警部補四一、巡査一二五〇、巡捕一〇〇〇、合計二三二二名の大増員を断行し、かつ警備上の枢要地点である范家屯、蘇家屯及び鳳凰城に警察署を新設した結果、満鉄本線、満洲国有鉄道沿線の治安はやや好転を見るにいたつた。しかして翌昭和七年三月には満洲国の建国を見、満洲は全く画期的新情勢を現出するにいたつたのである。

昭和九年十二月二十六日勅令第三百四十八号関東局官制の公布はこの新情勢に応ずべく実現されたものであつて、警察関係については新たに駐満全権大使の統理の下に設置された関東局に警務部を、また同局の下部機構として関東州の行政に当るべき関東州庁に警察部を設置し、関東局警務部長は関東州及び満鉄附属地にわたる警察事務を掌理し、管内治安維持の任に当ることとなつた。なお関東局警務部長の任用については、同年勅令第三百七十八号をもつて、関東憲兵隊の司令官たる陸軍将官は、文官任用令に規定する資格がなくても関東局警務部長に特に兼任することができるものと規定された。しかして関東局警務部長は警察及び衛生の事務の執行に関し、大使及び関東局総長の命をうけ、警視、警部、警部補、巡査及び消防手を指揮監督するが、関東州においては大使の特に命ずる場合に限ることとした。

関東憲兵隊は日露戦役後直に本部を旅順に置き、分隊を鉄道沿線の各地に駐屯せしめたが、昭和七年六月その本部を関東憲兵隊司令部と改称して司令部を奉天に、憲兵隊本部を奉天、熱河、新京、ハルピン及びチチハルの各地に、その所属分隊を各枢要の地に置いて軍事警察事務を分掌せしめた。さきに旅順に設置された関東軍司令部が昭和六年九月十八日の満洲事変突発と同時に奉天に移転し、更に翌七年十月に新京に移るとともに関東憲兵隊司令部も新京に移転した。

なお領事館管内は既述のように領事官に関東庁（局）事務官を兼任せしめるとともに、関東庁（局）警察官に外務省警察官を兼ねさせてこれを領事館警察署に配属し、身分、進退及び領事館警察費は関東庁（局）において管掌負担するが、警察事務の執行に関しては外務省警察として駐満大使館警務部において指揮統制した。すなわち満洲事変後関東軍の分散配置を機として、その配置期間はもち論撤収後における満洲国内の治安を維持し将来邦人の保護を確立せしめるため、関東局及び外務省警察官の配置を変更し、軍の治安維持工作に協力することは治安回復を促進するゆえんであるとし、昭和八年七月当時の在満三長官（関東軍司令官、関東長官、満洲国駐箚特命全権大使）の申合せによって、同年八月以降関東庁は南満洲のみならず熱河地方の領事館区域の警備をも担任したのである。この配置変更協定の実施に伴う関東庁兼任警察官の進出により、領事館警察署職員が激増したので、その統制のため駐満大使館に警務部を設置し、警務部長には関東憲兵隊司令官を嘱託し、警務部長は駐満全権大使の命をうけて警務部の事務を統轄することとなつたのである。

在満警察機構の整備に伴い、新たに関東庁警務局に警備課が新設された。これは出没常なく治安を攪乱する匪賊の被害を未然に防止し進んでこれが鎮圧招撫に専念するために設けられた機関である。

関東庁（局）警察管内は以上のような経緯もあつて、地域的に関東州、満鉄附属地及び領事館管内の三に及ぶこととなつた。昭和十一年末現在における各管内の警察官署は関東州に八警察署と一消防署、満鉄附属地に十七警察署、領事館管内に十二警察署（別記）と十三警察分署が置かれ、その職員は五千名に達した。

関東庁（局）警察官の三長官申合せに基づく昭和八年八月二十五日（第一次）及び同年九月十五日（第二次）の管内以外への派遣は六百六十一名に及び、外務省警察官に代つて奥地在住内鮮人の保護取締に当ることとなつたのである。両者担当の領事館管轄区域を示せば次のとおりである。

所属区別	配置区域	
兼任警察官（関東庁）	奉天総領事館管内	新京総領事館管内
	安東領事館管内	営口領事館管内
	鄭家屯領事館管内	錦州領事館管内
	赤峰領事館管内	承徳領事館管内
専任警察官（外務省）	間島総領事館管内	吉林総領事館管内
	哈爾浜総領事館管内	斉々哈爾総領事館管内
	満洲里領事館管内	

なお在満三長官の申合せ（昭和八年七月）の要領は次のとおり、

一　兼任外務省警察官たる関東庁警察官は従来の如く独り満鉄附属地近接地区に限らず、南満洲及び熱河地方一帯にも分布配置し、治安上の警察務に当らしむること

二　外務省警察官はその配置の重点を満洲北部及び間島地方に置き、現在南満洲及び熱河地方に在る外務省警察官は前記兼任警察官と交代せしむること

三　右両者の配置境界はおおむね白頭山―盤石―陶頼昭―扶餘―索倫―索岳爾済山を連ねた線とすること

地域別関東局警察職員配置状況　昭和十年

地域	警察署	警視	属	警部	通訳生	技手	警部補	巡査	巡捕	嘱託	雇員	計
関	旅順	一		一	一	二	五	一四〇	四九		二	二〇一
	大連	一		七	二	四	一三	二九四	九八	四		四二三

東州内	水上	一		二	一	二	四	七二	三九	一	二	一二四
	小崗子	一		一	一		五	一一六	四二	二		一六八
	沙河口	一		一			五	一一九	四九	二		一七七
	金州			一	一		三	五六	三五		二	九八
	普蘭店			一			三	七五	四〇	二		一二一
	貔子窩			二			四	一二四	五三	一		一八四
	消防			一							一	
	計	五		一七	六	八	四二	九九六	四〇五	一二	六	一四九七
南満洲鉄道附属	新京	一	一	六	二	一	一〇	二三八	八〇	二	二	三四三
	范家屯			一			二	四四	一九	一	一	六八
	公主嶺			一	一		四	八五	三二		一	一二四
	四平街	一		一	一		四	九五	三八		一	一四一
	開原			一	一		四	一〇三	三八		一	一四八
	鉄嶺	一		一	一		三	七七	三二		二	一一七
	奉天	一	一	七	二	二	九	二七一	七九	三	三	三七八
	撫順	一	一	一	一	一	五	一四〇	五八		一	二〇九
	蘇家屯			一			三	五四	二二	一	一	八二
	本溪湖	一		一	一		四	一〇一	三二		一	一四一
	鳳凰城			一			四	八八	二八	一	一	一二三
	安東	一	一	四	二	一	七	一七二	六二	二	二	二五四
	遼陽	一		一	一		四	七八	三八	一	一	一二五
	鞍山	一		一	一	一	五	一一四	四六	一	二	一七二
	大石橋			一			四	六五	三二	一	一	一〇四
	営口	一		二	一		四	七四	二九		三	一一四

地	瓦房店			一	一		四	六五	三三		一	一〇五
	計	一〇	四	三二	一六	六	八〇	一、八六四	六九八	一三	二五	二、七四八
領事館警察	新京（総）			二			三	五八	二〇	一		八四
	奉天（総）			三	一		五	一六五	五一			二二五
	安東						三	七二	二六			一〇一
	営口						一	二八	一四			四三
	錦州			一			四	六六	一七			八八
	赤峰			一				一一	一			一三
	承徳			一			三	四三	七			五四
	鄭家屯			二			二	四五	一一			六〇
	計			一〇	一		二一	四八八	一四七	一		六六八
合計		一五	四	五九	二三	一四	一四三	三、三四八	一、二五〇	二六	三一	四、九一三

備考　右配置実員に対する定員は警視一七、警部八五、属及び通訳生三三、技手二一、警部補一六七、巡査三、三五〇、巡捕一、二五〇、嘱託三三、雇員四三、計五、〇〇五人である。その後増員の結果昭和十二年の定員は合計五、一六四人となつた。増員内訳は警部二、技手二、警部補三、巡査一〇二、巡捕四九、雇員一計一五九名である。

ロ　満洲国におけるわが治外法権の撤廃と満鉄附属地行政権の満洲国への移譲　満洲国が着々と完成国家の建設に精進し、法治国としての態容を整うにいたつたので、昭和十二年十一月五日、日本国は満洲国政府との間に同国において享有するわが治外法権の撤廃並びに満鉄附属地行政権の移譲ないし調整に関する条約を締結し、同年十二月一日を期してこれを実施した。これによつて過去三十有余年間わが満洲施政に多大の歴史を残した関東局警察は画期的改編を見るにいたり、関東州外に勤務の警察職員三千六百余名は挙げて満洲国政府に移管され、関東局の警察はわずかに関東州管内のみに縮小された。この結果関東局警務部を廃して、司政部の中に警務課を置き、関東州庁警察部を警務、高等警察、保安、刑事、防空、衛生の六課に分けた。その後昭和十四年七月における機構の改革により、関東局の司政部警務課を司政部行政課に統合し、他方関東州庁警察部には同年九月外事警察課を新設し、更に同十六年一月、経済警察課を新設、同年六月高等警察課を情報課に、防空課を警防課にそれぞれ改組した。

関東局司政部長は大使及び関東局総長の命をうけて部務を掌理し、部下の官吏を指揮監督し、関東州庁警察部長は警察及び衛生の事務執行に関し、州庁長官の命をうけ、警視、警部、警部補、巡査及び消防手を指揮監督する。なお、管下警察署は旅順、大連大広場、大連小崗子、大連沙河口、大連甘井子、大連水上、金州、普蘭店、貔子窩の九となつた。

第二節　警察官

一　任用　関東局警察の管轄区域は満洲国内に介在し、したがつてその住民は満支人が大半を占め、このほか露国人その他の外国人があり、また地理的関係上往時から朝鮮人の在留するものが多い。そのため警察事務にあつてもその執行の万全を期するには是非とも同人種の職員採用を必要とし、巡捕と称する特別職制を設けたほか管内自体の特異性から一般と趣を異にするところが多かつたのである。
関東警察の特異性にかんがみ、警察官は身体強壮で士気旺盛な者を採用することを主眼としているため、職員の約八割以上は軍隊既教育者をもつて占められていた。

次に階級別によりその任用の大要を示すと、
イ　巡捕　巡捕は巡査の補助をなすもので雇員であるが、巡捕を分けて巡捕、巡捕長、巡査補の三とする。巡捕は満人又は朝鮮人から採用し、巡捕長は満人巡捕中勤務成績優秀で、かつ多年勤続する者から選抜する。巡査補は内地人、朝鮮人から採用するが、その内地人の数はきわめて少ない。巡捕の採用は原則として試験をもつて選抜し、これを乙科生として警察官練習所に入所させ、通常一か月間必要な学術科の教育を施して後、各警察署に配置するが、時には各署が現地において採用して直ちに実務に就かせることもある。しかしこの変則的採用は特殊任務に服させるもののみであつた。

ロ　巡査　厳密な学術試験の上、身体検査、身元調査を行なつて採用するが、広く人材を得るため、現地のほか内地の各地に試験官を派遣し、試験を行なつて採用するのを常とし、採用の初任巡査はこれを甲科生とし、警察官練習所において三か月間教育の上、各警察署に配属した。巡査は内地人及び朝鮮人の中から採用するが、朝鮮人は少数にすぎなかつた。

巡査部長は巡査部長採用試験に合格した者及び警察官練習所高等科修了者から昇進させることを通則とした。

ハ　警部・警部補　警部及び警部補は一般文官有資格者から任用して差支えないが、関東局では警察官練習所高等科修了者を任用することを原則とし、考試々験のみに依る合格者の任用は情勢上已むを得ない場合に限つていた。

ニ　警視　警視は警部中手腕成績優秀な者の中から抜擢することを本則としていたが、高等文官試験合格者からの任命もまた少なくはなかつた。

二　教養

イ　教養機関　明治三十八年六月関東州民政署が設置され、これに警務部を設けて初めて文官警察署を任用する制度に改められたが、応急策として幹部を内地及び台湾から任用した以外は、戦線に在つた陸軍下士官兵で、警察事務に経験ある者二百名を巡査に採用し、直ちにこれを実務に就かせた。しかし関東州における施政の進捗に伴い警察事務もまた多岐煩雑となり、警察官の素質の向上と人員補充のため広く一般から試験をもつて採用し教養すべき必要を生じた。それで同年十二月十七日関東州民政署巡査教習所規程を制定し、即日大連に巡査教習所を新設し、同月内地において採用した初任巡査百五十名を入所せしめて教習を開始した。教育期間は一か月である。次いで明治三十九年関東都督府官制の公布に伴い、関東都督府巡査教習所と改称し、翌四十年六月旅順に移転した。

明治四十一年四月関東都督府警察官吏教習所規定（都督府訓令第四十三号）を制定してその教科を巡査教習生と巡査訓練生の二に分け、教習期間を前者三か月、後者六か月とし、訓練生には特に高等の学術科を授け、幹部教育の制度を開いた。これは後の高等科生の起源である。明治四十三年二関東都督府警察官練習所規程（都督府訓令第七号）を制定して教科を甲科、乙科、別科に分け、旧規程における巡査訓練生を甲科生、巡査教習生を乙科生とし、更に特殊技能者の養成を目的とする別科生を附加し、その後も数次の改正を行なつたが、昭和五年九月関東庁警察官練習所規則をもつてその教科を高等科、甲科、乙科、別科の四分科に改め、高等科は監督者の養成、甲科は初任巡査の教育、乙科は巡捕の教養、別科は特殊の技術あるいは学術科の教習を施すことを目的とした。昭和九年十二月関東局官制実施に伴い、名称を関東局警察官練習所と改めた。

ロ　**巡捕の教養**　巡捕の教養に関しては当初その採用及び教養をもつぱら警察署長に委任し、明治三十九年五月の巡捕採用及教習規程（関東州民政署訓令第十四号）を襲用し、教習期間を一か月以上として警察大意、職務上必要な法令、例規、服務心得等の教習を行なつて実務に服させたが、巡捕の素質向上を図るため大正十二年十一月関東庁巡捕採用及教習規程（関東庁令第七十六号）を制定し、更に昭和二年十月これを関東庁巡捕採用規則（関東庁令第五十八号）に改め、同時にその教習の統制を図るため関東庁警察官練習所規則を改正して新たに巡捕科を設け、一律にこれに入所させて須要の教習を施すこととした。

当初巡捕は形式実質ともに単なる巡査の補助をなすものとして、その職務の範囲は厳に巡査と区別され、甚だしきは単に通訳としてのみ職務執行を認められた時代もあつたが、次代に巡査で語学に通ずる者が多くなるにつれ、その通訳の必要度も少なくなり、他面警察事務の繁激化にしたがい、これを警察事務に関与せしめる需要の度を増した。これは管内に満支人、朝鮮人の居住が多く、その間における警察事務の円滑かつ有効な執行を期するにはこれら巡捕の利用にまつことが大であるからである。それで通常一か月の教養期間に法律知識及び警察実務を教授了得させることは風俗人情を異にする彼らには困難なことで、殊に厳格な日本独特の警察精神を吹き込むことは至難事であつた。巡捕教習の学術科並びに単位時数は訓育(七)、書類作成(一〇)、服務法(二八)、点検及び操練(三四)、警察法(二八)、射撃(一〇)、日本語(一二)で教養期間延長の必要が認められていた。

ハ　幹部教養　高等科生の前身たる巡査訓練生の制度を設けた明治四十一年の関東都督府警察官吏教習所規程(訓令四三号)はたゞ単に幹部を養成する目的に止まり、これを幹部にさせるには一に文官任用令によらなければならない不合理不備があつた。ここにおいて訓練生教育修了者を特別任用学術試験に合格したものとみなし、これに警部、警部補の資格を与えるため、同四十三年三月勅令第百十号をもつて初めて関東都督府に警部補の階級が設けられ、同時に関東都督府警部警部補任用令(勅令第百八十一号)が公布され、更にこれに基づき同年四月一日関東都督府警部警部補特別任用考試規程(関東都督府令第七号)を制定し、関東都督府巡査で満三か年以上勤続し、精勤証書を有し、かつ警察官練習所甲科(後の高等科)の課程を修了した者は学術試験に合格したものとみなし、実務成績のみを考査して考試合格証書を附与する便法を講じてきた。

ニ　一般教養　現職一般警察官の教養については明治四十三年一月警察官吏講習規程(関東都督府訓令第四号)に依り各警察署において職務上必要な法令その他の学術科を講習することとなつていた。本規程に基づき各署においては講習日程を作成し、監督者その他職員の指導の下に毎日出勤後一時間、内外勤務者を問わず一堂に集め、職務上必要な法規又は語学を研究し、あるいは時々試問をもつて諸法規並びに常識の習得を促し、また点検操練を行なつて心身の錬磨につとめた。このほか明治三十九年八月巡査訓授規程(関東州民政署訓令第二十五号)に依り、時ある毎に訓授を試み精神の修養と実務の指導を行なうほか、既述の監督者の養成、特殊技能学術の教養につとめた。

満洲のごとき特殊地域にあつては警察職員の外国語会話の能否は、ひいて職務の執行に影響するところが大きいので、各署において署員勤務のかたわら会話の学習をなさしめるとともに、その奨励の一策として明治四十一年四月関東都督府巡査巡捕通訳兼掌試験規程(都督府訓令第四十五号)を発し、これに合格した巡査、巡捕に通訳兼掌を命じて同時に特別の手当を支給した。この規程に基づき巡査には支那語、英語、露語及び朝鮮語、巡捕には日本語の試験を毎年一回施行して勧奨の手段とした。また幹部たる警部、警部補に対しては大正十四年七月関東庁所属官庁職員支那語奨励規程(関東庁令第三十五号)により執行する判任官以下一般職員に対する奨励試験に参加させ、合格者には特別手当を支給することとした。

第三節　保安警察

一　概説　日露戦争の結果、関東州及び満鉄附属地がわが施政下に置かれて以来、幾多の障害を排して警察行政の確立を期し、特に保安行政の整備に努力してきたが、諸般の警察事務遂行上風習を異にする満洲人その他の外国人の事情を考慮する必要があり、殊に取締法規の制定実施にも幾多困難な事情が介在した。すなわち内地人及び少数の外国人は久しく法治国民としての訓練を経て法規に理解を有する関係上、諸種の取締法規の適用にさほどの困難を感じないが、居住民の大部分を占める満洲人は内地人とその習慣を異にし、文化の程度低く、利己的性質強く、公徳心に乏しく、かつ多年の弊政の結果情実生活に慣れ、法規に対する理解なく、内地のように各般の取締事項についてこれを遵守せしめることは困難であつた。しかも満洲は昭和六年の事変直前まで排日的色彩濃厚な張学良政権の支配下にあつたため、在留邦人の発展とわが特殊権益擁護の必要上特に邦人保護の政策を加味せねばならない実情にあつた。したがつて取締法規の制定に当つてもむしろその内容を抽象的概括的に、つとめて弾力性あるものに規定し、その効果はこれを実際の運用にまつことを得策とし、漸進的にこれを整備する方針を採つた。しかるに満洲事変を契機として情勢は一変し、ここに旧来の取締方針を修正せねばならないこととなつた。すなわち満洲国成立以来日満軍警の必死的治安工作により、社会の秩序は著しく安定し、かつ産業並びに文化の発達に伴つて邦人の指導下にある民衆の思想も著しく向上し、権利義務の観念が急激に普及した。また日満議定書その他の日満条約によつて両国は一体不可分の関係となり、日系官吏が満洲国諸政の指導に当つて楽土建設の理想に邁進するに及び、ここに日満一体の具現化が高唱されるにいたり、邦人に対する特別の権益擁護の必要は解消し、日満民家の平等化が促進されることとなつたので、旧来の方針をもってしてはこの新時代の趨勢に適合することができなくなつた。それのみでなく事変以来邦人の激増と諸産業の飛躍的発達の結果、とうてい従来の不完全な法規では警察目的を達成することが困難となつたので、このような社会情勢の変化に順応するため著々諸法規の整備につとめつつあつた。更に治外法権撤廃、満鉄附属地行政権の調整ないし移譲等が実現されたので、ここに満洲国側と協調して法規の改廃整備に邁進するとともに、一層警察官吏の訓練を行ない危害の防止、公序良俗の保持に万全を期しつつあつたのである。

二　諸営業取締　明治三十八年九月に初めて邦人の自由渡航が許されてから居住者は相次いで到り、各種営業もまた急に興隆したが、当時取締規則として制定されたものはわずかに人力車営業取締規則（明治三十九年七月関東州民政署令第二十五号）、理髪営業者取締規則（明治三十九年七月関東州民政署令第二十四号）、藝妓酌婦及雇婦女取締規則（明治三十八年十月関東州民政署令第二号）、料理店飲食店宿屋下宿屋貸席待合茶屋引手茶屋営業取締規則（明治三十八年十月関東州民政署令第四号）等数件にすぎず、各営業者とも取締の寛大なるに乗じややもすれば公安風俗を害するようなものもあるので、関東都督府においては開庁当初からその改正の必要を認め、明治三十九年十月関東都督府令第二十七号をもつて新たに営業取締規則を制定し、許可を要すべき営業を甲種及び乙種の二種とし、甲種は関東都督、乙種は民政署長において許可することとし、甲種には新聞雑誌の発行等主なもの十一種を、乙種には甲種以外の警察取締に属する営業五十余種を取り入れた。民政署長は公安風俗又は衛生上必要ありと認めたときは警察官吏を営業場所に臨検せしめ、販賣又は営業に供する飲食器具その他の物品で危害を生ずる虞ありと認めた場合にはその製造、販賣、授受あるいは使用を禁止し又は物品の廢棄を命じ、その他必要な処分をなすことができるものとした。また営業者で公安風俗を無視し又は衛生上危険を及ぼすべき行為があると認めるときは、その営業を停止し又は許可を取消すことができる旨を定めた。また同規則第三条には営業に関し取締上必要な事項を命ずることあるべき旨規定し、許可官庁に広範な自由裁量の余地を与え、必要な命令を発して取締規則の不備を補うこととした。しかるに同規則は都督府が施政当初の急に応ずる目的をもって諸般の営業を集成し、一律にこれを取締るために制定したもので、規定の内容が概括的で、性質を異にする各種の営業を取締る上において幾多の不利不便があるのみでなく、社会事情の推移に伴い住民の生業はますます複雑となり、商工業の發展も顕著となるにしたがい、営業者に対する警察権の及ぶべき限界を定める必要を認め、以後必要に応じて諸種の単行取締法規を制定した。また大正十五年九月関東庁第四十二号をもつて前記の営業取締規則を改正し、営業種目を甲種十四種、乙種三十余種に改め、その罰則は五十円以下の罰金又は拘留科料であつたものを単に拘留科料に改め、なお営業者は営業に関し、従業者のなした行為についてその責に任ずる旨を規定し、すなわち擬制責任を設け、刑法総則第八条の特別法たらしめる等漸次改廢整備を期したが、更に昭和六年六月関東庁令第二十号をもつて規則の一部を改正し、橇運送業舞踏場の経営並びに舞踏手(ダンサー)を取締営業に加え、同時に従来許可を要した営業所の変更を業態により、その必要のないものに対しては届出主義に改め、なお法定代理人処罰に関する規定を設ける等時潮にしたがつてきた。昭和十五年六月賣薬部外品取締規則(関東局令第四十三号)を制定したので、この営業種目を営業取締規則から除外した。

警察取締に属する営業

年次	関東州	満鉄附属地	計
明治三十九年	四、五八〇	三、三八六	七、九六六
昭和十五年	六五、八一五	〈未調査〉	六五、八一五

三　工場及び原動機取締　満洲事変後の産業文化の著しい発展に伴い、諸種の企業興隆に邦人の工場はますます増加するにいたつた。これらの工場中には各種化学工場、鉄工場、圧縮ガス製造、製氷、油脂製造、砿油精製等の危険又は大規模の工場が少なくないが、これらの工場に対しては危険予防の見地から原動機取締規則（大正三年五月関東都督府令第十号）、危険物取締規則（昭和八年五月関東庁令第十五号）、銃砲火薬類取締規則（大正十三年一月関東庁令第四号）及び前記の営業取締規則により部分的にのみ取締つてきたにすぎないので、危険又は大規模な工場も設立が自由で、地域の制限もなく、その設備の不完全なものも多く、そのために火災爆発等をひき起し、災害発生の事例も少なくなかつた。それで昭和九年三月関東庁令第十五号をもつて工場取締規則を制定し、甲種工場と乙種工場とに分け、甲種工場にあつては関東州庁長官、乙種工場にあつては所轄警察署長に願い出て許可を受けさせることとして取締の徹底を期した。昭和十年末における工場数は関東州八百十二、満鉄附属地八百二十一であつた。

四　銃砲火薬類取締　銃砲火薬類は大正四年三月関東都督府令第六号関東州銃砲火薬類取締規則によつて取締つてきたが、同規則は法文が簡単で取締上に不便があつたので、大正十三年一月関東庁令第四号をもつて新たに銃砲火薬類取締規則を公布し、同年四月一日からこれを施行した。右規則はその後数次の改正を経てきたが、その建前は管内の特殊事情を考慮の上、なるべく内地の法令と歩調を一にすることとしたので、したがつて、銃砲火薬類取締法その他内地の取締法令を参酌するところが多かつた。

このほか港湾における銃砲火薬類の取締に関しては船舶取締規則（大正六年十月関東都督府令第三十三号）第十

一条、旅順港取締規則第三十条ないし第三十四条、大連港規則第三十一条ないし第三十六条等があり、また郵便物として運送する場合に関しては日満郵便規則第二条及び第三条、大正十二年関東庁告示第二十二号等がある。更に大正五年三月には関東都督府令第十号をもつて、銃砲火薬類、阿片、モルヒネ及びコカイン等についての警察処分に依る没収規定を設けるなどしてその取締の万全を期した。

関東局管内は満洲国と密接な地理的関係を有し、銃砲火薬類の同国内に輸入されることは直接同国の治安に重大なる影響を与えるのみならず、匪賊又は不良分子が銃砲火薬類を入手することに依てわが管内に侵入し、良民に危害を加える虞があり、殊に満洲事変の突発に伴う治安の分乱に乗じ、巧妙な手段方法をもつて、馬賊の徒に多数の銃砲を密賣して巨利を得んとする徒輩さえ生ずるにいたり、また関東州内居住者で、旅行又は勤務のため護身用として拳銃その他の銃器を携帯し、満洲国あるいは北中支方面に入国する者が頻繁をきわめるにいたり、これらの者の中に正規の手続きを経ず銃器を他に譲り渡さんとする者もあるので、その取締については、常に周到な注意を払い、いやしくも不正行為をなす者があるときは厳重な処分をもつてこれに臨んだ。

火薬類の中には塩素酸塩類、過塩素酸塩類、硝石、硝酸ソーダ及び硫黄等に可燃物質を数種混和したのみで容易に製造できるものがあつて、事変発生以来前記火薬類に硫酸を用いる手段により、多数の謀略的放火行為が敢行され、多大の損害を被つているのみでなく、北支方面における治安の確立するに及び、敗残兵匪は火薬類の現地入手が困難となつたため、管内不良分子と通謀して火薬原料を山東方面に密輸出し、これを反満抗日軍に供給する者あり、しかもその授受が比較的容易で、完全な取締りが困難なので、その輸出入、販賣及び授受をすべて許可制とするため昭和十五年三月火薬類原料取締規則(局令第十三号)及び同施行心得を公布するとともに沿岸における港湾の警戒及び管内取扱業者に対する視察取締を一層厳にした。

五　危険物取締　危険物取締については昭和四年通牒をもつて、警察署長に灯油、揮発油、エーテル等の貯蔵、詰替に関し、営業臨検の際併せて取締方を指示したが、このような方法では取締の完壁を期しがたいので、昭和八年五月関東庁令第十五号をもつて危険物取締規則を制定公布し、重要危険物品四十二種類につき貯蔵、運搬、詰替その他の取扱基準を定め、かつ大量貯蔵品には責任ある取扱主任者を置かせることとしたが、昭和十五年五月関東局令第四十号をもつて同規則の適用外にある硝酸ソーダを第一類危険物に編入し、かつ第一類危険物については、収納容器の事変下における入手が困難なことと、他面その貯蔵、運搬等に危険のないことを認めたので、容器を堅牢な布袋又は紙製袋となすことに改正した。

六　特殊婦女取締　日露戦役後各種営業者とともに芸妓酌婦等いわゆる特殊営業を目的として渡航した婦女の数は甚だ多く、実に邦人渡航者の半数を占めるの現象を呈するにいたり、一般邦人の善良な風俗を害する虞れがあつたので、明治三十八年十月関東州民政署令第二号をもつて芸妓酌婦及雇婦女取締規則を制定分布し、また同月、料理店飲食店宿屋下宿屋貸席待合茶屋引手茶屋営業取締規則（関東州民政署令第四号）、同年十二月娼妓取締規則（関東州民政署令第十一号）及び貸座敷取締規則（関東州民政署令第十二号）を定めて公娼を認め、大連市内に遊廓地域を指定し、市中に散在する料理店営業者も漸次遊廓地に集中させる方針を採り、その後関東都督府時代にいたつてもおおむね右の方針を踏襲し、明治四十四年末にいたつて大連市内における料理店の廓内移転を了し、やや市内の風紀を改めることができた。その他の各地においても遊廓の設置、料理店営業の許可については相当の制限を加え、また邦人婦女子に対しては対外関係を考慮して娼妓稼業を認めず、たゞ芸妓、酌婦の公娼的行為を黙認したが、これら婦女の外出の際における服装に注意を加え、かつはりみせを禁じた。他面これら特殊婦女の保護指導につとめ、大正十五年九月抱主と稼業者間における契約標準を定めて許否決定条件とし、更に昭和五年九月幼年者保護の主旨により規則の一部を改正し、最低年令の制限を規定した。

その後大連、旅順及び満鉄附属地の主要都市にカフェー、バー等の経営が増加し、これらに対し特殊の取締を必要とするにいたつたので、昭和六年六月カフェー、バー並女給取締標準（警務局長通牒）を定め、これに依つて適当な制限を加え、また主要都市に興隆した舞踏熱に対しては一般風教上の関係を考慮し、当初は絶対不許可の方針で進んだが、時代の趨勢にかんがみ、昭和六年六月舞踏場並舞踏手取締標準（警務局長通牒）を定めて一般的禁止の方針を解除するとともに、営業取締規則を改正し、舞踏場経営を甲種営業に、舞踏手を乙種営業に編入して厳重取締を加えてきた。

満支人の特殊婦女は、関東州においては娼妓取締規則に依り娼妓として許可し、満鉄附属地においては営業取締規則に依りこれを俳優として許可したが、その業態は大同小異で、しかも娼妓に対しては居住外出の制限、健康診断の強制等、俳優に比して特別厳格な取締をしてきた。しかしこの差別については全く実益がないので満支人の風俗習慣をも考慮して関東州においても希望により俳優として許可することとし、昭和七年四月以来これを実施した。昭和十二年十二月満鉄附属地行政権移譲により、関東州内において娼妓として取締を受けるものは旅順のみとなり、他は俳優として取締を受けた。なお満支人間には従来から婦女の賣買はほとんど公然と行なわれ、慣習として久しきにわたつて放任されていたが、わが施政下ではこの通弊打破につとめるとともに警察取締も徹底したため、漸次その弊風は除かれつつあつた。

七　射倖行為取締　射倖行為は支那人上下一般の嗜好するところで、古来賭博、富籤類の各地に流行したことは広く知られるところであるが、満洲においてもすでに軍政時代から彩票発行を出願する者があり、関東州民政署は民情に応じ適当な制限を加え、かたわらこれに依つて軍用手票を回収する目的で、明治三十八年十月大連市内在住支那人二名を指定して彩票発行を許可した。しかしそのため在留邦人の一般射倖心を誘致し、軽佻浮薄の風を増し、遊堕心を助長するの弊を生ずる傾向があつたので、大正四年三月訓令に基づき全くその発行を禁じ、一方同年三月関東都督府令第七号をもつて射倖行為取締規則を制定して懸賞又は富籤類似その他射倖の方法を提供して物品の販賣その他行為又は取次をなすには警察署の許可を要することとし、違反者は三月以下の懲役又は百円以下の罰金若しくは拘留又は科料に処することとした。また景品附賣出に関しては明治四十年取締標準（関民警通牒）を定め、景品の最高価格は取引金額の二十倍を超過することを禁ずる原則をもつてした。

競馬は産馬改良、馬事思想普及のため効果がある反面、そのため射倖心を助長することも大であるが、従来その取締については何らの規定もなく、射倖行為取締規則に準じ一定の条件を附して各地に開催されてきた。大正十二年七月勅令第三百四十号をもつて「関東州ニ於ケル競馬ニ関スル件」が公布されて競馬法（大正十一年法律第十七号）に依ることとなり、同勅令施行規則（大正十二年八月関東庁令第三十八号）を制定し、社団法人大連競馬倶楽部に許可を与え、大正十三年六月一日から例年競馬会を開催せしめた。しかし旅順及び金州の競馬は右勅令に依らないものとして射倖行為取締規則を適用し、警察署長において許可してきたのであるが、昭和十三年五月勅令第三百七十四号をもつて関東州競馬令が公布され、前記大連、旅順及び金州の三競馬団体を解消し、新たに関東州競馬会を成立せしめ、これに競馬を開催させることとなつたので、従来のいわゆる警察競馬はその跡を断つにいたつた。

満洲事変直後大連その他の地域において天津、上海方面の例にならい、相当大規模な競犬場その他満支人の射倖心を刺激するに足る娯楽場の経営をもくろむ形勢が強まつた。これらの設置に関しては地域の特殊的事情を考慮し、昭和七年中期以後所轄警察署長において大連、普蘭店等に遊戯場としてこれを許可したが、当時賭博をなすとの世評があり、かつ在住邦人の良俗を乱す虞れもあつたので、昭和七年末日限りこれら遊戯場の経営を廢止させた。

八　興行取締　由来満支人の観劇を好むことは内地人の比でなく、一時的あるいは野芝居小屋によるものが多数ある。これら満支人間には風教衛生上の観念乏しく、一方邦人経営のものにも設備不完全のものがあつたが、その取締については単に営業取締規則に準拠し、所轄警察署長において適当の取締をなすにすぎなかつた。大正十一年七月関東庁令第五十七号をもつて興行及興行場取締規則を公布し、演劇の脚本、演画フイルム及びその説明書は当局の検閲を経ずして上演を禁じ、興行場の建設についても位置又は建築の方式に一定の条件を具備せしめて取締の徹底を期した。しかして昭和十二年十一月一日満洲国においては映画の輸入及び配給を統制するとともに、映画の製作に関する事業を経営するための満洲映画協会を設立したので、関東局においても満洲国に協力し、管内における映画の配給については満洲映画協会に当らせることとした。

演芸の取締についても軍機その他弊害ありと認められるものがあるので、昭和十四年二月からこれらの演芸の説明書も必要によつては検閲できるよう取締規則の改正を行なつた。

昭和十年末における興行場数は関東州二十二、満鉄附属地二十九であつた。

九　交通取締　満支人は大部分交通道徳の認識を欠き、ために生ずる事故は非常に多かつた。交通事故防止のためには自転車取締規則（大正九年三月関東庁令第六号）、自動車取締規則（大正九年四月関東庁令第二十三号）、道路取締規則（大正十一年十月関東庁令第七十三号）、乗用馬車取締規則（大正十二年九月関東庁令第四十八号）、荷車取締規則（大正十三年六月関東庁令第三十号）、人力車営業取締規則（昭和二年十二月関東庁令第六十六号）等を制定して鋭意その取締に当るとともに、あるいは自動車取締規則の改正を行ない、自動車運転手試験内規（大正十五年八月六日）を制定して厳密に運転手の技倆を審査し、また交通取締標準を定めて交通取締専務員を配置し、あるいは営業者間における組合の設置、車体の改善、交通宣伝ポスターの配布、特別交通取締デーの設定等を実行せしめ、つとめて交通従事員の訓練、車馬及び歩行者の指導、訓練、整理に意を用いた結果、次第に好成績を挙げ得るようになつた。

満洲における産業の生命線とも云うべき鉄道の保護警戒には特に意を用い、沿線各駅の所在地には必ず警察官吏派出所を設置し、軍の守備隊とも緊密に連絡を保つて鉄道並びに停車場の警戒に当つた。なお満洲事変発生後は匪賊の横行甚だしく、停車場並びに列車の襲撃、列車内の乗客、乗務員に対する加害等重大事件が相次いで起つたので、昭和六年末列車警乗制を設けて、以後各主要列車に警察官を警乗しせて乗客の安全を図つた結果、満洲国内の秩序回復と相まつて、鉄道沿線の被害もほとんど見るにいたらなくなつた。また、関東州内においては支那事変勃発以来軍関係その他による貨物が急激に混雑し、時局柄鉄道警戒の重要度を加えるにいたつたので、鉄道沿線又は停車場の警戒には警察官派出所を駅所在地に置くとともに、旅大地区警備隊及び憲兵隊と緊密な連絡を保持するほか、昭和十二年十二月から列車警乗制を制定実施した。この結果列車事故は漸減し、たまたま発生してもきわめて軽微なもので、旅行者には直接不安危懼の念を抱かしめることなく、接壌満洲国の治安確立とともに州内における鉄道交通は完全の域に達するにいたつた。

十　建築取締　明治三十八年四月遼東守備軍令達第十一号をもつて大連市家屋建築取締仮規則を公布し、当時の永久的建築物に対する建築取締の大綱を定めたが、大正八年六月大連市建築規則（関東庁令第十七号）を公布して前記仮規則を廢止し、各地における制限街路に面するものの制限その他衛生、耐火、美観及び保安上等の制限をなし、建築物はすべて石造、煉瓦造若しくは鉄筋コンクリート造とし、商業地区における建築物の高さは二階以上とした。また同規則において建築主任技術者の制度を設け、建築物の設計はすべて同規則に基づき学術技能の検定を経た主任技術者の設計であることを要すと限定し、毎年一回大連において主任技術者の検定試験を施行した。

大連以外の旅順その他主要市街地については昭和三年三月関東庁令第五号をもつて旅順市並金州普蘭店貔子窩及城子疃市街地建築規則を公布施行して取締まつた。

昭和一三年二月勅令第九十二号をもつて関東州州計画令が公布され、同十五年六月関東局令第四十八号をもつて同年七月一日から施行することとなつて、大連市建築規則中にこれに抵触すべき幾多の規程についてはその調整のため改正を加えた。

なお満鉄附属地については警察諸取締規則により各別に制限を附して取締り、一面満鉄会社において主要道路に面する建物に対して制限を附し、また工場地域を指定していた。

十一　消防　施政当初関東州民政署所定の規定によつて大連及び旅順に消防組を設置したが、その指揮監督の必要上明治四十二年九月消防組規則（関東都督府令第十一号）を定め、民政署長は必要と認める区域内に消防組を設置せしめ、組員を専務員、非専務員に分けて警察官吏指揮の下に火炎の警戒防禦に当らせた。

大正十年六月関東庁令四十一号をもつて消防組規則を改正して消防組設置の権能を関東長官に属せしめ、更に大正十二年九月新たに大連市小崗子に消防組を設置した。次いで大正十三年六月消防組規則（関東庁令第二十八号）を制定して消防組は官設の消防組及び公共のために火災の警戒防禦に従事する団体的特別消防組の二と定めた。官設消防組は関東長官がその設置区域及び定員を定め、組員の全部又は一部を専務員となすことができる。特別消防組の設置は関東長官の認可を受けることを要し、その消防組の挙動が公安を害する虞ありと認めるときは長官はこれに解散を命ずることができる。警察署長は消防組を指揮監督し、官設消防組の組員の命免及び懲戒を行ない、特別消防組の組織者にその組員に対する懲戒を行なわせることができるものとした。昭和九年十二月の在満行政機構改革とともに上記関東長官の権限は関東州庁長官に転属した。

官設消防組は最初旅順、大連、金州に各一組存在し、大連消防組の下には更に子崗子、沙河口に各分屯所があつたが、大連市の異常な膨脹発展に伴い出火度数もにわかに増加したので、従来の組織では組員の十分な訓練と活動が不可能となり、ここに完全独立の消防機関の必要を認め、昭和五年一月官制に基づく大連全市を管轄する大連消防署を新設し、従来の小崗市及び沙河口分屯所を消防署出張所に改め、大連消防組及び特別消防組をその指揮監督下に置き、初めて大連市における消防機関の統一革新と強化を見るにいたつた。

特別消防組は昭和十年末現在四十五で、満鉄会社及び関東州内の公共団体の施設にかかるものである。殊に満鉄附属地の消防施設はおおむね満鉄会社がこれを担当した。満鉄会社施設の消防機関は消防隊、消防組及び駆付消防の三種で、消防隊は満鉄附属地主要都市に在つて常時警防の任に当り、消防組は召集によつて随時警防の任に当るもので、その組織はおおむね官設消防組と同様であつた。駆付消防は設置区域内の居住者が出勤して随時警防の任に当るものである。

十二　警防団　昭和十二年十二月勅令第七百二十八号をもつて関東州防空令が公布され、警察、消防の両当局は新たに国民防空の執行機関として法令又は関東州防空計画に基づき幾多の責任を負荷されるにいたつた。次いで昭和十四年五月関東局令第五十五号をもつて警防団規則の公布を見、従来自衛的に任意に結成されていた防護団、保甲団、壮丁団及び法令に基づく消防団の各団体を改組統合し、新たに警察の一元的指揮統制に服する警防団が設置された。警防団の任務は防空、水火消防その他の警防に従事するにあたつて、警察部長又は警察署長の指揮に従い行動するもので、団員の任免及び訓練はともに関東州庁長官及び警察署長の権限に属し、その設置は関東州庁長官の職権又は市長、会長の申請により長官がこれを許可するものである。しかしてその所要経費は市又は会の負担とされていた。

第四節　司法警察

一　犯罪の傾向　犯罪も始政以来各都市の発達及び人口の増加に比例して逐年増加の傾向を示し、特に満洲事変発生以来犯罪件数が急激に増加してきた。大正七年及び八年の犯罪件数がその前後に比較してにわかに増加したのは第一次欧州大戦の影響と見られ、また昭和八、九年特に激増したのは満洲事変以来わが国民の対満関心が次第に高まり無責任に流布された満洲景気にあこがれ、一握千金を夢想して漫然渡満する者著増し、しかもこれらの中で一定の職が得られず、浮浪の群に陥つて生活に窮し、ついに犯罪を敢行するにいたつた者のある結果と思われる。支那事変発生とともに一時犯罪は減少したが、再び漸増の傾向を示し、関東州内のみで十年前の二倍に激増し、またその犯罪手段も社会の発達、人智の向上に伴いますます複雑功妙となつたのみでなく、満洲国における交通機関の発達により犯跡をくらます術もますます巧妙となり、捜査の範囲はいよいよ拡大され、司法警察職員の負担は従前に比して倍加された。昭和十五年中における犯罪発生件数一一、八五六件中、首位を占めるものは窃盗の一〇、〇三〇件で総数の八四パーセントに当り詐欺、横領がこれに次いでいる。

次に各種犯罪中増加の著しいものは賭博及び窃盗犯で、支那事変前の昭和十年に比して賭博犯一〇六パーセント、窃盗犯五二パーセントの増加であつた。

顧みて関東都督府以来刑事警察の特色とも云うべきものは匪賊及び強盗の被害事件であるが、始政当初制度のまだ確立しないころに比べれば、その数も次第に減少してきた。大正十二年に関東州内においてやや異常な数字を現出したのはいわゆる貔子窩馬賊跳梁の結果であつて、これもわずか一年で常態に復した。満洲事変発生後においては一時約二十五万と称された満洲における匪賊が、統制ある大集団を組織して満鉄附属地内に殺到し、放火、殺害、略取、通信交通機関の爆破、妨害等兇暴な限りなき犯罪を敢行したため、犯罪件数は始政以来空前の数字に達し、刑事警察の非常時を現出したのであるが、治安回復とともに漸次正常化してきたのである。

二　犯罪の検挙　居住民の大部分は言語、風俗、人情、習慣等を異にする満洲人であり、犯罪者の大部分もまたこれら満洲人であるため、犯罪検挙には非常な困難がある。すなわち言語不通のため捜査及び取調には満人警察官が不可欠であるが、これが往々犯人の検挙及び取調に遺憾の点があつた。また満鉄附属地においては一歩わが管内を出れば法域を異にする満洲国の領土であるため、わが管内において犯行後同国内に逃送し又は同国内において犯行後わが管内に潜入する等、犯人は互に両地域を往来してその所在をくらますのを常としていた。このような困難を克服して犯人を検挙しても満鉄附属地においては支那人及び満洲人に対して裁判権を有しないため、これを支那側に引渡してその処罰を求めなければならず、しかるに張学良政権当時においては当方から送致した犯人は、たとい犯罪の証拠が明白であつても種々な因縁情実により又は金品を収受して事件をあいまいに附し、厳格な審理を行なわずして釈放した事例権挙にいとまのないほどであつた。また仮にこれを処罰しても監獄の経費不足その他種々の口実を設けて収容後いくばくもなくして放還することも珍しくなく、ほとんど刑政の目的を達しなかつたのである。また犯人の捜査逮捕について当方から手配しても誠意をもつて共助しないのみならず、甚だしきにいたつては警察官が犯人と通謀してこれを隠匿逃走せしめた例も数多あつて検挙の実を挙げることはできなかつた。しかるに満洲国成立以来はこのような弊害も漸次改められ、捜査に当つては共助の精神をもつてし、引渡犯人の処罰もほぼ満足できる程度に改善された。殊に昭和九年四月からはわが警察官の作成した訊問調書、聴取書又は検証調書等を裁判の証拠資料として採用し、公平な裁判を行なうにいたつた。

昭和十二年十二月満鉄附属地行政権移譲とこれに伴う関東局警察官の多数転出を見たので、従前の弊は一掃された。関東州における犯人検挙率は昭和十三年には八二パーセント、同十四年には八四パーセント、同十五年には七四パーセントを示した。昭和十五年中における検挙状況をみると総計三、一九〇名で内男子は三、〇八九名総数の九六パーセントに当り、国籍別においては満支人が七七パーセントを占め首位となつている。被害関係においては被害者一〇、一九二名中日本人六、〇六六名で総計の五八パーセント、満支人四、〇八〇名四〇パーセントに当る。なお、関東州内における満支人は日本人の約六倍の人口を有することを思えば被害率の相違は生活程度の差異に基づくものと認められる。

三　犯罪即決及び拘留、科料処分　管内における即決処分は内地における違警罪即決処分とその精神を同じくし、明治四十年関東都督府令第二十五号拘留科料処分規則に依り拘留科料のみにかかる事件は即決を行なつてきたが、関東州は内地と事情を異にするのみでなく、満鉄附属地とも著しく事情を異にするものがあるので、自ら区別する必要があり、関東州については大正八年六月勅令第二百七十四号で公布の関東州犯罪即決例をもつてすることとなつた。

関東州犯罪即決例はその後の官制改正に伴い大正十年、同十四年及び昭和九年に一部の改正が加えられた。犯罪即決は裁判の正式を用いず被告人の陳述をきき証拠を取調べ直ちにその言渡をなすもので、その権限は警察署長に属し、その管轄区域内における（一）拘留又は科料の刑にかかるべき罪（二）三月以下の懲役又は百円以下の罰金若しくは科料の刑に処すべき賭博の罪及び拘留又は科料の刑に処すべき刑法第二百八条の罪（三）三月以下の懲役、禁錮若しくは拘留又は百円以下の罰金若しくは科料に処すべき行政法規違反の罪を即決することができる。

右二及び三において特に「処すべき」とし、一の「かかるべき」と区別したのは本令の特色である。当該警察署長は懲役又は禁錮の言渡を受けた被告人に対し、刑事訴訟法中勾留状に関する規定を準用して勾留状を発することができる。

即決の言渡を受けた者でこの即決に不服あるときは、所定の期間内に地方法院に対し正式裁判の申立をなすことができ、この点については内地の違警罪即決とほとんど異なるところがない。昭和十五年中における即決件数は総計一万五千七百六十五件であつた。

拘留科料処分規則は前述のように大正八年六月以降は満鉄附属地のみに施行され関東庁令第二十号で改正、その第一条によつて警察署長又はその代理たる官吏は、その管轄内において拘留、科料に該当する所為のあつた者に対してこの処分を行なうのである。処分の言渡を受けた者はその言渡の日又は言渡書謄本の送達があつた日から三日以内に、その言渡をなした官署を経由して都督（後には関東長及、駐満全権大使）に不服の申立をなすことができる。都督はその申立を理由なしと認めるときはこれを却下し、理由ありと認めるときはその処分を取消し又はその変更の言渡をなすのである。この処分は純然たる行政処分であつて、正式裁判を仰ぐことのできない点において内地の違警罪即決例並びに関東州犯罪即決例とその趣を異にしていた。なお満鉄附属地における刑事事件にかかる裁判権は、所轄日本国領事官に属する。

第五節　警備警察

一　概説　警備警察は関東局警察の一特色で、満洲事変前においても常に匪賊を対象としてこれを行なつた。したがつて同局においては常に警察の装備を充実するほか、警察官の教養にも特別の注意を払い、警察組織内につとめて多くの在郷軍人を採用して武装を完全にし、かつその演練にも力を用いて形而上下ともに内地の警察に比して武力的警察の名実を兼備し、満洲事変に際して在留邦人の保護及び治安の維持に至大の貢献をなしたのである。

昭和八年日本が国際連盟を脱退していわゆる一九三五、一九三六年（昭和十、十一年）の非常時突破を目標とした際、満洲における対内外の情勢は、内は赤系分子、反満抗日分子その他匪賊の検挙、鎮圧を当面の先決問題とし、外は有事の際を予想して軍の作戦に最も重大な関係を有する同局管内の治安と、軍需資源施設等の確保及び防衛上に警察機関を運用することの要望切実なものがあつて、警備警察の負担する責任と範囲とはいよいよ重大となり、昭和九年十二月二十六日在満行政機構改革に伴い特に警備課なる分課を新設して、もつぱら警備に関する諸般の警察事務を管掌せしめるにいたつたのであるが、北満鉄道譲渡後においてもなお共産主義的謀略に余念のないソ連邦の策動、反満抗日に執ような中国の暗躍等はやむところを知らず、また予想される国際的危機に対応善処すべき使令の下に、積極的に治安粛正を企図し、軍の工作き協力参加するほか、治安維治会及び防空協会等の施設を支援し、あるいは警務連絡委員会の工作に参画してその実施に任じ、また安奉鉄道沿線本溪縣附近の治安状態の急迫にかんがみ、特に積極的に軍に協力し、警察部隊を編成組織して討匪及び検挙工作を行ない、匪化地帯を掃蕩し、反満抗日分子の根拠を覆滅するにいたつたのである。

二　匪賊の概況　満洲において治安上最も厄介な存在は匪賊であつた。満洲の匪賊の起源については、清朝の中頃から満洲には至るところに金鉱、砂金があり、また漢人の貴重とする山にんじんがきわめて豊かであること等が漢人間に宣伝されるに及び、山東、河北、山西等の省民で漢人入満禁止の法網を犯して採金又は山にんじん採取のため潜入する者が続出するにいたつた。しかして清朝の隆昌時代には満洲における採金は極刑をもつて厳禁されていたが、その法網のゆるむに連れて入満した漢人は党を組み隊を編成していわゆる採金賊と化し、あるいは山にんじんを採取した。その最盛のときは清朝の咸豊、同治年代の頃で、金鉱区域にはいずれも数十、数百の不良の徒が集団し、頭目を戴き武器を備えてその鉱区を守り、これを犯すもの又は官憲に対して自ら防衛し、採金、採蔘（じん）に依つて多額の利益を得たのである。その後阿片の原料となる罌粟（けし）の栽培が流行し、採金賊に代つて山林地帯に煙匪（阿片煙密造の匪賊の意）が生息して横行するにいたつた。このほかもつぱら掠奪、人質拉致を業とする匪賊が各地を根拠として、あるいは採金匪となり、あるいは各地の小匪団が連合して大匪団となり、重要都市を襲撃し放火、掠奪、人質拉致等の匪行をなしその被害も相当大であつたのである。

支那、満洲において匪賊は立身出世の登竜門なりとの観念をもつて匪賊に身を投ずるものも多く、かの張作霖が匪賊より身を起して東三省を掌中に収め、ついには天下統一の野望を抱いて関門に入り大元帥の位に即いたごとく、風雲に乗ずれば王侯の位にも登ることができるという観念は、漢民族の普遍的思想となつていたのである。また政治の紊乱、兵乱の頻発又は社会及び経済界の悪化等はともに匪賊発生の原因結果となつて常に匪賊をつくりあげていた。しかして当時の支那及び満洲の社会実情においては匪賊と良民との識別は全く困難で、匪賊は一種の職業と化し、一般民衆は慢性となつてこれを罪悪視しないようにさえなつていたのである。

匪賊は大体思想匪及び無思想匪に大別され、思想匪は政治匪、共産匪、宗教匪等で、無思想匪は土匪、煙匪等純然たる職業匪である。

政治匪は日韓併合後、朝鮮の独立を企図する朝鮮独立革命軍及びその他が故国を離れ、満洲に入つて活動するものを主とし、また満洲事変後に発生した反満抗日を主義とする旧東北軍の残余部隊を中心として組織されたもの等であるが、一般に政治的色彩が濃厚で、地方農民中に多少の政治的欺瞞性をもつていることがその特異性である。

共産匪とは第三インターナショナル及びソ連邦を背景とする中国共産党満洲省特別委員会の指導下にあるもので、満洲武装赤色遊撃隊及び東北人民革命軍（紅軍）等である。これらは主として満洲事変以後おもむろに発生したものであるが、わずか三か年ほどの間に恐るべき勢に発展し、討伐工作の中心対象となつたのである。

宗教匪は土着農民を中心とした迷信的、伝統的方式に依つて集結したもので、満洲事変後全満が匪賊の天地と化した際、一時恐るべき勢をもつていたるところに蜂起した南北満各地の大刀会、紅槍会等はいずれもこれに属する。かの馬占山討伐又は大興安嶺の会戦等において、屢々頑強な紅槍会匪に遭遇したことがあつたが、日満軍警の不断の討伐と満洲国農村治安組織の漸進的進歩とに依つてその絶滅が見られるにいたつたのである。

三　匪害と討伐　中国革命後の政局は各地軍閥の割拠に依つて動揺騒乱常なく、ために地方軍警はその主力を防犯並びに地方治安維持に集中することが不能で、匪賊の横行は年中絶えることなく、随所に出没兇暴をたくましうするのが満洲の実情であつた。殊に昭和五、六年は財界空前の不況と銀価の暴落とによつて下層支那人の生活困難はその極に達し、ついに匪賊の群に投じたもの及び東北軍財政の窮乏に因り下級吏員に対する俸給不払の結果、官兵、巡警等で匪賊に急変するものが多かつたため、匪賊は例年に見ない横行をきわめたが、中でも昭和六年夏季（満洲事変発生直前）の高粱繁茂期においては五、六月の頃から早くも支那公安局保衛団、郷団その他銃器所持の民家を襲撃して銃器を奪取する等の重大事件が各地に頻発し、幾百の集団匪が結成してほしいままに横行するの状況を呈した。その手段方法も殺傷、放火、人質拉致、財物掠奪のほか、婦女暴行さえ敢行する者があり、きわめて悪性を帯びてきた。このような匪賊の横行に対して軍警は誠実警防に服する意思なく、甚だしきにいたつては官給武器を携帯し、正服のまま匪賊行為をなす者さえあり、また民衆を煽動して排日侮日の行動に出で、わが権益を侵害すること一再にとどまらなかつた。それのみでなく三民主義国民政権の満洲侵潤に依り、これら不良の徒の傍若無人の行動はその停止するところを知らず、昭和六年九月十八日夜の満洲事変発端となる事件の招致となつた。当時はあたかも高梁繁茂期で、集団匪賊は分散し、その被害もまた減少するを例とする時期であつたが、事件突発に因る社会の混乱と支那軍警の動揺のすきに乗じ各匪賊の頭目は分散小匪を糾合してますますその勢力を増大するにいたつた。一方日本軍のために撃滅された支那軍隊は武装のまま逃走し、またかねて機をうかがつていた官兵、公安隊、郷団等もこの機に乗じて逃走匪化し、前古未曽有の混乱状態に陥つたのである。

　事変後没落した旧東北軍閥及び南方救国団体等は、無秩序に蜂起した匪賊を漸次操縦統轄し又は表面救国義勇軍の美名に隠れて罪なき良民をそそのかし、一方大刀会、紅槍会等の邪教徒を利用して盛んに満洲国内の撹乱を策したため、匪賊のはびこりは満鉄附属地及びその接壌地において最も激烈をきわめ、昭和七年夏季南満のみでも匪賊総数約二十五万と称された。満鉄沿線における匪賊の被害は昭和七年中に満鉄附属地襲撃事件百十四件、警匪の交戦四百十回、警察官の死者二十三名、傷者四十六名の多きに達した。その他鉄道線路を爆破し、列車の襲撃を敢行する等きわめて執ように不法行動を反復したが、事変一週年前後においてはその害最高潮に達し、近接満洲国内の梨樹、懐徳、瀋陽、撫順、遼陽、海城、営口、本溪、鳳城の各縣において最も甚だしく、その他の各縣も匪害を受けないものはなく、数次の掠奪放火によつて全部落廃墟と化したものも少なくなかつた。住民は住むに家なく、食するに糧なく、着るに衣なき有様で、満鉄附属地その他各地に安住の地を求めて陸続と避難し、実に言語に絶する惨状を呈した。

　その後満洲国が建設されて各種行政施設の完成、警備に全力を注ぎ、一面日満軍警は相協力して討匪を行ない、各地の有力匪首を掃蕩した結果帰順を申出る者も続出して昭和八年度は南満匪賊の総数は約四万となり、被害も満鉄附属地襲撃九回、警匪交戦九十三回、警察官の死者四名、傷者九名に激減し、更に昭和九年八月から一斉に実施された特別治安工作と、九月初旬から開始された軍警の掃匪工作によつて賊勢逐日衰微し、昭和九年末の匪賊総数は約二万、満鉄附属地襲撃四回、警匪交戦十二回で警察官の死者一名、傷者十名にとどまつた。

その後においても引続き日満軍警の大討伐と宣撫工作の結果、治安もほゞ粛正されてきたが、わが満鉄附属地行政権移譲後においても匪賊の問題は治安上まことに重大なものであつたのである。

第六節　高等警察

一　在留者その他の取締　関東州及び満鉄附属地はわが施政以来諸般の産業開発とともに各種文化的施設も日を逐て整備し、漸次堅実な発展を遂げてきたが、その間治安を害するような言動をなす者、銃器、弾薬、麻薬類の禁制品を取扱う者あるいは利権獲得を目的とする投機的企業家の来住ないしは不法盲動せんとする者の潜入等があるので、これらに対しては厳重に査察取締を励行し、公安風俗を害する者はその軽重を考慮してまず諭示退去により目的を達し、その性行悪質なもので自省せしめる余地のない者に対しては関東州在留者取締規則（明治三十九年九月関東都督府令第八号）を適用したが、在留禁止の処分は最も慎重に取扱いつつあつた。昭和十五年中在留禁止処分に附した者は七名、諭示退去者は一六名となつていた。

二　集会結社多衆運動取締　満洲事変発生以前は、支那側は各般の事項にわたつて執拗な排日行動に出で、排日的宣伝、多衆運動等を敢行した。したがつて邦人側の集会結社として見るべきものはわずかに対支関係のものがあるにすぎなかつたが、満洲事変を契機として満洲問題、国防問題並びに北支問題あるいは治外法権撤廃問題、満鉄附属地行政権の移譲ないし調整問題等が起り、いわゆる非常時国家意識の高調に伴い、時代的産物として集会結社が相次いで出現し、取締対象は著しく複雑多岐となつたため、管内の治安警察に関しては、行政訴訟に関する規定を除くほか内地の治安警察法（明治三十三年法律第三十六号）を依用する大正十四年十一月勅令第三百十七号「関東州及南満洲鉄道附属地ノ治安警察ニ関スル件」をもつて厳重なる取締を実行した。しかし右翼団体員等の行動は往々潜行的でその取締には非常な苦心を要した。

しかるに大東亜戦争突発直後内地における言論、出版、集会、結社等臨時取締法（昭和十六年十二月法律第九七号）の公布施行に対応し、翌年一月関東州言論、集会、結社等臨時取締令（昭和十七年一月勅令第二二号）が公布施行され、戦時取締の適正と安寧秩序の保持が期せられること、なつた。

三　出版物取締

イ　沿革　満洲における邦字新聞の創始は明治三十八年五月五日大連居住の末永純一郎が遼東守備軍司令官の許可を得て同年十月二十五日遼東新報の創刊号を発行したことに始まる。次いで同四十年十一月三日満洲日日新聞、同四十一年十月十八日には満支人に対する日本の対満政策の撤底を期することを目的とした泰東日報（漢字新聞）、更に大正元年八月五日には日本の対満経営施設状況の対外宣伝を目的としたマンチュリア・デーリーニュース（英字）の発行許可があつて、報道機関はやや整備され、またこれと前後して邦文大連新聞が発行されることとなつた。しかして前記の満洲日日新聞は昭和二年十一月遼東新報を併合して満洲日報と改名した。当初はおおむね週刊又は週二回発行のものであつたが、在満邦人の増加と満支人の民度向上、文化進展に伴い発行度数も隔日となり、更に日刊に進み、朝、夕刊を発行し、その紙数も八ページないし十六ページとなるにいたつた。一方満系機関においては満洲事変後の新事態に対処すべく満洲弘報協会を設立し、報道の迅速適正と新聞通信社経営の合理化に乗出し、昭和十年八月邦字紙満洲日報は大連新聞を併合して再び満洲日日新聞と改名し、同十二年八月には漢字紙満洲報、関東報はいずれも泰東日報に合流する等全満各地にわたつて統合廃止が行なわれた。昭和十五年関東州内において発行された定期刊行物は百八十六種で、そのうち時事掲載できるものは四十二種、同年度中に発行された普通出版物は総計五百一種であつた。

ロ　取締法規　軍政時代においては出版物に関する何らの法則なく、許可に際してわずかに必要な事項を命じ、一定の制限を加える等いわゆる許可条件をもつて取締つたが、明治三十九年十二月営業取締規則により新聞雑誌の発行並びに予約出版物の発行は関東都督の許可を要することとし、同四十一年十月には内地の新聞紙法を参酌して一般に命令の条項を制定し、以来時代に適応するよう数度の改訂を経、取締の実施を具備するにいたり、かつまた保証金制度を設けて取締の実行を期した。

一方管内に輸入する出版物に対しても取締の必要を感じ、大正十四年五月関東庁令第三十一号をもつて「関東州及南満洲鉄道附属地ニ輸入若ハ移入スル出版物取締規則」を公布し、また従来単行出版物は新聞雑誌と一様に許可制度を採つてきたが、時代の動向にかんがみ、これを自由出版制度に改めることとし、大正十四年五月関東庁令第三十号をもつて普通出版物取締規則を公布した。

蓄音機レコードに関しては従来何らの取締規則もなかつたが、ソ連邦及び支那方面から輸入されるものの中には反満抗日ないし共産主義を内容とする宣伝も多いので、その取締のため昭和十年七月関東局令第四十六号をもつて蓄音機レコード取締規則を公布し、管内において製造され、あるいは管外から輸入するものに対して検閲を実施して取締を行なつた。

四　思想犯罪防遏

イ　思想犯罪防遏特別施設　関東州における思想犯罪防遏特別施設は昭和十三年十二月関東州思想犯保護観察令（勅令第七百九十三号）、関東保護観察所官制（勅令第七百九十四号）及び関東保護観察審査会官制（勅令第七百九十五号）の公布により制度化された。右諸法令は昭和十四年一月十日から実施し、同時に関係附属法令の公布施行を見た。

関東州における思想犯保護観察は関東州思想犯保護観察令において思想犯保護観察法（昭和十一年法律第二十九

号）に依ることとし、ただ法域及び地域内関係から適用の要なき保護委託費用負担についての裁判管轄及び少年法（大正十一年法律第四十二号）に関係のある条項が除外されたのみである。附属関係法令もまた大体同様で、内地の保護観察法に伴い公布された関係法令とその趣旨内容を一にするものである。

ロ　思想犯罪防遏施設機関　この施設実行機関として関東保護観察所を大連地方法院構内に置き、関東地方法院検察官長の職に在る者を輔導官に兼任し、所長として所務を統轄せしめ、これに輔導官、保護司、書記、通訳生の各職員を配置し、思想犯罪防遏施設の成果を期した。

また別に関東保護観察審査会を置き、会長一名、委員六名をもつて組織し、思想犯者を保護観察に付する要否について審議をなすの機関とした。

昭和十五年十二月現在において関東保護観察所の取扱つた事件の件数及び内容は、中国共産党系に属するものが多数あり、鋭意輔導につとめた結果保護観察に付したもののうち三十名はいずれも思想転向を誓つていた。

五　少年審判所及び少年院　都市人口の激増に伴い犯罪の虞れある少年が増加する傾向にあつたので、昭和十九年十一月関東州少年令（勅令第六百二十九号）及び関東少年院令（勅令第六百三十号）が公布され、旅順市に少年院の施設が整備されつつあつた。

第七節　経済警察

一　沿革　支那事変の長期化に対処して国防経済確立のため、各般にわたる統制諸法令が相次いで公布施行されるに及び、これら諸法令の実施を確保し、その運営を円滑ならしめる目的をもつて昭和十三年七月に創設された日本内地の経済警察制度に呼応して、関東州においても着々体制を整え、昭和十四年一月以降関東州庁警察部保安課及び各警察署保安係において経済警察に関する事項をつかさどることとし、警部以下約五十名の専任職員をこれに配置した。しかして経済警察事務の内容を、昭和十二年十二月勅令第七百二十七号「関東州ニ於ケル輸出入品等ニ関スル臨時措置ニ関スル件」において依ることを定めた昭和十二年法律第九十二号「輸出入品等ニ関スル臨時措置ニ関スル法律」に基づく経済統制諸規則違反の取締検挙、暴利取締規則違反の取締検挙及び経済情報に関する事項としたが、その後経済国策は第三国依存主義を放棄して自足自給共栄圏の建設に大転換をなし、高度かつ広域なる統制が実施されるにいたつたので、経済警察も陣容の強化拡充を必要とするにいたり、昭和十六年一月警察部に経済警察課を設置し、各警察署に経済警察係を独立せしめ陣容の整備を行なつた。

二　取締法令　関係法令は暴利行為等取締規則（昭和十五年十一月関東局令第九十九号）を初め国家総動員法（昭和十三年法律第五十五号）に基づく関東州価格統制規則（昭和十四年十二月関東局令第百五号）、関東州地代家賃統制規則（昭和十四年十二月関東局令第百十二号）、同新規則（昭和十五年十二月関東局令第百二十二号）等があり、臨時措置法（前掲昭和十二年法律第九十二号）に基づく関東州臨時原棉及棉製品統制規則（昭和十四年三月関東局令第十号）、関東州臨時鉄鋼類統制規則（昭和十四年四月関東局令第十八号）、線糸ステープルファイバー混用ニ関スル件（昭和十四年五月関東局令第四十八号）、内地製品発註統制規則（昭和十四年八月関東局令第八十一号）、関東州原皮配給統制規則（昭和十八年七月関東局令第九十五号）、関東州輸出入許可規則（昭和十五年六月関東局令第三十号）、関東州化学工業製品統制規則（昭和十五年八月関東局令第七十三号）、関東州奢侈品等輸入製造販売制限規則（昭和十五年九月関東局令第八十号）、関東州主要農産品統制規則（昭和十五年十一月関東局令第九十一号）、「関東州又ハ満洲国ニ於テ製造セラルル機械器具類発註ノ統制ニ関スル件」（昭和十五年十二月関東局令第百十三号）、関東州物品販賣制限規則（昭和十五年十二月関東局令第百二十三号）等があり、その他外国為替管理法関係法令、産金法関係法令等もあつて、殊に輸出入許可規則は従来指定物品にのみ適用されたものであるのを昭和十五年九月十七日の改正によつてあらゆる物品に対しすべて許可を要することとなり、無許可物質の輸出入については全面的取締を行なつた。特に関東州は密貿易の行なわれ易い地理的状況にあつて、その取締いかんは諸対策上きわめて重要なので特に努力を拂い取締の徹底を期した。

関東州主要農産品については従来小麦粉統制規則(昭和十四年十月関東局令第九十七号)、関東州輸出入許可規則等によつて輸出入その他の統制を行なつてきたが、円域内の経済を総合的に統制強化することが緊要となつて、満洲国において関係諸法規の改廃を行ない、農産物統制を強化することとなつたが、関東州においてもこれに協調して昭和十五年十月一日関東局令第九十一号関東州主要農産品統制規則を公布施行したので、主要農産品の輸出入、販賣、配給及びその価格等について全面的取締を行ない、その運営に遺憾なきを期した。

昭和十五年十二月三十日公布の物品販賣制限規則は従来から実施中の購入切符制に法的基礎を与え、行政の公正を期することを目的としたものであるが、その運用のいかんは一般民衆生活に及ぼす影響がきわめて甚大なので、切符制の円滑なる実施を確保し、民生の安定を図ることに努力した。

関東州における地代及び家賃の統制については昭和十四年十二月局令第百五号関東州地代家賃統制規則に基づいて取締つてきたが、同規則は一か年限り有効のものなので、昭和十五年十二月三十一日新たに局令第百二十二号関東州地代家賃統制規則を制定、同十六年一月一日施行、これに基づき地代及び家賃の高騰抑制につとめ、その運用の徹底を期した。

価格統制については昭和十四年十二月関東局令第百五号関東州価格統制規則を公布施行し、これに基づき重要物質の最高価格を制定し、低物価政策に当つたが、昭和十六年一月六日生鮮食料品その他ほとんど全般的食料品約三千余種の最高公定価格を制定し、逐次他の生活必需物質に及んだ。しかしてその取締に当つては法令の周知徹底等指導的取締につとめるとともに悪質違反の検挙に全能力を傾注し公定価格品外の暴利取締については昭和十三年十二月暴利取締規則の改正並びに昭和十五年十一月一日関東局令第九十九号暴利行為等取締規則の制定公布を見、その取締に当つてきたが、その後の経済界の情勢にかんがみ、不当条件附販賣並びに物品の買占め、賣惜みの取締を強化し、物資需給の円滑を図るとともに、不当な報酬をむさぼる者が賣買の媒介をなすことを防遏し、更に価格統制諸法令の維持励行を一層有効適切ならしめ、取締の徹底を期するため、昭和十六年九月十八日暴利行為等取締規則を改正強化し、もつて価格統制に関する諸法令の実効と相まち低物価政策の実現につとめた。

第八節　兵事事務

兵事事務は明治三十九年十二月勅令第三百十八号に依る在留者の徴兵身体検査事務を初めとし、大正四年五月勅令第七十三号の関東州及び満鉄附属地における戒厳及び徴発に関する事務、大正六年十月勅令第二百五号の関東州における軍事救護事務、大正七年十月勅令第七十八号の関東州又は満洲等に在る陸軍軍人の服役に関する事務及び大正八年十一月勅令第四百七十六号に依る一年現役兵に関する事務、その他旧六週間現役兵の取扱に関する事務等が漸次加えられるにいたつた。しかして大正十五年十月陸軍召集令及び同施行細則の改正によつて関東州及び満鉄附属地における平戦両時の召集及び簡閲点呼は、その在留地を内地における本籍地とみなし、すべて在留地において召集する関係上、関東州の民政署及び満鉄附属地の警察署の兵事事務が急激に増加したため、昭和二年度から各署に専任職員を配置して鋭意これを処理せしめることとした。次いで昭和四年十一月勅令第三百二十八号に依り、同年十二月から関東州及び満鉄附属地における資源調査事務も満鉄附属地においては各警察署の兵事事務担任者において取扱うこととなつた。越えて昭和七年七月更に新設の蘇家屯、鳳凰城及び范家屯の三警察署に専任職員を配置し、翌八年十一月勅令第三百一号によつて兵役法施行令が改正された結果、関東州内の各民政署長及び満鉄附属地の各警察署長は、在留地徴兵事務官吏として徴兵事務の一部を担任することとなり、かつ満洲事変を契機として渡満邦人の激増に伴い、在郷軍人並びに壮丁数も著しく増加し、各署における一般兵事事務は逐年繁劇を加えるにいたつた。その後更に昭和十二年十一月勅令第六百九十三号をもつて兵役法施行令の改正があり、附属地行政権移譲の同年十二月一日から施行されることとなつた。これを機会に関東州においても従前の満鉄附属地におけると同様兵事事務は警察署において取扱うこととなつた。なお附属地行政権移譲後満洲国内における一切の兵事事務は在満大使館においてつかさどることになつた。

昭和十六年二月四日法律第二号をもつて兵役法、同年三月二十九日勅令第三百二十六号をもつて兵役法施行令がそれぞれ改正され、同年十一月一日から関東州に徴兵区及び徴募区を新設し、関東州に在留する者に対してその本籍地のいかんにかかわらず在留地所在の徴募区において徴兵検査を行ない、かつ現役兵又は補充兵に徴集される者は当該徴兵区及び徴募区の配賦要員に充てられることとなり、警察署長の在留地徴兵事務官の制度は廃止され、関東州庁の兵事事務を分掌する事務官又は警視は兵事区徴兵尾としてその事務を取扱うこととなつた。

第九節　軍　事

一　関東州における軍事関係法令　関東州及び満洲はわが国防上きわめて重要なる地域として、日露戦役後も露国との協定によつて、南満鉄道守備兵を駐屯せしめるほか、関東州にも須要個所に所要部隊を配置し、また関東州、満洲を通ずる広範囲にわたり憲兵を派して軍事警察に任ぜした。しかしてこれらの統轄は当初関東都督に属せしめたが、大正八年機構改革により、新たに関東軍司令官を置いて、これに在満陸軍に関する統轄をゆだねることとした。

また旅順港は露国時代より軍港として使用してきたところで、日露戦後ここに海軍鎮守府を置いて所要諸施設をなし、後一部を商港に開放したが、軍港たる本質に変更はなかつた。その後軍備縮小によつて鎮守府は警備府となり、規模において多少の変化が見られた。

これらの事項は天皇統帥権に属するので、その根拠法令は軍令をもつて定められていた。

軍事に関し一般国民の権義に関する事項はいわゆる法律事項として議会の協賛を経た法律によつて定められる。それら法律で当然関東州に適用ありと認められるもの―たとえば兵役法(昭和二年法律第四十七号)、軍用自動車補助法（大正七年法律第十五号）―のごときは別として、しからざるものは関東州においては勅令をもつて定められる。「関東州ニ於ケル戒厳及徴発ニ関スル件（大正四年勅令第七十三号）、関東州防禦営造物地帯令（明治四十一年勅令第三十六号）等がこれである。このほか天皇の大権に基づき発せられる軍制令は勅令で定められること内地と変りはない。

以下それら法令のうち、軍令以外の軍事関係法令を区分し、その件名を列記する。このうち主要なるものは参照法令の部に登載することとした。

(一) 軍事関係法律内地及び関東州比較

内地	関東州
防空法（昭和一二、四、五法律四七）	関東州防空令（昭和一二、二、二四勅令七二八） 本法に依るただし第七条第十三条第二項、第十四条第二項、第十七条、第二十条及び第二十二条の規定を除く
要塞地帯法（明治三二、七、一五法律一〇五）	関東州防禦営造物地帯令（明治四一、三、七勅令三六）
軍港要港ニ関スル件（明治二三、一、一六法律二）	旅順港規則制定及該規則違犯者罰則ノ件（明治三九、九、二八勅令二六三）
軍港要港規則違犯者処分ノ件（明治二三、九、一三法律八三）	
戒厳令（明治一五、八、五太政官布告三六）	関東州及南満洲鉄道附属地ニ於ケル戒厳及徴発ニ関スル件（大正四、五、六勅令七三） 戒厳令及び徴発令に依る
徴発令（明治一五、八、一二太政官布告四三）	

国家総動員法（昭和一三、四、一法律五五）	関東州国家総動員令（昭和一四、八、二六勅令六〇九） 本法に依るただし第五十条（国家総動員審議会に関する規定）を除く
軍用自動車検査法（昭和一四、三、二八法律三六）	関東州軍用自動車検査令（昭和一四、三、三〇勅令九八）
軍事特別措置法（昭和二〇、三、二八法律三〇）	関東州軍事特別措置令（昭和二〇、八、八勅令四六〇）

(二) 軍制令

公布年月日	勅令番号	件	廃止勅令
明治三九、九、二五	二四八	旅順海軍港務部条例	
〃	二五〇	旅順海軍工作部条例	大正二、勅一五
〃	二五一	旅順敷設隊条例	
〃	二五二	旅順海軍病院条例	大正二、勅一三
〃	二五三	旅順海軍経理部条例	〃
〃	二五五	旅順海軍監獄官制	〃
〃	二五六	関東州海軍区ニ関スル件	
〃	二五七	旅順港ノ境域ヲ定ムル件	

二　国家総動員法の発動と関東州　国家総動員法（昭和十三年四月一日法律第五十五号、同年五月五日施行）は戦時に際し国防目的達成のため国の全力を最も有効に発揮せしめるよう、人的物的資源を統制運用することを目的とするものであるから、その発動についても内外地その軌を一にして初めて所期の目的を達成し得るのであつて、格別の支障なき限り各外地においても大体内地の例に準じこれを実施するの方針を執つてきた。ただしその発動に際し外地の特殊事情を斟酌加味し、その実情に添うよう考慮されるべきことはいうまでもない。この趣旨から昭和十三年五月四日勅令第三百十六号をもつて国家総動員法を朝鮮、台湾及び樺太に施行し、また同日勅令第三百十七号をもつて南洋群島における国家総動員に関しては国家総動員法に依ることとして、本法は同年五件五日から内地及

び右各外地に施行されるとともに、同法の発動による工場事業場管理令（昭和十三年五月四日勅令第三百十八号、同年五月五日施行）を初めとする数多くの勅令がおおむねそのまま右各外地にも適用され得るよう措置されて公布施行された。

しかるに関東州については満洲国との関係並びに軍事上その他格別の考慮を必要とする事項多く、したがつて本法発動による各勅令をそのまま適用しがたい事情があるため、他外地とは別に昭和十四年八月二十六日勅令第六百九号関東州国家総動員令を公布し、同年九月十一日から、すなわち内地及び他外地に一年有余おくれて関東州における国家総動員に関しては国家総動員法に依るべきこととした。しかして関東州については本法発動の諸勅令に対し、これと同一趣旨ではあるが、関東州の諸事情に即して独自の定めをなす別個の勅令を公布施行することとしたのである。その内容について一々説明することは繁にたえないので、参考のため一部勅令件名を対比しておく。

内地及び他外地	関東州
国民徴用令（昭一四、七、八勅四五一）	関東州徴用令（昭一九、七、二六勅四八一）
船員徴用令（昭一五、一〇、二一勅六八七）	関東州船員徴用令（昭一六、五、一四勅五八二）
学校卒業者使用制限令（昭一三、八、二四勅五九九）	関東州学校卒業者使用制限令（昭一四、九、一六勅六四六）
船員使用等統制令（昭一五、一一、九勅七四九）	関東州船員使用等統制令（昭一六、五、三一勅六五一）
電力調整令（昭一四、一〇、一八勅七〇八）	関東州電力調整令（昭一五、一一、二〇勅七八〇）
海運統制令（昭一七、五、一五勅五〇四）	関東州海運統制令（昭一九、二、一九勅九一）
金属類回収令（昭一六、八、三〇勅八三五）	関東州金属類回収令（昭一八、一二、一五勅九二四）
貿易統制令（昭一六、五、一四勅五八一）	関東州貿易統制令（昭一六、一〇、一五勅九二二）
会社経理統制令（昭一五、一〇、一九勅六八〇）	関東州会社経理統制令（昭一六、一、一五勅五一）
銀行等資金運用令（昭一五、一〇、一九勅六八一）	関東州銀行等資金運用令（昭一七、六、六勅五六一）
企業許可令（昭一六、一二、一一勅九九五）	関東州企業許可令（昭一八、一二、一五勅九二五）

◎関東州総動員補償委員会規程

昭和十五年十月四日勅令第六百六十一号

朕関東州総動員補償委員会規程ヲ裁可シ茲ニ之ヲ公布セシム（総理大臣副署）

関東州総動員補償委員会規程

第一条　関東州総動員補償委員会ハ満洲国駐箚特命全権大使ノ監督ニ属シ関東州国家総動員令ニ於テ依ルコトヲ定メタル国家総動員法第二十九条第一項ノ規定ニ依リ其ノ権限ニ属セシメタル事項ヲ調査審議ス

第二条　委員会ハ会長一人及委員八人以内ヲ以テ之ヲ組織ス

第三条　会長ハ関東局総長ヲ以テ之ニ充ツ

第四条　委員ハ関係各庁高等官及学識経験アル者ノ中ヨリ大使之ヲ命ズ

第五条　会長ハ会務ヲ総理ス

会長事故アルトキハ大使ノ指名スル委員其ノ職務ヲ代理ス

第六条　委員会ニ幹事ヲ置ク大使之ヲ命ズ

幹事ハ会長ノ指揮ヲ承ケ庶務ヲ整理シ臨時命ヲ承ケ補償金ノ算定ニ関スル事項ノ調査ニ従事ス

第七条　委員会ニ書記ヲ置ク大使之ヲ命ズ書記ハ上司ノ指揮ヲ承ケ庶務ニ従事ス

第八条　委員会ハ必要ト認ムルトキハ鑑定人ヲ選ビ又ハ当事者其ノ他適当ト認ムル者ノ出席ヲ求メ其ノ意見ヲ聴クコトヲ得

第九条　本令ニ規定スルモノヲ除クノ外委員会ニ関シ必要ナル事項ハ大使之ヲ定ム

附　則

本令ハ公布ノ日ヨリ之ヲ施行ス

第二章　衛　　生

第二章　衛　生

第一節　衛生行政機関

明治三十八年六月大連に軍政機関たる関東州民政署が創設され、同時に旅順及び金州にもそれぞれその支署が設置されて、一般行政の一部として衛生事務が始められた。

翌三十九年九月関東都督府の設置を見、衛生警察事務は、民政部警察課の主管となり、関東州については旅順、大連及び金州に新設された各民政署において、満鉄付属地については同年十月以後設置された警務署及び同支署においてこれを分掌した。また助長衛生事務は関東州においては各民政署、満鉄付属地においては満鉄会社が処理することとなつた。

大正六年七月の関東都督府官制中改正（勅令第八十二号）において、都督府に警務部が新設され、従来民政部の一分課として衛生事務を分掌した警務課は新設警務部に移された。

大正八年四月関東庁官制（勅令第九十四号）の公布に伴い、警務局が設けられて、同局が衛生警察事務を継承した。

昭和九年十二月関東局官制（勅令第三百四十八号）の公布によつて衛生警察事務は同局警務部の主管となり、関東州庁警察部及び同州庁管下の警察署並びに満鉄付属地にある警察署においてこれを掌理し、助長衛生事務に属するものは関東州においては市、会又は衛生組合が担当し、満鉄付属地においては満鉄会社がこれを担当した。

海港検疫に関しては、旅順の海港検疫事務は旅順港規則（明治三十九年九月海軍省令第六号）並びに旅順港規則

（明治四十年二月旅順鎮守府制定）により旅順鎮守府がこれを管掌したが、その後戎克（ジヤンク）、漁舟その他の船舟（十五トン以下）に対する検疫は都督府民政部の主管となり、明治四十一年五月旅順に海務局出張員事務所を置いて事務を開始した。明治四十三年七月「旅順港ニ関スル件」（勅令第三百四号）の公布により、旅順港の一部である西港を商港として解放することとなったので、旅順に海務局支局を置いて一般商船に対し、海事々務とともに海港検疫事務を掌理せしめることとなった。

大連港は占領当時は軍艦、陸海軍御用船及び特許を受けたもののほか、一般商船の出入を許さず、商船は老虎灘に入港したので同地に臨時船舶検疫所を置き、陸軍が検疫事務を担任した。しかるに明治三十八年九月大連湾出入船舶及び関東州在留者取締規則（軍令）を公布して一般商船の出入を許したので、老虎灘の臨時船舶検疫所を廃止し、関東州民政署に大連港検疫所を設置して商船はもち論軍用船の検疫をも施行することとなった。次いで明治四十年一月関東都督府令第七十二号関東都督府海務局規程の制定に基づいて大連に海務局が設置され、港務事務とともに海港検疫事務が行なわれるにいたったが、翌明治四十一年十月勅令第二百七十二号関東都督府海務局官制の公布あり、同年十一月一日から施行を見、その後数次の改正を経た。

普蘭店港は従来不開港で、わずかに土著漁舟が出入するのみであったが、その後関東州塩、復州産粘土及び石炭等の搬出が年約四十万トンに達して船舶の出入は頻繁となった。よつてこれを不開港として放任しがたい事情に迫られ、昭和八年九月関東庁令第四十八号普蘭店港規則を制定して開港場とし、同時に海務局出張所を設け、海事々務とともに海港検疫事務をも行なわせることとした。

第二節　衛生試験機関

関東州民政署時代において民政署警務課衛生係に衛生試験室及び細菌試験室を附設し、理化学及び細菌学的試験を施行したが、明治四十年十月これを廃止し、別に大連に都督府中央試験所を置き、薬品その他の理化学的衛生試験に関する設備を完成し、その統一を図らしめ、細菌学的試験は旅順、大連の両療病院においてこれを施行してきた。しかるに満鉄会社において工業理化学等に関する研究実験所を設けるの議があつて、都督府中央試験所の事業と重複するものがあるので、むしろその事業の全部を満鉄会社に委任することを得策と認め明治四十三年五月一日中央試験所を満鉄会社の経営に移管し、同時に都督府及び所属官署から同社に依嘱する諸般の分析又は試験は無料でこれに応ずべき義務を負担せしめた。その後満鉄会社においては従来の業務分掌を変更し、中央試験所の業務であつたもののうち薬品、飲食物、化粧品、水質等の検査鑑定及び薬局方適否試験等衛生に関する一切の事項は昭和二年四月一日からこれを同社の衛生研究所に移管した。他方警察事務も従来の経験並びに諸般の状勢にかんがみ、当局直属の衛生試験機関を設けるの必要を生じ、昭和九年四月関東庁警務局衛生課内に衛生試験室を附設し、衛生試験事務の全般をこれに移管して取締の万全を期することとした。試験室は臨時に旅順療病院内に設け、以来理化学的衛生試験中急を要するもの、水質試験のように現場試験の必要あるもの、その他簡単なる試験を除く薬品、飲食物、賣薬、薬剤の検査鑑定及び薬局方適否試験等もつぱら衛生試験に関する事項を行なうほか、細菌学的試験も併せ行なつた。その後時代の需要に応じるため、従前の関東庁警務局衛生課衛生試験室に代る関東州庁衛生課試験室を核として昭和十三年四月関東局令第十六号による関東衛生試験所を開設し、理化学的衛生試験で急を要するもの又は簡単なものは各警察署の嘱託薬剤師に行なわしめ、急を要しないもの及び複雑なものは右衛生試験所において施行するのほか、同試験所は公衆の依頼に応じ、一定の手数料を徴して一般衛生試験をも行なうことになつた。

第三節　診療機関

一　病院及び医院　明治四十年二月、日本赤十字社満洲委員本部は、旅順市鮫島町にあつた元露国赤十字病院の建物を露国から買収し、関東州病院と称して普通病院を開設した。これは一般公衆の診療機関として最初のものである。その後同病院は同年十一月関東都督府の経営に移され、関東都督府旅順医院と改称した。翌四十一年十月関東都督府医院官制（勅令第二百七十一号）が公布せられ、同年十一月一日施行となったが、開設当時の規模はまだ狭小であった。その後数次の改正を経て、大正十一年五月告示第六十二号により関東庁旅順医院と改め、更に昭和九年十二月関東旅順医院と改称した。

旅順の傳染病院は新市街桃園町所在の元露国傳染病院を利用し、伝染病患者の発生時期のみ臨時に開設することとしたが、四季ほとんど患者が絶えない状態のため、明治四十三年六月療病院規程（関東都督府内訓第二十一号）を制定して旅順療病院と称し、同年九月から専任職員を常置し、病床百を有するものとした。

大連の伝染病院である大連療病院は元施療病院と称し、元陸軍伝染病室を使用したが、明治三十九年十二月移転して大連医院第二分院と称し、翌年十一月更にこれを大連東医院と改めた。明治四十三年十二月大連市向陽台の新建築に移転し、同年六月療病院規程により大連療病院と改称するにいたったもので、病床二百を有し、設備は完全と称された。

大連婦人医院は元大連医院第一分院と称したが、明治四十年十一月大連西医院と改称し、翌年五月関東都督府婦人医院規程（関東都督府内訓第七号）により大連婦人医院と改称した。婦人医院は特種婦女診療を目的とするもので、旅順、大連に各一か所設けられていた。

関東州内においては、日本人在住者の僅少な市街及び村落には医師の独立開業するもの少なく、居住者の不安不便は少なくなかったが、明治四十年十月関東州公医規則（関東都督府令第五十七号）を制定して公医制度を施行した。最初老虎灘、柳樹屯、小平島（以上大連管内）、胡家屯（旅順管内）、金州（後廃止）、普蘭店、山西屯（普蘭店管内）及び貔子窩の八か所に公医を配置したが、大正九年五月竜王塘（旅順管内）及び姜家堡子（普蘭店管内）に、更に大正十二年六月城子疃（貔子窩管内）及び大魏家屯（金州管内）にも増置した。その後金州の公医を董家屯（金州管内）に、山西屯を交流島（貔子窩管内）に配置替し、老虎灘、姜家堡子に代えて営城子（旅順管内）、登沙河、三十里堡（以上普蘭店管内）、大長山島（貔子窩管内）に設けた結果配置数十四か所となった。公医には当局から一定の月手当と施療人員に応じた薬餌料を給し、かつ主要な医療機械、器具及び宿舎を貸与し、一般の診療に従事せしめるほか、貧困患者の施療、伝染病予防その他の保健衛生に関する事項を担当せしめた。

満鉄会社設立以前における診療機関は、関東都督府所管の大連医院と満鉄附属地に居留民会の設立した病院が二、三あるにすぎなかったが、満鉄会社設立後満鉄附属地における居住者が漸増の傾向をたどるとともに、明治四十年十月都督府所管の大連医院及び居留民会経営の医院を同社に継承することとなったので、同社は所属の医院、分院、出張所等をすべて公衆に開放した。次いで明治四十四年八月安東同仁医院を、大正二年営口同仁医院を、翌三年吉林東洋医院を各継承していずれも一般公衆の治療機関とした。また会社が業務開始以来地方に設置してきた医院の分院及び出張所を大正元年八月に医院と改称し、施設の改善充実につとめた。更に同年十二月新たに公医規則を制定して必要の地に公医を配置し、同時に医院規定を改正して各派出所を廃止し、小規模の医院は大医院の所属とした。

大正六年鞍山製鉄所の創立とともに診療所を附属せしめて一般の診療に当たらせたが、同事業の整備に伴い同年末にはこれを鞍山製鉄所医院とし、また大正十二年末、もっぱら満人患者のため大連小崗子に同寿医院を設けた。大正十四年には大連医院に伝染病棟を新築したが、更に翌十五年に巨費を投じて同医院の大建築を完了した結果、内容外観ともに東洋一の大病院たる実を備えるにいたつた。また沙河口及び金州にそれぞれその分院を設置したが、昭和四年四月大連医院及びその分院は、同会社から分離して財団法人として独立経営するにいたった。

これより先、同会社は明治四十四年奉天に南満医学堂を設置し、これに奉天医院を付属せしめたが、大正十一年三月同学堂は大学令に依る大学に昇格したため、奉天医院は満洲医科大学医院となつた。そして昭和五年同医院の担当下にあった特種婦女の検ばい治療業務はこれを分離して新設の奉天婦人医院に移した。また同社は哈爾濱共立日本医院を買収して昭和二年十一月からその経営を始めたが、その後一時同院を私人の経営に委託した。しかるに昭和五年幾多の改善を行ない、哈爾濱医院と改称して再び会社の直営とした。同七年五月には結核療養所南満洲保養院を設置し、また同年十一月には蘇家屯医院を設置した。なお、満洲事変後における北満の情勢変化にかんがみ、会社は満洲国と折衝し、同九年七月黒竜江省官医院の経営を継承して斉々哈爾医院と改称した。かくて関東州外における満鉄医院は瓦房店、大石橋、営口、鞍山、遼陽、蘇家屯、鉄嶺、開原、四平街、公主嶺、新京、撫順、本溪湖、安東(以上附属地内)、吉林、ハルピン、チチハル(以上附属地外)の十七か所及び満洲医科大学医院、奉天婦人医院等となったが、甘井子、熊岳城、海城、范家屯、昌図、橋頭、鶏冠山、赤峰、百草溝の十か所には公医を配置して一般患者の診療に従事せしめていた。

日本赤十字社満洲委員本部では大連及び奉天城内に医院を、奉天附属地及び遼陽城内に診療所を、錦州、鄭家屯、一面坡、赤峰には救療所を設けて一般患者の診療はもち論施療患者をも取扱い、また官公、私立の病院等に委託して地方極貧者を施療し、人種民族の差別なく博愛の趣旨に基づいてその事業を経営した。

このほか大連には財団法人大連聖愛医院及び宏済病院がある。前者は主として日本人の施療機関で精神病室をも有し、官の委託又は個人の依頼に応じて精神病患者を収容治療していた。宏済病院は満人の施療機関で、慈善団体たる宏済善堂の経営である。なお満鉄会社経営の南満保養院もあつて施設完備し、結核患者の収容治療を行なっていた。

二　医師　医師に関しては、明治三十九年十月関東都督府令第二十七号営業取締規則による乙種営業として所轄民政署長の許可を受けさせ、内地法規に準拠して取締をなしたのが始まりである。明治四十四年一月関東都督府令第二号をもって医師取締規則を制定公布して、医師は原則として内務大臣の医師免許証又は医術開業免状を有する者としたが、昭和八年一月関東庁令第一号医師規則を制定して同年二月からこれを実施し、医師となるには関東長官又は内務大臣の免許証を有することを原則としたが、満洲の特殊性にかんがみ前記資格に該当しない者でもその履歴及び技倆を審査し、地域及び期限を定めこれに医業の免許を与えるいわゆる限地開業医の制度を設けた。また内地と同様医師会を公認して医術の向上発達に資せしめた。満洲における医師の養成機関としては満鉄設立の満洲医科大学（奉天）があるのみなので、昭和十四年七月関東局令第七十一号をもって旅順医学校を設立し、大陸各地に進出せしめる限地開業医を養成した。

三　歯科医師　歯科医師に関しては当初所轄民政署（関東州）又は警務署（満鉄附属地）の許可を受けさせ、医師と同様内地法規に準じて取締ったが、大正五年十二月関東都督府令第三十五号をもって医師取締規則（明治四十四年都督府令第二号）を準用することを定めたが、更に昭和八年一月関東庁令第二号をもって歯科医師規則を制定し、歯科医師となるには内務大臣の歯科医師免許証を有する者であることを原則とし、医師で歯科専門をかんばんとし又は歯科医業中金属充塡、鑲篏義歯、歯冠継続加工、歯列矯正、口蓋補綴の技術に属する行為は関東長官の許可を要することとした。

四　薬剤師　薬剤師に関しては明治四十一年六月関東都督府令第三十八号薬品営業竝薬品取締規則により取締つてきたが、大正十四年五月関東庁令第二十四号をもつて薬剤師規則を制定し、薬剤師の身分資格職能並びに監督に関する規定を設け、かつ薬剤師会を公認し取締上遺憾なきを期した。

五　産婆　産婆に関しては当初、医師同様営業取締規則の乙種営業として所轄民政署長の許可を受けしめて取締つたが、大正三年一月関東都督府令第一号をもつて産婆取締規則を公布し、産婆は日本内地において産婆資格を有する者又は大正三年一月都督府令第二号産婆試験規則による当局の産婆試験に合格した者及び関東長官の指定する産婆学校又は講習所を卒業した者で産婆名簿に登録を了した者とし、例外として産婆に乏しい地方では資格のない者でも特に出願者の履歴を審査して、営業地域及び三年以内の期間を限ってその営業を許可することとした。昭和八年五月産婆取締規則を改正して内地並びに各外地相互間の資格を共通に認めることとした。産婆試験は前記の産婆試験規則により一か年以上産婆の学術を修業した者につき行ない、また産婆取締規則による指定学校又は講習所に関しては大正十三年十月関東庁令第六十号産婆学校及産婆講習所指定規則を制定実施した。指定講習所は大連医院産婆講習科のみである。

六　看護婦　看護婦に関しては大正五年四月関東都督府令第十六号看護婦規則により、日本内地において資格を得た者、都督府の看護婦試験に合格した者及び都督の指定した学校又は講習所を卒業した者は都督の免許を受け業務に従事し得ることとした。その後内地法規の改正に伴い、看護婦規則を改正して大正十三年からは内地及び各外地の相互間に資格を共通に認めることとした。また看護婦規則によって指定された看護婦講習所は関東旅順医院看護婦養成所、日本赤十字社奉天病院看護婦養成所、日本赤十字社満洲委員本部診療所看護婦養成所、財団法人大連聖愛医院看護婦養成所、財団法人大連医院附属看護婦養成所、満洲医科大学医院看護婦養成所、満鉄会社撫順医院看護婦養成所及び満鉄会社安東医院看護婦養成所等であつた。

七　鍼・灸・按摩療術行為　鍼治、灸治及び按摩については営業取締規則（明治三十九年関東都督府令第二十七号）により乙種営業として所轄民政署長の許可を受けしめて取締つた。その後大正十五年関東庁令第四十二号をもつて同規則を改正し、同じく乙種営業として所轄警察署長の許可を要するが、内地地方庁で営業を許可された経歴ある者又は相当の技能経験を有し適当と認めた者に限り許可することとした。

療術行為については従来取締規則がなく放任状態にあったが、在住邦人の激増に伴いこの種の営業者が漸増したので、昭和十年九月関東局令第五十二号をもって療術行為取締規則を制定施行し、業者に対しては何ら資格を制限せず、開業前に所轄警察署長限りの届出事項としたが、その取締は悪徳業者の抑圧を主眼とし、業者の遵守すべき事項及び広告宣伝に関する事項については厳重なる制限を設けた。またこれらの診療所に対しては昭和十一年八月関東局令第四十七号診療所取締規則をもつて取締りを行なつてきた。

八　獣医師　獣医師に関しても当初別段の規定を設けず、営業取締規則により内地法規を参酌して取締つてきたが、昭和十年十二月関東局令第七十八号をもつて獣医師規則を制定した。すなわち獣医師は農林大臣の免許証を有する者であることを原則とし、例外として相当の学力経験を有する者に対しては履歴及び技術を審査の上、地域及び期限を定めて獣医業を免許することとした。なお右規則において獣医師会は公認されることとなつた。

装蹄師に関しては獣医師同様従来別段の規定がなかつたが、内地において装蹄師法（昭和十五年四月法律第八十九号）の制定施行を見るに及び昭和十六年三月関東局令第十六号をもつて装蹄士規則を、また装蹄師の試験についても同年三月関東局令第十七号をもつて装蹄士試験規則がそれぞれ制定施行された。

第四節　特殊衛生機関

一　学校衛生機関　学校衛生機関としては各学校に校医を設け、学生生徒児童身体検査規程（昭和三年五月関東庁令第十六号）に依り児童、生徒及び学生の体格検査並びに学校衛生事務に従事せしめ、また若干の学校には衛生婦があつて衛生事務に従事していた。

関東州内における官公立の学校（旅順工科大学を除く）職員に対しては関東州学校職員身体検査規程（昭和五年五月関東庁訓令第四十四号）に依つて毎年一回身体検査を施行していた。

二　監獄衛生　刑務所に保健技師を置き治療並びに監獄衛生事務に従事せしめた。

三　その他の機関　満鉄会社は新京、四平街、奉天、撫順、安東及び営口の六か所に衛生技術員を置き、各医院及び地方事務所と協力して、主として伝染病の予防及びその他の衛生に従事せしめ、また重要なる工場、鉱山等の附属病院をして衛生の改善、特に伝染病の早期発見並びに自衛的防疾等に努力せしめていた。

その他大連衛生研究所があつて各種衛生試験、ワクチン、血清その他予防剤の製造を行なった。

衛生上の調査審議機関として設置されたものに関東州臨時防疫委員会がある。同委員会は満洲国の独立発展並びに支那事変を契期として急激な人口増加、交通運輸の輻輳等に伴うあらゆる保健上の諸問題につき、専門的に詳細かつ綿密な調査研究をなし、もって防疫対策の適正を期するべく、昭和十三年五月関東局令第四十四号をもつて設置されたものである。

第五節　薬品及び賣薬取締

従来満洲に輸入の薬品中には俗に満洲向といわれる不良粗悪なものがあった。この取締は公衆衛生上最も緊要であるのみでなく、日本薬品の大需要地である満洲及び支那における信用の維持増進の上にきわめて重大な関係を有するので、明治四十一年六月関東都督府令第三十八号をもつて薬品営業竝薬品取締規則を公布し、翌四十二年一月一日から施行した。すなわち薬剤師、製薬者、薬種商、賣薬商、賣薬請負商の定義を定めて各その営業に必要な規定を設け、薬品については特に除外したもののほかはすべて関東都督府の検査を受けさせ、その封緘のあるものでなければ貯蔵、販賣、授与を許さないこととした。なお右検査のため当該官吏を在大連満鉄会社中央試験所に派して便宜上その事務を取扱わしめた。この強制官封に依る不良薬品の取締は効を奏し、その品質は数年を出でずしてほぼ統一された。しかし強制官封は実行甚だ困難で、かつ当業者としても種々不便不利の点が多く、ついにその根本的改正を必要とするにいたつたので、大正十四年五月、薬剤師規則（関東庁令第二十四号）、薬品規則（関東庁令第二十六号）及び賣薬営業規則（関東庁令第二十八号）を公布施行した。

薬剤師規則は薬剤師の身分、資格、職能、監督及び薬局に関し必要な規定を設け、また薬剤師会を公認することを定めた。

薬品規則は薬品営業並びに薬品取扱に関し必要な規定を設け、なお薬剤師でない者の薬品営業を認めて許可制度とし、出願者に対し、一定の試問を課して資格の統一をはかり、営業者の素質向上を期した。薬品については従来の強制官封を廃止し、官公立の衛生試験所、満鉄会社の衛生研究所又は薬剤師等一定資格者の行なう封緘を認め、かつ不良粗悪薬品取締のため薬品巡視手続(大正十四年関東庁訓令第五十一号)を定め、薬品の性状、品質の優良を保証するためそれぞれ必要な事項を規定した。

賣薬営業規則は賣薬営業及び賣薬に関する取締を規定するもので、賣薬の調製販賣及び輸入販賣はこれを許可制度とした。しかして賣薬の品質を向上させて簡易な医療の補助とするため、その調製を薬剤師又は医師に限定した。賣薬は有効無害主義を採つて一方毎にこれを許可し、危害のおそれのない程度に劇薬の配剤を認めてその効力を増し、本邦賣薬の声価を発揚せしめ、漸次支那内地に普及せしめる方針を採つた。しかし本規則は管内において調製する賣薬についてのみ厳格な規定を設けて審査したが、輸入賣薬については何ら実質上の取締をすることができず、有害、不良又はあいまいないわゆる満洲向賣薬が輸入されて保健衛生遺憾の点が多かつたので、管内で調製する賣薬と同様取締の徹底を期するため、昭和三年五月関東庁令第二十二号をもつて本規則を改正し、新たに輸入する賣薬も一方毎に許可することとした。以来薬学の進歩と取締の励行とに依つて逐次賣薬の品質が向上し、殊に奥地僻陬の地においては内地から輸入されるものが多く、本邦賣薬の面目は一新されたのである。しかし賣薬の輸入販賣は薬品営業者に限定され、社会の実状に適しない憾があつたので、昭和五年十二月関東庁令第七十二号をもつてこれを改正して輸入販賣に対する資格の制限を撤廃した。また従来賣薬の請負販賣は薬剤師も薬品営業者も一律に警察署長の許可を必要としたが、昭和十年八月関東局令第五十一号に依つて薬剤師及び薬品営業者の賣薬請負販賣は単に届出主義に改めた。

第六節　保　　健

一　保健所　昭和十年三月十一日関東局告示第二十一号をもつて、新京中央通りに関東局保健所を設置し、一般公衆衛生に関する改善指導はもち論、進んで結核予防事業、育児保健の個別的指導その他一般疾病予防等の諸業務に当らしめたが、新京は管内他の地方に比べて気候の激変、住居の不完備その他諸般の客観的条件に因り住民は著しく不健康状態を呈し、したがつて保健所業務はすこぶる繁忙をきわめた。

その後昭和十三年三月十五日関東保健館規程（関東局令第十号）を制定して同年九月大連市紅葉町に関東保健館を新設し、これに消毒所を附設して新京保健所と同様の業務を行なうほか、一般家屋、患家の消毒等住民の要望に応じた。

二　飲食物その他物品取締　飲食物、飲食物用器具その他の物品取締に関しては昭和八年八月関東庁令第四十三号飲食物其ノ他ノ物品取締規則により常に警察官吏をして営業者の店舗、製造場等に臨検せしめ、衛生上有害のおそれがあると認められるものは廃棄せしめ又はこれを収去して各警察署配属の技術者若しくは関東衛生試験所において試験を行ない、その判定により必要な処分を行なつた。

清涼飲料水及び氷雪の製造販賣は営業取締規則（明治三十九年関東都督府令第二十七号）によりこれを許可営業とし、おおむね内務省令に準じた命令条項を附して取締を行なつた。

生河豚に関しては明治三十九年五月関東州民政署令第十九号をもつて生河豚の販賣、貯蔵及びこれを食用に供することを禁止したが、昭和六年十一月関東庁令第三十六号「生河豚販賣取締ニ関スル件」をもつて、食用に供する生河豚はその内臓を除去し洗滌すればこれを販賣し得ることとした。しかし製造加工用に供するものについてはその使用に何ら制限を設けていなかった。

三　牛乳取締　牛乳の取締に関しては施政当初は前記営業取締規則により乙種営業として取締をしたが、その後牛乳の需要増加にかんがみ、大正十五年九月営業取締規則の改正（関東庁令第四十二号）に際し、これを甲種営業に改め、許可に際しては内務省令の牛乳営業取締規則に準ずる命令を附し、取締上遺憾なきを期した。その後在満行政機構の改正により関東州内は関東州庁長官の、満鉄附属地内は大使の許可を受けしめることとした。

しかるに営業取締規則には取締の目的物、範囲、規格等に関する規定がないため取締の完璧を期しがたい点があつたので、昭和十一年七月関東局令第四十二号をもつて牛乳営業取締規則を制定した。以来営業者の自覚並びに進歩の見るべきものがあり、特に昭和十二年大連市内においては組合組織のミルクプラントを設立し、牛乳衛生上劃期的成果を挙げたが、更に昭和十四年十一月組合組織を法人組織に改組し、牛乳処理場を新築し面目を一新した。

乳牛及び営業所の検査は毎月二回以上各警察署所属の獣医、技術員において施行してきたが、昭和十三年牛乳検査機構を整備し、大連市内にあっては関東衛生試験所、その他の地にあつては各警察署において施行することとした。

畜牛結核予防に関しては畜牛結核病予防規則（大正十五年六月関東庁令第三十一号）による年一回の定期畜牛結核病検査及び臨時検査のほか、前記牛乳営業取締規則による搾乳牛の検査を実施した。

四　獣肉取締

イ　屠場取締　明治三十九年二月関東州民政署令第六号屠獣取締規則により屠獣場営業を許可制度とし、屠殺肉の取締を施行したが、大正三年六月には屠畜検査標準を高め、屠畜の検査方法並びに検査員及び臨検警察官の事務分掌を明示して屠場事務の統一を図つた。その後食肉衛生と獣疫予防及び保安警察との見地から単行法令の必要を認め、大正十三年八月関東庁令第四十八号をもつて屠場規則を制定し、屠獣取締規則を廃止した。

規則の適用を受ける家畜は牛、馬、騾、驢、緬羊、山羊及び豚の七種とし、食用に供する目的をもつて家畜を屠殺解体する場合は、自家用屠畜又は切迫屠殺を除くほかは原則として屠場においてのみこれをなし得ることとした。屠場における屠殺家畜の生体及び屠肉、内臓等の検査は警察署所属の獣医師にこれを行なわせ、検査の結果食用不適と認められるものは廃棄処分を命ずることとした。

ロ　賣肉取締　明治三十九年二月関東州民政署令第五号賣肉取締規則により、前記屠場規則と相まつてこれを実施した。すなわち賣肉販賣営業を為さんとする者には所轄警察署長の許可を受けしめ、なお店舗の構造、設備の制限、不正肉の販賣禁止等に関する事項等を規定し、かつ食用に供する牛、馬、羊、豚の肉は屠場規則による当該官吏の検査に合格したものに限り販賣せしめ、食肉衛生の万全を期したのである。

五　煤煙取締　満洲産業の興隆に伴い、諸工場が急増して活潑な操業が行なわれ、かつ冬季における採暖のため、煤煙の噴出量はきわめて多く、大連市の降下煤煙量は、当時の代表的工場都市大阪市のそれに比して二倍ないし三倍に達することが判明した。降下煤煙に因る損害は独り経済上のみでなく保健上に及ぼす影響もきわめて大であるので、昭和十二年二月関東局令第十号をもつて煤煙防止規則を公布し、煤煙の防止につとめ、更に大連市に燃焼相談所を開設せしめ、大気の清浄保持につとめた。

六　墓地及び火葬場　屍体の埋火葬に関しては明治三十八年十月関東州民政署令第三号「屍体検査ニ関スル件」により、医師の診断書又は検査書を添付して所轄警察署長の認可を要することとし、保健衛生上の見地から共同墓地の経営と火葬主義の方針を採り、関東州内にあつては関東庁が、満鉄附属地にあつては満鉄会社が各枢要地に設置管理したが、大正十五年四月旅順及び大連の官設火葬場は各市に移管し、市においては各墓地及火葬場規則を定め、一定の料金を徴して埋火葬事務を取扱つた。満人は一般に火葬を嫌忌する習慣があつて多くは土葬によつていた。しかし伝染病及びその疑似者の屍体は原則として火葬に附していた。

七　汚物掃除　明治三十九年二月関東州民政署令第四号をもつて塵芥箱の設備を命じ、かつ邸宅内、道路地先の掃除及び清潔保持の方法を講じてきたが、大正六年三月関東都督府令第四号をもつて清潔方法を制定公布し、清潔方法は年二回施行せしめることとした。

関東州内の警察署長は衛生組合規則（明治四十年二月関東都督府令第九号）により、区域を定めて衛生組合を設置せしめることができる。衛生組合はその区域内の居住者を当然組合員とし、組合は各戸から費用を徴収して塵芥、汚水、屎尿の運搬並びに処分、市街地道路溝渠、公共厠圊を掃除し、かつ街路撒水等の事務を取扱うものである。その後大正四年九月関東都督府令第二十六号をもつて大連及旅順市規則が制定実施されることとなつて両地の衛生組合は廃止され、従来同組合で施行した一切の事業は市に引継がれた。次いで大正八年二月関東都督府令第八号で汚物掃除規則が制定施行され、掃除を行なうべき地域及び義務者が定められるにいたつた。すなわち関東州では市又は会が、満鉄附属地では満鉄会社地方事務所が清掃作業に従事することとなつたのである。

前記汚物掃除規則と同時に「厨房、下水溜及厠圊ノ構造設備ニ関スル件」（大正八年二月関東都督府令第七号）が公布され、同年四月一日から実施となつた。すなわちこれら施設の新築、増築、改築又は移築をするにはその位置、仕様書及び設計図面を具して所轄警察署の許可を受け、その工事落成のときは検査を受けることを要すること、その他構造設備等に関して詳細に規定し、時々警察官をして臨検視察せしめた。

八　出生、死亡及び疾病　気温の変化甚だしく冬季の寒気強烈な満洲の大陸的気候は邦人に対し各種呼吸器系の疾患を誘発し、それのみでなく、満支人の民度低く、衛生思想もまたきわめて幼稚なため、悪疫の流行を免れない状態にあつた。施政の初期にあつては衛生施設完備せず、一般保健状態は良好ならず、死亡率は出生率を超過するの状態であつたが、漸次施設備わり、住民の衛生思想も向上するにいたり、一時出生率高騰するとともに死亡率の低下を見た。しかしその後人口の増加とともに出生実数は漸増しつつあつたが、その比率においてはむしろ減少の傾向にあつた。

九　性病予防　賣笑婦による花柳病（性病）の傳播は民族衛生上等閑に附し得ない問題で、邦人芸酌婦に対しては軍政時代から定期健診を行なつてきた。すなわち明治三十八年十月関東州民政署令第二号芸妓酌婦及雇婦女取締規則、同年十二月関東州民政署令第十一号娼妓取締規則、同三十九年二月関東州民政署令第二号娼妓健康診断施行規則等を制定公布し、またこれに関連する諸規則並びに取扱手續を定めてこれら特種営業婦女の定期健康診断を行ない、罹病者は関東州では官立の婦人医院又は公医の病室に、満鉄附属地では満鉄医院に強制入院せしめて治療した。なお貸席、待合その他これに類似する営業者に対しては予防上必要な施設を命じ、一面稼業者の自衛心を喚起するとともに、一般民衆に対して性病予防に関する衛生思想の普及につとめたが、一般大衆は本病に対する知識に乏しく、国民保健上看過し得ない状況にあるので、大連の性病科専門医を会員とし、官公署当事者を顧問とする大連性病予防会を組織せしめ、予防思想の向上普及並びに患者に対する無料相談に応ずる等性病の予防撲滅に努力した。

なお満人賣笑婦すなわち俳優に対しては従来対邦人賣淫行為を絶対に禁止してその健康診断を免除していたが、満洲事変以後邦人の渡米者激増して取締困難となつたので、昭和十年四月から各地とも警察医又は遊廓組合事務所に雇傭する医師に健康診断をなさしめ、罹病者は邦人特種婦女と同様婦人医院あるいは満鉄医院に強制入院を命じ治療せしめた。

十　結核予防　満洲においては気候風土の関係上呼吸器系結核患者が甚だ多く、結核死亡数は当時内地に比し一・五倍強に当り、このほか満洲において罹患し、内地に帰還し死亡する者を加算するときは、更に高率を示す状態にあつた。しかして満洲人の悪癖たる吐痰が本病感染の原因をなすこと多かるべきことを慮り、大正八年二月関東都督府令第九号痰唾取締規則を制定公布し、また宿屋、料理店その他の接客業者の健康診断を施行してその予防につとめ、更に本病発生の原因が住民の生活様式の欠陥に基づくことの少なくないことにかんがみ、その対策改善に努力した。

なお大正九年に関東庁及び満鉄当事者その他在満有力者主唱の下に設立された会員組織の満洲結核予防会を、昭和十四年財団法人結核予防会関東州支部に改組し、この団体に当局から補助金を与え、結核療養の経営並びに本病予防撲滅に関する一般知識の普及、消毒思想の宣伝、貧困患者の施療その他必要な事業を行なわしめ、日本赤十字社満洲委員本部においても本病患者の施療に当る等協力してその予防につとめた。なお満鉄会社においては昭和大典記念事業として結核療養所の設置を企図するところがあつたので、関東庁はその趣旨に賛し、大連管内小平島(後旅順管内)にその場所を選定して土地を無料で貸付し、その実現を助成したが、昭和五年十一月起工し、同七年五月竣工、同月二十五日から診療を開始した。

十一 **国民体力管理** 大東亜戦争の進展に伴い、国民体力の管理は益々その重要性を高めるとともに、緊急に推進の要あるため関東州においてもさきに制定された国民体力法(昭和十五年法律第百五号)に依ることとし、昭和十八年三月勅令第百十二号をもつて関東州国民体力令の制定公布を見、同年六月一日から施行されることになつた。

第七節 防　疫

一 **概説** 関東州及び満鉄附属地における伝染病の予防は地理的その他の環境上きわめて不利な立場にあつて、コレラの流行地たる上海、天津方面とは指呼の間にあり、またペスト発生地たる蒙古、シベリア方面とは地域が連り、かつ一歩管外に出れば衛生的施設甚だ不完全な満洲境域と接するので、絶えず周囲から伝染病毒の侵襲を受け、また管内には衛生思想の幼稚な多数の満人を包容し、なお数十万の中国下層労働者の来住があるのみでなく、支那事変後各地との交通が頻繁となり、各種の病毒を輸入される等予防上幾多困難の点があつた。

伝染病予防に関しては明治四十一年九月関東都督府令第四十七号をもつて伝染病予防規則を公布し、同時に予防ト手続（都督府訓令第八十七号）を定めてコレラ、赤痢、腸チフス、痘瘡、発疹チフス、猩紅熱、ヂフテリア、ペストの八種を指定したが、その後明治四十四年八月都督府令第二十号をもつてパラチフスを、また大正七年十月都督府令第三十七号をもつて流行性脳脊髄膜炎を加え、なおさきに大正二年六月都督府令第十七号をもつて再帰熱又はその疑似症に、また大正十三年九月関東庁令第五十六号をもつて嗜眠性脳炎又はその疑似症に対しても伝染病予防規則の一部を準用することとした。

伝染病予防規則には伝染病患者と健康者の隔離、家屋、場所の交通遮断その他予防上必要と認める事項を規定し、予防手続には警察官吏及び当該吏員の執務に関する事項、各疾病に対する隔離期間等を規定した。防疫事務は従来管内各警察署において実施してきたが、大連市においてはその特異性にかんがみ、防疫様構を充実強化するの必要を感じ、昭和十六年六月関東州庁衛生課直属の防疫所を設置し、これに大連市各警察署の管掌していた防疫事務の大部分を移し、市内の防疫事務を統合一元化した。また伝染病の流行甚だしく常設機関でその撲滅を期しがたい場合には、検疫委員設置規程（明治四十二年八月都督府訓令第五十七号）により検疫委員を設置してこれを担当させた。なお大正六年三月に消毒方法（都督府訓令第四号）が定められ、これに消毒の種類、施行上の注意、施行の順序、消毒後の清潔方法等、消毒施行の指針が示されていた。

海港検疫に関しては、当初大連において陸軍が、旅順において海軍がそれぞれこれを行なつたが、明治四十一年十一月海務局設置以降同局をして大連及び旅順の海港検疫事務を管掌せしめた。検疫は従前から内地の法規に準拠して行なったが、明治四十年十一月関東都督府令第七十四号をもつて大連港港則、同四十三年七月勅令第三百四号をもつて「旅順港ニ関スル件」、関東都督府令第二十四号をもつて旅順港取締規則、昭和八年九月関東庁令第四十八号をもつて普蘭店港規則がそれぞれ制定公布され、海外諸港及び日本内地から大連、旅順に来航する船舶に対しては伝染病毒の侵入を防遏するため入港の都度必ず検疫を施行し、発港地又は寄港地の状況によつては一定期間停船を命じ、あるいは物品の輸入を禁じ、消毒、船員船客に対する検便その他必要と認める予防方法を施行してきた。また関東州沿岸航路の船舶に対しては大正三年一月から船舶取締規則（大正二年十月関東都督府令第三十三号）によつて伝染病の発生若しくは流行の兆ある場合は検疫その他必要な予防法を施行することとした。大連における海務局附属海港検疫所は工費四十万円をもつて大正三年に完工したもので、敷地三万坪、建坪二千三百余坪、停留所収容人員五百名、その他食堂、娯楽室、読書室等の設備があり、伝染病室、獣畜停留所、消毒用桟橋等を附設し、その規模設備は東洋一とされていた。

二　伝染病流行の消長

イ　概説　伝染病の発生は内地各地に比較すると甚だ高率で、そのうち赤痢、チフスの発生が著しく多く、伝染病発生総数の約六十五パーセント強を占め、昭和十四年には大連市内に腸チフスの大流行を見、八、九、十の三か月に千名以上の罹患者を出したが、この罹病率が邦人に高かつたことは注目に値する問題である。満人は生来気候風土に馴れ、病毒に対する抵抗力が旺盛で、多くはその発病を見ないが、かれらの間には多数の保菌者があり、かつその非衛生的生活によつて病毒の媒介伝播を容易ならしめ、一方未だ環境に不馴れの邦人間に多数の患者発生を見るものと考えられる。

ロ　猩紅熱は明治四十二年初めて管内に侵入し、大正元年以後俄然激増し、大正十四年、昭和元年には管内一般特に大連、旅順において患者が続出したので、もっぱらその防あつにつとめた結果その後漸次減少した。

ハ　ペストは明治三十九年営口に発生したが、交通遮断を厳行した結果、満鉄附属地への侵入は免れたが、同四十四年に流行した肺ペストはその伝播地域が南北満洲にわたり、通じて約五万の死者を出し、その予防上に直接支出した経費は二百二十六万円に上り、商工業その他産業上被つた損害はまた莫大で、近来の大惨劇であつたが、その後しばらく発生を見ずにすぎた。しかるに大正九年八月シベリアに発生した肺ペストは漸次北満洲に流行し、翌十年二月にいたつて管内に侵入、長春（新京）において二十九名の患者を出した。その後大正十二年及び十四年に東支鉄道沿線に発生したが、いずれも流行を見ずに終息した。昭和二年九月には内蒙古通遼北方地区に肺ペストが流行し、昭和三、四、五年及び同八年には夏秋の候において四洮鉄道沿線及び通遼方面において肺ペストが流行した。昭和九年六月には農安縣下の太平橋に腺ペストが発生して四洮線奥地方に蔓延し、漸次満鉄沿線に迫らんとする形勢にあつたので、管内各要所に防疫措置を講じ、極力警戒につとめた結果新京において一邦人患者を出したのみで終息した。その後毎年蒙古、北満方面にペストが流行したが、管内及び新京附近にはその発生を見ずにすんだ。しかるに昭和十五年農安方面に流行をきわめたペストは新京に侵襲して患者二十六名を出すにいたつた。当局においては満洲国の要請により応援医師二十名を派遣して防疫に協力するとともに、同地と鉄路交通の頻繁な関東州は危険甚だしかつたので、鉄路検疫、捕鼡励行、一部予防注射の実施等を行ない、極力侵入防止につとめた結果事なきを得た。

二　コレラは上海及び南支那方面からの来航船舶によつて年々その病毒をもちこまれ、その防止について大いに苦心したが、大正八年南支沿岸に流行した病毒は遂に営口に侵入し、破竹の勢をもつて南北満洲一帯にはびこり、管内において二千三百四十二名の患者と二百三十一名の保菌者を出した上ようやく終息した。以来大正十四年までは年々数名の患者を出したにすぎなかつたが、大正十五年には上海に流行し、また哈爾濱にも発生したので極力警戒中、営口満洲街に患者続発して遂に同地附属地に侵入し、更に旅順、大連、安東、奉天、撫順、貔子窩に散発し、計六十二名の患者と二十二名の保菌者を出してようやく終息した。昭和二、三、四年は数名の患者の発生を見たが、昭和七年においては上海蘇州河の上流に発生したコレラが漸次下流にまんえんし、五月上旬には上海全市にわたつて流行し、六月上旬には日本内地方面にも飛火するにいたり、また一面山海関方面から通遼を襲い、遂に七月中旬に全満洲を席巻するにいたり、殊に通遼においては毎日死体取片つけのみで百数十名を算し、患者三千名を超えた。

同年の全満洲における発生患者数は六千から八千と称され、大正八年に次ぐ大惨状を呈した。その後しばらく流行を見なかったが、昭和十二年晩夏、上海方面から流行をきたし、九月にいたつて遂に大連に六名の患者発生を見たが、辛うじて流行を防止した。昭和十三年五月二十日上海に初発を見て以来天津、塘沽、北支と全支に流行し、遂に内地の岡山、山口、門司及び朝鮮と近来にない広範囲の流行を見たが、関東局においては当初から極力その防あつにつとめた結果大連港において保菌者五名を発見したのみで発生を防止し得た。

ホ　**発疹チフス**は年々数十名の患者の発生を見る程度であつたが、昭和三年山東方面に流行し、同方面からの出稼苦力によつて鞍山採鉱所に発病を見たのを始めとして、全満に一千八百九十八名の患者を出し、九月にいたつてようやく終息した。その後特に大きな流行を見なかつたが、昭和十五年大連埠頭の華工間に発生した発疹チフスは漸次全市にゆきわたり、本病による殉職警察官二名と患者は八百九十八名に及ぶ流行をきたしたので、大連療病院にバラツク病棟を急造し、これに満人患者を収容するとともに極力防疫につとめた結果、八月にいたつておおむねその終息を見た。

三　種痘　痘瘡予防については明治三十九年以来内地の法規に準じて定期種痘はもち論、痘瘡流行の兆ある場合は臨時種痘を施行してきたが、大正二年二月関東都督府令第五号をもつて「種痘施行ニ関スル件」を公布して日本内地における種痘法及び同法施行規則を準用することとし、市町村長の職務は警察署長がこれを行ない、府縣知事の職務は関東長官がこれを行なうこととした。由来満人は種痘の習慣なくこれを嫌忌するの弊があつて、年々満人間には痘瘡流行し、延ては邦人にも累を及ぼすの状態であつたが、鋭意衛生思想の啓発につとめ指導懇諭の結果漸次普及するにいたつた。しかし関東州のごとく住民の移動が頻繁で、年々数十万の未種痘者の来往する地においては、これら移動民による病毒の輸入は免かれないので、定期種痘以外に年一回の秋季臨時種痘を行ない、その防止につとめた。

第八節　阿片及び麻薬の取締

一　阿片取締　満支人の阿片吸煙は積年の悪習で、その弊風は牢固として抜けないが、にわかにこれを断禁することも衛生上、人道上考慮を要するところなので、民政創始の際は暫時従来の慣習にまかせる方針を執り、支那人に阿片の輸入、製造、販賣を許可したが、取締の励行その他の関係上、明治四十四年阿片取締に関する根本方針を定め、同四十五年一月からこれを励行するにいたつた。すなわち原則として阿片の吸食は漸禁主義を採ることとし、民政署長の証明ある阿片中毒者に限りその吸食を許可することとし、左記方策にしたがつて向う三年間（大正三年十二月末日限り）に癮者（中毒者）の根絶を期し、阿片の吸食を全禁することに努めることとした。

一　阿片煙に関する取締は刑法に依ること
二　癮者は民政署長の指定した医師において診断の上、これに証明書を交付すること
三　前号の証明書を所接する癮者は阿片特許賣捌人から一定量の阿片又は吸食器具を購入し吸煙し得ること
四　阿片特許賣捌人は関東都督府においてこれを指定すること
五　阿片煙館業は明治四十四年末日限りこれを禁止すること
六　阿片採取の目的をもつてするけしの栽培を厳禁すること
七　阿片の密輸入は従来よりも一層厳重に取締ること

このような漸禁方針をもつて阿片吸食の取締を行なつたが、阿片の供給を個人に特許しては所期の目的を達成し得ないのみでなく種々の弊害を伴つたので、個人特許制を改正するの必要を認め、大正四年三月末日限り個人特許を取消し、大連所在の支那人経営の慈善団体なる宏済善堂に対して阿片の輸入及び販賣を特許し、吸煙の取締については従来の方針を踏襲することとした。宏済善堂は戒煙部を特設し、同部の会計はこれを独立のものとし、部の

職員の任免、予算はもち論阿片の仕入、賣下値段等すべて当局の許可を要するものとし、その事業たる阿片の販賣によつて得た利益金すなわち賣上金から事業費を扣除した金額は、全部特許料として関東州地方費の収入として納入することとした。

しかるにその後制度の徹底を期するため、大正十三年三月勅令第五十三号をもつて関東州阿片令を公布し、同年九月一日からこれを施行した。本令においては阿片の吸食、阿片煙膏、生阿片、薬用阿片及び阿片吸食器具の製造、輸出入、賣買、授受、所有、所持等について厳重な規定を設け、煙館の開設、維持及び阿片を製造する目的をもつてけしを栽培することを禁止し、また取締当該官吏をその製造場、店舗等に臨検せしめることを規定し、違反者に対しては厳格な罰則を設け、細則は同年八月関東庁令第五十号関東州阿片令施行規則及び同規則取扱手続に定めた。

その後大正十四年二月ジュネーブにおいて調印された第一回阿片会議協定第一条の規定に基づき、阿片の輸入、販賣及び分配は官営とするの必要を生じたので、昭和三年七月二十六日勅令第百六十七号をもつて関東州阿片令の改正を同日関東府令第三十四号をもつて同令施行規則の改正をそれぞれ行ない、七月三十一日にこれを施行した。

右改正の主要点は

一　生阿片、薬用阿片を官の専賣としたこと

二　官以外の生阿片の輸入、薬用阿片の製造を禁止したこと

三　未成年者の阿片吸食を禁止したこと

四　阿片煙灰の賣買を禁止したこと

また前記の阿片令改正に伴つて、同年七月勅令第百七十九号をもつて関東庁専賣局官制が公布され、専賣局を大連に設置し、阿片の輸入、賣下は名実ともに官において直接取扱うこととなつた。

満鉄附属地では従来厳禁制度を採つてきたが、昭和七年三月満洲国の建国となり、同国は阿片癮者の取締につい

て鋭意調査研究の上、わが方にならい漸減主義にのつとり、阿片瘾者救療のため専賣制度を実施したので、これと地域相接する満鉄附属地においても阿片専賣制度施行の必要を認め、昭和八年四月二十五日関東庁令第十四号をもつて南満洲鉄道附属地阿片取締規則を公布し、同年五月十日からこれを実施した。よつて専賣局官制の改正を行ない、奉天に専賣局支局を、新京及び安東に各出張所を設置し、更に昭和十年九月営口にも出張所を開設するにいたつた。かくて満人瘾者の救療を行ない取締の完壁を期した。

貧困阿片瘾者の救療事業は、大正十三年関東州阿片令の施行と同時に宏済善堂をして瘾者の医療的救済をなさしめたのが最初である。その後昭和三年七月阿片専賣制度実施とともに官の経営とし、大連に救療所を設置して貧困瘾者の救療を開始したが、昭和九年四月関東庁救療所官制(勅令第百四号)が公布され、奉天に救療所を設けて関東州と同じく貧困瘾者の救療を開始したが、昭和十二年十二月一日満鉄附属地行政権の満洲国移譲の結果奉天救療所は専賣局各出張所とともにこれを満洲国に移管された。

一九二五年二月二十一日ジュネーブにおいて調印された第一阿片会議協定第一条第二項に規定した「販賣のための煙膏の製造もまた事情の許す限り速かにこれを独占事業となすべし」の要求に対しては、従来阿片小賣人において煙膏の製造を行なってきたのを、昭和十三年二月十七日関東州阿片令の改正(勅令第八十四号)をもつて官製煙膏専賣の制度とし、旅順に専賣工場を新設して煙膏の製造を行ない、従来の弊害を除き、阿片取締の徹底を期するとともに、同年四月勅令第百八十七号をもつて関東救療所官制を公布、大連救療所の内容を一層充実して瘾者の救療につとめた。

二　麻薬取締　モルヒネ、コカインその他の麻薬類に関しては、明治四十二年一月以来、前年六月制定の関東都督府令第三十八号薬品営業並薬品取締規則により、単に毒劇薬として販賣、授受に対してのみ制限を加え、取締つてきたが、支那における麻薬問題は禁煙運動とともに銓議されるにいたり、その結果、「モルヒネ及其ノ注射器ノ支那内地へ輸入ニ関スル件」(明治四十四年一月関東都督府令第三号)、「コカイン及其ノ注射器ノ支那内地へ輸入ニ関スル件」(同月関東都督府令第四号)、兵器弾薬、モルヒネ、コカイン及其ノ注射器等取締規則(大正三年八月関東都督府令第十七号)等を公布して輸入取締を行なつたが、関東州においてもこれら麻薬類の流布を防止する目的の下に大正四年三月関東都督府令第五号をもつて「モルヒネ」「コカイン」ノ取締ニ関スル件を、大正五年三月関東都督府令第十号をもつて「銃砲火薬類、阿片、阿片吸食用器具、モルヒネ、コカイン又ハモルヒネ、コカインノ注射器没収ニ関スル件」を公布し、輸入はこれを各警察署長の許可制度となすとともに、販賣授受に関し厳重な規定をもつて取締に臨むこととした。しかるに一九一二年のヘーグ国際阿片条約及び新たに成立した一九二五年のジュネーヴ阿片会議協定の発効により、その精神にしたがい単行法規制定の必要が生じたので、昭和二年九月関東庁令第五十四号をもつて麻酔剤取締規則を公布した。すなわちモルヒネ、コカイン、それらの塩類、誘導体又は透導体の塩類若しくは以上の薬品含有物及びこれらのものと同一效力を有すると認める薬品で、関東長官の指定したものをすべて麻酔剤の範囲に入れ、すなわち従来の法規中に包含されていなかったヘロインその他の誘導体をも一律に取締ることとしてその輸入の取締を厳重にし、違反者に対しては体刑の制度を設け、その取締の徹底を期したのである。

しかるにその後時日を経るにしたがい、麻薬類の害毒防止上、一層国際的協力が必要となつて、昭和六年(一九三一年)ジュネーブにおいて麻薬ノ製造制限及分配取締ニ関スル条約が締結されるにいたり、昭和十年六月三日批准書寄託によつて日本も当事国となつたので従来の規則中、不備の点を補正した昭和十年九月関東局令第五十八号による麻薬取締規則を制定公布し、同年十月一日から施行した。本規則は前記条約に適合せしめるため麻薬の製造制限及び分配取締に関する事項その他取締に必要な事項を規定したものである。

昭和十二年十二月一日満鉄附属地行政権の満洲国移譲に伴い、その後わが麻薬取締は関東州内のみに限定されるにいたり、一層その徹底を期した。

第九節　家畜傳染病予防

管内に発生する家畜伝染病は鼻疽、炭疽、牛疫、狂犬病、豚コレラ、豚疫等を主とし、牛肺疫、口蹄疫、家禽コレラ、家禽ペスト、豚丹毒等がこれに次ぎ、まれに羊痘、気腫疽があり、これらの発生はほとんど病毒常在地たる対岸山東省及び満洲の復縣、荘河縣を主とし、その他満鉄附属地の接壌地あるいは遠く奥地方面であった。

関東州における家畜伝染病に関しては明治三十九年二月関東州民政署令第三号をもつて獣類取扱規則を制定し、内地における獣疫予防法規に準じて予防方法を講じたのが最初である。その後牛疫及び鵞口瘡（口蹄疫）の大流行を見るに及んで、明治四十二年五月牛疫及鵞口瘡予防心得を通牒した。次いで四十三年旅順港取締規則及び大連港則を定め、また右両港以外の港湾に施行するため船舶取締規則（大正二年十月関東都督府令第三十三号）を公布、翌三年一月一日から施行して海路輸入の獣類、皮革、毛骨、生肉等の検疫を行なつてきた。越えて大正三年十二月関東都督府令第三十六号をもつて獣疫予防規則を公布し、翌四年一月から施行して輸入獣畜に対する海陸両方面の検疫、血清類の強制施行、強制殺処分及び同処分に対する手当金の下付等の途を講じ、従前の獣類取扱規則を廃止した。

満鉄附属地においても関東州内の取締規則に準じて予防法を講じたが、年々各地に牛乳営業者が増加し、一方畜産に関する諸施設興隆の機運に向つたので、家畜伝染病予防の適正を期する必要を認め、大正八年三月獣疫予防規則を改正して満鉄附属地にもこれを適用し、管内全般にわたる防疫網を布設し、満鉄附属地の獣疫予防に要する諸経費は満鉄会社をして負担せしめた。次いで内地における獣疫予防法の改正に対応し大正十三年七月関東庁令第四十号をもつて家畜伝染病予防規則を制定公布し、獣疫予防規則はこれを廃止した。更に大正十五年六月関東庁令第三十一号をもつて畜牛結核病予防規則を制定して時代の要求に応ぜしめたが、当時満洲各地に牛疫が流行し、従来の輸入牛に対する検疫方法のみでは予防上遺憾の点があつたので、昭和六年十一月家畜伝染病予防規則の一部を改正（関東庁令第三十五号）して関東州内の畜牛特に大連の乳牛の保全上、検疫の完壁を期するため関東州外から陸路大連市内に輸入する牛に対しては大連周水子家畜検疫所において検疫を施行することとした。

輸出獣骨の取締については大正の末期ころ満蒙から日本内地に輸出した獣骨に炭疽病の発生があり、殊にその最需要地である鹿児島縣下に炭疽病の発生を見るにいたつた結果、種々世論が起つたので、昭和二年四月関東庁令第十九号をもつて関東州及南満洲鉄道附属地輸出獣骨消毒規則を制定し、内地に輸出する獣骨は強制消毒することとした。

狂犬病予防、畜犬取締に関しては明治三十九年八月畜犬取締規則（関東州民政署令第二十六号）を公布したが、大正二年八月これを改正（関東都督府令第二十二号）し、十月一日から犬牌制度を採用施行し、旅順、大連の市街地及びその附近の一部における飼犬に対し、犬牌（手数料金五円）を、その他の地方においては自製の牌子を装着せしめて野犬との識別を定めてきたが、犬牌制度施行区域外の地における犬の飼養管理は放縦に流れ、人畜の被害少なからざるものがあつたので、昭和九年三月関東庁令第十号をもつて畜犬取締規則を改正し、犬牌制度施行地域を関東州一円に及ぼした。以後畜犬の隆盛に伴い、犬の飼養頭数の増加にかかわらず犬牌下付数の漸減は無届飼養の激増を示すゆえんなるにかんがみ、犬牌料金の地域別調整を講じ、一方州内各警察署に野犬駆除人夫を常置し、犬牌なきもの、狂犬病又はその疑あるものはこれを駆除し、飼犬に対しては毎年一回ワクチン注射を施行して狂犬病の予防撲滅につとめた。

第三章　文教・社会

第三章　文教・社会

第一節　教育概説

一　教育制度　満洲におけるわが教育制度は、言語や教育目的、したがつて課程の相違から日本人教育、満支人教育及び日、満支人共学制教育の三つの方法により、おおむね初・中等教育においては日・満支分離主義を採り、専門及び大学教育は共学制を採用した。

イ　日本人教育　日本人に対する教育には小学校、実業補習学校、中学校、高等女学校、実業学校、師範学校、高等学校、専門学校、大学等があり、すべて内地の諸法令を援用してきたが、一面該地の環境と生徒児童の将来の生活上の要求とに徹し、学科目、教材の選択取捨上、教授訓練に必要な参酌を加えてきた。しかして小学校教育は従来全然自由教育で就学を強要しなかつた。また関東州外の地域における朝鮮人教育はおおむね朝鮮総督府普通学校規程に準拠してきた。

昭和十二年十二月、日本国の満洲国における治外法権の撤廃及び満鉄付属地行政権の移譲に関する日満条約実施の結果、満洲国における日本の行政権は喪失したが、ただ日本人子弟の教育行政権は当分の間、日本側に保留されることとなつたので、以後在満日本大使館教務部の管掌の下に小学校は在満学校組合で、中等学校は在満学校組合連合会で、その他の学校は満鉄等で経営されることとなつた。しかして右日本人教育費の負担は日満両国政府、満鉄及び在満学校組合の四者において一定の割合をもつて分担した。

昭和十六年四月、日本内地においては国民学校制を施行し、これによつて初等普通教育は従来の小学校に代つて国民学校において実施されることとなつた。これに順応して関東州及び満洲国における小学校も国民学校の制度に改められた。

昭和十八年四月、在関東州及満洲国帝国臣民教育令（同年三月勅令第二百三十八号）が施行され、ここに初めて在住日本人についての学制が明らかにされるにいたつた。すなわち関東州及び満州国における(一)普通教育は国民学校令（昭和十六年勅令第百四十八号）、中等学校令（昭和十八年勅令第三十六号）中の中学校及び高等女学校に関する部分並びに高等学校令（大正七年勅令第三百八十九号）に依り、(二)実業教育は中等学校令中、実業学校に関する部分に依り、(三)専門教育は専門学校令（明治三十六年勅令第六十一号）に、大学教育及びその予備教育は大学令（大正七年勅令第三百八十八号）に依り、(四)師範教育は師範教育令（昭和十八年勅令第百十九号）中、師範学校に関する部分に依り、しかして(五)青年学校教育は青年学校令（昭和十四年勅令第二百四十五号）に依ることとしたのである。なお右諸学校令に依る場合、関東州又は満洲国における特殊の事情に依り特例を設ける必要があるものについては駐満全権大使が別段の定めをすることができるものとした。

右教育令において国民学校令に依ることとなつた初等普通教育は、以後日本内地と同様義務制となつたのであつて、これは特記すべきことである。

なお在関東州及満洲国帝国臣民教育令に依る国民学校、中等学校、高等学校、専門学校及び師範学校の児童、生徒、卒業者等の在内地他の学校への入学及び転学に関しては、昭和十八年五月文部省令第六十三号に依り、それぞれ国民学校令、中等学校令、高等学校令、専門学校令及び師範学校令による各学校の児童、生徒及び卒業者と同一の取扱をうけ得べきことが規定された。

ロ　満支人教育　満支人教育は文化の促進と日本語の普及並びに日満親善を図り、彼我提携して満洲の開発に資することを期し、施設としては初等教育に普通学堂及び公学堂、中等学教育に中学堂、実業学校に実業学堂、師範教育に師範学堂を設けたが、他面別段支障のない限り、満支人に日本人教育の各学校に入学することをも認めた。

初等教育において概して日本人との間に分離主義を採つたのは、日本国民としからざる者との間に教育上の目的を異にするため、教課に相当の差異があるからである以外に、各自能う限り短日月をもつて自国の言語文章に通じ、実際生活に適応する知識を授ける上に、分離して教育する方が効果的であるという理由に基づくものである。

昭和十二年十二月の日本国の満洲国における治外法権の撤廢及び満鉄附属地行政権移譲の日満条約実施に際し、従来満鉄会社等において経営してきた満支人教育施設は、あげて満洲国側に移譲された。

満鉄付属地における教育行政は明治三十九年八月の満鉄会社設立に関する逓信、大蔵、外務三大臣の命令に基づき、満鉄会社が政府から委ねられた事項の一であることはすでに随所に述べたところであるが、以来会社は三十年余、その間、常に時運情勢に順応して鉄道付属地はもとよりその接壌地域及び吉林、哈爾浜、鄭家屯等にわたり、あまねく日鮮満三民族を収容し、下は幼稚園から上は大学にいたる教育体系を包含する大施設の完備に努力してきたのである。

二　教育行政

教育行政地域は大別して関東庁管内と領事館管内とに分けられ、関東庁管内は関東長官がこれを管掌し、領事館管内は領事及び外務、文部両大臣の管掌するところとなつていた。

関東庁管内は更に関東州と満鉄付属地とに分けられ、関東州内は直接関東庁の管理監督に属し、満鉄付属地は満鉄会社の教育行政の上に関東長管の監督行政が及んでいた。その後満洲国が成立し、また同国の健全なる発展にかんがみ、日満議定書の趣旨によつて両国一体の実を挙げるべく、昭和十二年十一月五日新京において「日本国の満洲国における治外法権の撤廢及び満鉄付属地行政権の移譲に関する日満条約」が締結せられ、同年十二月一日にその実施を見たが、同条約の定めるところに基づき、満洲国における日本人子弟の教育行政は当分の間日本国側に保留されることとなつたので、昭和十二年十二月一日勅令第六百八十号「満洲国駐剳特命全権大使ノ神社及教育ノ行となり、かつ同年十二月勅令第六百八十一号「在満洲国大使館ニ教務事務官等ヲ置クノ件」（参照前記と同じ）により、在満洲国大使館に教務事務官以下の職員が配置せられ、同時に訓令をもつて同大使館に教務部が設置された。その後昭和十五年勅令第二百六十八号「関東局ニ在満教務部ヲ設置スル等ノ件」（前編四一〇ページ参照）により、昭和十五年四月十五日関東局に在満教務部が設置せられ、同教務部は在満洲国大使館教務部の管掌していた満洲国における神社及び日本人教育に関する行政を継承した。

関東州における教育行政機関としては、部局として関東局官房、関東州庁内務部及び大連市に各学務課を置き、旅順市及び各民政署庶務課に学務係を置いてこれに事務官、視学官、技師、教育主事、属、視学、教育書記等を配置し、教育の実際及び事務の視察、指導監督並びに教育に関する諸般の調査研究を担当させた。しかして初等教育施設は大連市、旅順市及びその他の地方においては民政署が第一次監督機関で、州庁は第二次監督機関であつた。また高等普通教育（中等教育）、実業教育等は関東局が直接監督した。従来関東局官房学務課はもつぱら関東州内の神社並びに教育行政を管掌するところであつたが、関東局に在満教務部の新設されたに伴い、満洲国並びに関東州における神社並びに教育行政の一体化を図るの必要があるので、官房学務課及び在満教務部教務課を一体的にし、満洲国における神社及び日本人教育並びに関東州における神社及び教育行政の一元的取扱をなすにいたつたのである。

満鉄会社の教育行政機構はその施設の拡大とともに増大された。すなわち、その開始当初は地方課に学事係を設けて教育事務を管掌せしめたが、大正八年会社職制の改正に伴い、新たに学務課を設けるにいたつた。学務課には視学を置き教育事務の視察指導及び教育に関する事項の調査研究に当らしめるほか、学事、初等教育、中等専門教育、青年教育、図書館、体育及び委託小学校の七係を設け、諸般の事務を掌理させた。

三　学校経営　学校を経営するものは、国（官立）、関東州地方費、関東州の市（以上公立）及び満鉄会社その他団体あるいは私人（私立）であるが、在満教務部設置後満洲国内には日本国法人である在満学校組合及び同組合連合会経営の学校が大半を占めるにいたつた。

イ　関東州管内　官立には関東局直轄学校としての旅順工科大学、旅順高等学校、大連経済専門学校（旧大連高等商業学校）、旅順医学専門学校、旅順師範学校、旅順臨時教員養成所があるほか、非直轄の中学校、高等女学校、高等公学校、女子高等公学校、家政女学校、工業学校、農業学校、実業学校、公学堂（高等公学校附属）等がある。公立学校には中学校、高等女学校、実業学校、青年学校、盲唖学校、国民学校、公学堂及び普通学堂がある。また私立学校には満鉄が大連に設置した南満洲工業専門学校をはじめとして、高等女学校、商業学校、青年学校、各種学校、幼稚園等があつた。

ロ　在満教務部管下　満洲医科大学は満鉄会社において経営し、在満師範学校は在満教務部の所管とし、中等学校は在満学校組合連合会、青年学校、初等学校及び幼稚園は在満学校組合の経営となつていた。

在満邦人子弟の急激なる増加により、在満国民学校の激増に伴う教員の補充対策として昭和十六年度において新京特別市に官立師範学校を創設、同年五月開校直ち授業を開始したが、その後牡丹江にも在満師範学校を開設した。

なお、私立青年学校もあつて、これらは当該学校設立者において経営した。

満洲開拓移民の送出開始後、入植邦人の数は漸増し、これに伴つて当然子弟教育施設を必要とするにいたつた。開拓地における学校経営は一般満洲地域の国民学校と同様であるが、初等学校にあつては開拓地の特殊事情を参酌し、学校開設当初は開拓団の団長に経営を委託し、開校後一年ないし二年を経過して教員並びに設備の整うのを俟つて在外指定学校に指定し、同時に学校組合の直営に移すこととしていた。

在満日本人教育費各負担区分表

単位円

負担別 年度別	日本国 金額	日本国 %	満洲国 金額	満洲国 %	満鉄 金額	満鉄 %	学校組合 金額	学校組合 %	合計 金額	合計 %
昭和一三	四、〇〇〇、〇〇〇	三三	三、三六〇、〇〇〇	二七	二、七四〇、〇〇〇	二二	二、一九四、〇〇〇	一八	一二、三九四、〇〇〇	一〇〇
一四	五、五〇〇、〇〇〇	三四	四、五一九、三一五	二八	三、二五二、三三六	二〇	二、八七四、六二三	一八	一六、一四六、二五三	一〇〇
一五	八、六三〇、〇八八	四〇	六、一八一、九八六	二八	三、三五二、三一六	一五	三、六六三、一一六	一七	二一、八二七、五〇六	一〇〇
一六	一二、八四二、九二二	四四	八、三二三、八二二	二六	三、三五一、七三七	一二	四、七〇二、九三三	一六	二九、一三〇、四二一	一〇〇
一七	一八、七六三、七五六	四四	一一、五〇四、四九三	二七	四、五五一、一五八	一一	七、八四八、三〇七	一八	四七、六六七、七一四	一〇〇
一八	一九、七八七、四七二	四二	一三、五九六、五四八	二七	四、一〇〇、五七九	九	一〇、六五八、三三九	二二	四七、一四二、九三八	一〇〇
一九	二二、三七三、五〇〇	四四	一三、五五五、三六五	二七	三、二二二、〇〇〇	六	一一、九八五、六五〇	二三	五一、一三六、五一五	一〇〇
二〇	二二、六〇〇、一四四	四七	一三、〇七六、六五七	二七	二、〇〇〇、〇〇〇	四	一〇、六八三、五四〇	二二	四八、三六〇、三四一	一〇〇

備考　右金額は協定による負担率が教育費に分かれ、かつ各教育費ごとに経常費及び臨時費に分かれて定められているのに対し、一般教育費及び開拓地負担合計金額を示したものであり、したがつて％は合計額の比率である。

第二節　学校教育の施設

一　**関東州**　関東州における教育施設は、明治三十七年十二月、日露戦争のたけなわであつたころ、金州軍政署が支那人に対する初等教育のため、地方の有志を勧奨して南金書院民立小学堂（翌三十八年九月民立の制を改めて関東州公学堂南金書院と改称し、関東州民政署に移した）を開設せしめたのを最初のものとし、次いで日本人児童のため明治三十九年五月大連及び旅順に小学校が設置された。その後教化の発展と時代の要求によつて遂次高等普通、実業、師範、専門、大学等各教育機関が創設拡充されるにいたつた。

イ　初等普通教育　小学校については、明治四十一年二月に制定された関東都督府令第五号関東州小学校規則によつて、大体内地の教育制度に準じて諸般の施設が行なわれた。

昭和十六年四月学制改正によつて内地においては国民学校令（同年勅令百四十八号）を施行し、初等普通教育は、従来の小学校に代つて国民学校において実施されることとなつた。これに順応して各外地においてもそれぞれ小学校制を国民学校制に改めることとなつたが、関東州においては昭和十六年四月関東局令第四十号をもつて制定された関東国民学校規則により、国民学校についての諸般の施設が行なわれた。

昭和十八年三月勅令第二百三十八号在関東州及満洲国帝国臣民教育令が公布され、また同月関東局令第三十五号関東州国民学校規則の制定があつて、同年四月一日以後初等普通教育は内地の国民学校令に依り行なわれることとなり、したがつて、関東州においても国民学校教育はここに初めて義務制となつたのである。

満支人児童に対する初等教育施設である公学堂及び普通学堂は、大正十二年三月の制定にかかる関東庁令第十三号関東州公学堂規則及び同第十四号関東州普通学堂規則によつて諸施設が行なわれたが、等しく初等教育機関である国民学校とその内容と程度において多才の相違があることは、国民教育としからざる点の差異が生ずる当然の結果である。なお、昭和十四年五月関東州市制の改正に伴い、市の区域における小学校（国民学校）及び公学堂はいずれも公立に改められた。

ロ　高等普通教育　中学校は昭和六年四月に制定された関東庁令第九号関東庁中学校規則により、高等女学校は大正十年三月に制定された関東庁令第十四号関東庁高等女学校規則によりまた高等学校は昭和十八年関東局令第五十八号旅順高等学校規則によりいずれもほとんど内地の学校とその内容を同じくしてきたが、昭和十八年四月実施の在関東州及満洲国帝国臣民教育令第二条により、それぞれ中等学校令（昭和十八年勅令第三十六号）中中学校及び高等女学校に関する部分並びに高等学校令（大正七年勅令第三百八十九号）に依ることとなり、これとともに、関東庁中学校規則は同年局令第三十七号、関東庁高等女学校規則は同年局令三十八号、旅順高等学校規則は同年局令第五十八号によつてそれぞれ新学制に即すよう改められた。満支人に対する高等普通教育機関には旅順高等公学校中学部及び金州女子高等公学校があり、これらについては昭和七年四月に制定された関東庁令第七号旅順高等公学校規則により諸般の施設が行なわれてきたが、満支人に対する教育の点で制度上特異性をもつていた。

八　実業教育　工業学校、商業学校、農業学校はそれぞれ昭和十年四月関東局令第十九号大連工業学校規則、大正十二年三月関東庁令第十一号大連商業学堂規則、同第十二号金州農業学堂規則及び昭和十六年四月関東局令第三十九号金州農業学校規則及び同十七年四月関東局令第五十三号大連商業公学校規則によつて施設された。以上の高等普通教育、実業教育はすべて官の施設によるものであるが、公立及び私立の教育施設は大正十五年六月関東庁令第三十号関東州公立学校規則及び大正十一年五月関東庁令第四十号関東州私立学校規則に準拠して経営されてきた。

昭和十八年四月、帝国臣民教育令旋行により、同令第三条の規定で、日本人実業教育は中等学校令中実業学校に関する部分に依ることとなり、これに伴い、関東州実業学校規則（同年関東局令第三十九号）を制定して関東州の実情に即せしめるよう改めた。

二　師範教育　師範教育は日本人教員を養成する施設と満人教員を養成する施設とに分けられた。日本人教員は従来ほとんど内地府県の師範学校出身者を採用してきたが、女子教員については昭和四年以降旅順高等女学校に補習科乙部を附設し、高等女学校卒業者に二年間（当初は一年）の教育を施して教員資格を授与し、これを小学校又は公学堂に配置してきたが、昭和十一年関東局は旅順に男女の両師範学校を設置して師範教育を確立した。しかして以上の両師範学校は関東局の直轄に属し、その卒業生は関東州のみならず全満の小学校（後に国民学校）及び関東州の公学堂に配置された。

昭和十六年内地の学制改正に順応し、前記男女師範学校を統合して専門学校たる旅順師範学校となし、これに男子部、女子部及び専攻科を設けたが、更に同十八年の帝国臣民教育令施行により、同令第五条の規定で、師範教育は師範教育令（昭和十八年勅令第百九号）中師範学校に関する部分に依ることとなつた。これに伴い、同年三月関東局令第四十号旅順師範学校規則を制定した。

満人教員の養成については昭和七年四月関東庁令第七号をもつて旅順高等公学校の設置を見、同校に師範部が附設されたのであるが、後にこの師範部は前記の旅順師範学校に統合された。

ホ　その他特殊教育　特殊教育施設は主として官の直営にかかり、盲唖学校（昭和十二年四月関東局令第三十一号大連盲唖学校規則）、家政女学校（昭和五年四月関東庁令第二十三号関東州家政女学校規則）、幼稚園（昭和十八年八月関東局令第九十七号関東州幼稚園規則）及び書房（昭和二年四月関東庁令第十七号関東州書房規則）等があつて、それぞれ下記括弧内の規則に準拠していた。

へ　大学及び専門教育　大学には旅順工科大学があり、専門学校には大連高等商業学校（後に大連経済専門学校となる）、南満洲工業専門学校（大連）、旅順医学専門学校及び旅順臨時教員養成所があつた（大正十一年四月関東庁令十八号「旅順工科大学ニ関シテハ大学規程ニ依ルノ件」、同十六年四月関東局令第四十三号大連高等商業学校規則、同十八年四月関東局令第五十七号旅順医学専門学校規則）があつた。右のうち南満洲工業専門学校は満鉄会社の設置にかかるものであつた。昭和十八年四月帝国臣民教育令第四条の規定により、専門教育は専門学校令（明治三十六年勅令第六十一号）に、大学教育及びその予備教育は大学令（大正七年勅令第三百八十八号）に依るべきことが明定された。

二　満鉄附属地その他満洲地域　明治三十八年十月安東軍政署により安東日清学堂内に日本人子弟のための尋常高等小学校が附設されたのを最初とするが、その後軍政の撤廢に伴い、翌明治三十九年九月関東都督府の開設となり、その下に満鉄付属地の各地に居留民団並びに居留民会が設立され（明治四十年一月関東都督府令第六号に基づく）、注、教育のことはすべてその地方の民団及び民会の手にゆだねられた。一方明治三十九年八月一日三大臣の命令書により、南満洲鉄道株式会社は鉄道及びその付帯事業の用地内において、教育その他の地方施設をなすべきことを命ぜられ、これに伴い前記地域内の学校設立経営に当ることとなつた。

明治四十年四月一日満鉄会社創立当時における付属地及びその付近の教育施設は、軍政時代から存續した前記安東小学校のほか、明治三十九年五月営口軍政署の設立にかかる営口小学校、同時期に遼陽キリスト教青年会の創立にかかる遼陽小学校、同年十月奉天居留民会の設置した公立奉天小学校、同四十年三月大谷派本願寺布教師の開設した撫順千金寨小学校及び奉天城内の本願寺出張所付属の小学校である清語学堂であつた。すなわち公立小学校としては安東、営口、奉天の三校、私立小学校としては遼陽、撫順の二校及び清語学堂一校合計六校にすぎなかつたのであるが、付属地教育事業の経営を命じられた満鉄会社は、さしむき居留民会にその経営を行なわせ、会社は校地、校舎の貸与、補助金の交付等によつて奨励につとめた。次いで同年十月付属地内における居留民会の廃止（関東都督府令第五十四号）に伴い逐次会社の経営に移した。当時付属地における公立小学校は前記二校に瓦房店及び大石橋におけるものを加えて四校、児童数はわずかに三九六人にすぎなかつたが、その後熊岳城、奉天、公主嶺、長春その他の鉄道沿線主要地に順次開設されるにいたつた。なおさきに開校した安東及び営口の両小学校は、当時いずれも満鉄付属地外にあつて、同地居留民会の経営であつたが、安東は大正六年に、営口は同十二年にいずれも満鉄会社に移管された。また満鉄付属地以外の領事館所管に属する各地方にも邦人の居住者が漸増し、殊に奉天城内、吉林、哈爾浜及び鄭家屯の四地方の小学校は従来それら地方所在の居留民会（領事の監督に属する）の経営に属したが、後にこれを満鉄会社の委任経営に付することとなつた。以来満洲の開発に伴い、殊に満洲事変後全満にわたり急激に膨脹した日本人子弟の教育のため、付属地外各地日本人民会経営の小学校をも満鉄会社において各民会から委託をうけて、昭和十一年三月からは一括会社の経営するところとなつた。当時の経営小学校の数三十九、児童数二万八千であつた。

次に朝鮮人の移住者漸増に対処するため、昭和二年朝鮮総督府、満鉄会社協議の結果、従来同総督府補助の下に朝鮮人居留民の経営にかかる満鉄付属地及びその付近の普通学校等の初等学校に対しては満鉄会社から経費の補助並びに若干名の教員を派遣することとし、この補助をうける普通学校その他は十七校に及んだ。

中等学校は大正八年四月に中学校を、翌九年四月に高等女学校をいずれも奉天に設置したのを初めとして、遂次増設充実を図り、中学校を鞍山、撫順、安東及び長春に、高等女学校を撫順、長春、安東及び鞍山に順次設置したが、満洲各地の発展に順応して特に実業教育の必要を認め、大正九年四月長春に商業学校を設置した。このほか営口及び遼陽に商業学校を、熊岳城及び公主嶺に農業学校を、撫順に鉱山学校を設置したが、これらはいずれも組織を変更して商業、農業及び工業の各実習所と改め、堅実な職業に従事せんとする者のための教育施設とした。一面また公学堂、日語学堂等を設けて満人子弟の教育に留意し、序を遂つて日満人の中等教育機関から商工農鉱の実業教育機関、医工の専門教育機関を設立してきた。

さきに満鉄会社は明治四十四年六月奉天附属地に日満人共学の南満医学堂を設置し、医師の養成につとめることとしたが、大正十一年五月、これを大学に昇格せしめ、満洲医科大学とした。また満人に対しては特に同大学専門部を附設して専門学校程度の医術を教授し、卒業生に直ちに開業の道を開いたのである。

昭和十二年十二月一日に実施された日本国の満洲国における治外法権の撤廃及び満鉄付属地行政権の移譲ないし調整に伴い、在満日本人の教育機構は改革され、各種の教育施設は医科大学等特殊のものを除いて全部満鉄会社の手を離れ、その後満洲人教育に関する施設は満洲国に、日本人教育に関する施設は日本国法人である日本学校組合普通学校組合及び在満学校組合連合会に移管された。特に朝鮮人系である普通学校組合は昭和十五年四月一日小学校組合と改称、次いで昭和十六年四月一日国民学校制度の実施に伴い、日本人学校組合とともに在満学校組合と改称した。しかして満洲国内における日本人教育行政は在満洲国日本大使館に教務部を設け、これに当らしめたが、同十五年四月関東局に在満教務部を設置して大使館教務部の事務を継承せしめた。

師範教育については、在満師範学校を昭和十六年四月に新京に、同十九年四月に牡丹江にそれぞれ設置し、在満教務部の直轄とした。在満師範学校は、当時日本開拓民の飛躍増加に伴い、在満国民学校の増設が著しくなつたので、これに対応して開拓地教育に重点を置く教員の養成機関として設けられたものである。

昭和十八年四月一日に在関東州及満洲国帝国臣民教育令が施行され、以後在満日本人教育は関東州の日本人教育と同様同令の定めるところによることとなつた。

昭和二十年四月には開拓地農業指導者の養成機関として、在満教務部立の公主嶺農林専門学校が開設された。

注　一般に居留民会は領事館令によつて設立を規制された在留日本人の団体で、法人格はないのであるが、公共事業を行なうもので、おおむね在留邦人一万人以下の地に設置されていた。

第三節　教科書、教員、在外指定学校

一　教科用図書　邦人国民学校教科書は大部分文部省編さんの国定教科書を使用したが、地方的に必要とされる教科目的及びその教材に関しては満洲独自の教科書又は補充教科書を編修してこれを使用させた。また満支人の初等教育に関しては全く特殊の教科書を必要とするので、その編さんした教科書は数十種に及んでいる。昭和十五年には在満教務部に編修課を設置し、これらの事業はすべて編集課の監督下においた。中学校、高等女学校、実業学校等においては文部省検定の教科書中から一定のものを選定して使用させたが、なお満洲の事情に適合した教科書をも編さんしていた。

二　学校教員の資格及び待遇　関東州及び満洲における国民学校の訓導は関東庁師範学校（後に関東師範学校）を卒業した者、師範学校中学校高等女学校の教員免許状を有する者及び国民学校教員免許状を有する者から任用した。なお、昭和十八年三月勅令第二百十四号「在関東州及満洲国国民学校訓導、准訓導及養護訓導免許令」が制定公布され、所定の検定に合格した者に対し、大使から免許状が授与される途が開かれた。

関東州における官公立公学堂の教諭は、関東州における官公立の国民学校の訓導任用の資格を有し、満語をもって教授できる者は又は満語に通じ二年以上関東州において教育に従事した者から任用した。また満支人で普通学堂及び公学堂の教員となる者のために普通学堂及公学堂教員検定規則（昭和三年三月関東庁令第八号）による検定があった。

師範学校、中学校、高等女学校の教諭は師範学校中学校高等女学校教員の免許状を有する者から任用した。なお中学校及び高等女学校の教員たるべき者を養成する目的で昭和十七年五月関東局令第六十号による旅順臨時教員養成所規則が制定実施された。

実業学校の教科を授ける在外指定学校の教諭、助教諭は学位を有する者、官公立大学卒業者で学士と称することのできる者、文部大臣の指定により実業学校教員となることのできる者、実業学校教員免許状を有する者、文部大臣又は全権大使の認可した者から任用した。

関東局において設置した国民学校、公学堂、中学校、高等女学校、高等公学校、女子高等公学校、関東師範学校、旅順医学専門学校、大連経済専門学校、旅順高等学校、旅順工科大学の教職員は教育事務に従事する文官で官吏とする。その他の学校で在外指定学校であるものの教職員は特に文官と同一の待遇をうけるものとした。右の文官と文官と同一の待遇をうける公立学校の教員との相互間並びに文官と同一の待遇をうける府縣立学校の教職員と文官と同一の待遇をうける在外指定学校の教職員とは相互転任を認められていた。

三　在外指定学校　在満教務部管下の学校はほとんどすべて在外指定学校の指定をうけているため、これらの学校に勤務した教職員は内地の市町村立国民学校、府縣立中等学校の教職員同様、文官たるの待遇をうけ、恩給法の適用をうける特典があつた。関東州内における在外指定学校は東洋協会設置の大連商業学校及び大連女子商業学校の二校あるのみであつた。

第四節　社会教育の施設

一　博物館、植物園及び動物園　旅順博物館（大正十年関東庁令第三十六号に基づく）は、満洲、蒙古及び支那本土における考古美術及び土俗資料を主体とする、もつぱら東亜における古代文化の博物館であるが、本館は別に戦後記念館、植物園及び動物園の附属施設を有していた。

二　図書館　旅順図書館は元博物館の図書部を拡大して独立させたもので、次第に内容の充実を図り、殊に満蒙に関する出版物の蒐集につとめ、大陸的図書館としての特色をもつていた。右のほか大連市には満鉄会社の経営する大連図書館があつて、蔵書三十万冊に及び、また同市内に通俗及び簡易図書館が六館あつた。満鉄附属地においては社会教育施設として奉天図書館を初め瓦房店、大石橋、営口、鞍山、遼陽、奉天八幡町、鉄嶺、開原、四平街、公主嶺、新京、哈爾浜、本溪湖、安東及び撫順の十五図書館が満鉄会社によつて施設経営せられ、その蔵書は同社営大連図書館の分を含め五十二万六千冊に達していた。右のうち奉天図書館は大正六年奉天簡易図書館として沿線各地の図書館とともに開館したが、大正九年奉天図書館と改称し、内容を充実して名声を博し、蔵書六万七千冊に上つていた。

三　体育研究所　関東体育研究所は昭和二年に創設され、体育に関する研究、調査、指導等をなすことを目的とし、旅順運動場及び大連運動場を管理して一般にこれを開放し、社会体育の向上発展に資するところが少なくなかつた。

また昭和九年大連運動場内に体育相談所を開設し、児童生徒及び一般民衆の体育相談に応じその実績見るべきものがあつた。

四　少年団　少年団は学校教育と相まつて少年に対し社会的訓練を施し、健全な奉仕精神を育成する目的をもつて大正十三年一月旅順市に組織され、次いで大連市においても結成された。また少年赤十字団は大正十三年一月初めて金州に設立され、次いでその他の地方においても結成を見た。このほか大連市においては昭和九年八月初めて大連海洋少年団が組織され海浜生活の諸作業に親しみつつ海洋の純潔、大洋の雄大、崇高なる自然に接せしめ兼ねて海防、運輸、交通、水産等の海事思想の養成につとめた。

第五節　神　社

一　神社行政　神社及び宗教に関する行政は当初関東都督府民政部の主管に属したが、大正八年四月関東庁官制の施行とともに内務局の所管となつた。地方の神社及び宗教に関する事務は関東州内においては民政署長が、満鉄附属地においては警察署長がこれを掌理した。神社宗教に関する法令の制定されたのは大正十一年五月勅令第二百六十二号「関東州及南満洲鉄道附属地ニ於ケル神社廟宇及寺院等ニ関スル件」が最初であつて、それ以前は明治四十三年九月民政長官の通牒に基づき、わずかに社寺、教会等の設立その他の事項を処理せしめていたにすぎなかつた。前記勅令の公布によつて関東長官の権限が明確となり、同年十月関東庁令第七十八号関東州及南満洲鉄道附属地神社規則及び関東庁令第七十九号関東州及南満洲鉄道附属地寺院、教会、廟宇其ノ他ノ布教所規則を制定公布し、大正十二年一月からこれを施行して南満洲における神社及び宗教に関する行政の統一整備を図つた。その後通牒をもつて神社の祭祀、祭式及び恒例式並びに神職の奉務及び奉給に関する事項が指示された。

昭和九年十二月の関東局官制実施後は、一般神社及び宗教に関する行政事務は関東局司政部においてこれを主管し、関東州内については関東州庁内務部の主管となし、同部学務課がこれを分掌した。

昭和十二年十二月一日の治外法権撤廃及び満鉄付属地行政権移譲により、日本は満洲国内の宗教行政に関してはその権限を喪失したが、神社に関する行政権は当分の間わが方に保留されることとなつたので、従来行使してきた満鉄附属地における関東局及び付属地外における領事館の神社行政は、一元的に在満日本大使館教務部の管掌するところとなり、在満洲国神社規則（昭和十二年十二月在満大使館令第十三号）を制定公布した。

昭和十五年四月、新たに関東局に在満教務部が設けられて、従来大使館教務部の管掌にかかる事務はそのまま在満教務部に引き継がれた。

昭和十八年六月十七日関東局令第八十三号によつて神社制度調査委員会が設けられ、関東州及び満洲国における神社制度に関する重要事項の調査審議機関となつた。

二　**神社**　神社は昭和十六年五月一日現在で関東州に十二社、満洲国内に百八十七社があつて、これらは大正四年の天皇即位大礼を記念して造営されたものが多く、また、満洲においては特に満洲事変後在満邦人の増加に伴い多数の神社が造営されたのである。

昭和十三年六月一日内閣告示第三号をもつて旅順市に新市街町に関東神宮を創立し、官幣大社に列し、祭神を天照大神、明治天皇の二柱とする旨公示された。同神宮は在満邦人一般の信奉する総鎮護たる神社創建についての各方面の熱烈なる要望に応えて実現されたものである。右により当局は関東局令第八十七号によつて直に関東神宮造営委員会を組織し、関東州庁に造営事務局を設置して五か年の継続事業をもつて造営を進めたが、民間においても同年十一月三日関東神宮奉賛会を組織して造営事業に翼賛するところがあつた。かくして関東神宮は昭和十九年十月一日鎮座祭が執行され、在満邦人崇敬の対象として仰がれるにいたつた。神宮の祭式及び斎戒に関しては官国幣社以下神社祭祀令（大正十三年勅令第十号）第七条に基づき駐満大使の定めるところとなり、また神官職員に関しては昭和十九年九月一日勅令五百三十九号によつて関東神宮職員令が公布された。

地方神社の祭神は天照大神をもつて主となし、また開拓殖産の神として大国主命を奉斎するものも多く、そのほか応神天皇、明治天皇、事代主命、靖国神を祭神とするものもあつた。これら神社の祭祀もおおむね国幣社以下神社の礼典に則つており、神職団体としては関東州及び満洲国内の各神職をもつて組織する満洲神職会が大正九年六月に結成されていた。

第六節　宗　　教

一　新宗教　新宗教に属するものは支那人在来の宗教に属する佛教、道教、儒教、回々教のような宗教を除いては日本人の信仰するものを主とし、これに欧米諸国から傳来したキリスト教を信仰する支那人もあつて複雑多岐である。日本人の宗教施設である寺院、教会、布教所等は各地に設置され、その発端は主として日露戦争の従軍布教に始まる。

神道　神道本局、天理教、金光教、大社教、黒住教、実行教、神理教、御岳教、産靈教

佛教　眞宗（本派、大谷派、興正寺派）、眞言宗（高野山派、醍醐派）、浄土宗（鎭西派、智恩院派）、日蓮宗（元一政派、本門寺法華宗、顕本法華宗）、曹洞宗、臨済宗

キリスト教　日本基督教会、組合基督教会、福音ルーテル教会、天主教、聖公会、メソジスト教会、カトリック教、救世軍、ミカリー教会、ホーリネス教会その他

日本人経営の寺院の類は多くは日本に本山又は本部を有し、管長又は本部長の監督指導を受け教務を執行するのを普通とする。これらの設備としては大連市眞宗関東別院のごとき多数の僧侶を有する堂々たる伽藍があるが、また甚だしく小規模の設備にすぎないものもある。寺院、教会には宗教団体によつては数種の階級を設けているもの

があり、佛教にあつては最初から寺院として設立するものはきわめて少なく、多くは寺院出張所又は布教所の名義をもつて設置し、信徒の増加と寺院建設の資金を得るにいたつた後、初めて本山の承認を受け監督官庁の許可を得て寺号を称するのを通例とする。

宣教の方法は宗教によつてそれぞれの方法に相違があるが、南満洲に行なわれるものは言説、文書及び社会事業によるものに大別することができる。

宗教の用務に携わる僧侶、教師、牧師等の布教者は、その宗教宗派の規程に基づき一定の資格閲歴を有するので、各教派により相違があるが、その進退任免は内地に本山又は本部を有する関係上すべて所属管長の権限に属する。宗教に関する法人は社団三があり、いずれも大正七年以後の設立に属し、一般の宗教宣伝場と同一の目的を有する。

二　在来宗教　元来支那における在来宗教は甚だ繁雑をきわめ、佛教、道教、儒教、回々教等がある。いずれも幾百千年の歴史を有し、民族的に社会的に政治的にすこぶる密接な関係を有する。南満洲における在来宗教に関してもまた同じであるが、その教勢及び内容を調査することは相当困難なるものがある。

在来宗教の殿堂はおおむね廟又は寺院と呼び、中に結構壮麗規模広大なる堂宇がある反面、きわめて貧弱な小祠もある。幾多の種類構造があつて、寺院の設立由来を通観すると四種に分類することができる。すなわち(一)宗教宣伝の道場としているもの(二)靈験により又は攘災祈福のためにしているもの(三)神仏像の発見によるもの(四)戦役記念によるもの等である。道教、佛教等の廟中比較的多数を占めるのは第二の靈験及び攘災等の目的によつて設立されたもので、安産の祈願、子供の出世祈禱、疾病特に悪疫の退治、火難の救済、耕地における害虫駆除、農作物の豊饒祈願等天災地変を避け災禍を除き福利を得むとするもの等である。その他戦役に関するもの及び宗教宣伝の道場として設立したものもまた少なくない。これらはその宗教系統、施設及び実勢力の状態から見ても宗教的機関として見るべきものが多い。また寺廟の設立経営の状態はむしろ日本の寺院教会等のような地位よりもむしろ神社に類似する点が多い。殊に支那帝政時代にあつては政庁に特別の官吏を置き、主として廟宇の事務を掌理せしめ相当の保護を加え、早くから社会的、公共的施設としての待遇を与えたのは、あたかも日本政府の神社に対する関係に似ている。関東州、満鉄附属地及びその附近における寺廟は合計五百三十三（内関東州百六十一）に達し、これを宗教別に区分すれば道教を第一とし、佛教、儒教、回々教、喇嘛教等がこれに次ぐ。仏教、道教の寺廟は関東州内にも相当設立せられ、遼陽、奉天以北にあつてはこのほか儒教、回々教及び喇嘛教等も甚だ優勢である。以上の宗教中仏教及び道教にあつては多くの宗派を生じているが、その内容は次のとおりである。

佛教　賈菩薩派、雲棲派、法眼派、曹洞派、臨済派、毘盧派、雲霞派、雲気派等

道教　竜門派、金山派、華山派、金丹派等

寺廟には所属財産として宅地、家屋、耕地等のような不動産又は動産を所有するものが多く、したがつてその維持経営は基本財産から生ずる収益その他の雑収入をもつてこれに充て、道士、僧侶の生活費もまたこれから支出し、堂宇の新築、改築等多額の費用を要する場合は臨時の寄附又は補助を仰いでいた。寺廟の財産には地方によつて二種の関係がある。一を私産廟あるいは子孫院と言い、他を分産廟又は十方院と呼ぶ。前者は開廟初代僧侶がその私産を代々伝えてきたものであるから、その処分は全く僧侶の任意に属し、後者は篤志者又は公共機関からの喜捨又は補助を蓄積したものなので僧侶、道士において随意にこれを処分することができない。寺廟又は財産の管理はその設立経緯及び性質上の関係によつて各々趣を異にし、当該寺廟の住職、主任、道士自らこれに当るものと会・屯長、商務公議会長、地方庁のごとき公共機関においてこれに当るものとがある。右のうち後者に属するものが少なくない。一般に物価の騰貴と経済事情の変遷とはその維持経営に影響するところ多く、殊に自治経営のものにあつては維持困難なものがある。僧侶、道士中には禁酒、禁煙を旗じるしとする者があり、また回々教の教師中には教規信条を遵奉して堅固なる宗教家的情操を持つ者もあるが、宣教に対して積極的態度を執る者はきわめて少ない。

昭和十六年五月一日現在関東州における社寺教会廟宇の数を示せば次のとおりである。
神道四〇、仏教一〇八、キリスト教三一、道教一四六、回々教二、儒教四、その他二

第七節　社会事業

満洲における社会事業は早くから医療救護事業、生活困窮者の救済事業、児童保護事業等があつたが、労働者の保護、住宅の経営、公益質屋、公設市場等いわゆる経済保護事業並びに矯風その他団体教化を含む社会教化運動は比較的おくれて普及するにいたつた。すなわち明治三十八年日露戦役中日本赤十字社救護員が軍事救護に従事中、支那人疾患者をも救済して仁慈博愛の美風を発揚したことが社会的に非常な好印象を与え、同年十一月日本赤十字社関東州委員部の設置を見たのが救療救済事業の発端である。翌三十九年には被誘拐婦女救済の目的をもつて後の救世軍婦人ホームの前身である満洲婦人救済会が設立された。次いで明治四十年十月関東都督府は関東州公医規則（府令第五十七号）を制定し、開業医のない地方には公医を置いて一般診療に当らせたほか、貧困者の施療、伝染病の予防その他保健衛生をも行なわせた。また翌四十一年支那人に対する救療救護施設として大連宏済善堂が設置されて、管内における社会施設の第一歩はまず救療救護施設から踏み出されたのである。

その後大正元年、明治天皇御大喪に際し下賜された慈恵救済のための金員をもつて恩賜財団を組織し、以来慈恵救済に力を尽すほか、基金の造成につとめ、関東州内救済事業の上に画期的な光明をもたらせた。大正二年には旅順市に鎌倉保育園旅順支部が設立されて、管内児童保護事業の先駆をなした。

その後大正六年七月内地において軍事救護法（法律第一号）が制定公布され、翌七年一月一日から実施されることとなつたが、同年十月三十日軍事救護法施行ニ関スル件（勅令第二百五号）が公布されて関東州における傷病兵、その家族若しくは遺族等の救護に関しては軍事救護法に依ることとなつたので、同年四月二十二日関東庁令第九号

をもつて軍事救護法施行規則を制定公布した。大正十五年にいたり大連市に大慈園、昭和二年に同じく満洲託児所、翌三年には奉天に小谷育児ホーム等乳幼児保育施設が相次いで設置され、満洲児童保護事業はこの頃から急速度に進展してきた。昭和時代に入つて大連市の人口は著しく膨脹し、これに伴つて生活困窮者は次第に増加の傾向を示してきたので、その救済のため昭和五年十二月関東州に方面委員制度を布き（関東庁告示第二〇号）これを大連市に施行した。この結果救護事業は方面委員の活動によつて非常な効果を挙げたが、また翌六年には社会事業連絡統制のため満洲社会事業協会が設立され、昭和十年三月には大連方面助成会が設立された。関東州内における方面事業の実績が社会的に大きな貢献をもたらせたことが次第に全満に侵潤し、満鉄附属地においては満鉄会社において福祉委員制度を創設して新京、奉天及び安東に実施し、満洲国においても新京特別市に隣保委員の名称をもつて方面事業を布くにいたつた。

経済保護事業については大正八年大連市に社団法人聖徳会が設立され、その事業の一つとして住宅難緩和のための住宅建設事業を実行したが、経営資金は東洋拓殖株式会社を通じて借入れた二百万円の低利資金に依つた。大正九年には満鉄会社において家事講習所を、翌十年には大連市において簡易宿泊所と職業紹介所をそれぞれ設置した。同十一年には満鉄会社の技芸講習所が開設された。更に同年十一月住宅の供給難緩和を図る目的の下に勅令第四百九十四号関東州ニ於ケル住宅組合ニ関スル件が公布され、翌十二月一日から実施された。大連市においては市営住宅経営のため大正十一年から六か年計画をもつて市営住宅の建設に着手した。大正十二年には長春に労働保護会が設立されて無料宿泊所を経営、同十四年には大連に智光院無料宿泊所の開設を見る等失業労働者を対象とする労働宿泊所が相次いで経営されるにいたつた。大正十五年には庶民金融機関として公益質屋法に準拠した大連市常盤質舗の開設を見、更に日用必需品供給のため大連市に小賣市場、中央卸賣市場が開設され、昭和二年には旅順市においても小賣市場の開設を見た。昭和四年には失業労働者への授産事業を目的とする大連力行会が設立され、翌五年には旅順市においても市営住宅の経営をなすにいたつた。昭和七年には大連市に簡易食堂が開設され、更に満鉄会社は同年新京に簡易宿泊所を経営、その後昭和九年にいたり新京職業紹介所を設置して簡易食堂を附設する等経済保護事業は遂年発展の趨勢を示した。

精神的要素を基礎とする社会教化は沿革的には矯風事業として古くから行なわれた。すなわち明治四十年五月には大連禁酒会、同四十四年には大連基督教青年会等矯風事業を目的とする団体が設立されていたのである。社会教化施設としてはその後大正元年労働者の精神修養並びにその向上を目的とする大連聖徳会が設立され、更に旅順、新京、撫順等の各地にも聖徳会支部が設立されて聖徳太子を奉じて労働者の教化につとめ、大正十年には釈放者の教化育成を期するため大連市に爲仁会が設置された。また同年基督教婦人矯風会大連支部が結成されたのを初めとして引續き奉天、新京、安東の各地に矯風会支部が設置され、更に大連禁酒会は昭和四年に日本国民禁酒連盟に加入してその活動力を強化する等漸次矯風事業は進展した。かくしてこれらの諸施設は相提携し、かつ公私団体の協力を得てますますその使命に尽瘁するにいたつた。青少年の精神修養の向上を図るため青少年団が各地に設立されたのは大正十一年十一月の国民精神作与に関する詔書渙発以後に属し、殊に青少年団の普及は昭和四年国民総動員の下に開始された教化運動に刺激されたものが多い。またこの間婦徳養成のため各種婦人団体が創設されたものも相当あるが、更に満洲事変以来婦徳の養成、軍人遺家族の慰問救護を旗じるしとする婦人団体が著しく増加するにいたつた。大正十四年十二月には関東州及び満鉄附属地における教化事業助長奨励の目的の下に恩賜財団教化事業資金が組織され、上述各種教化団体の助成並びに国民精神作与を目的とする講演会その他必要な事項を実施するにいたつた。その後昭和四年開始の教化総動員を契機として各地に存在する青少年団、婦人団体その他の教化団体を打つて一丸とする教化連盟が組織された。また昭和六年には全満婦人団体連合会、昭和八年六月には愛国婦人会満洲支部、昭和十年五月には大日本国防婦人会満洲地方本部がそれぞれ結成されて、社会教化運動はいよいよ組織的活動の形態を備えて漸次その実績を収めるにいたつた。

なお官の事業として、行旅病人及び同死亡人の取扱は、関東州においては民政署及び市役所が、満鉄付属地においては満鉄地方事務所がそれぞれこれを行ない、阿片その他麻薬中毒貧困患者の施療施設は昭和三年七月関東庁令第三十七号によつて設立された大連救療所及び昭和九年四月勅令第百四号関東救療所官制により設立された奉天救療所の二者があり、大連救療所における昭和九年度中の取扱数は実人員五六四人、延人員一一、一三六人であつた。奉天救療所の昭和十年一月から五月までの分は実人員一四一人、延人員二、四二三人となつている。

第四章　公共施設

第四章　公共施設

第一節　総　　説

一　関東州の州計画　関東州は満洲の門戸を扼し、他方に北支、中支に対する貿易の中継地であるのみでなく、関東州のになう軍事上、政治上、経済上の役割は重大で、各種工業の躍進、人口の急激な増加に従い、立地適性に応じてその利用開発を図り、その特殊使命を達成せしめるため、いわゆる総合計画の理論と実際とを応用し、関東州全土にわたる総合開発計画を樹立する必要があるので、昭和十三年二月勅令第九十二号をもつて関東州州計画令が公布され、同十四年十二月関東州州計画令施行規則（関東局令第百十号）及び関東州州計画評議会規則（関東局令第百十一号）を公布し、同十五年七月一日関東州州計画令を実施するとともに同令施行細則（関東州庁令第五号）をも公布実施し、ここに主要関係法規の整備を完了した。

他方州計画令の趣旨にのつとり各種施設の計画を決定し、事業に着手することとなつた。その主要なものは昭和十二年六月完了の大連駅移転に伴う常盤橋附近交通緩和のため市街計画変更の事業実施、工業用地造成のため大連湾埋立計画の事業実施等である。また諸般にわたる調査研究も成り、殊に大連市勢の活況が著しいことを考慮に入れて昭和十六年二月関東州州計画評議会に附議決定し、左記計画の成案を見るにいたつた。

1　大連市街計画「北部大連及び西部大連馬欄河地区」（昭和十六年関東局告示第二十九号）

2　関東州州計画令第二十条による区域設定（昭和十六年関東局告示第三十号）

3　大連下水道計画「旧市街地の区域」（昭和十六年関東局告示第三十一号）

4　南部大連馬欄河地区土地整備計画（昭和十六年関東局告示第三十二号）

なお関東州州計画令運用上必要な関係法規も逐次公布された。

二　満鉄附属地の市街経営

満鉄会社創業当時の鉄道附属地は、露国の経営が緒についたばかりで放棄せられ、大連を除き遼陽、公主嶺にや、市街の体裁を見られたにすぎずして道路、排水の市街設備はほとんどなく、一朝降雨があれば往来たちまち途絶する状態であつた。

会社は附属地の経営に当るや、もつぱら商工業文化都市建設の方針を確立し、沿線十五の枢要地を選んでその実測を遂げ、市区の計画を樹立した。いわゆる市街経営とは市街の区劃をはじめ、道路、堤防、護岸、橋梁等の築造、上下水道、公園、市場、墓地、火葬場、屠畜場等の設備その他市街の施設、宅地の修築等市街に属する一切の工事を包含し、緩急を図り前後を考えその施設を遂行するものである。

以来三十年（満鉄会社三十年略史刊行時現在まで）、附属地市街は満洲特産集散市場として日支人来集して近代都市を形成してきたが、第一次世界大戦後の経済不況と東三省（東北三省―満洲地域）政府の排日政策に禍され、全般的に市街の発展は停屯し、満鉄会社の市街経営も小乗的に陥り隠忍待機せねばならない状態であつた。たまたま満洲事変の突発によつて満洲国の成立となり、日満経済事情は劃然として緊密化し、対満投資の増加と邦人の対満認識の更新によつて附属地市況は活潑となり、ここに満蒙文化の中心地となるにいたつた。しかして満洲国成立後は日満協同精神にのつとり、附属地と隣接市街の共通都市計画を決定し、常に該地方当局と連絡協調を図り、市街施設の統一化を企て、附属地内外の障壁撤去につとめ、当然きたるべき行政権の移譲に備えたのである。

市街の計画は大体長方形式を採用し、市街の中心地点に広場を設け、道路の構造はマカダム式を用いていたが、その後主要道路にはアスファルト式道路を築造することにした。幅員は五メートルないし三十六メートル道路とし、十メートル以上の道路はこれを車道と歩道に区別し、側溝は掘放、木造煉化造、コンクリート造若しくは石造とした。

市街地の給水は鉄道給水と兼用し、当時二十三か所の市街に給水し、昭和十年度給水量一一二、二三七、四三四立方メートルに達し、防寒の設備には特に苦心するところがあつた。

公園遊歩地の施設もまた早期に意を用い、まず大連、瓦房店、大石橋、遼陽等露治時代に築造したものから整理に着手し、漸次各地に完備し、当時大連星か浦、安東鎮江山、奉天千代田、新京西公園の各公園は全満に誇る設備が施されていた。

その他下水道、橋梁、墓地、火葬場、屠畜場等の市街施設を行ない、医院、学校、図書館、衛生所、消防隊、試験場、公共建物、貸付建物及び事務所等の建設も進捗し、これら地方施設費もまた七九、九二八、四二九円に上つている。

第二節　市区経営

一　関東州

イ　大連　軍政の当初、大連に対する呼称は露名ダルニー若しくは旧名青泥窪を用い、あるいは大連湾（柳樹屯）をもつてしたが、明治三十八年一月遼東守備軍令達第三号をもつて同年二月十一日以後大連と称することに改めた。同年四月大連市街建築取締仮規則（遼東守備軍令達第十一号）及び大連専管地区設定規則（同令達第十三号）を制定し、以来市区設定の方針が定まり、建築物の統制と相まつて後日の都市美を呈する基となつた。

明治三十九年九月関東都督府が設置され、後更に関東庁に移行したが、市街の経営はおおむね軍政時代の方針を継承して行なわれた。しかして人口漸増に伴い市街拡張計画の必要に迫られたので大正八年六月関東庁告示第二十号をもつて街路等級を定め、関東庁令第二十一号をもつて市街計画並びに地区区分を設定し、新たに大連市建築規則(関東庁令第十七号)を制定して従来の仮規則を根本的に改めた。かくて地域制の確立と関連して建築物統制の強化を図り、時運の要求に順応して既定計画の具現につとめた。なお鉄道附属地の市区経営及び大連港湾の諸施設は後記のように官の認可を受けて満鉄会社がこれに当つた。かくして民政当初一万八千八百人の居留民にすぎなかつた大連市内の人口は昭和十五年末においては六十五万六千百八十人に飛躍増大した。

次に満鉄会社の大連における市街施設の状況は次のとおりである。(満鉄会社三十年略史四八五ページ以下)。会社は元来関東州内における市街経営の任務を担当しないが、創業以来の伝統若しくは特殊事情により、会社所有地内において多少の市街施設を経営した。すなわち沙河口鉄道工場及びその社宅地域に道路、上下水道その他の土木施設を行ない、その維持管理に当つてきたが、昭和三年に関東庁に引継いだ。なお東公園町にある露治時代の第二水源地は、その後も会社が所有し、機関区及び埠頭の一部給水に充ててきた。大正八年度から同十一年度にわたり陸軍から譲渡を受けた軍用地区は、他の会社所有地と同称に取扱つた。そのほか星か浦公園、電気公園、北公園そのほか遊歩地、南満洲工業専門学校、大連図書館並びに通俗図書館を施設している。

ロ　旅順　攻囲半歳を経て明治三十八年一月日本軍の占領に帰した旅順は、露国多年の施設物の多くが兵火のために毀損壊滅され、荒廃の状言語に絶した。当時わが当局は大連の経営を急務とし、もつぱら力を同地の土木事業に注いで旅順を顧みるいとまなく、明治四十年一月民政部をこの地に移し、次いで守備隊の増設されるに及びその調査に着手し、同四十三年新旧市街の市区計画を決定した。すなわち大体において露治時代の計画を踏襲し十か年継続事業として新旧市街枢要部における道路、橋梁、下水等の改修及び築造を大正二年までに完了したため、廃残の市街はここに面目を一新した。しかし経済的要素に乏しい旅順の発展は当初予想したごとくでなく、巨費を投じて市区改正を遂行するの必要を認められなくなつたので、大正三年度以降は必要に応じて予算を計上しその施設を進める程度にとどめることとした。

旅順市街は軍用地がその面積の半ば近くを占める関係上、その後の人口増加に対し住宅地の不足を告げるにいたつたため、大正十二年教場溝の埋立及び白玉山西南部山ろくその他の市区計画を増加し、道路、上下水道の施設を完成した。昭和十五年十二月末における旅順市の総面積は六、七九六、二九一坪、総人口は三六、六八六人であつた。

ハ　金州　金州は遼東半島第一の古城で、支那歴代の縣庁所在地であつたため、地方政治の中心であると同時に物資集散の中央市場として古くから著名な地方都市である。
金州城内旧市街は二五五、七五〇坪の地域を占め、幅員四間の十字路を除いた他の道路は幅員一間若しくは三間の小路をもつ雑然たる街なみで、人口周密である。新市街は大正十年の計画にかかり、旧市街の東南金州駅附近約五万二千坪の改域で、翌十一年一部の整地並びに道路敷設に着手したものである。道路は旧市街に通ずる幅員八間道路を中心として、三間ないし七間の道路をもつて駅前満鉄附属地二万七千坪の市街計画とこれを一致連絡せしめた。

大正十二年従来旧市街にあつた金州民政署が移転し、農事試験場の移転及び内外棉花株式会社工場の新設等と相まつて日支人の来住するもの多く、大正十五年四月末においては人口六千二百を算する一市街を現出したので、同年四月関東庁令第十二号をもつて金州市街建築取締規則を制定し、将来発展すべき大体の市街地域に対処するところがあつた。

二　満鉄附属地（満鉄会社施設）

イ　新京　満鉄は日露戦役後、長春城・寛城市間に約四九〇万平方メートルの土地を買収し、明治四十一年度から市街設備に着手し、以来吉長鉄道の建設等があつて、順調に近代都市を形成してきたのであるが、国都建設案決定の後は、満洲国側と緊密な連絡の下に市街を経営してきた。市街は鉄路東部に住宅・商業地域があり、駅前から三幹線道路が走つて首都道路と連絡し、鉄路西部に工場地域を設けた。ほかに公園は附属地西部に西公園を設け、面積四三万平方メートル、緑林清池都会の市民の慰安となるに十分な施設を施した。そのほか下水道、墓地、火葬場等の市街施設は早期に備わり、これらに対し会社は昭和十年度末までに地方施設費として一一、七九二千円を投じている。医院、幼稚園、小学校、中学校、高等女学校、商業学校、図書館、衛生隊、消防隊等も設備した。

本市は明治四十一年三月末に戸数三三四（うち日本人二九二）、人口一、二五五（うち日本人六八七）であつたものが、昭和十年十二月末には戸数一〇、六〇五（うち日本人七、一四八）、人口六三、〇九五（うち日本人三二、四三〇）という増加を示した。

ロ　奉天　この地は南方渾河に臨み、地勢平坦で、西方は一望千里の沃野が展開し、かつ古来満洲の政治上の中心であつたため国道が集中し、商業上も一大中心地をなしていたが、鉄道が、建設されてから後は政治上経済上満洲の一大都市となり、創業当時荒漠たる野原にすぎなかつた附属地は街路整然、大建築軒を連ねて近代都市を形成するにいたつた。満洲事変がこの地に源を発し、満洲の天地をふるわせて以来、奉天は全く新たな使命を負い、交通の利便と水量並びに原料の豊富等によつて、近代商工業都市として南満経済の中心地となつた。明治四十一年三月末の戸数三九一（うち日本人二八二）、人口一、八四六（うち日本人九〇七）は、昭和十年十二月末に戸数一六、八三八（うち日本人一三、七〇九）、人口八四、〇一二（うち日本人六一、三二三）となり、以後ますます発展を見せつつあつた。

会社が継承当時は駅構内の一隅から附属地の北端を貫き、わずかに城内にいたる一線の道路をもつてようやく市街の体裁を備え、その他は寂寥たる平地であつたが、会社は将来の発展を期して大規模の市街計画を樹立し、明治四十一年附属地の西方中央部に新たに大停車場の建築をなし、同時に市街工事を起した。大正九年更に市街拡充の計画をなし、鉄道線路以西を工場地域とし、以東をもつぱら商業及び住宅地と定め、内に円形広場を設けて附近を公共施設用地とした。その後大正十五年附属地東南方の隣接地約一、七二一平方キロメートルを買収し、中国官憲と交渉して附属地同様会社が市街施設を行なうこととし、堤防を南方に移して住宅、商業地域とし、公園及び運動場を設けた。以来市街は南方に伸展するにいたつたのである。

満洲国成立後は大奉天都市計画を決定し、日満協同でその実現に当つた。すなわち鉄道西部に工業地域を設けたが、この地の施設を満鉄会社が施行したのはその一例である。また昭和十年旧わが満洲守備隊跡地付近の市区を変更して鉄路総局の局舎及び病院並びに公共用地の設定等を行なつた。市街は駅前から三大幹線道路が走り、大体放射状碁盤式で道路延長は一二六、二七四メートルであり、公園には千代田、春日の二公園があつた。昭和十一年に春日公園は市区計画にしたがつて縮小されたが、千代田公園は忠霊塔の裏、国際グランドに隣り一九九、〇〇〇平方メートルの面積を有し、自然に恵まれない市民の慰安保健のためあらゆる設備が施されていた。その他墓地、火葬場、葬祭場があつて、これらの市街施設に満鉄が昭和十年度末までに投じた地方施設費は一六、七九四千円である。なお会社が最新の設備を誇つていた奉天屠畜場は、昭和十一年度に畜産工業会社に移譲された。なおこの附属地奉天市街には鉄道総局、満洲医科大学、同大学附属病院、婦人病院、獣疫研究所、中学校、高等女学校二、商業学校、南満中学堂、青年学校、図書館二、消防隊、衛生隊等諸機関の施設を行なつた。

ハ　撫順　明治四十年会社が陸軍から炭鉱の引継を受け、同時に市街敷地を買収し、炭鉱の付帯事業として市区計画をなし千金寨市街を現出した。しかるに大正九年露天掘の進行とともに市街地下の炭層を採掘することとなつたので、同十二年新市街における商業地域全部の不動産買収を決行し、同十三年度から市街の渾河河畔永安台への移転を開始し、昭和四年度末までに予定どおり完成した。この市街は最新の文化的炭鉱都市として誇るに足りる規模並びに施設を有し、昭和十年十二月末には戸数一五、〇六二(うち日本人四、五九六)、人口八九、六四〇(うち日本人二一、五二五）を数えるにいたつた。しかして炭鉱用地五五、七四四、七二四平方メートルを含む撫順市総面積は六一、八三八平方キロメートルに達していた。

市街地移転の過渡期には市街が新旧両者に分れて甚だ不便であつたが、昭和六年度に地方部所管の千金寨市街を撫順炭鉱に移し、新市街を地方部で経営することとした。道路延長三二〇、五九一メートル、下水道、墓地、火葬場、公園等に五、八三七、四〇〇円を投じている。上水道は炭鉱用水の剰余分を供給した。その他医院、幼稚園、小学校、中学校、高等女学校、工業学校、公学校、青年学校、図書館、衛生所、消防隊、公会所等を施設した。

二　安東　安東は日露戦役後軍政署管理当時以来日本居留民団の経営する地域であつたが、大正十二年度から満鉄において一括経営することとなつた。面積四、五一〇、九八九平方メートルである。

会社は安奉線改築、鴨緑江架橋工事の完工と相まつて市区計画を樹立し、市街設備の工事に着手し、大正二年度から給水規則によつて附属地内及び民団区域に給水を始めた。同十年度六道溝上流に貯水池を設けて四五万トン、七〇万トン、二一一万トンと漸次貯水量を増大し、昭和六年度からは満洲国側市街へも給水するにいたつたが、昭和九年夏堰堤決潰のためこれを予備水源となし、沙河鎮水源池を増築して以後本水源によることとするにいたつた。下水道は大正十三年度以来鴨緑江へ自然流下の施設を行なつてきたが、昭和十年度からは雨季には特にポンプによつて排出する設備を施した。

公園は鎮江山腹の約二九七千平方メートルに定められ雄大な景致を呈するにいたつた。

鴨緑江は毎年雨季に増水して附属地市街の浸されること度々あり、防水施設の完備は当初から必要とされていた。会社は鉄橋の上下流に堤防を築き、これを繋船に利用すべく大正十五年度から工事を開始したが、その後都合により計画の一部を残して中止した。しかし右工事によつて市街に浸水することはないようになつた。その他墓地、火葬場、医院、幼稚園、小学校、中学校、高等女学校、青年学校、図書館、衛生所、消防隊、公会所、魚菜市場等の施設をなし、昭和十年度末までに投じた会社の地方施設費は六、一七二千円である。

ホ　営口　北支沿岸貿易の中心地で、早くから牛荘（にゅうちゃん）の名で欧米人に知られていたところである。この地市街は日露戦役後のわが軍政管理のうちに施設経営され、その後日本居留民会の手に移つた。大正二年会社は牛家屯を終点としていた鉄道営口支線を現営口駅まで延長するに際し、三一万平方メートルの土地を買収してその一部を市街地に充当し、次いで大正十二年陸軍から三五万平方メートルの土地を借受けると同時に居留民会経営であつた新市街を会社の経営に移したのである。その後会社経営の地域は一三五万平方メートルとなつた。しかして水道施設は営口水道交通株式会社が経営し、道路（延長一六、五〇九メートル）、下水道、公園、児童遊園、墓地、火葬場は満鉄会社が経営し、その他医院、青年学校、商業実習所、図書館、衛生所、消防隊、細菌検査所等の施設もあつて、昭和十年度末現在会社の投下した地方施設費は一、一九七千円である。

明治四十年三月末の戸数一一八（うち日本人一一一）、人口三七一（うち日本人二五一）にすぎなかつた新市街も昭和十年十二月末日現在の戸数は一、一七九（うち日本人九八〇）、人口五、七七四（うち日本人四、一〇八）を示すにいたつた。

ヘ　遼陽　鉄道附属地内遼陽は面積六、八二八千平方メートルを有し、古都遼陽城内に隣接し、太子河沿岸の平坦地を占めた新興都市には不以合な静寂な趣をもつたところである。

往時東清鉄道会社はここを南部線三大駅の一として計画したが、兵舎、駅舎がわずかに築造されたにすぎずして満鉄会社の手に委ねられた。以後会社機関をはじめ、軍隊、官衛の設置により邦人の来住する者多く、市況も活発であつたが、満洲事変後は一時邦人数の減少をきたした。

会社は市街の設定は露治時代の規模を踏襲し、道路は明治四十年度から必要部分の築造に着手し、延長二〇、八三七メートルにいたらせた。

上水道は露治時代に太子河岸に掘つた井戸を継承して給水したが、その後附属地内に水源池を設けてもつぱら本水源によつて給水するようになつた。なお太子河の洪水から附属地並びに鉄橋を保護するため、大正十三年に大規模な護岸工事を行ない、次いで昭和七年築堤工事を施行した結果、毎年の増水にも被害をうけることが少なくなつた。

市街施設としては白塔を囲むうつそうと繁つた樹木を持つ白塔公園をはじめ、墓地、火葬場、屠畜場、医院、幼稚園、小学校、青年学校、商業学校、図書館、衛生所、消防隊をも設備した。昭和十年度末現在地方施設費二、六二四千円である。

明治四十年三月末戸数一、三五七(うち日本人九五六)、人口四、八七四(うち日本人二、五一一)であつたのが、事変後日本人の減退を見、満人は増加したため、昭和十年十二月末には戸数一、六九二(うち日本人一、〇五三)、人口八、三六二(うち日本人四、〇二一)となつた。

ト　鞍山　大正六年製鉄所の建設に際し、新たに買収した附属地である。

当初製鉄所は出銑一〇〇万トンの計画をたてたため、市街も十五万人を想定し、すこぶる大規模に計画されたのであるが、第一次欧州大戦後の財界不況の影響で製鉄所は著しく縮小された結果、市街の発展も停頓するにいたつた。しかるに満洲事変後日満経済事情の変革と軍需工業興隆の機運に乗じ、昭和八年六月製鉄所は満鉄会社の手を離れて昭和製鋼所と改組され、大増産計画を実施するに及んで市況は急激に回復し、工業従事員をはじめ、戸口数の増加著しきにいたつた。製鋼所用地は鉄道西方にあるので、市街地はこれより発する煤烟を避けるため既往五か年の気象を研究して工場の東南に位置を選定したものである。その面積一八、四四一、四六一平方メートルとなつていた。しかして鉄道東を住宅及び商業地域、鉄道西を中小工場地域とし、一部に工場従事員住宅地域を設けた。

街路はほぼ碁盤型で延長六七、二一四メートルである。

上水道は製鋼所用水の一部を大正八年度から市街へ給水し、事変後の戸口数増加に備えて昭和七年度に製鋼所から水源地を移管し、昭和十年度に貯水池を設けた。下水道は大正七、八年度に施設を行ない、同十二年度から使用規則を施行した。公園は南部の朝日山に設けられ、墓地、火葬場、屠畜場、葬祭場等のほか、医院、幼稚園、小学校、青年学校、中学校、高等女学校、図書館、消防隊及び市民運動場等の設けもある。これら市街地に投じた昭和十年度末現在地方施設費は五、二四三千円に上つている。

大正七年度末には戸数一、四一七（うち日本人九五二）、人口二、六〇四（うち日本人二、〇二二）であつたが、昭和十年十二月末には戸数六、三六八（うち日本人三、八一四）、人口三二、一二七（うち日本人一五、四七〇）を示すにいたり満鉄沿線市街中で奉天、新京に次ぐ増加率であつた。

チ　そのほか　附属地市街地たる開原、四平街、大石橋、瓦房店、公主嶺、熊岳城、蓋平、海城、蘇家屯、鉄嶺、昌図、郭家店、范家屯、本渓湖、橋頭、連山関、鶏冠山等の諸都市に対しても満鉄会社は各地の立地条件に応じた大同小異の地方施設を行ない、その繁栄を基礎づけた。これらのために投下した昭和十年度末現在地方施設費の総計は、鞍上新京ないし鞍山に対するものを除いて一三、六六〇千円余となつている。

第三節　上水道

一　関東州

イ　概説　関東州は年間降水量が六百ミリ程度の寡雨地帯であるため、北辺の州境を流れる碧流河を除いては常流河川として見るべきものなく、したがつて上水道の水源は川底の伏流水あるいは七、八月頃の多雨期に氾濫する濁水を貯水池に貯留して用水に充てざるを得ない実状であつた。しかも貯水池を完成するには結氷の冬季間コンクリート工事を中止しなければならない特殊事情により、少なくとも四、五年の日子を必要としたため、往々にして需用水量に給水能力が追いつかず、断水のやむなきにいたり、大連駅を発車する機関車の用水を五十キロメートル隔たつた旅順から運んだ例も稀でなかつた。すなわち一の拡張工事の完成をまたず、次の拡張工事に着工することを繰り返したゆえんである。

このように上水道の問題は、関東州の施政上最も重要な関心事であつたから、拡張工事財源の一部を公債に仰ぐ必要を生じ、大正十一年三月法律第十五号をもつて関東州事業公債法を制定し、大正十一年度以降昭和九年度まで断続的に公債金を受入れて財源の一部に充当した。給水については大正十五年三月関東庁令第六号関東庁水道給水規則が公布施行された。

ロ　大連上水道　日露戦争前、露国の経営した大連水道はきわめて小規模な一時的仮給水の設備であつて、最大給水量は一千百トン内外にすぎなかつた。

わが施政後市街地の拡張、人口の激増、工業の発展により需要水量は逐年増嵩の傾向をたどつたので、新水源を確保するため拡張工事を逐次実施した。拡張工事は明治三十九年に着工の第一期工事以来昭和十三年着工の第六期工事（一部未完成）に及び、昭和十五年十二月末までの投資額は四千五百九十七万円余に達した。主要水源としては馬欄河水源、王家店水源、栾家屯水源、竜王塘水源、大西山水源、牧城塘水源、凌水寺水源、玉の浦水源、黄泥川水源等がある。

ハ　旅順その他の上水道　旅順、金州、普蘭店及び貔子窩においても関東庁の直営をもつて上水道施設の整備拡充につとめたが、規模は次のように比較的に小さい。

1　旅順　竜眼水源池、寺溝水源池、大孤山水源池、下寺溝水源池及び松樹山水源池により一日の給水能力三千七百五十トン

2　金州　給水能力一日二千二百トン

3　普蘭店　給水能力一日千五百トン

4　貔子窩　給水能力一日四百トン

二　満鉄附属地

イ　新京上水道　附属地北端の二道溝に水源井戸を設け、大正二年から給水したが、市街の発展に伴い次第に水源井戸を増設し、殊に満洲事変後は苦心して遂に附属地の給水に支障なきにいたるまでの施設を行なつた。なお附属地外の給水には満洲国の国都建設局の水道が敷設されていた。

ロ　奉天上水道　水道は豊富な渾河の地下水を利用し、市街給水を目的として大正元年度に起工、同四年度から給水を開始した。その後昭和四年度に千代田公園に給水塔及び井戸を作り、同七年度に春日公園に水源地を新設して市街発展に備えた。なお昭和十一年度以降鉄道西方の工業地域にも給水した。

ハ　撫順その他の上水道　撫順、安東、営口、遼陽及び鞍山における上水道については、第二節の市区経営の各地の施設中に記述した。

給水については満鉄会社で給水規則を定め受益者との間に契約を行なつた。

第四節　下　水　道

一　関東州

イ　大連下水道　日露戦役での占領当時大連にはわずかに旧行政区（元露西亜町）の一部に不完全な溝渠があつたのみであるが、明治三十九年に総工費九十四万円による下水道敷設を計画し、同四十年度に起工して大正三年に完成した。

関東州下水規則（明治四十二年関東都督府令第二号）は建物所有者に私設下水設備の義務を負わせたが、大正元年以来これら私設下水の公設下水道への連結工事施工を都督府土木課において委託に応ずるの便を開いたところ、逐年私設下水設備が増加し、新築家屋としてその設備を欠くものがないようになつた。明治四十年度起工以来昭和十五年末までに要した総工費の金額は公設下水道において三百六十二万六千八百九円、延長四十六万百六十三メートル余、私設下水道において七十一万六千八百五十七円、延長四十二万三千八百九十六メートル余に達した。なお昭和十四年五月関東州市制改正に伴い、従来官において管理してきた下水道のうち大連、旅順両市内のものはこれを各市の経営に移した。

ロ　旅順下水道　旅順の下水道は明治四十一年に初めて着工し、大正二年に一部主要下水管の敷設を了したほかは、年々事業の緩急と経費の都合とを考慮して漸次施行した。

昭和十五年末現在旅順市管内公設下水道延長は五万四百五十九メートル余、工費五十万九千百円余、私設下水道延長は二万九千八百四十七メートル余、工費六万四千百七十四円余に達した。

ハ　金州下水道　金州城内主要道路には露治時代に築造した粗石造溝渠が存するのみで、降雨の際は泥ねいと化し、また浸水を見ることもあつた。大正元年に右溝渠の改修を行ない、新市街方面の下水設備も道路の築造に伴つて拡張してきた。

昭和十五年末における公設下水道は延長七千三百八十五メートル、工費五万六千円、私設下水道は延長四千九十八メートル、工費一万二千二百八十二円である。

ニ　普蘭店及び貔子窩の下水道　普蘭店の昭和十五年末現在における公設下水道は延長三千百一メートル、工費一万二千円、私設下水道は延長二百八十八メートル、工費六百円であり、貔子窩の昭和十六年三月末現在における下水道は延長五百八十七メートル、工費五千余円であつた。

二　満鉄附属地　第二節の市区経営で満鉄附属地各都市の施設に関する記述中に下水道についても触れているので

ここでは省略する。

第五節　道　路

一　関東州　関東州がわが統治に移つた当時、州内の道路としては旅順から金州を経て北方に通ずる一条の奉天街道があつたのみで、他に道路と称すべきものはほとんどなく、州内各都市間の交通はおおむね河床を利用した自然道によつていた。これらの河床は一年を通じて大半は水量きわめて少なく、甚だしきは全く流水を見ないが、夏季降雨にあえばたちまち満溢して、交通は一時に途絶し、しかもその後数旬は泥ねい車軸を没し、車馬の通行不能で、その不便と苦難は名状しがたいものがあつた。

わが施政後地方文化の向上、産業の開発及び警備上道路整備の急務なることが痛感されたが、庶政多端の上市街地道路の整備に追われ、しばらくは露治時代の在来道路を補修するにとどめた。大正元年福島安正大将の関東都督就任直後、州内幹支線道路築造計画を樹立し、同年着工、大正四年にほぼその完成を見た。通称福島道路で、幹線を幅員七・二七メートルとし、支線は三・八メートル内外を標準とし、橋梁はおおむね木橋で橋脚を粗石積とした。この道路はその後交通の頻繁あるいは自動車の出現等に伴つて根本的に改築された。主要道路は次のとおりである。

イ　旅大南道路　旅順、大連両市の交通連絡は政治、経済、運輸等の点から見てきわめて重要なるにかかわらず、従来両市を結ぶ唯一の交通路線として鉄道が在するのみであつた。よつて大正十年旅大間の南海岸に沿い道路の新設に着手し同十三年十月に完成した。この道路の構法は道路を自動車道と荷馬車道に区別し、両側に並木を植栽した。この構法は後に関東州における幹線道路の規準となつたものである。延長三五・六キロメートル、幅員は一〇・六ないし九・九メートルである。

ロ　旅大北道路　本道路は旅順から周水子、金州、普蘭店を経て遠く奉天街道に連結する関東州内枢要幹線道路で、古く清国時代に開通したものであるが、構築不完全で辛うじて人馬の往来が可能であるにすぎなかつたので、昭和三年根本的改築に着手し、四か年を経て完成した。その延長四一キロメートルである。

ハ　大連・金州間道路　周水子方面一帯の発展は著しく、住宅経営並びに各種工場の建設が盛んになつたので、大連・周水子間と周水子・金州間に区劃し、大正十四年八月に着手し、昭和四年七月に完成した。大連・周水子間は延長四・四キロメートル、路幅は将来の拡張を予想し、敷地を三二メートル七二とした。周水子・金州間は延長二三・一キロメートル、幅員一一メートルないし一二メートルであつた。

ニ　金州・普蘭店間道路　本道路は大連・金州間道路の延長線で、構造も大体これに準じていた。昭和四年六月に着手して同六年に完成した。延長四二・六キロメートルであつた。

幹線道路としてはこのほかに普蘭店・貔子窩間、貔子窩・城子疃間、周水子・甘井子間等があつた。昭和十年末現在における関東州内の道路は総延長二八〇五キロメートル、路面々積一九八三万九千平方メートルに達していた。

道路関係法規としては、大正十一年十月関東庁令第七十三号道路取締規則、昭和十二年四月関東局令第四十九号関東州道路占用規則等がある。

道路　（昭和十五年十二月末現在）

所轄	延長 巾員五メートル以下	巾員十一メートル以下	巾員十五メートル以下	巾員十八メートル以下	巾員二十五メートル以下	巾員三十三メートル以下	巾員四十五メートル以下	合計	面積
大連市	メートル 二二五、一八六・九	メートル 一六四、四三三・八	メートル 二六、五三六・九	メートル 七六、八四九・七	メートル 四九、二〇〇・〇	メートル 一九、六〇八・四	メートル 七七二・四	メートル 五五四、五六八・一	平方メートル 五、七三〇、〇二八・五
旅順市	一八、三七七・〇	三四、九一七・〇	一二、五六四・五	一九、六三九・〇	二、七七一・〇	三、四五一・〇		八九、七一九・五	一、〇二四、八五〇・四
旅順管内	一〇九、二七二・六	七〇、七七五・七	八、三五四・〇					一八八、四〇二・三	一、〇一〇、九七〇・八
金州管内	二三三、四一四・六	一二一、三五四・六						三五四、七六九・二	一、九二三、三二一・一

普蘭店管内	一七一、三六四・〇	一九三、五九三・二	一、九九四・六					三六六、九五一・八	二、九九二、六八一・〇
貔子窩管内	七、二〇〇・〇	四一三、七八二・九	二、五四五・五					四三三、五二八・四	二、四三三、〇五三・〇
計	五五四、八一五・一	一、〇九八、八五七・二	五三、九九五・五	九六、四八八・七	五一、九七一・〇	三、〇五九・四	七七二・四	一、八七七、九五〇・三	一五、〇九二、八九四・八

橋梁　（昭和十五年十二月末現在）

所轄	長十メートル以下		長二十メートル以下		長三十メートル以下		長三十メートル以上		合計	
	箇所	延長	箇所	延長	箇所	延長	箇所	延長	箇所	延長
大連市	七三	メートル 四五二・一	三一	メートル 四〇〇・六八	四	メートル 九五・二五	一四	メートル 九〇一・九九	一三	メートル 一、八五〇・〇三
旅順市	四五	三三一・六八	一一	一五七・二六	一	二〇・七〇	二	九四・八〇	五九	五〇四・四四
旅順〃	六六	三五一・五五	一九	一二六五・九〇	三	三〇七・四〇	二	一、三二七・四八	一一八	二、一五二・三三
金州〃	四一	二六八・八五	二五	三七七・九〇	五	一三九・六〇	六	八九一・四〇	七七	一、六六七・七五
普蘭店〃	一六	一一九・二四	二〇	三二一・九一	一八	四六一・二五	三一	二、一一五・六〇	八五	三、〇〇八・一〇
貔子窩〃	六三	二九一・一五	三六	五三三・九〇	七	一六九・二五	九	七四三・八〇	一一七	一、七二八・一〇
計	三〇六	一、七一四・六八	一四二	二、〇三七・五五	四七	一、一八三・四五	八三	五、九七五・〇七	五七八	一〇、九一〇・七五

二　接壌満洲国内　満洲の道路は、主として軍事上、政治上の必要によつて発達したもので、近世にいたりようやく開港場又は鉄道を中心とする産業道路の発達をきたしたにすぎない。鉄道依存の傾向は二十世紀の初頭に始まり、満鉄、東支両鉄道の集貨政策によつて両者が、激甚なる貨物争奪戦を演じたが、このため当時北満において特産物の馬車輸送は多忙をきわめ、これによつて長春―哈爾浜間を中心として地方道路は発達し、特産物輸送期における

荷馬車の交通は陸続としてきわめたものであつた。

満洲における道路は劣悪であるが水路の利便が少ないので、自然陸路車馬による交通が多く、そのため中央平原では道路が一応発達していた。しかし山地に近づくにしたがつて道路と称するものは少なく、わずかに駄獣を通ずる桟道を見るにすぎなかつた。

満洲国は成立とともに国内土木事業がその保安、産業、経済、衛生、交通等に及ぼす影響が甚大であることにかんがみ、道路建設工事は政府成立当時すでに関東軍に委嘱し、国道改修を進めるとともに緊急なる地方道路の工事進捗を期した。関東軍においては奉天に臨時道路建設事務所を設置し、一九三二年十月から本事業を推進したが、翌一九三三年三月満洲国政府に国道局が設立されたので、右工事その他の事務をこれに引継いだ。

満洲国は国道局、国道会議並びに各土木建設処において樹立された国道建設十か年計画に基づき、第一期五か年計画（一九三二年―一九三六年）において一万キロメートル、第二期五か年計画（一九三七年―一九四一年）において一万三千キロメートルの完成を目標として工事を進めたが、第一期計画の成果は、延長八、九九二キロメートル（工費約三八三〇万円）の国道新設と約二十か所の特殊橋梁架設であつた。また第二期計画第一年度の実績は、特殊道路六九七キロメートル、第一種道路一、四七二キロメートル、特殊橋梁十六か所の建設を完了し、国道はすでに一万キロメートルを突破し、四季を通じて自動車の運行を可能とする道路がうねうねと山野に連なり、治安維持、産業開発並びに文化振興に多大の貢献をなすにいたつた。

国道は自動車敷の構造によつて一、二、三各等国道に区分され、（一）一等国道は主として国都から主要都市又は海港に達する路線及び国防上特に必要な路線で幅員七メートル（二）二等国道は主として主要都市相互間を連絡する路線、主要都市から主要縣城又は鉄道駅所在地に達する路線等で、幅員六メートル（三）三等国道は縣城相互間を連絡する路線、縣城から地方都市に達する路線等であるが、特に幅員を限定せず、在来の道路敷によるものである。

一、二等国道の道路敷は馬車敷及び自動車敷を区別し、特に必要を認めざる場合並びに河川湿地等の渡渉その他やむを得ない場合は適当な施設をなして両敷を併用しており、三等国道は自動車敷、馬車敷を区別せず、主として在来路面を用い、河川湿地の渡渉その他車馬の通行に最少限必要な程度の施設を行なつた。

地方道については、政府は既存道路に関する調査報告に基づき、地方道路網改良計画をたてて、一九三五年度から国内主要道路の改良に着手した。本計画は将来国道として認められるべき重要性を有するもの、省、縣公署所在地相互間を通ずるもの及び省、縣公署所在地から各鉄道主要駅に通ずるもの等より約二万キロメートルを選定して改修を行ない、更に全国主要道路の維持並びに右道路の各橋梁に対する改修、維持、新設を目標としており、大いに実績を挙げた。一九三七年度末における新設及び改良の地方道路延長は五、二二二キロメートルに及んでいるので、国道総延長粁程は二六、二八三キロメートルに達した。なお日本農業移民計画の実現に伴い、一九三七年度から移民道路五か年計画の工事にも着手した。

第六節　ガス事業及び電気事業

一　**ガス事業**　満洲におけるガス事業は明治四十年十月満鉄の撫順炭消化の方法として計画されたもので、満鉄附属地内主要都市の発展に伴い家庭的及び工業的にガスの供給が要望されるにいたつたため漸次営業の開始を見、大正九年鞍山に、同十二年奉天に、同十三年安東に、同十四年新京にそれぞれガス製造並びに供給施設の完成を見た。同十四年三月ガス事業の経営は南満洲鉄道株式会社から分離した南満洲瓦斯株式会社に移され、昭和十二年十二月の満鉄附属地行政権移譲後においては、同社の経営地域は明治四十三年三月以来開業の関東州内大連のみとなつた。開業当時大連はまだ草創の際であつたが、一日八千四百立方メートル・ガス発生爐及び容量四千百立方メートル・

ガスタンク一基を市内入船町に有し、大正七年度末には発生能力一日三万一千立方メートルの水平ガス発生炉となり、同十一年度は更に一日二万八千三百立方メートルの直立式ガス発生炉及び容量二万八千立方メートルのガスタンク一基を完成し、同時に沙河口に容量四千二百立方メートルのガスタンク一基を施設した。更に昭和三年度には郊外星か浦方面の発展に伴い高圧輸送によりガス供給を開始し、次いで満洲事変後都市人口の増加と一般景気の好転とに恵まれて著しい発展を遂げ、昭和七年市内晴明台にガスタンク一基（容量二千立方メートル）及び昭和十年星かにガスタンク一基（容量二百八十立方メートル）を施設するにいたつた。

昭和十三年六月市内入船町製造所に四万二千五百立方メートルのガスタンクを新設し、同十四年度には一日製造能力二万八千二百立方メートルの第三水平炉を増設したほか、第二水平炉第五ベンチの改造によつて一日千二百立方メートルの増産を図つた。なお昭和十四年末におけるガス引用戸数は三万六千六百二十九戸で、一か年ガス販賣量は二千四百九十五万五百八十六立方メートルであつた。

本事業の取締については、当初関東庁土木課の所管であつたが、昭和五年九月勅令第百七十六号に依る関東庁逓信官署官制の改正に伴い、逓信局の主管となり、次いで昭和七年七月関東庁令第十七号をもつて瓦斯メートル取締規則を、昭和八年七月関東庁令第二十四号をもつて瓦斯事業規則をそれぞれ公布し、計器並びに業務の現地監督を開始するにいたつた。昭和十五年中におけるガス・メートル検定状況は申請件数百三十八、同箇数九千三、同手数料七千五百五十三円で、検定合格箇数八千九百五であつた。

二　**電気事業**　満洲における電気事業は露治時代に大連に発し、わが占領後においてはもつぱら軍用及び官衙点灯用に供されていたが、明治四十四年四月以降満鉄会社の経営となつた。しかるに大正十五年同社経営の電気事業は分離独立して南満洲電気株式会社の創立となり、同社によつて関東州並びに満鉄沿線の日本側電気事業を統制するにいたつたものである。

関東州には旅順、金州、普蘭店、貔子窩の四民政署経営の電気事業があるが、これら官営事業の由来は軍政時代から引継ぎをうけたもの又は民営事業の不振を救済して官営に移したもの等で、そのいずれも当初企業的にはほとんど収支相償わなかつたものを州内の産業、文化の開発を計るため多大の犠牲を払つて経営してきたものである。その後基礎が確立し、これを一般民営に委しても何ら不安のない状態にいたつたので、昭和九年十二月に全満電気事業の合同統制方策決定があつたのを機に関東局においては官営電気事業を廃止して新設立の満洲電業株式会社に経営せしむることを決定し、当事者間に協定をなし、財産譲渡に関する覚書交換の上、同社は旧官営電気事業財産全部を譲受け、昭和十三年六月一日から営業を開始した。なお前記満洲国における電気供給事業統制方策決定の主旨にしたがい、既述の南満洲電気株式会社においても同会社の電気供給事業を挙げて満洲電業株式会社に譲渡し、その後は交通事業経営の会社として存立することとなつた。

電気事業の取締については当初は別段の法規を定めず、大体内地の法規に準じて実施していたが、事業の発達に伴い管内の実情に適した法規の制定を急務とするにいたり、大正八年七月勅令第三百四十六号をもつて電気事業の監督を通信管理局（後の逓信局）の所管事務に加え、翌九年八月関東庁令第五十四号をもつて電気事業取締規則を公布し現地監督を行なうこととなつた。なお事業の取締と併行しても電気取引の公正を期するため、大正十五年九月関東庁令第四十六号をもつて電気測定規則を公布し、同年十月から逓信局で電気計器の検定事務を開始した。その後電気事業の躍進的発達に即応するとともに、日満間の新情勢に適応した法規の改正の緊要なるに対処するため昭和十年四月勅令第八十五号をもつて関東州及南満洲鉄道附属地電気事業令が公布せられ、時運に適した監督を実施することとなつた。

関東州内における電気計器検定業務は従来満鉄あるいは満洲電気協会をして委託代行せしめてきたが、附属地行政権移譲に際し関東逓信局の直営とすることに決し、一時既設電気協会設備の一部を借用し、昭和十二年十月から大連における検定を直営に移したが、その後逓信局庁舎内設備工事の完了とともに昭和十三年初頭から新施設による検定業務を開始した。右に関しては昭和十二年十月勅令第五百八十七号(明治四十四年勅令第二百九十六号「電気計器ノ公差、検定及検定手数料ニ関スル件」中改正ノ件)及び同年十一月逓信省令第八十七号電気計器検定規則等内地における関係法規の改正に準じ、これと同一内容により昭和十二年十二月関東局令第百二十三号をもつて既記電気測定規則の一部改正を行ない、翌十三年一月からこれを実施した。

昭和十五年中における電気計器検定箇数は合格一万八千三百八十四、不合格一千四百十九合計一万九千八百三箇であつた。

第五章　交　通

第五章　交　通

第一節　鉄　道

一　概説　満洲は地勢上海岸線に乏しく河川による交通も遼河、松花江を除いては見るべきものがない。また久しく関外山海関の外部未開の地として支那文化の恩沢に浴すること薄く、その天然資源が豊富で土地の肥沃なるにもかかわらず、二十世紀以前はほとんど近代社会から忘れられた未踏未開の広野にすぎなかつた。世界的農産物の産地として、また各種有用鉱物特に近代工業の原動力たる鉄及び石炭の供給地として有名な満洲も、若し南満洲鉄道を中心とする交通網の発達を現出できなかつたとすれば、依然狩猟放牧を業とする無涯無辺の荒野であつたであろう。実に近代満洲の出現は鉄道を根幹とする交通経済発達の賜である。

この近代満洲の生みの親たる鉄道中、最初に敷設されたものは北清鉄道（後の北寧鉄道）の関外延長線と東清鉄道とであつて、この二鉄道が時を同じくして一九〇三年（明治三十六年）に完成された。英国はこの北清鉄道を関外に延長したが、更にこれを吉林、琿春方面に結ぶことによつて満洲を東西に貫通する一大幹線とし、これをもつて自国経済市場を開拓せんと企てたが、当時たまたま旭日昇天の勢にあつた露国の南下勢力と衝突せんとするきざしを招来し、遂に満洲に対する野望を放棄してもつぱら揚子江岸の市場確保に腐心するにいたつた。一方旧帝政露国の満洲進出は一八九六年の露清銀行組合に関する露支協定による東清鉄道敷設権の獲得を契機として判然と現われ始めたが、一九〇四年に始まつた日露戦争の結果、露国の満洲経略は退却の第一歩に入り、寛城子以南の鉄道本支線及びその附帯事業の一切は日本がこれを継承し、日本政府は南満洲鉄道株式会社を設立せしめてその経営に当らしめることとしたのである。

以来四十年間日露両国は、南北満洲に対立し、日露支三国の関係は機微の中に推移した。更に一九二五年以降支那の利権回収及び自国自弁鉄道敷設熱が勢力増大してこの関係は一層複雑となつた。しかも支那側の日本に対する不当の権益じゆうりんと満鉄線圧迫は、日支外交の禍根となり、満洲の前途に大きな暗影を投じたのであるが、一九三一年（昭和六年）九月十八日満洲事変が突発し、翌年三月満洲国の創建を見てこの暗影は完全に一掃された。つゞいて、一九三三年（昭和八年）三月満洲国の鉄道が満鉄会社の委託経営となるに伴い、過去における日支外交の禍根であつた満洲の鉄道問題は決定的解決を見たのである。

また満洲国、ソ連間に譲渡交渉中であつた北満鉄路一七二一キロも日満ソ三国間において約一か年半にわたる折衝の結果、満洲国が一億四千万円をもつて買収することに決定し、一九三五年（昭和十年）三月二十三日、満ソ両国間に同鉄道譲渡に関する協定の調印を完了し、他の満洲国々有鉄道と同様満鉄会社の受託経営するところとなり、ここに全満鉄道は完全なる統制下に置かれて面目を一新した。すなわち満鉄社線以外の各満洲国線は満鉄会社鉄路総局の経営下に置かれて、満洲国の経済的文化的発展の最高指標となり、目覚ましい活動を続けるにいたつたのである。

昭和二十年（一九四五年）八月現在、満鉄によつて経営されていた鉄道は、別表に示すように総計一一、四七九キロに及んでいた。

満鉄所管鉄道一覧表　　　　太字は満鉄社線、他は委託経営線

番号	線名	区間	粁程（粁）
一	**連京線**	大連—長春	七〇一・八
二	**甘井子線**	南関嶺—甘井子	一一・九

三	旅順線	周水子—旅順	五〇・八
四	金城線	金州—城子疃	一〇二・一
五	営口線	大石橋—営口	二二・四
六	撫順線	蘇家屯—撫順	五二・九
七	煙台炭坑線	煙台—煙台炭坑	一五・六
八	安奉線	安東—蘇家屯	二六一・一
九	遼宮線	遼陽—宮原	六九・〇
一〇	渓城線	宮原—田師付	八六・〇
一一	鳳灌線	鳳凰城—灌水	八三・〇
一二	安大線	安東—浪頭	一三・〇
一三	奉山線	奉天—山海関	四一九・八
一四	大鄭線	大虎山—鄭家屯	三六六・二
一五	高新線	高台山—新立屯	六一・〇
一六	河北線	溝帮子—河北	九一・一
一七	壺芦島線	錦西—壺芦島	一二・一
一八	錦古線	錦県—古北口	五四二・二
一九	新義線	新立屯—義県	一三一・五
二〇	葉峰線	葉柏寿—赤峰	一四六・九
二一	北票線	金嶺寺—北票	一七・九
二二	奉吉線	奉天—吉林	四四七・四
二三	平梅線	四平街—梅河口	一五六・一
二四	梅輯線	梅河口—輯安	二四四・七
二五	鴨大線	鴨園—大栗子	一一二・三
二六	渾三線	渾江—三岔子	一七・二
二七	京図線	新京—図們	五二八・〇
二八	竜豊線	竜潭山—大豊満	二二・四
二九	拉浜線	拉法—三棵樹	二六五・五
三〇	朝開線	朝陽川—上三峰	六〇・六

三一	竜青線	竜井—青道	五一・〇
三二	図佳線	図們—佳木斯	五八〇・二
三三	興寧線	新興—城子溝	二一六・一
三四	綏寧線	河西—東寧	九一・一
三五	浜綏線	哈爾浜—綏芬河	五四六・四
三六	城鶏線	下城子—鶏寧	一三〇・〇
三七	虎林線	林口—虎頭	三三五・七
三八	鶴岡線	蓮江口—鶴岡	五四・三
三九	綏佳線	綏化—佳木斯	三八一・五
四〇	浜北線	三棵樹—北安	三二六・一
四一	北黒線	北安—黒河	三〇二・九
四二	京浜線	長春—哈爾浜	二四二・一
四三	浜江線	哈爾浜—三棵樹	九・九
四四	浜州線	哈爾浜—満洲里	九三四・八
四五	寧霍線	寧年—霍竜門	二八三・〇
四六	斉北線	斉々哈爾—北安	二三一・五
四七	平斉線	四平街—斉々哈爾	五七一・四
四八	昂楡連絡線	昂々渓—楡樹	五・〇
四九	京白線	長春—白城子	三三二・六
五〇	白杜線	白城子—杜魯爾	三五四・〇
五一	北鮮東部線	図們—雄基	一四七・三
五二	雄羅線	雄基—羅津	一五・二
五三	北鮮西部線	南陽—上三峰	三六・〇
五四	霍黒線	緑神—霍竜門	一六八・〇
五五	納金口支線	双峡—納金口	二〇・二
	合計		一一、四七九・一

備考　満洲開発四十年史上巻三三二ページ

満洲国鉄道路線図　1945年現在

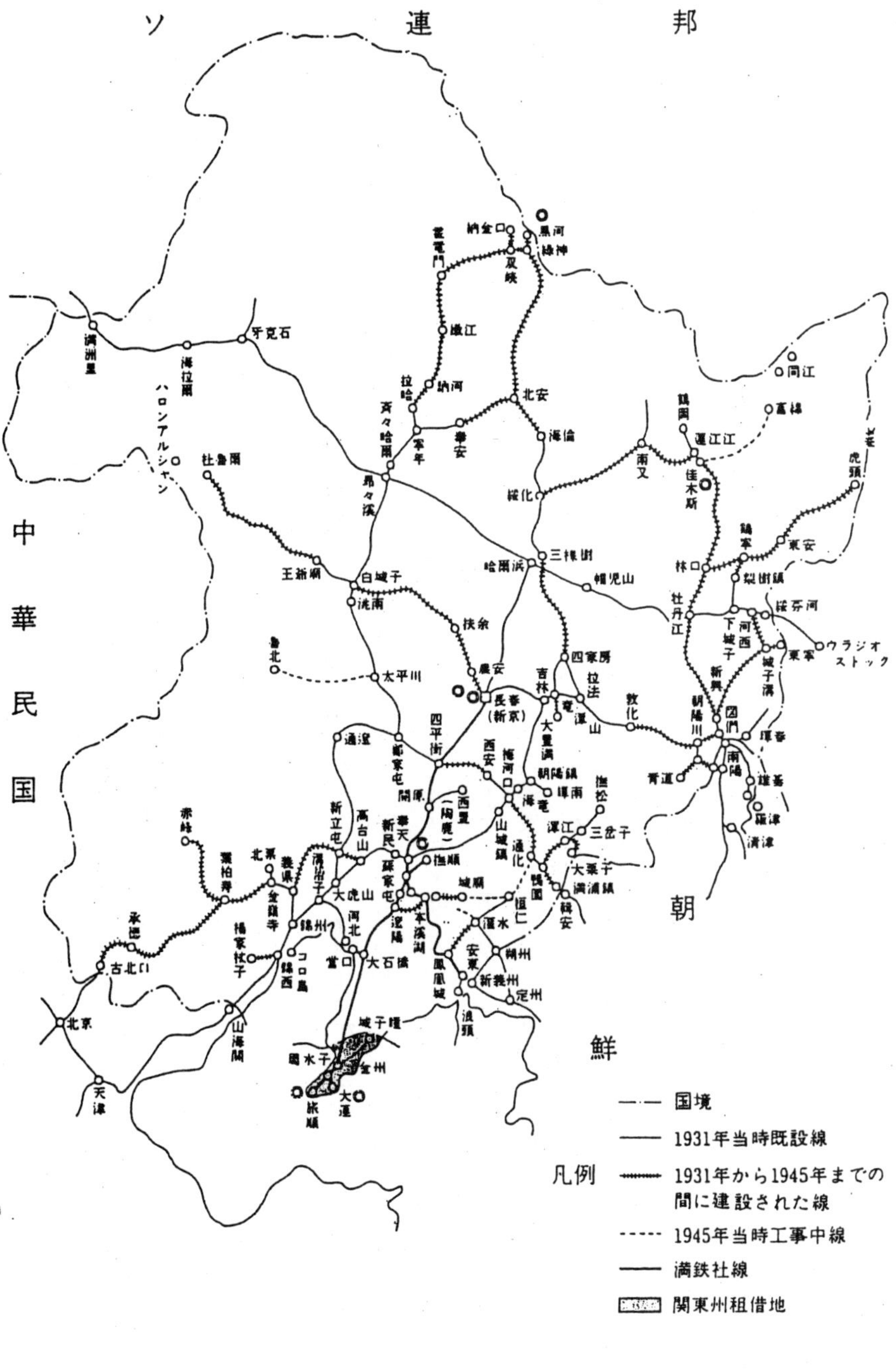

二　南満洲鉄道会社線　本鉄道は日露戦役の結果明治三十八年ポーツマス条約により、日本が露国から継承することとなつた長春（寛城子）・旅順口間の旧東清鉄道の本支線であつて、元来五フィートの広軌であつたが、日本陸軍が金州附近において鉄道線路に進出して以後は野戦鉄道提理部の占領管理するところとなり、三フィート六インチの狭軌に改築して軍事輸送の急施に応じたものである。

また安奉線（安東・奉天間）は、わが鉄道大隊が明治三十七年八月に起工し、翌三十八年十二月に完成した二フィート六インチの軽便鉄道であつた。

本鉄道全線は明治四十年四月一日に野戦鉄道提理部から南満洲鉄道株式会社に引継がれたが、これより先、会社はその経営開始の日から三年以内に四フィート八インチ半の広軌線路に改築することを政府から命ぜられた。会社は工事に困難をきわめた安奉線を除いては翌四十一年五月までに広軌への改築を終えた。また大連・長春（新京）間の複線工事は、明治四十年五月起工以来二十七年の長歳月を経て、昭和九年九月に完成し、その開通を見た。

満鉄の幹線と称するのは大連・新京を結ぶ連京線七〇一・八キロ及び安東・蘇家屯間の安奉線二六一・一キロの二線であつて、支線は旅順・周水子間五〇・八の旅順線その他前表に掲げた社線である。なお金城線（金州・城子疃間一〇二・一キロ）は元金福鉄道と称し、株式会社金福鉄路公司により、昭和二年八月完成運行を開始したものであるが、昭和十一年、満洲国内鉄道の一元的経営方針の実施と同時に満鉄の所管となつた。なお本鉄道は将来安東まで延長して遼東半島の海岸線とする計画であつたのである。

三　満鉄会社受託経営鉄道

イ　満洲国国有鉄道受託経営（国線）

満鉄会社は満洲国との締約に基づき、昭和八年満洲国から同国々有鉄道及び附属事業の委託経営を引受け、奉天に鉄路総局（鉄道総局）を設けて経営に当つたが、更に昭和十年東支鉄道（北満鉄道）の買収により、その経営をも受託することとなつた。同線は満洲国内の交通路として、また産業開発の動脈として旅客貨物の輸送に大なる使命を果し、また同線中の浜洲線（哈爾浜―満洲里）は社線連京線とともにアジア・ヨーロッパ交通の主線であつた。また奉山線（奉天―山海関）は朝鮮及び社線安奉線とともに新東ア交通路の唯一幹線として日満支を繋ぐ重要路線であつた。

ロ　朝鮮総督府鉄道受託経営（北鮮線）

満鉄会社は昭和八年朝鮮総督府から朝鮮北部国有鉄道事業及びその附帯事業に関する経営を受託し、北鮮鉄道管理局を設けて事業経営に当つたもので、同管理局は昭和十一年鉄道総局所属の北鮮鉄道事務所に改組された。その後昭和十五年七月一日日本政府の方針に基づき上三峰・清津間鉄道を朝鮮総督府に返還し、残部を羅津鉄道局（元北鮮鉄道事務所）に管理させることとした。受託経営路線は、雄羅線（雄基―羅津）、北鮮西部線（上三峰・南陽）及び北鮮東部線（図們・雄基）であつて、これらはいずれも東部満洲の重要路線に大いなる関連をもつものである。

なお、かつての朝鮮総督府鉄道局線の委託経営は大正六年七月から同十四年三月まで八か年近くの間行なわれていた。

四　満鉄の鉄道業務組織　既述のように満洲における日本の鉄道は、その関東州内のものをも含め、すべて南満洲鉄道株式会社の直営又は委託経営に属するもののみであつて、他に日本国営の鉄道は全く存在しない。

鉄道業は満鉄会社の主脳事業であつて、過去四十年間会社はその経営の主力をこの方面に傾注し、鉄道の建設設備の整頓とともに運輸状態の改良発達を図り、同時に付帯事業として倉庫、港湾、旅館の営業を開始し、他方において工場の完成とともに車輌の充実に力を尽してきた。かくて鉄道は逐年急速の発達を遂げ、殊に満洲事変以後においては格別に顕著な成績を示したのである。

会社の業務組織はその業務の絶えざる進展と変転きわまりない四囲の状勢に即するためしばしば改制された。したがつて鉄道業主管箇所たる鉄道部も過去四十年間において数度の大改制と屢次の部分的小改正を経てきたのである。

すなわち創業当初はこれを運輸部と称したが、明治四十一年十二月部制の廃止とともに運輸課及び工務課の二課に分裂し、運輸部直属の工場、築港事務所及び埠頭事務所、旅館、安東縣事務所（明治四十四年十月廃止）等は該二課と併立して総裁直属となつた。次に大正三年五月の改正（部制復活）において工務課は総務部門に新設された技術局に包含されて保線課となり、埠頭及び築港の二事務所並びに工場もまた総務部の支配下に入り、運輸部は単に運転並びに営業を管理する部にすぎなくなつた。しかしながら幾何もなくして大正七年一月の改正により技術局は工務局と改称され保線課は運輸部の後身大連管理局に移された。

大正八年七月従来総務部の管下にあつた築港事務所及び工場と大連管理局内の保護課等を一括した総裁直属の技術部が新設され、大連管理局はまた運輸部と改称されて埠頭事務所をその管下に収めると同時に現場監督機関として大連管理局をその下に設置し、また大正六年七月一日朝鮮総督府鉄道局線の経営委託により新設されて以来総裁直轄となつていた京城管理局もまたその支配下に置くにいたつた。

その後大正十一年一月の改制により運輸部は技術部の解体とともにその一部を併合してここに初めて鉄道業務は一部の下に統制管轄されるにいたつたのである。なお同十二年四月運輸部は鉄道部と改称され、京城管理局は再びその支配を離れて大正十四年四月委託経営の解除に経るまで社長（総裁）直属として存置された。

以来昭和二年四月、五年六月、六年八月、七年十二月、九年六月、同十一月、十年四月と数度の職制改正により部門各課の新設、改廃があり他方またその間において埠頭事務所の改廃（昭和二年十一月廃止、五年六月復活、十年四月廃止）、臨時甘井子建設事務所（昭和三年七月―五年七月）、旅館事務所（昭和六年―九年十一月）、臨時川河工事事務所（昭和六年八月—八年六月）の設立とその廃止及び五年一月の遼陽工場の廃止等の変遷を見た。

昭和十一年十月一日に行なわれた職制改正により、従来の鉄道部と鉄路総局とが一元化されて奉天に鉄道総局の設置を見、全満鉄道の一元的経営が実現されるにいたつた。

鉄道従業員は営業キロの延伸と輸送量の激増に対応して、昭和十二年の九八、〇〇〇人から同十八年五月の二一〇、〇〇〇人へと二倍以上の増加を示した。

五　営業状況　満鉄会社の営業は創業以来年とともに発展の一途をたどつたけれども、各事業のうち最も主要な鉄道についてその営業状況を略述することとする。

昭和二年度における乗車人員は八、二六三、〇八九人で、その員数は前年度に比して二六、九九六人減少したが、遠距離旅客が増加したため乗客収入においてはかえつて増収であつた。貨物輸送においては農産物出廻りが活況を呈したのと撫順炭の輸出の増大等により輸送数量は前年度に比し一、七一六、九四九トンの増加をきたし一六、七一七、六七七トンの輸送を見た。

昭和三年度には南北支那の排日、支那関税の引上等が満洲財界に悪影響を与えたが、引続き長距離輸送旅客が多数であつたのと農産物出廻り状況がきわめて順調であつた結果、乗車人員については前年度に比して一、四三九、〇三〇人、輸送貨物においては八一二、六四七トンの増加を見て、ともに増収となり、また経費は運転費の節約、別途給与費の減少等によつてかなりの減額を見ることができた。

しかしながら昭和四年度においては銀安と一般経済界の不振に禍されて乗客収入においては前年度に比して減少を見たが、昭和四年八月から六か月にわたる露支紛争事件によつて東支鉄道東部線の輸送が途絶したために南下貨物の激増を招来し、貨物輸送において一、〇三二、六三五トンの増加を見、したがつて貨物収入もかなりの増加を見た。

かくて逐年好調をたどり昭和元年度以降常に一億円を突破しつゝあつた鉄道収入も昭和五年にいたり経済界の世界的不況と未曽有の銀価の暴落、加うるに支那隣接鉄道の発達等の影響を被り一転して九五、三三〇、七三〇円に激減した。経費については極力節減に努め、かつ車輌、建物に対する経常減価償却の繰延等により一〇、四四四、九三一円の減額を図つたのである。

昭和六年度においては引続く財界の不況、銀価の惨落に加うるに満洲、上海両事変発生の影響を受けて業績振わず鉄道収支差益金は四八、一八五、四八二円に低下し大正九年度当時に逆行した観があつた。

しかしながら昭和七年度においては銀価の昂騰、満洲国建国による治安回復等情勢の一転に伴つて建築用材料並びに新線敷設用鉄道材料の輸入が盛となり、貨客収入とも著しい増加を見た。そして翌昭和八年度には銀価はますます昂騰し、これに加うるに満洲国建国の基礎もいよいよ強固となり治安の維持、撫順炭輸出の活潑並びに満洲国内諸事業の進展に伴う材料用品類輸入激増等、鉄道輸送は至極好調の一途をたどり、特に乗車人員においては一一、六三三、八七五人に上り会社創業以来の最高記録を示すにいたつた。

昭和九年度の乗車人員は一三、七八六、四〇三人、輸送貨物は二一、六七一、三四二トンでいずれも前年度をはるかに越え鉄道収入一二六、五二五、三七六円を挙げ、経費において昭和五年度繰延たる車輌償却三、二四八、〇〇〇円を負担してなお七三、二四三、七四四円の利益を挙げることができた。

翌昭和十年度には旧北満鉄道がソ連から満洲国に譲渡され、満鉄会社がその経営の委託を受けるに及んで北満貨物の輸送状態が変革され、鉄道輸送は一般と好況を呈した。すなわち昭和五年度に繰延べた建物償却費四一二、八三六円を負担してもその利益は八四、〇三〇、三八二円の巨額に上り年とともにますます好成績を挙げるにいたつた。

昭和十二年以来貨物輸送トン数は毎年記録を更新し、一七年には八〇、三〇〇千トンと飛躍したが、低収貨物の増加で貨物収入の増加はその割合に延びなかつた。それはトン・キロ運賃の低下に示されている。貨物の内容にも顕著な変化が見られた。すなわち多年満鉄の独占利潤の源泉であつた農産物、特に大豆は甚だしく没落し、代つて総動員物資である林産品、鉱産品が登場したが、これらは品目運賃の適用を受ける低収貨物であつた。この間張鼓峯事件、ノモンハン事件と北辺多事に伴つて軍貨も飛躍的に増加した。

旅客輸送はすこぶる好調を示し、昭和十七年における輸送人員一億三千万人、一四〇億人キロメートルで、収入は三億七七〇万円という成績で、これは昭和十二年の三千八百万人、四一億人キロメートル、六千九百万円に比しそれぞれ三・五倍、三・四倍、四・五倍に当るものである。旅客輸送は数度の満ソ国境紛糾、関東軍特別演習その他の動員輸送によつて、列車運転の制限を受けることがたびたびに及んだにかかわらず、なおかつこの増加を見ることができたのであるから、その潜在需要は膨大なものがあつたと思われる。これは日華事変以降の日満華三国間における一般旅客の増加によることも関係があるが、基本的にはインフレーションの浸透により、満人社会に貨幣が滞留し、その旅行回数を増加せしめたためである。事実末年の満鉄の経営をささえていたのは旅客収入であつた。満鉄は植民地鉄道の特質として本来貨物収入によつて立つてきた会社であつて、貨客収入の比は七対三が常態であつたが、昭和十五年旅客収入が二億の大台に迫つたころから急速に両者の均衡がくずれ、昭和十九年には五対五の比率に変化していたのである。

六　太平洋戦争開戦後終戦まで　昭和十六年十二月の太平洋戦争開戦は日華事変に引続く政治的、経済的の大なる影響を満洲に及ぼしたことはもち論で、特に世界的に孤立した戦時経済下の日本は、いよいよ日満連関のもとに必死の軍需、民需充足を計らざるを得ず、これがため海上交通にかえて朝鮮経由による陸路輸送を不可避となし、これにこたえて京義、安奉、奉山各線の複線工事が熱狂的な速度で進められた。

しかし昭和十九年に入つて戦局は急激に悪化し、同年夏には鞍山が、次いで冬には奉天が爆撃を受け、開戦以来三年にして初めて戦火が満洲に波及した。それまで関東軍は対ソ戦を第一義として、満鉄側の安奉、奉山両線の複線化計画をしりぞけ、ひたすら北方の鉄道網充実化を強行していたのである。

大陸中継輸送の激増は、対鮮、対華流出を伴い、車輌不足が激化し、同年末には使用可能の車輌が二千輌を割るにいたり、加うるに炭質の悪化、給水の困難、小運送機能の低下、更にこの年の冬、満洲を襲つたまれなる酷寒等の悪条件が累積して輸送の困難は言語に絶した。しかし同年計画の八、八〇〇万トンに対し七、九〇〇万トンの輸送を成就したのであるが、二十年に入るや、年初から本土決戦方針に対応する関東軍の兵力転用輸送が行なわれ、これが民生、産業方面に与えた影響は深刻なものあり、一般物資の国門輸送は月三〇〇万トンに低下した。

更に第二・四半期に入るや策戦方針は満洲内における自戦自活体制の確立に切換えられ従来戦力として温存されていた満鉄社員全部に動員が実施され、数万の社員が無銃のまま北辺に配置された。昭和二十年六月には満洲東南開発計画と地域自体防衛計画が発表され、南方や日本本土に転進した部隊以外の残留部隊を長白山脈周辺に集結し、長期抵抗の体制を整えることとなり、次いで関東軍司令部が通化に移駐したために、満洲国、満鉄の中心首脳部はすべてこれに随行した。しかしながら同年八月九日午前三時、突如ソ連軍の新京爆撃があり、同時に数か地点から地上軍の進攻を見た。かくて八月十五日には終戦の詔勅が発せられ、ここに万事は終つたのであつた。

第二節　自動車運輸及び軌道

一　自動車運輸

イ　乗合自動車　関東州における定路線における自動車旅客運輸営業は、大正十三年十月創立の旅大自動車株式会社の旅順・大連間乗合自動車が最初であつて、後に南満洲電気株式会社（さらに後に大連都市交通株式会社）がこれを買収して昭和二年六月営業を開始し、道路の完成と相まつて長足の発達を遂げるにいたつた。

関東州内における乗合自動車の許可路線キロ程は次のとおりであつた。
大連市内（五三・一キロ）、旅順市内（五・四キロ）、大連―旅順（海岸通四八キロ、裏通五七・五キロ）、旅順―双島湾（一四キロ）、旅順戦跡（三五・四キロ）、大連―金州（三一キロ）、大連―甘井子（一八キロ）、大連―周水子（八・八キロ）、黒石礁―小平島（六・一キロ）、金州市内（六・五キロ）、金州―普蘭店（四三・七キロ）、普蘭店―貔子窩（四一・七キロ）、計三百六十九・二キロメートル
行政権移譲前の満鉄附属地における乗合自動車路線キロ程は次のとおりであつた。
営口附属地（二二・一キロ）、鞍山附属地（二三・五キロ）、大石橋附属地（一五・六キロ）、奉天附属地（三二・三キロ）、撫順附属地（二一・九キロ）、開原附属地（四・五キロ）、新京附属地（一八キロ）、安東附属地（八キロ）、公主嶺附属地（六・二キロ）、四平街附属地（〇・六五キロ）、范家屯附属地（一・四キロ）、本溪湖附属地（〇・三五キロ）、瓦房店附属地（〇・三キロ）、計百五十七・五キロメートル
ロ　貨物運輸　従来貨物自動車の営業地域は市内に限られ、運送品も雑貨物の一部あるいは引越荷物等を主とし、その営業範囲は極度に限定されていたが、後年道路網の完成によつて貨物自動車の営業範囲は拡大され、地方農産物の種目を改変するまでにいたつた。すなわち従来馬車又は鉄道によるのみであつたため、実際問題として困難であつた新鮮な蔬菜の市場への供給が可能となり、他の農産物よりも蔬菜を作ることの有利であることを悟つて、穀物を主作物とした農家は漸次菜園の経営に変り、従来に比しはるかに裕福となつたことである。
昭和十一年三月十五日現在における貨物運輸業者の数は関東州及び満鉄付属地におけるものを合せ百二十一名であつて、これら営業者は日満人に限られていた。
二　軌道　管内電鉄事業としては明治四十二年六月満鉄会社が大連市内の交通機関として旧市内に電気鉄道事業を開始したのが最初である。その後市街の急激なる発展に伴い、大正七年度は星ケ浦線、同九年度には東公園町満鉄

本社前—千代田町間及び伏見台から聖徳街を経て水源池にいたる新線路等を相次いで完成した。更に大正十年にいたり効外の発展に対応するため伏見台—水源池間、満鉄本社前—寺児溝間、星ケ浦線及び老虎灘線の複線工事を行ない、また同年七月には大連医院新築に伴う材料運搬用として埠頭—医院敷地間の臨時線路を敷設した。右のうち大連医院線の一部は大正十四年に柳町新線として一般乗客用に供することとなり、大連市内の電鉄計画はここに大体完成を見るにいたつた。なお本電鉄事業はその後数度の変遷を経て大連都市交通株式会社により運営されることとなつた。

撫順においては大正三年満鉄会社が石炭その他貨物の運搬用として電気鉄道事業を開始し、その後一般貨客の運搬をも経営することになつた。

奉天においては大正十五年六月株式会社大倉組の手により奉天駅前から日吉町十間房を経て商埠地小西辺門にいたる電気鉄道を敷設し、一般貨客の運輸に当るとともに小西辺門で旧支那側の城内電鉄線と連絡していたが、同年十一月本事業を大倉組から分離し、新たに奉天電車株式会社を設立して事業の一切を会社の経営に移した。

当局においては従来これら電鉄事業の取締については特別の法規を設けず、いずれも事業許可の附帯命令で一般運輸事業及び工作物等の監督を実施したが、大正九年八月関東庁令第五十四号をもつて電気事業取締規則を公布し、以来一般電気供給事業とともに関東庁逓信局をして監督せしめることとした。

第三節　水　運

一　港湾　関東州の海岸線延長は一、三一二キロメートル四二に達し、大連、旅順、普蘭店の三開港場のほか多数の小港がある。しかるにこれら多数の小港は何らの人工的施設を加えなかつたため、わずかに小型船若しくはジャンクが出入するのみであつた。満洲における開港は営口がもつとも古く満洲唯一の貿易港であつたが、日露戦役後大連及び安東が相次いで開港された。営口はその門洲のため港口の出入に不便である上、冬期は結氷して交通全く途絶するので、次第にその繁栄を他港に奪われるにいたつた。旅順は軍港としては著名であるが、商港としては大連港の補助港として存在するにすぎなかつた。大連港は施設、経営ともに満鉄会社がこれに当り、港内の浚渫、築堤、岸壁等は完成の域に達していた。普蘭店港は主として塩の輸出港として昭和八年十月に開港されたのであつた。

イ　大連港　大連港は遼東半島東南の大連湾に位し、南北三山島が湾口を制しているため、水深に恵まれ天然の良港を形成している。幾多の定期航路により欧亜の各港と連絡し、陸は南満洲鉄道の起点となつて欧洲に直結し、海陸連絡の要衝に当る東洋第一の自由貿易港であつた。大連は往時青泥窪（ダルニー）と称する一漁村にすぎなかつたが、明治三十一年露国が旅順に一大軍港を建設すると同時に、大連に一大商港の建設を企図し、海面を画して人工的築港を行なつたのに始まる。日本占領当時の築港工程は予定計画の二、三割にすぎず、船舶繋船壁の延長もわずかに千六百三十六メートルで、二千トン級六隻、五千トン級五隻程度の繋船能力にすぎなかつた。満鉄会社は明治三十九年に設立直後、関東都督府から大連港の施設経営の委任を受けるとともに築港事務所及び埠頭事務所を併置して、前者はもっぱら工務を担当し、後者は港内一般船舶の離着、貨物の積卸・保管に関する一切の経営に当つた。満鉄会社が昭和十年末までに港湾諸施設に投下した資金は約七千五百万円に達し、その結果大連埠頭及び桟橋の総延長は五千五百メートルに達し、二万トン以下の大中汽船約七十隻を繋留することができる世界有数の大貿易港となつた。昭和十三年中の入港船舶は汽船五千二百八十五隻、帆船六千四百五十一隻、計一万一千七百三十六隻千五百四十万トンであつた。

ロ　旅順港　旅順港は遼東半島の最南端に位し、歴史的に著名であるとともに満洲唯一の不凍港である。露国は旅順を東方政策の策源地と定めてこれを軍港となし、水陸の防備を堅め、東洋艦隊の根拠地として金城湯地とすべく工事を急いだが、日露国交断絶によつて中止のやむなきにいたつた。わが国が租借権継承後は旅順を軍港として港内には外国艦船はもとより、わが商船の出入通航も許さなかつたが、明治四十三年七月一日から西港を開放して、一般船舶の出入を許して初めて商港となつた。これに伴つて満鉄会社は木造桟橋、浮桟橋、岸壁等を築造して石炭輸出専用に供し、六千トン級以下の船舶を同時に四隻繋留し得る設備をなした。昭和十五年中の入港船舶は汽船五百五十隻、帆船九千三百三十九隻、計九千八百九十二隻五十二万二千トンであつた。

ハ　普蘭店港　普蘭店港は関東州と対岸の復州とに囲繞された渤海に面した港湾で、港口には大小十数の島嶼があり、殊に復州寄りには関東州管内の西中島、鳳鳴島、交流島等のいわゆる五島が一群を成している。港内は遠浅のため産塩地として利用され、復州の海浜には良質の粘土と石炭を産する。当港内は関東局の予算をもつて浚渫し、塩積取船の錨地二か所、石炭積取船及び粘土積取船のためそれぞれ各一か所の錨地を設けた。当港の一般積取船の荷役はすべて沖荷役であつた。昭和十五年中の入港船舶は汽船三百八十隻、帆船六百六十九隻、計千四十九隻五十三万トンであつた。

ニ　営口港　営口は外国人のいわゆる牛荘（にゅうちゃん）と称するところで、遼河河口をさかのぼること約十四海里の右岸にあり、約百七十年前までは海面下にあつて前明のころ渤海の水は海城を隔る二十支里の岸に達していた。一八五八年英仏連合軍の北京を侵すや、英国は清国をして天津条約により牛荘城ほか四港の開放を承認せしめたが、牛荘城は遼河河口から六十支里の上流にあつて河身浅く航行に便でないので、貿易港として将来有望と認められた営口に領事館を設け、これを条約上の牛荘と称して遂に一八六一年営口を開港せしめたのである。営口の港域は二区に分れ、一は汽船及び西洋型帆船の碇泊区域で、他はジャンクの碇泊区域である。港内の水深はすこぶる深いが、冬期は結氷して船舶の出入が不能となるので、この間対岸との交通にはソリが用いられる。桟橋設備はすこぶる簡単で、護岸工事を施した陸上に繋留柱を立てて前方に浮標箱を繋留し、これを仲継として本船との間の跳板をもつて交通する。中で完全なものは満鉄会社の築造した満鉄埠頭の桟橋東税関東側にある奉山鉄路桟橋、河北駅停車場桟橋である。明治四十年以来昭和七年までに満鉄会社の支出した埠頭設備費及び築港費は二百九十五万円に達する。昭和十五年中の輸出は四十五万二千トン輸入は四十七万一千トンであつた。

ホ　安東港　安東は鴨緑江の河口をさかのぼること約三十六海里の左岸にあり、同江もさしはさんで朝鮮新義州と相対し、水陸交通の便があるために開拓以来数十年で地方商業の中心地となつた。

現に鳳凰城、寛甸縣、桓仁縣、通化縣等四隣市場と連絡し、鴨緑江流域の木材集散地で、江岸には船舶及びジャンクの来往繁昌をきわめ、百貨集散の一大市場を形成している。

安東の開港は明治四十年三月で、それ以前はわずかに艘子、ジャンクが出入したのみであつたが、その後は汽船の出入によつて商勢にわかに好況を呈し、明治四十四年十一月には安奉鉄道の開通に次いで鴨緑江鉄橋の開通を見、満鮮連絡の交通機関が完備して旅客は多く鉄道を利用するようになつた。貿易は汽船の出入によつて次第にジャンクによる支那貿易から日本との商取引によるものが盛になつた。

安東港の繋船設備は日本側満鉄附属地江岸に約三千メートル、その上流に満洲側約五百メートルがあるが、満鉄会社は明治四十年以降昭和十年度末までに護岸及び桟橋築造並びに埠頭設備に五十五万余円を支出し、また貯木池二万五千坪を設備した。昭和十五年における輸出入実績は大豆、豆粕を主とする輸出四万一千トン、麦粉等穀類、木材を主とする輸入二十二万四千トンであつた。

二　航路標識　満鉄会社は大連港内防波堤入口を示すためアガ式桂灯浮標を設置し、また寺児溝検疫所構内に一対の導灯を立てて港内船舶の錨泊に便した。逓信省は南三山島灯台を清国から継承して、これに後年霧警号をも併置した。関東都督府は海洋島に出入する船舶のため灯竿を建設する等絶えず船舶の利便に注意を怠らなかつたが、港内築港の進捗に伴つて前記浮標に代うるに港内灯台七基、灯竿及び導灯並びに桂灯浮標各八箇を完成した。また船舶の沿岸航行の不安にかんがみ、関東庁は大正十四年円島、遇岩、黄白嘴の重要地点に強力な灯台を新設し、各霧警号を併置の上これを逓信省灯台局の所管としたが、これを機とし施設改良維持の資に充てるため同年十二月関東庁令第六十九号をもつて関東庁航路標識使用料規則を公布し、同十五年一月十五日から使用料を徴収することとなつた。昭和十五年度におけるその徴収額は大連港五万九千九百八十六円、旅順港二千四十七円、普蘭店港千四百五十五円である。なお近年鴨緑江並びにその沿岸、関東州東南沿岸からの来港船舶増加のすう勢にあるため、関東海務局は北三山島沖合八海里の地点険礁上に立標を建設し、更に夜間の船舶航行に便するため灯標を建設して昭和三年六月点灯を開始し、次いで西中島、帽島、小竜山島、海洋島にも灯台を建設して沿海の航路標識は全くその旧態を一新するにいたつた。

三　海港制度

イ　港則　大連港においてはすでに日露戦役中に大連碇泊所司令官管轄の下に大連港出入船舶及渡航商人規則（明治三十八年一月陸軍省告示第一号）によつて特殊日本商船及び商人等の入港及び上陸の取締を施行したが、明治三十九年八月末をもつて軍政を撤廃して民政を施行するに及んで右告示はこれを廃し、新たに大連の開港並びに州内各港に対する船舶取締法規として同年九月関東都督府令第七号をもつて港湾出入船舶取締規則を公布した。しかるに開港一か年を出ずして大連港の発展は実に著しく、よつて将来の大発展に備えるため管海官庁として海務局を大連に設置し、かつ前記一般港湾の船舶取締法規から大連を分離し、明治四十年十一月関東都督府令第七十四号をもつて港湾行政に必要な港務、検疫、船舶保安及び危険物取締等に関する大連港則を制定し、海務局をしてこれを管掌せしめ、ここに初めて整然たる港則の施行を見るにいたつた。次いで開港後の急速な発展に応ずるため明治四十三年十一月関東都督府令第三十三号をもつて港区錨地の指定その他港務、検疫、船舶保安、強制水先制度等各般にわたってやや完備した大連港則を制定して旧大連港則を廃止した。以来水先責任に関する一部の改正があつたが、大正十四年四月関東庁令第二十二号をもつて新たに水路設置、水先強制区の改正、満載吃水線標示、船舶の取扱及び危険物の統一取締等を包含した大連港規則を公布し六月一日からこれを施行したが、その後時世の進展、海運界の変転につれ港則大改正の必要を生じ、昭和六年七月から改正規則を実施し昭和八、九、十各年にもその一部を改正した。

旅順港は占領後軍港として明治三十九年十月鎮守府を置き、海事行政は主として海軍において行ない、出入漁船に対しては警察官吏が取締に任じた。同四十一年五月海務局出張員を置き海港検疫事務のみを執行せしめ、その後明治四十三年六月勅令第三百四号をもつて軍港の一部たる西港を開放、一般商船の出入を許すにいたり、同年七月海軍省令第三号をもつて旅順港規則を制定し、同時に旅順鎮守府令第十九号をもつてその細則を制定した。関東都督府においても明治四十三年七月府令第二十四号をもつて旅順港取締規則を発布して港務、検疫等一般開港に関する行政事項を規定し、同時に海務局支局を設置して海港行政の事務を分掌せしめた。旅順港規則では旅順港の水域を三区に分ち西港を第三区中の一部とし一般船舶は西港に出入し、また西港以外の第三区に自由に碇泊することができるものとした。また船舶入港の場合は旅順港水域外約三海里の所から泊地につくまで国旗及び信号符字を表示し、夜間は特に海軍要港部の承認を受けなければ老虎尾水道以内に入港することを許されないものとした。なお西港内における船舶の進退については関東庁令の規定があるが、要港部司令官は必要により在港艦船に錨地の変更その他の処置を命ずることのできる権限を有し、かつ軍港取締上必要な規定を制定するの権限により旅順港細則を制定し、出入船舶の繋泊、運転、上陸、陸揚その他の通信、信号、衛生、検疫等に関する規定を設けた。

大正十一年十二月海軍要港部撤廃と同時に海軍省令第二十四号をもつて旅順港規則を、同十二年十一月旅順港細則をそれぞれ改正して更に東港北半部を開放し、老虎尾水道以外の第二区にも船舶は自由に碇泊し、夜間老虎尾水道以内に入港できることとし、次いで大正十四年海軍防備隊の撤廃と同時に海軍省令第二号をもつて新たに旅順港規則の制定あり、次いで同年四月佐世保鎮守府長官命令をもつて旅順港細則を制定し、東港南半部を除いた以外の海面は全部開放して海軍側における強制水先検疫に関する規定並びに一般取締方法に改正を加え、港内における海軍側の取締は主として東港内及び軍事関係事項に限ることとした。関東庁においてもまた昭和二年庁令第十六号及び昭和四年庁令第二十二号をもつて旅順港取締規則を改正したが、その後昭和八年四月海軍省令第二号による要港部の復活とともに旅順港規則、同細則、同取締規則に大改正を加えて、一般船舶の出入すべき港域を旅順港規則第一条に定める第二区の一部及び第三区に縮小した。

普蘭店港は従来普蘭店警察署三道湾派出所の取締下にあり、またその位置が州境界にあるため貨物の積取、船舶の取扱に関し港務及び税関の手続はきわめて繁雑であり、かつ一般船舶は自由に当港に出入できなかったが、昭和八年九月関東庁令第四十八号をもつて普蘭店港則を公布して海事、検疫、港務行政及び港湾の運用等に関して定め、同年十月一日海務局支局を設置し、同港に出入する船舶の手続は一切同支局において取扱うこととした。

ロ　水先　大連港における水先業務に関しては港口及び港内の整理並びに水路の保持、岸壁の保護等諸船の関係上水先人の使用を強制する必要を認め、明治四十三年十月大連港港則の改正に際してその規定を設け、併せて水先人に関し同年十一月関東都督府令第三十四号をもつて大連港水先規則を制定実施した。

当時水先人の定員は三人であつたが、昭和四年七月関東庁令第二十一号をもつて関東州水先規則を公布し、定員を七名以内としたが、船舶入港の激増に伴い、昭和九年関東庁令第五十六号をもつて定員八名以内とし、水路嚮導料は大連港水先区水先人組合業務規定をもつてこれを定めた。

旅順港の水先制度は明治四十三年七月西港開放の当時公布された海軍省令旅順港規則により、水先人は旅順鎮守府司令長官（大正三年四月鎮守府を廃し要港部となつて要港部司令官）の検定を経た非現役海軍軍人であることを要し、水先人使用の強制を老虎尾水道外の泊地と西港泊地との間とし、海軍所属でない総トン数五百トン以上の船舶はすべてその強制に服すべきものとした。大正十一年十二月要港部を廃して防備隊を設置することとなつて同年十一月旅順港規則を改定し、従来水先人たる資格に必要であつた非現役海軍軍人で海軍官憲の検定を経たものであることの条件を削除し、大正十四年防備隊の撤廃と同時に旅順港規則を改正して海軍における水先の強制に関する規定を全廃した。しかし港内に発着する大型船舶に対して旅順港取締の必要上関東庁において水先人を附せしめた。なお昭和二年四月関東庁令第十六号をもつて旅順港取締規則に大改正を加え、その強制に服すべき船舶は総トン数一千トン以上とし、水路嚮導料金も改正し、水先人も二人に改め一人は関東庁職員、他の一人は満洲船渠株式会社職員を補欠として嘱託し、いずれも海務局支局に配属したが、昭和四年七月二十五日関東庁令第二十二号をもつて旅順港取締規則に一部改正を加えるとともに大連港及び旅順港に通ずる関東州水先規則を制定し、同規則により水先人定員を二名以下に定めた。うち一人は大連汽船株式会社旅順船渠工場員をして修繕のため東港に出入する船舶の専属としたが、昭和八年四月要港部の再設に伴い、旅順港規則及び同細胞を改正して、旅順港の水先人は非現役海軍軍人で旅順港取締規則に定める資格を具備することと規定した。昭和十一年六月旅順船渠及び付属工場を海軍に返還し、かつ一般商船の出入が激減するにいたつたので、定員数はそのままであるが、現従事者は一名に減じた。

普蘭店港は開港と同時に関東州水先規則の改正（昭和八年十二月関東庁令第六十二号）を行なつて、同港における水先人は同規則によることとし、定員は二名以内とするが、強制水先区を指定せず自由水先制度を採用した。水路嚮導料は同港水先人業務規程で定めた。

四　海港検疫

イ　船舶検疫

関東州の開港場における船舶検疫は各々の港則によつて海務局が執行する。平時は関東州外から来航する船舶にのみ施行し、出港検疫及び沿岸航海の船舶に対する検疫は特別の場合のほかは行なわなかつた。不開港場においては船舶取締規則（大正二年十月関東都督府令第三十三号）によつて所轄警察官吏が臨検した。

大連港は碇泊司令部によつて管理された軍政当時には臨時大連港検疫所を置き、特許を得て来航する船舶（日本船舶に限られた）の入港に際しては海港検疫法に準じて検疫を執行したが、関東都督府は港湾出入船舶取締規則（明治三十九年九月府令第七号）を公布して海港検疫を執行した。

明治四十年十二月海務局が設置されてからは、大連港則によつて同局がこれを管掌した。入港検疫は一般は昼間に限る慣習であるが、大連港は明治四十年告示第七十五号をもつて夜間検疫の制を設け、混雑に向いつつある入港船舶に便宜を与えるとともに船舶による伝染病侵入の防遏につとめた。大正二年に完成の海務局検疫所は大連市潮見所にあつて敷地二万五千三百九十坪余、建坪二千三百十六坪余、収容人員五百八人で東洋無比と称された。

ロ　獣畜検疫　獣畜の輸入検疫は明治四十年十二月大連港則の制定に始まり、海路輸入の牛、緬羊及び山羊は十日間獣畜停留所に隔離検疫の上、異状のないもののみを許可して解放した。

五　海事審判　関東州における船舶の海上衝突予防に関しては明治四十三年六月関東都督府令第十八号（関東州ニ於ケル船舶ノ海上衝突予防ニ関スル件」をもつて、海上衝突予防法（明治二十五年法律第五号）によることとし、また関東州船舶職員令（昭和十一年勅令第三百十一号）による乗組員の監督法規としては関東州船舶職員懲戒規則（明治四十四年十二月関東都督府令第四十号）があり、同規則によつて組織された関東州船舶職員懲戒委員会が審判機関となつていたが、昭和十一年九月勅令第三百十二号をもつて関東州海員懲戒令が公布され、海員審判所の組織及び管轄に関する事項を除くのほか、海員徴戒法（明治二十九年法律第六十九号）によることとなつた。これと同時に勅令第三百十三号をもつて関東州海員審判所官制が公布され、関東州における海員の審判は満洲国駐箚特命全権大使監督の下に所長一名、審判官五名、理事官一名、書記二名の職員から成る関東海員審判所がこれを掌ることとなつた。

関東州における水先人に関しては昭和四年七月関東庁令第二十一号をもつて関東州水先規則を制定し、これに一部改正を加えて資格条件、職責及び監督等に関する事項を定め、水先人の業務上の過失懈怠、事務違反、不法行為等に対する懲戒については関東海員審判所がこれを掌理することとした。

六　**船籍**　政府は明治四十四年十二月関東都督府令第三十五号関東州船籍令及び同府令第三十八号関東州船鑑札規則（いずれも翌四十五年一月一日施行）を制定し、都督府海務局をして船籍に関する事務を管掌せしめた。右船籍令による置籍船は日本内地にあつては外国船同様の取扱を受けるが、外国船の輸入置籍に際し、関東州が自由貿易地域なるがゆえに関税を要しないことと、海外就航に何らの差別的取扱がないため、外国船を輸入置籍するものが次第に増加して欧米、南洋各方面いたるところに航路を開始した。しかるに本令による置籍船の増加と船舶界の不況久しきにわたつたためようやく内地船との間に利益の衝突をきたし、中古船の輸入は優秀船の建造を妨げる結果となり、内地船舶行政上面白からざる結果を招来すべきおそれがあつたので、大正十四年四月勅令第百三十七号をもつて「関東州ニ行ハルル命令ニ依ル日本船舶ニ関スル件」が公布施行されて、置籍船に関し一種の制限を附することとなつた。右勅令の要旨は（一）内地、朝鮮、台湾、関東州又は樺太において建造した船舶（二）外国において建造し一旦内地、朝鮮又は台湾に輸入した船舶（三）関東州に主たる営業所を有し、主として関東州に出入する物品又は旅客の運送をなす海上運送業者の所有する船舶及び（四）本勅令施行の日たる大正十四年四月二十一日以前に関東州に置籍登録ある船舶を除くほか、関東長官（後には駐満大使）の許可を受けずして内地と関東州外の地との間に物品又は旅客の運送をなす船舶は、関東州に行なわれる命令に依る日本船舶たることを得ないことを規定したもので、単に輸入税を免れる目的で関東州に置籍せむとする従前のすう勢を制限することができたが、なおわが国船舶行政上徹底的制限の必要に迫られ、昭和八年十月関東庁令第四十九号をもつて関東州船舶輸入許可規則を制定してこれを制限するとともに関東州船籍令による日本船舶の要件を船舶法（明治三十二年法律第四十六号）に合致せしめ、輸入税免除の目的に悪用せんとする者を取締るよう改正の機運に向つていた。

関東州に船籍令を制定した結果として船舶所有権に関する登記事務を執行せしめるため明治四十四年十二月関東

都督府令第三十六号をもつて関東州船舶登記規則を制定公布し、所轄民政署及び同支署にこれを管掌せしめたが、後一般登記と同様関東法院をして管掌せしめることに改めた。

昭和十五年末現在における関東州置籍船舶は次のとおりであつた。

汽船一九〇隻（二八七千トン）、帆船三二一隻（一七千トン）計五一一隻（三〇五千トン）

七　船舶検査　明治四十年十一月関東州汽船検査規則（関東都督府令第七十三号）及び同四十一年三月別種旅客定員ニ関スル検査規則（関東都督府令第十一号）を制定施行したが、当時は未だ船籍令制定以前であつたので、関東州居住者の所有するいわゆる無籍船舶及び大連港を起点として運航する日本内地置籍船について検査を執行したにすぎなかつた。その後明治四十四年七月関東都督府令第十五号をもつて新たに関東州船舶検査規則を制定して前記二府令を廃止し、また別に内地在籍船検査のため関東都督府令第十四号をもつて関東州船舶特種検査規則を制定し、次いで同四十五年一月から関東州船籍令を施行したが、置籍船の増加に伴い本事務は繁劇をきたすにいたつた。しかるに関東州置籍船で日本内地を起点とし、日本・外国間又はその他の方面の貿易に従事するものが相当多数に上り、しかも一か年を通じて関東州に来航しないものもまた少なくなかつたので、関東州置籍船の内地における検査は便宜の措置として帝国海事協会又は大連海務協会の執行した検査をその成績によつて承認することとしてきた。

昭和八年内地においては海上ニ於ケル人命ノ安全ノ為ノ国際条約（一九二九年署名）及び国際満載吃水線条約（一九三〇年署名）が実施されることによつて、従来の海事諸法規を整理統一して船舶安全法（昭和八年法律第十一号）の制定されるに当り、これと同一内容を有する関東州船舶安全令が昭和九年八月勅令第二百五十三号をもつて公布され、十月一日から施行された。これによつて従来内地における関東州置籍船に関する代行制度を廃するとともに、同州における内地置籍船検査のための関東州船舶特種検査規則をも廃止し、船舶検査については相互嘱託によつてこれを施行することとなつた。なおまた関東州船籍令による日本船舶で乗客の用に供する総トン数五トン未満の汽船に対しては、関東州小型汽船取締規則（昭和九年九月関東庁令第四十一号）を適用して取締を励行した。
昭和十五年における各種検査件数は九百件総トン数百二十一万九千九百二トンであつた。

八　船員　船員事務に関しては船員ノ雇入雇止契約ノ公認其ノ他ノ証明手数料（明治四十一年六月関東都督府令第三十五号）に関する規定のみを制定して処理したが、大正六年五月関東都督府令第十二号をもつて関東州船員令を制定して従来の跛行的制度を改めた。本令には船員手帳に関する規定は支那人般員に適用しない旨規定しているので、関東州置籍船に乗組む多数の満支人船員は船員手帳の交付並びに雇入、雇止等の公認の認証を受ける途がなかつたのである。

船舶職員に関しては明治四十四年関東都督府令第三十九号をもつて関東州船舶職員令を制定したが、漁猟専用の船舶には当分の間本令を適用しないこととした。しかるにその後発動機付漁船が激増し、これらの漁船は遠く外洋に出漁して幾多の海難事件をひき起すようになつたので、海上の安全を期するため昭和九年関東庁令第四十三号をもつて関東州船舶職員規則を制定して関東州船舶職員令を廃止し、漁船にも本規則を適用して相当の海技免状受有者を乗組ませることとした。しかし関東州においては海技免状発給の制度がなく、逓信大臣が発給した海技免状を受有すれば関東州置籍船の職員となり得るものとされていた。

昭和十一年九月勅令第三百十一号関東州船舶職員令が制定公布され、関東州における船舶の職員に関しては特に本令に定めるもののほか船舶職員法（明治二十九年法律第六十八号）によることとし、海技免状は駐満大使において発給することとした。たゞし逓信大臣又は台湾総督の授与した海技免状で大使において本令により授与したものと同等と認めたものは、これを本令により大使の授与したものとみなすこととした。

関東州においては従来船員の保護及び監督に関し、特に法規の制定を見なかつたが、昭和十三年三月二十八日に内地において改正船員法（昭和十二年法律第七十九号）の実施されるに際し、関東州においてもこれに対応して昭和十三年十二月勅令第七百八十三号をもつて関東州船員令が公布され、翌十四年四月一日から施行されるにいたつた。同令によれば、関東州に船籍港を有する日本船舶の船員に関しては船員法第四十四条、第四十五条及び第四十八条の規定を除くのほか同法によることとなり、関東州の特殊事情を考慮して二、三の特例を設け、かつ大使は同法第一条第一項各号に掲げる船舶の乗組員の監督に関し必要な規定を設け得ることとした。

九　航路

イ　定期航路

大連港開港後数年間は満洲近海、上海及び日本方面に限る数箇の定期航路のみであつたが、その後港湾設備と陸上交通機関の完備に伴い、遠く欧米との間に定期汽船航路が開け、日本船舶のみでも四十五線の定期航路を有するにいたつた。その定期航路線名を挙げれば次のとおりである。

大連汽船定期航路

大連―青島―上海線。大連―天津線。安東―天津線。大連―竜口線。大連―壷蘆島線。営口―大連―台湾線。営口―大連―裏日本線。大連―名古屋―横浜線。営口―大連―阪神線。営口―大連―北鮮線。

大阪商船定期航路

大阪―大連線。高雄―天津線。ニューヨーク線。日本―欧洲線。カルカッタ線。

日清汽船定期航路

支那沿岸線

日本郵船定期航路

リバプール線。ハンブルグ線。ニューヨーク線。カルカッタ線。根室―青島―大連線。

近海郵船定期航路

鹿児島―長崎―大連線。台湾―大連―朝鮮線。横浜―天津線。横浜―営口線。

朝鮮郵船定期航路

朝鮮―長崎―大連線。朝鮮―北支那線。

阿波国共同汽船定期航路

大連―芝罘―青島線。大連―芝罘線。大連―芝罘―仁川線。大連―芝罘―鎮南浦線。

島谷汽船定期航路

朝鮮―北海道―大連線。大連―根室線。

原田汽船定期航路

大連―瀬戸内海線。

松浦汽船定期航路

大連―芝罘線。

北九州商船定期航路

九州―西鮮―大連線。

川崎汽船定期航路

横浜―大連線。

三井物産定期航路

内地―大連線。

大連海運定期航路

大連―長山列島―貔子窩線。大連―柳樹屯線。大連―大孤山線。大連―甘井子線。

満鉄会社定期航路

大連―甘井子線。

ロ　**不定期航路**　わが関東州租借前における満蒙の特産はわずかに大豆、豆粕の少量に止まり、営口から南支方面及び日本方面に仕向けられたのみであるが、その後豆油、石炭、銑鉄、雑穀等急激に増加し、殊に大豆油の輸出は明治四十一年欧米に販路を開拓して以来急速に発達をきたし、その多くは満洲各港から不定期船によつて輸送された。しかして日本方面行は日本汽船（一千トンないし五千トン）がこれを独占し、南支南洋方面行は日、英、支、米、独、蘭の汽船（一千トンないし五千トン型の勢力相同じく、欧米方面行は日、英、米、丁の汽船（五千トンないし一万トン型）が勢力伯仲するもののごとく、その船腹の需要はおおむね輸出入貨の各地方集散の状況に左右された。

ハ　**補助航路**　関東州における航海補助の制度は明治四十二年度において大連居住の志岐組(組主は志岐信太郎）に補助金を交付し、州内東海面に定期航路を開かしめたのを最初とする。その後大連を起点として北支那各港に航路開拓の必要を認め、安東、天津、秦皇島、竜口、登州府、芝罘、威海衛、青島、上海にいたる線に及ぼし、経営者も数人に増加し、幾多の消長を見た。

二　**帆船**　満洲各港における出入帆船はほとんど支那型帆船に限られ、日本帆船は微々たるものであつた。支那型帆船は吃水浅く、遠浅の多い北支那沿岸の運航に適し、相当の汽船便の開けた当時においても、なおこの方面の海運上一大勢力たるを失わず、その出入の状勢は一か年を通じ運輸総量約三十万トンに達し、大連港対沿岸の一大輸送機関となつていた。

第四節　航　　空

一　**概説**　関東州における航空に関しては昭和二年八月勅令第二百六十七号関東州ニ於ケル航空ニ関スル件があつ

て、同年八月十六日から航空法（大正十年法律第五十四号）によることとなつた。しかしてその施行については昭和二年勅令第二百六十七号施行ニ関スル件（昭和二年九月関東庁令第五十一号）を制定公布して航空法施行規則（昭和二年逓信省令第八号）、航空機検査規則（昭和二年逓信省令第九号）、航空機乗員試験規則（昭和二年逓信省令第十号）、航空機乗員体格検査規則（昭和二年逓信省令第一号）及び昭和四年逓信省令第十一号によることとなり、内地、朝鮮と同様航空法規を整備して航空に関する事務を関東逓信官署逓信局の所管と定めたのである。

関東庁管内の航空は、大正十五年に日本航空株式会社が大阪・大連間の航路を創設飛行したのが最初であるが、昭和四年度から日本航空輸送株式会社（昭和三年十一月創立）が東京・大連間の定期航空を開始することとなり、同四年四月一日からは東京・福岡間を毎週六往復、蔚山・大連間を毎週三往復の定期郵便輸送を開始した。次いで福岡・蔚山間の海上航空が連絡し、蔚山・大連間は福岡・大連間に延長されて、毎週三往復の輸送をなすとともに貨物輸送の取扱を実施し、更に九月からは旅客輸送をも実施して、ここに日鮮満間の航空連絡は完成したのである。しかして昭和五年四月一日以後福岡・大連間は一週六往復に増便された。

また同社は昭和六年十二月から大連・斉々哈爾間に定期航空を開始したが、その後昭和七年十一月に創立された満洲航空株式会社がこれを継承し、昭和八年一月から大連・満洲里間の南北満洲を貫く幹線及びこれと連絡する各支線の定期航空を開始し、ここに満洲国内各枢要地間に航空による連絡が可能となつたのである。

関東州における民間航空事業の直接監督者は駐満全権大使及び関東逓信局長で、全権大使は他の行政官庁の発給した堪航証明書及び免状の効力認定、飛行物の設置及び廃止並びに運送営業の許可等に関して監督をなし、航空の全航的監督及び取締並びに保護奨励その他に関しては関東逓信局長においてこれを行なつた。

また関東州防禦営造物地帯令（明治四十一年勅令第三十六号）の定める地帯内における航空に関しては旅順要塞司令官を経て陸軍大臣の許可を要し、旅順港附近の上空飛行には旅順要港部司令官を経て海軍大臣の許可を要するものとされた。

二　航空事業　関東局管内において航空事業を営む者は大日本航空株式会社、満洲航空株式会社、中華航空株式会社及び満洲空務協会関東州本部であつた。

大日本航空株式会社は昭和十四年八月大日本航空株式会社法（昭和十四年四月法律第八十四号）によつて設立された特殊航空会社で、昭和四年以来航空輸送事業を営んできた日本航空輸送株式会社の機構を改変し、その内容を充実したものである。しかして東京・大連線は昭和四年四月、京城・大連線は昭和十二年六月の開設であつて、後者は京城において東京・新京線及び東京・北京線と、また大連においては中華航空株式会社の北京・大連線と連絡し、東京・大連・北京間の一日連絡を実施して高度交通機関としての使命達成に資した。

満洲航空株式会社は昭和七年以来関東軍の監督下に着々堅実な発展を遂げてきたもので、同社の大連・佳木斯（ちやむす）線は満洲国の重要都市を貫く幹線をなし、他の幾多の地方線と合せ全満にわたつて航空路網を形成し、また昭和十二年十二月から大連・安東・奉天線を、同十三年六月から大連を起点とする不定期航空を開始し、満洲開発に寄与するところ大であつた。

中華航空株式会社は昭和十三年十二月の設立で、蒙彊、臨時、維新三政府支援の下に支那全土にわたる航空事業の独占的経営を目的とした支那法人である。同社は設立と同時に昭和十一年以来惠通航空股份有限公司が運営してきた北京・大連線及び大連・青島・上海線の事業を継承した。

満洲空務協会関東州本部は航空及び防空に関する思想の普及並びに施設の整備促進を図り、航空の発達及び国土防衛に寄与する目的をもつて昭和十五年一月創立されたもので、従来の民間防空並びに航空知識の研究普及機関である航空協会及び飛行協会の各支部を統合独立し、かつその事業を継承した公益法人である。

昭和十五年度における各社航空成績

区別	航空機発着回数	旅客発着数（人）	貨物発着数（キログラム）	郵便物発着数（キログラム）
大日本航空	七九七	二、五五〇	一二、八四九・〇	三六、一七二・七
満洲航空	八二八	五、四三八	四、一五一・一	一〇、九八九・七
中華航空	九六九	五、三六二	二七、七六六・六	二五、二六二・八
計	二、五九四	一三、三五〇	四四、七六六・七	七二、四二五・二

三　航空施設

イ　飛行場　大連飛行場は昭和二年七月関東軍の設立にかかる周水子陸軍飛行場を借受け、昭和四年四月から関東庁逓信局がこれを管理し、公共用飛行場として定期航空その他の民間機の発着に供したものである。

ロ　航空地名標識　貔子窩会李家屯十五番地にヒシカの文字をもつて地上標識を示すもので、昭和四年九月の設置にかかる。

ハ　要塞地帯区域標識　上空から要塞地帯内飛行禁止区域を知らしめるために昭和四年十二月必要な箇所に標識を設置した。

ニ　不時着陸場　昭和四年十二月貔子窩管内夾心子会高家屯に設置した。

ホ　航空灯台　大連、金州、登沙河及び貔子窩の四航空灯台を設置した。

四　航空無線通信

関東州における航空無線通信業務は昭和十一年十二月大連航空無線通信所に始まり、同十二年五月日本における最初の施設である大連航空無線標識所を、次いで同年十二月これらを統合した大連航空無線通信局が設置された。しかしてその通信相手局所は大連航空無線通信所開所当時はわずかに新義州の一局のみであつたが、逐次増加して大連航空無線通信局に統合の際は七局を数えるにいたり、業務も固定（対飛行場）、移動（対航空機）、標識（無線灯台）、航空気象と逐次拡張され、その取扱電報数も逓増した。

なお通信局所は次のとおりであつた。

大連航空無線通信局、金州送信所、大辛寨受信所、金州標識所、海洋島標識所、周水子羅針所、三十里堡羅針所、

海洋島航空無線通信局

第六章　通　　信

第六章　通　　信

第一節　官営通信事業

一　制度の沿革　満洲におけるわが逓信事業は、日露戦後の際に施設された野戦郵便及び軍用通信機関に始まり、明治三十九年八月勅令第百九十七号をもつて関東都督府郵便電信局官制が公布され、同年九月一日関東都督府の開庁と同時にこれら軍用通信機関を継承し、初めて民政組織の下に一般通信事業施設の創始を見るにいたつたのである。

関東都督府郵便電信局は一郵便電信局と五十五の支局から成り、都督府民政部に属して郵便電信及び電話に関する事務を取扱つたが、明治四十一年十一月一日勅令第二百七十五号をもつて関東都督府通信官署官制が公布され、前記郵便電信局官制は廃止された。関東都督府通信官署は関東都督の管理に属し、通信管理局、郵便局、電信局及び郵便所をもつて組織し、通信管理局は郵便、電信及び電話事務の管理並びに電信電話の建設及び私設電信電話の監督に関する事務を掌理し、郵便局以下の官署はそれぞれの現業事務をつかさどることとし、ここに中央監督機関と地方現業機関との分界を明白にした。

その後大正八年七月関東庁通信官署官制と改称され、同時に通信官署に電話局を加え、かつ従来民政部所管であつた電気事業の監督に関する事務を通信管理局に移管した。

翌大正九年十月二十三日勅令第五百二号によつて関東庁逓信官署官制が公布され、通信管理局は逓信局と改称された。同十一年十月関東庁令第七十六号簡易生命保険事務郵便振替貯金特別取扱規則の制定施行によつて管内に簡易生命保険業務が開始され、更に同十五年十月関東庁令第四十七号（簡易生命保険及郵便年金事務郵便振替貯金特別取扱規則）によつて郵便年金事務の取扱も開始された。かくして在満逓信行政は、その業務の範囲、料金等内地におけるものとほとんど異なる点がないまでになつた。

しかしてこれら業務に関する適用法規については次の勅令を公布した。

関東（都督府）ニ於ケル郵便電信及電話ノ業務ニ関シ郵便法、郵便為替法、郵便貯金法、鉄道船舶郵便法及電信法ノ規定ヲ準用スルノ件（明治三十九年勅令第二二九号）

関東州及南洋群島ニ於ケル簡易生命保険及郵便年金ニ関スルノ件（昭和十六年勅令第三二一号）

しかるに昭和六年九月の満洲事変突発に續いて満洲国の建国あり、従来の諸情勢に重大変革が生じて昭和八年九月一日満洲電信電話株式会社の設立を見るにいたり、これとともに勅令第二百三十一号をもつて関東庁逓信官署官制も改正されて、逓信局所管の電信電話業務は挙げて右会社に移管されることとなつた。（関東州及南満洲鉄道付属地電気通信令「昭和八年七月勅令第一九七号」

次いで昭和九年十二月関東局官制の公布に伴い関東庁逓信官署官制は関東逓信官署官制と改称し、満洲国駐劄特命全権大使の管理に属することとなつた。しかるに昭和十二年十二月一日満洲国における日本国の治外法権の撤廃及び満鉄附属地行政権の移譲に関する条約の実施により、関東州外におけるわが通信行政権も満洲国に移譲された。右行政権移譲に伴い、同年勅令第六百八十五号をもつて関東逓信官署官制の改正が行なわれ、逓信官署は逓信局、貯金管理所、郵便局、特定郵便局、飛行場及び航空無線通信局に分れ、逓信局は郵便、郵便為替、郵便貯金及び郵便振替貯金、簡易生命保険、郵便年金及び航空に関する事務並びに電信電話、電気事業、ガス事業及び満洲電信電話株式会社の現業事務の監督に関する事務を、貯金管理所は郵便為替、郵便貯金及び郵便振替貯金の検査計算に関する事務を、郵便局及び特定郵便局は郵便、郵便為替、郵便貯金、郵便振替貯金、簡易生命保険及び郵便年金の現業事務を、飛行場は航空機の発着に関する事務を、航空無線通信局は航空通信に関する事務をそれぞれ分掌することとなつた。

なお、満鉄附属地通信行政権の満洲国への移譲に際し、日本政府はその内国制度における取扱で、満洲国の内国制度に類似の取扱のないものその他特に必要ある事務の取扱を満洲国政府に委託することとなつた。その事務の種類は(一)満鉄附属地と第三国との間に交換される郵便、郵便為替及び郵便振替の取扱(二)満鉄附属地における電気通信に関し第三国との間に関係を有する事項(三)郵便貯金及び証券保管の取扱、国債及び債券元利金の支払並びに年金恩給の支給(四)簡易生命保険及び郵便年金の取扱(五)以上の一、三及び四の業務の取扱に伴う現金の受払と定め、かつ業務委託の細目については行政権移譲に関する条約附属協定(乙)第二条及びこれに基づき作成された右附属協定(乙)附属業務協定において規定され、また委託通信業務及びその付帯業務に関する主管官庁は関東局とする旨定められた(昭和十二年十二月一日勅令第六八三号「満洲国ニ委託スル通信業務及其ノ附属業務ニ関スル件」)。

二　郵便　郵便機関は始政当時はわずかに四十余にすぎなかつたが、遂年普及及び充実を図つた結果、昭和十年度末において八十六を算するにいたつた。しかしその後満鉄附属地行政権の移譲により、関東州内に設置の郵便機関のみとなり、昭和十五年度末におけるその数は四十であつた。郵便局の補助機関として関東州内に対しては大正十三年に会屯郵便制度を布き、州内各地方の会屯に郵便取扱所を設けると同時に満鉄附属地については従来満鉄会社と協定して便宜郵便物を取扱わせていた鉄道駅をすべて公式の機関とし郵便取扱所に改めたため、これら郵便取扱所は昭和五年度末百五十一に達したが、満鉄附属地行政権移譲に伴い、関東州内のみで七十九か所となつた。

次に郵便物の逓送は、管内相互間発着のものは満鉄経営の鉄道便、大連都市交通会社及び満鉄経営の自動車便並びに関東局直営の通常道路逓送便を主とし、他に少数の船便を利用した。

日本内地、樺太、南洋群島発着の郵便物は通常郵便物にあつては朝鮮経由鉄道便に由るのほか、神戸・大連間の船便をも利用し、小包郵便物にあつては神戸・大連間の船便に由て逓送し、朝鮮発着の郵便物はすべて満鉄便に由て相互に逓送し、また台湾発着の郵便物は主として内地発着のものとあわせ、満鉄経由で逓送していたが、大連・基隆間に船便のある場合は同船便をも利用し逓送していた。

満洲国発着のものは同国建国以来日支間郵便約定（大正十一年十二月八日北京で調印）に準拠して大連中央、営口、遼陽、奉天中央、鉄嶺、四平街、新京中央及び安東の各交換局で彼我発着郵便物の交換を取扱つてきたが、昭和八年六月瓦房店局（小包郵便物の交換は行なわない）を交換局に追加した。しかし両国間郵便物交換は前述の日支間郵便約定に準拠して取扱うため、事実上種々の不利不便多く日満間の新事態に適応しないので、昭和十年十二月二十六日新京において新たに日満郵便業務に関する条約を締結し、翌十一年一月にはこれに基づく関東局郵便規則（関東局令第二号）を実施することとなり、日満両国間の郵便に関する障壁は完全に除去された。すなわち満洲国内の郵便制度は日本内地の制度に準拠することとなつて、一般公衆は満洲国内いずれの地においても日本内地のように郵便に関する利益を享受できることとなつたのである。続いて翌十二年十二月一日満鉄附属地行政権の移譲があつて後は、大連中央、旅順、普蘭店及び城子疃の四交換局を通じ満鉄経営の鉄道便により逓送を行なうこととなつた。

中国　蒙疆方面発着のものは速達関係を考慮し、大連と天津、芝罘、青島、上海間船便又は内地経由船便若しくは満洲国奉山線経由鉄道便に由り、その他の外国発着のものについては従来その逓送経路に幾多の変遷を経たが、通常郵便にあつてはソヴィエト発着のものは満洲国業務経由シベリア鉄道便に由り、その他の諸外国に発着のものは日本内地経由船便又は中国業務の媒介により逓送し、小包郵便物にあつては内地経由太平洋横断の東廻り船便によつて逓送していた。

航空郵便物は昭和四年四月一日初めて日本航空輸送株式会社航空機によつて大連・蔚山間一週三回の逓送を開始したが、その後漸次拡充し、内地、朝鮮、台湾、南洋群島、樺太、満洲国、北支及び中支発着のものは速達する線路に従い、大日本航空株式会社航空機、満洲航空株式会社航空機、中華航空株式会社航空機を利用して逓送した。また前記以外諸外国あて航空郵便物は満洲国業務経由によるシベリア便又は日本内地経由をもつて逓送しつつあつた。

三　為替貯金

イ　郵便為替

わが軍政創始当時満洲における一般金融機関はきわめて幼稚であつたが、郵便為替業務経営の良否は一般公衆の生活殊に商工業の発展に影響するところが甚大であるため、つとめて本業務の普及を図り、管内全郵便局所において本業務の取扱を開始し、また郵便局所のない地方に対しては守備隊その他居留民のために局員の出張取扱の方途を講ずる等の便宜を図つた。以来為替業務は多大の増進をきたし、殊に大正八年度にいたつては経済界の好況に伴い異常の躍進を見せたが、大正九年以降急激な財界不況により幾分減退を示した。しかし漸次経済界の立直るに従つて昭和二年度からは再び順調な道程をたどり、満洲建国以来更に長足の躍進を示すにいたつた。しかして日満経済提携の進展に伴い両者間の商取引が盛況を呈するにいたつたので、その助長のため日満両国協議の上、昭和九年八月一日から日満小為替交換を開始した。その後各局所における為替貯金事務は著しく増加をきたしたので、大連、新京、奉天各中央郵便局に為替貯金課を独立せしめ、もつぱら一般為替貯金事務を取扱うこととした。また日満間諸取引の逐日盛況化に対処し、従来の純外国為替制度の不便多きに代え、日本内地における通常為替及び電信為替の制度をそのまま満洲国に及ぼして両国間の障壁を除くこととし、日満小為替のほか新たに日満通常為替、日満電信為替制度を創設し、昭和十一年一月から実施した。

また本邦北支間における経済交通関係はようやく緊密の度を加え、邦人の北支進出の激増等により両者間に簡便な送金制度設定の要望が高まるにいたつた結果、昭和十三年十二月日華電信為替を、また十五年七月日華小為替制度の創設を見るにいたつた。

ロ　郵便貯金　郵便貯金の管理事務については関東都督府創始の際諸般の準備不完全のため、これを独立経営することはかえつて不利益な事情が存するので、逓信省と協議し、同省貯金局において合併処理することとしたが、在満邦人の増加に伴いようやく不便を覚えるにいたつたので、明治四十四年四月逓信省から本事務の引継ぎを受け、都督府通信管理局で管理事務の取扱を開始した。以来人口の増加に伴い各般の有効な方法を利用し極力貯蓄思想の向上を図つた結果異常の貯蓄増加を示すにいたつた。

その後昭和二年七月郵便貯金利子の計算方法を改正し、また昭和三年二月、月掛貯金制度を実施する等預金者の利益を図るとともに引續き奨励につとめた結果、満洲建国以来の人口の増加と相まつて取扱数は増加し、更に国民貯蓄奨励とともに昭和十三年六月から集金制度を実施した結果、昭和十五年七月末現在六千万円を超えるにいたつた。

ハ　郵便振替貯金　振替貯金事務は為替貯金事務同様関東都督府が軍用通信機関から継承後各郵便局所において取扱を開始したが、当時は口座所管庁事務は取扱わず振替貯金加入者はすべて内地の口座に加入した関係上、十分をその機能を発揮することができなかつたが、在留邦人の増加と一般商工業の発展に伴い口座開設の緊切なことを認め、明治四十四年四月から都督府通信管理局にこれを開設したところ、一般の利用甚だ多く昭和八年度末には口座加入者六千五百人を算し、受払高も遂年増加した。なお本制度によつて関東州地方費収入金、市公金の受払及び簡易生命保険、郵便年金事務に関する特別取扱事務を行なう等ますます業務の活用を図つた（昭和九年一月関東庁令第一号関東局郵便振替貯金規則）。

その後日満間の諸取引が漸次盛んになるに及んで日満為替制度のみでは不便が多かつたので、日満振替貯金制度を創設、昭和十一年十二月一日からこれを実施し加入者の利便を図つたところ、着々その実効を収めることができた。なお昭和十二年十二月満鉄付属地郵政権移譲の終果、奉天貯金管理所口座に対する受払減少のため一時振替貯金の取扱数は減少したが、その後関東州内における振替貯金利用勧奨の積極化によつて漸次増加しつつあつた。

四　簡易生命保険及び郵便年金

イ　簡易生命保険　関東州及び満鉄附属地は簡易生命保険法の施行地域外であるため、在満邦人は同法により加入者としての利益をうけることができなかつたが、渡満邦人の増加に伴い、内地以来既契約者の不利不便が多いのみでなく、特に在留邦人が生命保険を必要とする程度は内地以上であるため、関東庁逓信局では同法実施の便法として郵便振替貯金の媒介により実質的に簡易生命保険法所定の業務を取扱うこととし（大正十一年十月二十一日庁令七六号簡易生命保険事務郵便振替貯金特別取扱規則）、大正十一年十一月一日から管内郵便局所でその取扱を開始した。次いで昭和六年十月一日から内地において小児保険が働施されるに当り管内でもこれを取扱うこととした。

本業務は実施当初からすこぶる好調で、事務開始後わずかに五か月を経過した大正十一年度末において早くも人口千人当り百四十四件に達する普及率を示し、日本全国平均七十三件に対して約二倍に達する好況を見た。その後満洲事変を契機とする邦人の激増に伴い躍進の一途をたどり、満鉄附属地行政権移譲直前の昭和十二年十一月末においては契約実在件数二十七万八千九百五十二件、この保険金五千二百六十八万百三十二円に達したところ、移譲後においてはその三四パーセントに減じ、契約件数九万五千八百二件、保険金一千七百六十四万二千八百七十円となつた。しかし行政権移譲後においても関東州内人口の増加並びに支那事変突発による時局認識の徹底等によつて昭和十五年度においては普及率人口千人当り七百五十五件（契約十四万八千五百四十一件、保険金二千七百五十三万余円）となり日本全国平均の四百五十七件に比して著しく高率を示した。

関東州内在住満洲人については昭和十四年四月一日から被保険対象として拡張することとしたのであるが、同年度末において満人契約件数は早くも五万二千九百件に達した。

ロ　郵便年金　本事業は大正十五年十月一日から内地と同時に始められた。しかして関東州及び満鉄附属地に対し、関東庁令第四十七号簡易生命保険及郵便年金事務郵便振替貯金特別取扱規則によつて従来の簡易生命保険と同様の弁法によつて取扱を開始したのであるが、昭和十六年勅令第三百二十一号（関東州及南洋群島ニ於ケル簡易生命保険及郵便年金ニ関スル件）公布により関東局郵便局の窓口業務として取扱うこととなつた。昭和十五年末における契約現在高は一千五百七十五件、年金額は十七万六百七十八円となつていた。

五　電信及び電話

イ　概説　関東州、満鉄附属地及び隣接地域市街の電気通信事業は、日露戦後の際後の際施設された軍用電信電話をその起源とするが、明治三十九年七月関東都督府郵便電信局官制が公布され、同年九月一日から施行されると同時にこれらの軍用通信機関は都督府郵便電信局に継承されて民政の下で一般通信事業が行なわれることとなつたのである。その後における官制及び管理官署の変遷については本章第一節一の制度の項で説明したとおりであるが、昭和六年九月満洲事変の突発に次いで翌七年三月満洲国が建設されるに及び、同国交通部では従来東北電信管理処に所属していた通信施設を接収し、事変後一時無統制に陥つていた通信施設の統制、整備、改善に鋭意努力を續けたが、一方関東州及び満鉄附属地を除いた満洲各地の通信施設は経営主体の多数に因る制度及び運営の複雑、設備の不完全、施設の甚だしい相違等によつて通信連絡上に遺憾の点が多く、かつ同一地域に同種の事業が対立して資本の二重投下と無益の競争等の関係上通信事業の円満な発達を阻害する例が多かつた。そこで日満両国は彼我の不利不便を除くために隔意のない協議を遂げ、両国政府の所有する電気通信施設を提供して打つて一丸とし、これに日満両国民の資本を加えて従来の官業を半官半民の会社経営とすることに決し、昭和八年八月「満洲ニ於ケル日満合弁通信会社ノ設立ニ関スル協定」（昭和八年五月十六日、条約第一号）に基づき満洲電信電話株式会社が創立された。本会社は国策の代行を使命とするため各種の特典を附与されているが、また反面においては日満両国政府の厳重な監督をうけることとなつた。かくして関東州及び満鉄付属地の電気通信事業は昭和八年九月一日に同社に移管され、会社は同日からその事業を開始したのである。

右によつて関東庁は以後公衆通信の用に供する電信、電話、無線電信及び無線電話につき、監督官庁としての地位につくこととなつた（昭和八年七月勅令第百九十七号関東州及南満洲鉄道付属地電気通信令＝昭和十二年十二月付属地行政権移譲に伴い、関東州電気通信令と改題、同年九月関東庁令第三十三号「関東庁逓信官署ニ於テ電信電話ノ業務ノ廃止ニ関スル件」）

ロ　電信　有線電信　日露戦役終期の電信業務は陸軍臨時電信隊が管掌し、郵便機関とは全く系統を異にしていたが、関東都督府で業務を継承した後は特殊事情あるものを除くほかすべて郵便局所に併合することとした結果、通信事業管理の統一を見ることとなつた。以来施設を改善拡張するとともに満鉄線各駅の大部に公衆電信取扱所を設置し、また無線通信機関を創設する等鋭意事業の完備充実を図つたほか、当時の支那政府と協定して彼我電信系の連絡を遂げ、両国間の通商貿易に資するところが多かつた。日本内地との発着電報は当初佐世保―大連海底電線と朝鮮側の媒介連絡による京城―奉天線の二条をもつて疏通させていたが、通信漸増の状勢を考慮して大正八年五月朝鮮経由による東京―大連線を、また同年六月大阪―奉天間に直通電信線を構成し同時に朝鮮側の媒介連絡を廃止したが、遂年増加する通信を円滑に疏通するには更に日満直通線を施設するの必要を認め、長崎―大連間海底線の敷設に着手し、大正十四年四月から開通した。次いで大正十四、十五の両年度の継續事業として朝鮮経由下関―奉天間の直通電信線を敷設し、大正十五年から開通した。しかるに大連と経済上最も密接な関係を有する大阪との通信は、大連―長崎間の海底線によつて疏通していたため、多大の時間を要し商取引上の不便が少なくなかつたので、両地間の直通線を敷設することとし昭和八年八月その開通を見た。

満洲と支那との間に発着する電報は、事業継承当時のわが電信系が支那電信系に連絡をもつていなかつた関係上、諸外国にあてる電報はすべて日本内地を経由したが、明治四十一年に日清電信協約（同年十月十二日東京で調印）を締結し、翌四十二年三月営口、遼陽、奉天、鉄嶺、長春及び安東の六か所のわが電信局と当該地の支那電報局との間に連絡線を架設し、また一方大連―芝罘間に直通電信線を構成してこれらによつて満洲、支那及びその他の諸外国発着電報の送受を開始した。また満鉄沿線外の満蒙各地に在住する多数邦人は従来関東州、満鉄付属地、朝鮮及び日本内地との間に和文電報による通信の途なく、これら在住邦人の不便に対し救済策を考慮中であつたが、昭和六年九月満洲事変勃発以来急激な社会状勢の変化にかんがみ急速に実現の必要を認め、当時の東北電信管理処との間に地方的協定を遂げ、昭和七年三月から彼我電信系の連絡を図り、和文電報の取扱開始を見ることとなつた。その後日満両国政府間に条約が締結され、日満合弁の通信会社すなわち満洲電信電話会社の設立があつて、以後両国政府が経営してきた公衆通信用電気通信事務は、その一切を挙げて昭和八年九月一日から前記会社に移管し、両国政府監督の下に事業の経営をなさしめることとなつたのである。

無線電信　無線電信は明治四十四年十一月海岸局を大連湾沙砲子に設置し、次いで大連―上海間航路の榊丸に船舶無線電信局を設置したのが始まりである。以来大正十二年十一月から順次大連汽船株式会社所属の大連丸、奉天丸及び長春丸に無線電信局を、また関東庁に船籍を有する長平丸ほか四十余隻に公衆無線電信取扱所を設置する等その普及発達は著しく、短期間において相当の発展を見、管内無線局数は当時日本の各外地中首位を占めるにいたつた。

ハ　電話　有線電話　電話事業は関東都督府において継承当時はほとんど軍時専用のものであつたが、その後施設に大改善を行ない、まず大連、遼陽、奉天、鉄嶺、新民府、公主嶺、旅順、安東縣及び柳樹屯における電話を一般公衆用に開放し、以来各地商工業の発展に伴い長春、撫順、大石橋、金州、開原、四平街、本渓湖、瓦房店、沙河口、海城、鞍山、普蘭店、貔子窩、郭家店、熊岳城、范家屯、松樹、新台子、昌圖、隻廟子、城子疃、新城子及び蘇家屯等の各地に電話交換業務を開始したほか、各地にも電話所及び公衆電話所を設置して通話の便を図つた。しかし元来満洲の電話利用者はその用語の雑多と各国民性の異なるところから手動交換方式では不便が多いので、自働交換方式による電話を採用することとし、まず大連の電話局舎の改築を機として、大正八年から右新式装置の工事に着手し、同十二年にいたつて開通を見た。更に昭和二年四月沙河口郵便局の電話を自動式に改装するとともにこれを大連中央電話局の分局とした。次いで昭和四年二月撫順、同年七月奉天、同五月貔子窩、同六年二月鉄嶺、同年九月長春(新京)と順次自動式電話の開通を見るにいたつた。

関東庁管内の電話は関東州及び満鉄附属地に竝行する市外電話線路が大連—長春間七百一キロメートル、奉天—安東間二百七十六キロメートルにわたり、各地電話局所を連絡する電話網を形成し、また満鮮間の電話連絡は、当局施設以来安東と朝鮮の新義州及びその付近各地との間に実施したが、満鮮間の交通経済関係は年とともにますます密接の度を加えるにいたつたので、彼我協議の上、大正十三年十月奉天対新義州、平壌間及び安東対平壌、鎮南浦間の長距離連絡通話を開始した。越えて大正十四年十一月連絡区域を京城まで延長し、更に昭和三年六月大連、旅順その他の関東庁管内各地と京城その他朝鮮側主要各地間との長距離連絡通話を開始した。関東庁管内と支那及び満洲行政権下の地域との間の通話連絡は早期に営口水道電気株式会社、本溪湖煤鉄公司、吉長鉄路局、四洮鉄路及び公主嶺、復縣、梨樹縣、蓋平縣、范家屯の各地において、電話連絡を実施していたが、昭和二年四月から更に大連、撫順、奉天及び安東各地のわが電話局と奉天城内、洮南及び遠く北京、天津との間にも電話連絡の実施を見ることとなつた。

なお満鉄沿線では従来日本側の電話で鉄道附属地外に進出していたもの及び支那側の電話で満鉄附属地内に設置したものとが彼此交錯し、線路の建設保守又は事務連絡上に少なからざる不便があつたが、満洲事変を機として満鉄沿線に竝行する公主嶺、范家屯、新民府、四平街及び本溪湖等各地の満洲側電話をわが方に合併した。更に当方管内と経済的に最も密接な関係を有する北満洲との電話連絡については満洲側と交渉の結果哈爾浜、吉林、海竜方面との連絡が成立し、ここに南北満洲の主要地間の電話連絡を完成することができた。しかるに本業務も電信とともに昭和八年九月一日から満洲電信電話株式会社の経営に移り、以来施設に運用にその他幾多の点に改善の跡が著しいものがあるが、特に昭和九年八月から通話開始の運びとなつた日本内地、満洲間連絡用無線電話設備の完成は、満洲電信電話株式会社が電話業務を継承して以来の劃期的事業である。

放送電線電話　関東庁管内においては久しい以前から放送無線電話施設の願出をなすものがあつたが、当時の満洲は種々の点においてラジオの民間経営に適しない事情があつたため、その許可を保留していたが、大正十四年八月から関東庁逓信局で既設の無線電信設備を利用して大連放送局を設け、技術的実験放送を兼ね、ニュース、音楽、講演、気象、警報等娯楽、教養並びに公益的放送を開始したところ、聴取施設を願い出る者が續出し、遂年無線電話聴取者は増加しつつあつた。

昭和八年九月満洲電信電話株式会社は本業務継承後巨費を投じて新京に百キロ放送施設を完成し、放送聴取無線電話規則（昭和八年九月関東庁令第三十号）の管制下同年十一月から放送を開始したが、以来各放送局とも放送施設の整備、放送内容の充実に努めた結果、聴取者は年と共に増加し、昭和九年度末には早くもその数九千九百二人に達した。

二　専用通信　満洲電信電話株式会社経営にかかる公衆通信施設を除いたいわゆる専用通信施設は昭和十二年十二月満鉄付属地行政権移譲に伴い相当の縮減を見たが、なお官署事務用、鉄道事業用その他特定事業用等有線無線の電信電話にわたつて相当複雑多岐をきわめていた。専用有線施設の主なものは鉄道事業用たる満鉄の電信電話を初めとし、官署事務用たる警察専用、水道事業用その他一般会社施設等その施設者数十五であつた。

一方専用無線施設は電波統制等の見地から陸上においては実験用等のごとく特殊な目的のもの以外は許可しない方針をとり、右実験用としての無線機器製作者及び学校の研究施設（官署事務用たる航空無線については除外）を除いてはわずかに長山列島における警察無線を主とし、その他航路標識用の施設等十五を数えるのみであるが、他方航行の安全のために船舶又は航空機等の移動体に施設するものはその性質上無線通信によらなければならないので、管内における専用無線施設の大部分はこれら船舶又は航空機のような移動体に施設するもので占められ、昭和十五年度末現在におけるこれらの施設は七十七であった。これらの施設は専用通信施設規則（昭和八年九月関東庁令第二十八号）によって管制をうけていた。

ホ　無線通信監視　昭和八年九月満洲電信電話株式会社の設立に伴い一切の公衆電気通信は同社に経営させることとなったが、無線通信監視業務のごときはその性質上官庁側において行なうことが適当と認められたので、一部設備をもって関東局が引き續き実施してきたところ、無線科学の異常な発達に伴い必然的に本業務充実の必要が生じてきた結果、昭和十一年二月大連航空無線通信所の創設と同時にこれに無線通信監視設備をも整備し、本格的に本業務を実施することとなった。次いで関東州近海における無線通信監視上にも幾多不備の点があったので、海上における無線通信の円滑なる運行を期するため、監視設備の一部を大連・上海航路に就航の大連汽船株式会社所属汽船青島丸に装置し、主として海上における船舶無線通信の監視を実施した。

各年度末現在関東庁逓信機関数

年度別	逓信局	貯金管理所	郵便局	郵便局出張所	郵便局分室	郵便所	郵便取扱所	飛行場	電信局	電信取扱所	駅電信取扱所	電話局	電話取扱所	無線電信局	無線電信取扱所	計
明治三九	一	—	三六	八	—	—	—	—	—	—	—	—	—	—	—	四五

四〇	一	|	三〇	一三	|	|	二五	|	一	一	|	|	|	|	|	七一
四一	一	|	三〇	一五	|	|	二五	|	一	六	|	|	|	|	|	七八
四二	一	|	二九	一七	|	|	七一	|	一	六	一八	|	|	|	|	一四三
四三	一	|	二八	一四	|	一〇	七一	|	一	六	二七	|	|	|	|	一五八
四四	一	|	三〇	一三	|	一〇	六五	|	一	六	三六	|	|	三	|	一六五
大正元	一	|	三〇	一四	|	一〇	七〇	|	一	七	四〇	|	三	三	|	一七九
二	一	|	三〇	一五	|	一〇	七三	|	一	七	四〇	|	四	三	|	一八三
三	一	|	三〇	一五	|	一〇	七三	|	一	七	五三	|	五	三	|	一九七
四	一	|	三〇	一五	|	一〇	七三	|	一	七	五三	|	五	三	|	一九八
五	一	|	三〇	一六	|	一〇	七四	|	一	七	五九	|	七	三	|	二〇八
六	一	|	三〇	二〇	|	一〇	七四	|	一	七	六四	|	七	三	|	二一八
七	一	|	三一	二〇	|	一〇	七三	|	一	八	六六	|	六	三	|	二三三
八	一	|	三四	一五	五	一〇	七四	|	|	八	六六	一	六	三	|	二三五
九	一	|	三五	一六	五	八	七五	|	|	八	六六	一	九	三	|	二三〇
一〇	一	|	三八	一三	五	六	七五	|	|	八	七三	一	九	二	|	二三五
一一	一	|	四二	一二	|	六	七二	|	|	七	七六	二	一〇	三	|	二三〇
一二	一	|	四二	一二	|	七	一四五	|	|	七	七七	二	一三	三	一	三〇九
一三	一	|	四二	七	|	一三	一四一	|	|	七	七八	二	一七	三	五	三一三
一四	一	|	四〇	八	|	一六	一四〇	|	|	六	八二	二	一六	三	八	三二三
昭和元	一	|	四〇	八	|	一六	一四六	|	|	六	八四	二	二〇	三	二一	三三七
二	一	|	四一	八	|	一七	一五〇	|	|	六	九〇	三	一九	三	一六	三五四
三	一	|	四三	九	|	一八	一四九	|	|	六	九一	三	三	四	二二	三六六
四	一	|	四二	八	|	二〇	一五〇	|	|	六	九四	三	三	四	三四	三八四
五	一	|	四三	七	|	三	一五一	一	|	六	九四	三	三	四	三四	三八八
六	一	|	四三	九	|	三	一四九	一	|	六	九四	三	三	四	三七	三九一

七	一	｜	四四	九	二八	三	一二	一	一	六	九六	三	二五	四	三八	四二九
八	一	一	四四	一〇	三〇	三	一四五	一	｜	｜	｜	｜	｜	｜	｜	二五四
九	一	二	四九	八	三二	二六	一四六	一	｜	｜	｜	｜	｜	｜	｜	二六四

備考　昭和八年九月一日満洲電信電話会社開業に際し、電気通信関係機関は挙げて同会社に移管

第二節　満洲電信電話株式会社

一　会社の設立　由来満洲における電気通信事業は、行政地域にしたがつて日本側におけるものと満洲側におけるものと二箇の異なる創業及び発達の経路をたどつてきたものである。すなわち日本側においては既述のように明治三十九年九月一日、関東州及び南満洲鉄道付属地における軍用電信電話を関東都督府郵便電信局において継承し、これによつて初めて一般公衆の利用に供する電気通信事業を開始したが、以来順調な発達を遂げ、制度、普及状態その他において、日本内地におけるものに比して何ら遜色のない程度にまで達した。一方関東州及び満鉄附属地以外の地域においては、政権の変遷常ならざる上、為政者の政策が適正でないため、電気通信事業の創設は比較的古いにもかかわらず、その発達遅々として進まず、経営区々で乱雑をきわめる状態にあつた。すなわち有線電信にあつては古く光緒十年（明治十七年＝一八八四年）に天津から山海関、営口方面に架設されたことに始まり、以来これを根幹として徐々に発達してきたが、うち續く内乱等に禍されて見るべき施設なく、わずかに民国革命後に北京・奉天間、奉天・洮南間の幹線路を建設したのに止まり、これらも修理を加えないため腐朽が甚だしかつた。

有線電話にあつては光緒二十六年（明治三十三年＝一九〇〇年）に市外通話を開始したのに始まり、日露戦役後は主要都市の市内加入電話が創設されて少しく事業としての形態を備えるにいたつたが、民国七、八年（大正七、八年）のころには官営のほかに縣営、民営、官民共営、個人経営等いわゆる地方電話なるものが各地に續出し、制

度は全く混沌たるものであつた。

無線電信にあたつては民国十一年（大正十一年＝一九二二年）以来旧東北政権が特に無線網建設に主力を注いだため、奉天、吉林、長春、哈爾浜その他合計二十か所に無線電台を置いて公衆通信を取扱つた。特に奉天の無線電台は遠くサン・フランシスコやベルリンとも交信する大規模のもので、その発達は有線に比し、かつ当時の支那においては最も進歩したものであつた。

昭和六年満洲事変の突発とともに前記支那側各電気通信機関の従業員等は大部分逃亡したため、旧東三省の電気通信は全く途絶の状態となつた。しかるに昭和七年三月一日満洲国の成立に伴い、同国交通部はこれら電気通信機関を復活して整備に全力を傾注し、地理的障害、兵匪の跳梁による困難を排助してよくその目的を達することができた。

その後満洲における政治、経済、文化等諸般の工作が活発となるに伴い、電気通信事業の高度の活動を要求されるにいたつたが、前述のように日満間に電気事業の施設及び普及状態に著しい懸隔があり、また制度の相違によつて相互の連絡はすこぶる困難であるため、同一地における日満両国政府の二重施設、資本の二重投下の弊に陥るところ少なくなく、これは単に利用者の不利不便であるのみならず大局的にも策を得たものではなかつた。このため諸般の円滑なる発達を阻害されるところが少なくないので、両国の電気通信事業を統合して一元的にこれを運営し、満洲の新事態に即応する目的の下に日満両国政府間に電気通信会社の設立が企図されるにいたつた。

昭和八年三月二十六日、新京において「満洲ニ於ケル日満合辦通信会社ノ設立ニ関スル協定」が締結され、その後批准を経て日本では同年五月十六日条約第一号をもつて公布を見た。同日日満両国政府は各十五名の設立委員を任命して設立に関する準備を進め、同年七月一日株式募集に着手、同月四日に締切つたが、全株数百万のうちの日満両国政府の現物出資に対する四十五万株並びに賛成人、従業者及び縁故者に割当てる二十七万株を除いた一般公募株二十八万株（うち国幣配当株十万株）に対し、応募株数八百六万二千七百十五株（うち国幣配当株十五万五千九百九十株）の多数に上つた。かくして第一回払込金の徴収を終え、諸般の準備を完了し、同年八月三十一日新京において創立総会を開催し、翌九月一日午前零時をもつて関東州及び満鉄附属地内にある日本政府側電気通信事業及び満洲国行政権下の地域にある満洲国政府の電気通信事業を継承し、これを統一経営すべき満洲電信電話株式会社の設立を見るにいたつたのである。

昭和八年満洲電信電話株式会社設立直前における日満両国の電気通信概況

		日本側	満洲側	備考
電信局所		二一四	一六四	
電話局所		二五四	一六三	
電報通数		五七〇万	一二五万	一年分
電話加入者		二一、二五五	八、九〇〇	
市外通話度数		一二五万	不明	一年分
電信線市外電話線路亘長	一平方キロメートル当	七〇〇メートル	一一メートル	
同　延長	同	九、一〇〇メートル	三二メートル	
電報利用率	百人当	四五〇通	二、七通	
電話加入率	百戸当	九、八	〇、一五	

二　会社の資本　会社の資本金は当初、日本国通貨金五千万円で、このうち日本国政府出資の金一千六百五十万円は関東州及び満鉄付属地にあつた日本国政府の電気通信施設を、満洲国政府出資の金六百万円は同国行政権下の地域にあつた同国政府の電気通信施設をもつてそれぞれ充当したものである（協定第四条、同附属交換公文）。しかるにその後満洲における政治、経済、文化の飛躍発展に対応し、かつ国際情勢の複雑微妙な展開にかんがみ、通信施設の画期的拡充を図ることとなり、そのため資本金増加の必要に迫られ、昭和十五年一月協定第二条に基づき日満

両国政府の認可を得て同年八月一億円に増資した。

会社の株式は一株金五十円であるが、一般会社と異なり株式所有者の資格に一定の制限を設けた。すなわち協定第三条には本会社の株式は日満両国の政府、公共団体もしくは国民又は両国の法令のいずれかに依つて設立した法人で、その議決権の過半数が両国民又は法人に属するものに限り所有することができる旨規定された。

昭和十五年十二月末現在における株式数、払込済額及び未払額等は次のとおりである。

(一) 資本金総額　二百万株　壱億円

内訳			
日本国政府所有株	旧株式		一千六百五十万円
	新株式	二十二万五千株	一千百二十五万円
満洲国政府所有株	旧株式	十二万株	六百万円
	新株式	二十二万五千株	一千百二十五万円
一般所有株			
日本国通貨配当株	旧株式	四十五万株	二千二百五十万円
満洲国通貨配当株	旧株式	十万株	五百万円
	新株式	五十五万株	二千七百五十万円

(二) 払込済株金　五千五百六十二交五千円

内訳		
日本国政府所有株	旧株式	一千六百五十万円
	新株式	二百八十一万二千五百円
満洲国政府所有株	旧株式	六百万円
	新株式	二百八十一万二千五百円
一般所有株		
日本国通貨配当株	旧株式	一千六百八十七万五千円
満洲国通貨配当株	旧株式	三百七十五万円
	新株式	六百八十七万五千円

（三）未払込株金
内　訳
日本国政府所有株	新株式	八百四十三万七千五百円
満洲国政府所有株	新株式	八百四十三万七千五百円
一般所有株		
日本国通貨配当株	旧株式	五百六十二万五千円
満洲国通貨配当株	旧株式	百二十五万円
	新株式	二千六十二万五千円

三　配当　本会社の利益配当には、一定率を超えない旨が規定されている（協定第六条）。右の一定率とは政府命令に基づき会社定款において年一割と定められている。なお日満両国政府の所有する株式以外の株式に対する利益配当は、ある程度の率に達するまで政府持株に優先してできる旨規定されている（協定第六条）。右のある程度の率というのは政府命令に基づき会社定款において年六分と定められた。こゝに特筆すべきことは、満洲国の政府、国民又は法人に割当てた株式に対しては、その出資当時第一回の払込の際、満洲国の国民又は法人の所有する株式に対しては満洲国通貨をもつて利益配当金を支払うという制度である（協定第七条）。これは本会社の資本を日本国内のみでなく満洲国内においてもこれを求めるがため、満洲国民の投資上の便宜を計る趣旨に出たものである。なお満洲国通貨による利益配当金は毎回の株金の払込当時における日本国通貨に対する満洲国通貨の換算率を基準として支払われることに定められている。

各年度における会社の収支状況

年度	収入	支出	利益金
昭和八年	三、七八八、四四五・三三円	二、九四八、九八七・八四円	八三九、四五七・四九円
〃九年	一二、八六〇、二九五・七三	九、八七〇、六二八・六五	二、九八九、六六七・〇八

〃 十年	一六、四九四、九三〇・二八	一三、一〇四、五〇〇・四〇	三、三九〇、四二九・八八
〃 十一年	一八、二三九、六三一・四七	一四、六八六、一八二・五二	三、五五三、四四八・九五
〃 十二年	二二、三〇二、七六八・一八	一八、五一九、四九〇・八五	三、七八二、二七七・三三
〃 十三年	二八、三四六、五〇四・四〇	二三、四三二、〇〇九・五八	四、九一四、四九四・八二
〃 十四年	三九、〇六九、四三六・六一	三三、一七一、六一一・四〇	五、八九七、八二五・二一
〃 十五年	五〇、四九八、三六六・九六	四四、〇四二、一九〇・八二	六、四五六、一七六・一四

四　会社の特色　会社が日満両国政府の国策代行機関たるの使命を達成するに遺憾のないようにするため、会社は従来日満両国政府が事業経営当時に有したものとほとんど同様の特権を付与された。すなわち

(一)会社の財産、所得及び営業、会社のなす登記及び登録並びに会社の事業に要する物件は、関東州、満鉄附属地及び満洲国の行政権下にある地域においては租税その他一切の公課を免除されること（協定第八条）。

(二)会社は事業上必要な土地の収用、電線路の建設、交通機関の利用、料金の徴収その他事業経営上必要な事項に関して従来官営事業に与えられたと同様の特権を亨有すること（協定第九号）

(三)会社の電気通信施設又はその付属設備に属する物件はこれを担保権の目的として又は差押もしくは仮処分の目的となすことができないこと（協定第十条）。

(四)会社は事業経営上必要あるときは鉄道及び航空事業に附帯する電気通信施設又は警備専用の電気通信施設の利用について当該国監督官庁に稟申できること(協定第十五条)。等であるが、一面日満両国政府の厳重な監督をうける。また日満両国軍事官憲は、会社の事業に関して軍事上必要な命令をなし及び会社の施設に対して軍事上必要な措置を行なうことができる。もつともこの場合、会社に損害を被らせたときは補償されるものである（協定第十三条）。

また日満両国政府は、会社の施設を鉄道、航空、警備その他の目的のため必要な通信の用に供すべきことを命ず

ることができる（協定第十四条）。

なお会社が解散のおそれありと認める場合には、日満両国政府は相当の価格をもつて会社の所有する電気通信施設及びその付属設備を買収することができる（協定第十六条）。

その他会社の特色とも見るべきものは、既述の株主の資格の制限、民間所有株に対する優先配当、満洲国通貨による利益配当金の支払並びに後述の取締役及び監督役の資格及び比率の制限等を挙げることができるが、ここに特筆すべきは本会社の準拠法及びその国籍である。

会社の準拠法は既述の「満洲ニ於ケル日満合弁通信会社ノ設立ニ関スル協定」なる条約及び付属交換公文である。右条約は成規の手續によつて日満両国政府がそれぞれこれを公布することにより、一方において日本国の法令たるの効力を有するとともに他方において満洲国の法令たるの効力を有するから、本会社は日本国法人であると同時に満洲国法人であつて、いわゆる二重国籍を有する法人である。しかして協定第十七条において「本会社ニ付テハ本協定ニ定ムルモノノ外日満両国政府間ニ別ニ定ムル所ニ拠ルモノトス」と規定せられ、これに関し交換公文をもつて「本会社ニ関シ該協定ニ規定ナキ事項ニ付テハ便宜上日本国商法及其ノ附属法令ニ拠ル」旨協定された。すなわち「満洲ニ於ケル日満合弁通信会社ノ設立ニ関スル協定」は商法及びその附属法令中会社に関する一般規定に対する特別法をなし、会社は日本国においては一箇の特別法上の会社であるとともに満洲国においても一般会社と別箇の法令に準拠する別種の会社で、このように特殊の法人は当時世界にも類例を見ないものであつたのである。

五　会社の監督　会社の業務の監督の根拠は協定第十一条にある。同条には「日満両国政府ハ本会社ノ業務ヲ監督ス」と根拠を明かにし、「日満両国政府ハ本会社ノ業務ニ関シ監督上必要ナル命令ヲ為ス」ことができる権限及び「会社ノ決議又ハ役員ノ行為ニシテ本協定、両国ノ法令若ハ本会社ノ定款ニ違反シ、公益ヲ害シ又は監督官庁ノ命令ニ違反シタルトキハ其ノ決議ヲ取消シ又ハ役員ヲ解任スルコトヲ得」る権限を規定した。

本会社の事業の特殊性、公益性等にかんがみ、次に掲げる事項については日満両国政府の認可をうけるものとした（協定第十二条）。

（一）定款の変更（二）取締役及び監査役の選任及び解任（三）社債の募集（四）料金の決定及び変更（五）利益金の処分（六）合併及び解散の決議（七）毎営業年度の事業計画（八）電気通信に関する業務協定の締結（九）電気通信施設又はその附属設備に関する物件の譲渡

昭和八年九月会社設立当時における日本政府の監督機関は、第一次に関東庁逓信局長、第二次に関東長官、第三次に拓務大臣であつたが、その後行政機構の改正があつて、昭和十二年十二月末以降においては関東逓信官署逓信局長（旧関東庁逓信局長）がもつぱら会社の現業である業務について監督をなすこと、なり、その他の一般的監督については満洲国駐剳全権大使を第一次監督官庁とし、内閣総理大臣を第二次監督官庁とした。

なお会社監督に関する日満両国政府の連絡協調については協定の附属交換公文中に「会社ニ対スル日満両国政府ノ監督、命令、認可及許可ハ両国所定ノ監督官庁協議ノ上之ヲ為スベキ」旨規定された。なお満洲国側における監督官庁は現業業務については郵政管理局長、その他は交通部大臣であつた。

六　**会社の組織**　会社の業務執行機関として取締役五名、監査機関として監査役三名を置くこととする。ここに他の会社と異なる点は、取締役及び監査役は日満両国のいずれか一方の国民であることを要し、かつ取締役及び監査役の定員中、両国々民の割合はその所属国の政府、国民及び法人の有する株数に比例することが必要であるが、一方の国民の取締役及び監査役の数は他方の国民の取締役及び監査役の数の三分の一を下らないことを要す（協定第五条）ることで、これら取締役及び監査役はいずれも株主総会において選任され、かつ日満両国政府の認可をうけるものである。また取締役は総裁一名、副総裁一名、理事三名を、監査役は監事一名を互選するものとする。任期は取締役は三年、監査役は二年であつた。

総裁は会社の代表者で会社の一切の業務を総理し、理事は総裁を補佐し、業務を分掌する。なお、取締役及び監査役の報酬及び手当は株主総会の決議をもつて定められ、更に日満両国政府の認可をうけるものとした。

会社の本社はこれを新京に設け、総務、電務、放送、技術、経理及び需品の六部を置き、部長は理事又は社員をもつてこれに充てた。部には各三課を置く。また電気通信技術の研究機関たる技術研究所は新京に、従事員養成機関たる社員養成所は新京、大連及び旅順に設置した。現業局所の管理と電気通信の建設工事の一部を掌るため大連、奉天、新京、哈爾浜、牡丹江、斎々哈爾、承徳の七か所に管理局を設置し、また東京及び大阪に出張所を設けて本社事務の一部を取扱わせた。

会社現業局所の種類は次のとおりであつた。

（昭和十五年度末）

会社主轄局所

電報局、電話局、電報電話局、通話所、放送局、ラジオ営業所

ラジオ販賣所、修繕所、中央中継統制所

社外機関委託局所

電報取扱所、電話取扱所、電報電話取扱所、電報通話取扱所

通話取扱所

昭和十五年十二月末の社員数は

参事五〇名、副参事一二九名、職員一、八〇五名、準職員七、九一二名

傭員五、一〇四名

である。

七　会社の事業

イ　総説　会社は条約によつて関東州、満鉄附属地及び満洲国の行政権の下にある地域において有線、無線の電気通信事業を経営するもので、これを具体的に言えば、右地域において電信事業、電話事業、放送無線電話事業を

経営するものであつた。しかし右のうちには鉄道事業及び航空事業に附帯するもの並びに官署及び警備専用のものを含まないものとした(協定第一条)。ただし会社は日満両国政府の認可をうけて前記の電気通信事業に附帯する事業を経営し得るものとした。

会社は昭和八年九月一日業務開始直後、従来異なる制度の下に運用された日満両国の電気通信制度を統一し、料金の合理化を図るとともに、毎年一千万円ないし一千五百万円の経費を計上して施設の整備拡充につとめつつあつた。

昭和十二年七月支那事変の突発と同時に北支、蒙彊地方における電気通信業務は途絶の状態に陥つたが、会社は軍の命令により所用の人員と資材を派遣して電気通信事業の各部門を担当し、困苦缺乏に堪えつ、通信作戦に寄与するとともに公衆電気通信事業の接収整備につとめ、北支及び蒙彊における電気通信事業の基礎たらしめ、なお会社から北支及び蒙彊の新電政機構に参加させた社員は約四百名であつて、北支に対しては資本的にも協力してきた。また昭和十四年ノモハン事件の突発に際しては同地方に地理的、風土的その他の悪条件を克服し、重要通信の迅速なる疏通につとめ、また現地に近接した海拉爾放送局をはじめ各放送局を動員して事態の正確な報道と日満両国軍の厳正な態度を示した。

ロ　電信事業　会社は昭和九年に約二百万円を投じて新京に強力な無線電信局を完成し、これによつてサン・フランシスコ、ベルリン、東京等との間に直通高速度通信を開始し、更に昭和十年十二月にパリとの間にも直通通信を開始したが、昭和十五年に第二次欧洲戦乱が突発し、同年九月パリの陥落以来中止となつた。

また日本内地人の満洲進出に対応して全満各局における和文電報取扱の拡充を図り、満人従事員の技術向上につとめた結果、全満ほとんど大部分の電報局において和文電報を取扱うにいたつた。昭和十年三月東京において調印された「北満鉄道ニ関スルソヴィエト社会主義共和国連邦ノ権利ヲ満洲国ニ譲渡ニ関スル日本国、満洲国及ソヴィエト社会主義共和国連邦間議定書」(同年三月二十五日条約第二号)により、旧北鉄によつて取扱われていた公衆電報業務はすべて会社に移管された。

満洲、北支間の電報取扱については従来大連・芝罘間海底線、哈爾浜及び天津、芝罘及び上海との無線電信によつて疏通されていたが、昭和十年二月、奉天・天津間の連絡線が完成して後、同年十月、中華電政司との間に正式協定が成立し、翌十一年十一月、日文電報の取扱が開始されたが、支那事変後両地間の通信の激増するにいたり、かつ北支に華北電信電話株式会社が設立されるに及び、これと通信協定を締結して満華間通信疏通に関し、全面的拡充整備をなすこととなつた。

間島省においては従来朝鮮との特殊関係もあつて朝鮮総督府の施設する電気通信施設が数多くあるが、会社設立の際は日本国政府の出資財産に包含されなかつた。しかしその後諸般の情勢にかんがみこれを会社に統一経営せしめることとなり、昭和十一年四月朝鮮総督府との協定によつてこれらは会社に移管され、同時に該地方においては朝鮮人常用の諺文電報の取扱を行うこととなつた。

日満間の諸般の関係の緊密化に伴い、両者間の通信は激増するにいたり、従来のような通信線路建設では疏通の万全を期し難いので、会社は逓信省とも連絡協議して日満間に安固迅速なる電気通信施設の建設を企図し、昭和十年度から安東・奉天間の地下ケーブルの建設工事を開始し、同十三年にその完成を見、逓信省施設のものと連絡して日満通信連絡に一新紀元を画するにいたつた。更に昭和十四年度から奉天・新京間ケーブル化の工事に着手し、昭和十五年九月にこれを完成した。

そのほか満洲内の大都市内局の電信の印刷化も順次実現した。

電信施設及び電信業務の概況は次のとおりである。

（昭和十五年度末）

電報取扱局所

電報局九〇　電報通話取扱所二　電報取扱所三二六

無線電報取扱所七一　電報電話局二四六　電報電話取扱所一三八
無線電報局一　計八九二

電報取扱通数（有料）

年度	満洲内		日満		国際	
	発信	着信	発信	着信	発信	着信
昭和十四年	六、九三〇、〇七八	六、七〇一、三〇六	三、八六一、五五一	三、四五九、八六六	四九九、八〇九	四八七、七一八

	満洲及び日満		国際	
	発信	着信	発信	着信
昭和十五年	一三、九三八、八〇九	一〇、三〇三、五七八	二四、〇三八	二〇三、一三六

注　十五年度は満洲内及び日満を合計したものである。

ハ　**電話事業**　すでに述べたように従来満洲における電話の施設及び制度はきわめて複雑なものがあつた。すなわち政府経営のもののほか縣営、民営のものが交錯して相互に連絡なく、またこれら縣、民営の電話はその維持、保存等の点で必ずしも適当でなかつたため、能率不良のものが多く一般公衆の不利不便は甚だしいものがあつたが、会社設立とともに毎年度多額の経費を投じて順次に買収し、統合整理を進めるとともに買収後は極力改修整備につとめた。設立後の買収状況は次のとおりである。

年度別	電話局数	通話所数	計	買収当時の加入者数
昭和九年	三	―	三	八〇六
同　十年	一五	一二未	二七	四、九一七
同十一年	一四	一	一五	二、三〇五
同十二年	四七	―	四七	三、八〇五
同十三年	二五	―	二五	一、一一六

同十四年	一二	一	一二	五〇五
同十五年	一	一	一	二三八

また会社は毎年五千ないし一万五千の加入電話を新設してきた。

会社設立後の加入電話増加状況は次のとおりである。

年度別	加入者数			
	日本人	満洲人	外国人	計
昭和八年末	一九、五九二	九、九七一	一、九八一	三一、五四四
同　九年末	一九、九二四	一一、三二六	二、〇〇三	三三、二五八
同　十年末	三三、六七五	一九、三一〇	一、一二八	五四、一一三
同十一年末	三九、六三三	二二、六〇四	一、一三七	六三、三七四
同十二年末	四四、九八六	二七、七九三	一、一六〇	七三、九三九
同十三年末	四八、九一九	三二、五六五	一、一四六	八二、六三〇
同十四年末	五五、〇六二	三七、一三一	一、一二一	九三、三一四
同十五年末	六三、八三〇	四二、七六二	一、一一五	一〇七、七〇八

対外電話通信について特筆すべきは日満通話の開始である。会社は昭和九年八月新京・東京間に無線電話連絡施設を完成し、これによつて日本及び満洲各地との通話の取扱を開始したが、日満両国間の緊密化に伴い、その利用はますます増加して遂に昭和十二年三月にいたり大連・東京間の無線電話連絡施設を増設するにいたつたが、なお需要は激増のすう勢にあつたので、すでに述べた日満間地下ケーブルにより、更に日満間に多数の通話回線を増加し、通信の円滑なる疏通を図ることとした。

年別	通話時数	備考
昭和九年	八、四一二	八月開始

同　十年	二九、九八三	
同十一年	三三、六七九	
同十二年	五〇、一〇四	三月大連開始
同十三年	七九、〇五二	
同十四年	一一三、八〇六	六月奉天内地間有線開始
同十五年	一四四、二八〇	

また満華間の通話については満洲事変以来中絶していたが、昭和十年六月、会社と中国側関係者との間の協議により、奉天・天津間の通話を開始した。その後通話地域が拡大せられ、利用も漸増したが、北支における情勢の変化と、また北支の経営主体に変遷があつて、華北電信電話株式会社が設立されるに及び、会社との間に新たに協定を締結し、回線の拡充整備をなし、良好なる疏通が可能になつた。

会社の電話取扱局所及び市外通話度数は次のとおりである。

電話取扱局所　（昭和一五年末）

(一)交換事務取扱

電話局	一〇
電報電話局	二六四
電話取扱所	二
電報電話取扱所	二
計	二七八

(二)通話事務取扱

電報電話局	二五〇
電報局	七三
電話取扱所	二
電報電話取扱所	一三八
通話取扱所	四四
計	五〇九

市外発信通話度数

昭和九年	二、〇七四、三〇七
同　十年	二、五二四、二〇九
昭和十一年	二、六九六、八六一
同十二年	三、三二二、五二八

昭和十三年	四、二二三、五八四	同十五年	七、〇九九、三二九
同　十四年	五、六六九、八六一		

二　放送事業　会社設立の際の放送局は関東庁逓信局施設の大連放送局、満洲国交通部施設の奉天、新京、哈爾浜の各放送局であつたが、これらはいずれも小電力のもので、聴取者数も合わせてわずかに七千余にすぎない状態にあつた。その後これらの拡充整備を急ぎ、昭和九年には新京放送局の百キロワット大電力放送施設、大連・新京・哈爾浜間専用中継線、内地からの無線中継施設等を完成、昭和十一年には大連放送局改装、電力増大（従来の五百ワットを一キロワットに）、新京放送局日本語放送用十キロワット放送機新設、昭和十二年には奉天放送局改装、大連放送局二重放送開始、牡丹江、安東、承徳各放送局の開設、大連海外放送開始、昭和十三年には奉天放送局二重放送開始、斉々哈爾、佳木斯、延吉、黒河、海拉爾の放送局の開設、昭和十四年には斉々哈爾、海拉爾、安東各放送局の二重化、営口、錦縣、富錦の放送局の開設その他海外向け放送用として新京放送局に二十キロワット短波放送機一基増設等を行なつたが、特に新京放送局百キロワット大電力放送は当時東洋一のものできわめて有効に利用された。また大連放送局の海外放送は支那事変突発直後開始され、十キロワット短波施設により日、満、英の各国語をもつて放送されて重要なる役割を果たしていたが、既述の新京における対外放送専用の二十キロワット短波放送機二基の完成に伴い、対外画期的躍進を見るにいたつた。

放送施設の完成と並行して会社は聴取施設の普及を図るため、昭和十一年九月から低廉な受信機の提供を目的として放送聴取受信機の直賣を開始し、これに伴いラジオ相談所を新設した結果、ラジオの普及は目覚しいものがあり、昭和十四年度末には二十万を、同十五年度末には三十万を突破する状態でますます増加のすう勢にあつた。

また会社は日本商品の満洲進出等に協力する目的をもつて昭和十一年十一月から広告放送を実施した。会社における広告放送は間接広告及び直接広告に分かれ、更に全満中継放送及びローカル放送と区別されるが、実施後順調な成績を挙げていた。

全満放送聴取者数

年度	聴取者数 日本人	満洲人	外国人	計
昭和八年末	七、〇〇三	一六八	二一	七、一九二
同 九年末	一〇、二八四	一、三八二	七一八	一二、三八四
同 十年末	一六、六五一	二、六四〇	四七三	一九、七六四
同十一年末	三四、七五二	五、八一五	六三五	四一、二〇二
同十二年末	七一、三五五	一六、五五〇	九七一	八八、八七六
同十三年末	八八、五七六	三七、五三一	一、三一〇	一二八、四一七
同十四年末	一二六、九六五	九六、四八八	二、四三六	二二五、八八九
同十五年末	一六二、九四八	一七三、五四三	三、八〇〇	三四〇、二九一

主要都市放送聴取者数

土地別	日本人	満洲人	外国人	計
奉天	二六、六七〇	三九、四三七	九三	六六、二〇〇
大連	二九、二一六	一一、六七三	一二九	四一、〇一八
新京	二四、七一一	一六、〇三三	六五	四〇、八〇九
哈爾浜	九、六九六	一七、五五五	三、〇六一	三〇、三一二

会社直賣受信機販賣数

昭和十一年	六、八〇九（九月販賣開始）
同 十二年	四五、九二〇
同 十三年	五一、八三三
同 十四年	一〇一、八八〇
同 十五年	一三九、一七六

中編関係参照条約

中編関係参照条約目次

◎満洲ニ於ケル日満合弁通信会社ノ設立ニ関スル協定
昭和八年三月二十六日新京で署名……一八三
◎満洲ニ於ケル日満合弁通信会社ノ設立ニ関スル協定ノ修正ニ関スル議定書
昭和十五年七月十九日新京で署名……一八七
◎日満間郵便業務ニ関スル条約
昭和十年十二月二十六日新京で署名……一八七
◎国境列車直通運転ニ関スル日清協約
明治四十四年十一月二日署名……一八九
◎鮮満国境通過鉄道貨物関税軽減取極
大正二年五月二十九日北京で署名……一九一
◎図們江国境ヲ通過スル列車直通運転及税関手続簡捷ニ関スル協定
昭和十年五月二十二日新京で署名……一九二
◎北満鉄道（東支鉄道）ニ関スル「ソヴィエト」社会主義共和国連邦ノ権利ヲ満洲国ニ譲渡スル為ノ満ソ協定
昭和十年三月二十三日東京で署名……一九四

◎満洲ニ於ケル日満合辦通信会社ノ設立ニ関スル協定

昭和八年三月二十六日新京で署名
同年五月十六日条約第一号

日本国政府及満洲国政府ハ関東州、南満洲鉄道附属地及満洲国ノ行政権ノ下ニ在ル地域ニ於ケル両国政府所有ノ電気通信施設ヲ合併シテ之ガ経営ヲ為スコトヲ希望シ之ガ為日満合弁ノ株式会社ヲ設立スルノ必要ナルヲ認メ茲ニ左ノ条款ヲ訂立セリ

第一条

日満両国政府ハ協力シテ日満合弁ノ株式会社ヲ設立セシメ関東州、南満洲鉄道附属地及満洲国ノ行政権ノ下ニ在ル地域ニ於テ有線無線ノ電気通信事業ヲ経営セシムルモノトス

前項ノ電気通信事業ハ鉄道及航空事業ニ附帯スルモノ並ニ官署及警備専用ノモノヲ含マザルモノトス

第二条

本会社ノ資本金ハ日本国通貨五千万円トス但シ日満両国政府ノ認可ヲ受ケ之ヲ増減スルコトヲ得

第三条

本会社ノ株式ハ記名式トシ日満両国ノ政府、公共団体若ハ国民又ハ両国ノ法令ノ何レカニ依リ設立シタル法人ニシテ其ノ議決権ノ過半数ガ両国ノ国民若ハ法人ニ属スルモノニ限リ之ヲ所有スルコトヲ得

第四条

日満両国政府ハ関東州、南満洲鉄道附属地及満洲国ノ行政権ノ下ニ在ル地域ニ於テ現ニ両国政府ノ所有スル電気通信施設ヲ以テ夫々其ノ出資ニ充ツルモノトス

前項ノ電気通信施設ハ鉄道及航空事業ニ附帯スルモノ並ニ官署及警備専用ノモノヲ含マザルモノトス

満洲国ノ国民又ハ法人ハ其ノ所有スル電気通信施設ヲ以テ其ノ出資ニ充ツルコトヲ得

本条ノ現物出資ニ対シテハ全額払込ノ株式ヲ割当ツルモノトス

本条ノ現物出資ノ価格ハ其ノ施設ノ現有価格ヲ基準トシテ公正ナル方法ニ依リ之ヲ算出スルモノトス

第五条

本会社ノ取締役及監査役ハ日満両国ノ何レカ一方ノ国民タルモノトス

本会社ノ取締役及監査役定員中両国国民ノ割合ハ其ノ所属国ノ政府、国民及法人ノ有スル株数ニ比例スルモノトス但シ一方ノ国民ノ取締役及監査役数ハ他方ノ国民ノ取締役及監査役数ノ三分ノ一ヲ下ラザルモノトス

第六条

本会社ノ利益配当ハ公正ナル一定率ヲ超エザルモノトス

政府持株以外ノ株式ニ対スル利益配当ハ或程度ノ率ニ達スル迄政府持株ニ優先シテ之ヲ為スコトヲ得

第七条

第四条ノ規定ニ依リ満洲国ノ政府、国民又ハ法人ニ割当テタル株式ニ対シテハ其ノ出資当時、第一回払込ノ際満洲国ノ国

民又ハ法人ノ所有スル株式ニ対シテハ株金毎回払込当時ニ於ケル換算率ヲ基準トシ満洲国通貨ヲ以テ利益配当金ノ支払ヲ為スコトヲ得

第八条

本会社ノ財産、所得及営業、本会社ノ為ス登記及登録並ニ本会社ノ事業ニ要スル物件ハ関東州、南満洲鉄道附属地及満洲国ノ行政権ノ下ニ在ル地域ニ於テ租税其ノ他一切ノ公課ヲ免除セラルルモノトス

第九条

本会社ハ土地ノ収用、電線路ノ建設、交通機関ノ利用、料金ノ徴収其ノ他事業経営上必要ナル事項ニ関シ従来官営事業ニ与ヘラレタル所ト同様ノ特権ヲ享有スルモノトス

第十条

本会社ノ電気通信施設又ハ其ノ附属設備ニ属スル物件ハ之ヲ担保権ノ目的ト為シ又ハ差押、仮差押若ハ仮処分ノ目的ト為スコトヲ得ズ

第十一条

日満両国政府ハ本会社ノ業務ヲ監督ス

日満両国政府ハ本会社ノ業務ニ関シ監督上必要ナル命令ヲ為スコトヲ得

日満両国政府ハ本会社ノ決議又ハ役員ノ行為ニシテ本協定、両国ノ法令若ハ本会社ノ定款ニ違反シ、公益ヲ害シ又ハ監督官庁ノ命令ニ違反シタルトキハ其ノ決議ヲ取消シ又ハ役員ヲ解任スルコトヲ得

第十二条

本会社ノ定款ノ変更、取締役及監査役ノ選任及解任、社債ノ募集、料金ノ決定及変更、利益金ノ処分、合併及解散ノ決議、毎営業年度ノ事業計画、電気通信ニ関スル業務協定ノ締結又ハ電気通信施設若ハ其ノ附属設備ニ属スル物権ノ譲渡ニ付テハ日満両国政府ノ認可ヲ受クルモノトス

第十三条

日満両国軍事官憲ハ本会社ノ事業ニ関シ軍事上必要ナル命令ヲ為シ及本会社ノ施設ニ対シ軍事上必要ナル措置ヲ為スコトヲ得之ガ為本会社ニ損害ヲ被ラシメタルトキハ其ノ補償ヲ為スモノトス

第十四条

日満両国政府ハ本会社ノ施設ヲ鉄道、航空、警備其ノ他ノ目的ノ為必要ナル通信ノ用ニ供スベキコトヲ命ズルコトヲ得

第十五条

本会社ハ其ノ事業経営上必要アルトキハ鉄道及航空事業ニ附帯スル電気通信施設又ハ警備専用ノ電気通信施設ノ利用ニ付当該国監督官庁ニ稟申スルコトヲ得

第十六条

日満両国政府ハ本会社解散ノ虞アリト認ムルトキハ相当ノ価格ヲ以テ本会社ノ所有スル電気通信施設及其ノ附属設備ヲ買収スルコトヲ得

第十七条

本会社ニ付テハ本協定ニ定ムルモノノ外日満両国政府間ニ別ニ定ムル所ニ拠ルモノトス

第十八条

本会社ハ国際電気通信ニ付テハ条約其ノ他ノ国際取極ニ定ムル所ニ拠ルモノトス

第十九条

日満両国政府ハ夫々十五名ノ設立委員ヲ命ジ両国政府監督ノ下ニ会社設立ニ関スル一切ノ事務ヲ処理セシムルモノトス

第二十条

設立委員ハ定款ヲ作リ日満両国政府ノ認可ヲ受ケタル後株主ヲ募集スルモノトス

第二十一条

設立委員ハ株主ノ募集ヲ終リタルトキハ株式申込証ヲ日満両国政府ニ提出シ会社設立ノ許可ヲ申請スルモノトス

前項ノ許可ヲ受ケタルトキハ設立委員ハ遅滞ナク各株式ニ付第一回ノ払込ヲ為サシメ其ノ払込アリタルトキハ遅滞ナク創立総会ヲ招集スルモノトス

第二十二条

創立総会終結シタルトキハ設立委員ハ其ノ事務ヲ会社ニ引渡スモノトス

第二十三条

本協定ハ日満両国ニ於テ正式ノ手続ニ依リ批准セラルベク批准書ハ成ルベク速ニ新京ニ於テ之ヲ交換スベシ

本協定ハ批准書交換ノ日ヨリ効力ヲ生ズベシ

本協定ハ日本文乃漢文ヲ以テ各二通ヲ作成ス

日本文本文漢文本文トノ間ニ解釈ヲ異ニシタルトキハ日本文本文ニ依リ之ヲ決ス

右証拠トシテ下名ハ各本国政府ヨリ正当ノ委任ヲ受ケ本協定ニ記名調印ス

昭和八年三月二十六日即チ大同二年三月二十六日新京ニ於テ之ヲ作ル

日本帝国特命全権大使　武藤信義（印）

満洲国外交部総長　謝介石（印）

○交換公文

（往翰）

以書翰啓上致候陳者本日調印ノ満洲ニ於ケル日満合弁通信会社ノ設立ニ関スル協定第四条ニ関シ本使ト閣下トノ間ニ日本国政府ノ出資ハ間島地方ニ於ケル電気通信施設、関東州芝罘間海底電信線及佐世保関東州間海底電信線ヲ含マザルコト並ニ日本国政府ノ現物出資ノ価格ハ日本国通貨一千五百万円乃至一千八百万円、満洲国政府ノ現物出資ノ価格ハ日本国通貨四百万円乃至六百万円トスルコトニ諒解成立致候

本使ハ閣下ニ於テ右諒解ヲ確認セラレンコトヲ希望致候

右申進旁本使ハ閣下ニ向テ重テ敬意ヲ表シ候　敬具

昭和八年三月二十六日

日本帝国特命全権大使　武藤信義（印）

満洲国外交部総長謝介石殿

（来翰訳文）

以書翰啓上致候陳者本日附貴翰ヲ以テ左記ノ趣御申越相成敬承致候

（日本側書翰）

本総良ハ玆ニ前記諒解ヲ確認致候

右回答旁本総長ハ閣下ニ向テ重テ敬意ヲ表シ候　敬具

大同二年三月二十六日

満洲国外交部総長　謝　介　石（印）

日本帝国特命全権大使武藤信義殿

（往翰）

以書翰啓上致候陳者本日調印ノ満洲ニ於ケル日満合弁通信会社ノ設立ニ関スル協定ニ関シ本使ト閣下トノ間ニ本協定ニ依リ設立セラルベキ会社ニ対スル日満両国政府ノ監督、命令、認可及許可ハ両国所定ノ監督官庁協議ノ上之ヲ為スベキコトニ諒解成立致候

本使ハ閣下ニ於テ右諒解ヲ確認セラレンコトヲ希望致候

右申進旁本使ハ閣下ニ向テ重テ敬意ヲ表シ候　敬具

昭和八年三月二十六日

日本帝国特命全権大使　武藤信義（印）

満洲国外交部総長謝介石殿

（来翰訳文）

以書翰啓上致候陳者本日附貴翰ヲ以テ左記ノ趣御申越相成敬承致候

（日本側書翰）

本総長ハ玆ニ前記諒解ヲ確認致候

右回答旁本総長ハ閣下ニ向テ重テ敬意ヲ表シ候　敬具

大同二年三月二十六日

満洲国外交部総長　謝　介　石（印）

日本帝国特命全権大使武藤信義殿

（往翰）

以書翰啓上致候陳者本日調印ノ満洲ニ於ケル日満合弁通信会社ノ設立ニ関スル協定第十七条ニ関シ本使ト閣下トノ間ニ会社ニ関スル満洲国法令ノ規定ハ会社ニ関スル日本国商法及其ノ附属法令ノ規定ト略同称ナルニ顧ミ本会社ニ関シ該協定ニ規定ナキ事項ニ付テハ便宜上日本国商法及其ノ附属法令ニ拠ルコトニ諒解成立致候

本使ハ閣下ニ於テ右諒解ヲ確認セラレンコトヲ希望致候

右申進旁本使ハ閣下ニ向テ重テ敬意ヲ表シ候　敬具

昭和八年三月二十六日

日本帝国特命全権大使　武藤信義（印）

満洲国外交部総長謝介石殿

（来翰訳文）

以書翰啓上致候陳者本日附貴翰ヲ以テ左記ノ趣御申越相成敬承致候

（日本側書翰）

本総良ハ玆ニ前記諒解ヲ確認致候

右回答旁本総長ハ閣下ニ向テ重テ敬意ヲ表シ候　敬具

大同二年三月二十六日

満洲国外交部総長　謝　介　石（印）

日本帝国特命全権大使武藤信義殿

◎満洲ニ於ケル日満合弁通信会社ノ設立ニ関スル協定ノ修正ニ関スル議定書

昭和十五年七月十九日新京で署名
昭和十五年七月二十日条約第八号

大日本帝国政府及満洲帝国政府ハ昭和八年三月二十六日即チ大同二年三月二十六日調印ノ満洲ニ於ケル日満合弁通信会社ノ設立ニ関スル協定ヲ修正セント欲シ左ノ諸条ヲ協定セリ

第一条

満洲国ニ於ケル日満合弁通信会社ノ設立ニ関スル協定中左ノ通修正ス

第五条ノ二トシテ左ノ一条ヲ加フ

本会社ハ其ノ払込ミタル株金額ノ二倍ヲ限リ社債ヲ発行スルコトヲ得

第二条

本議定書ハ署名ノ日ヨリ実施セラルベシ

本議定書ノ正文ハ日本文及漢文トシ日本文ト漢文本文トノ間ニ解釈ヲ異ニスルトキハ日本文本文ニ依リ之ヲ決ス

右証拠トシテ下名ハ各本国政府ヨリ正当ノ委任ヲ受ケ本議定書ニ署名調印セリ

昭和十五年七月十九日即チ康徳七年七月十九日新京ニ於テ本書二通ヲ作成ス

満洲帝国駐箚大日本帝国特命全権大使　梅津美治郎（印）

満洲帝国国務総理大臣　張　景　恵（印）

右漢文左ノ如シ（省略）

◎日本国満洲国間郵便業務ニ関スル条約

昭和十年十二月二十六日新京で署名
同年十二月二十八日号

大日本帝国政府及満洲帝国政府ハ日満両国間ニ於ケル郵便関係ヲ改善スル為左ノ如ク協定セリ

第一条

締約国ハ郵便物郵便為替及郵便振替ノ交換ヲ行ヒ且相手国ヨリ委託セラルル内国郵便物ノ逓送ヲ為ス

第二条

締約国ハ自国ガ業務ノ連絡ヲ有スル第三国ヨリ発シ又ハ之ニ宛ツル郵便物ノ継越ヲ為ス

締約国ハ相手国ト自国ガ業務ノ連絡ヲ有スル第三国トノ間ニ於ケル郵便為替ノ媒介ヲ為ス

第三条

本条約ニ於テ郵便物トハ通常郵便物及小包郵便物ヲ、郵便為替トハ通常為替、電信為替及小為替ヲ、郵便振替トハ通常振替及電信振替ヲ謂フ

第四条

郵便物ノ寸尺及重量並ニ郵便為替及郵便振替ノ金額ノ制限、郵便物郵便為替及郵便振替ノ特殊取扱ノ種類其ノ他本条約ノ施行ニ関スル事項ハ締約国郵政庁間ノ業務協定ヲ以テ之ヲ定ム

第五条

郵便為替及郵便振替ノ金額ハ日本国通貨円及銭ヲ以テ之ヲ表示ス

満洲国郵政庁ハ郵便為替及郵便振替ノ自国通貨ニ依ル受払ニ付適用スベキ両国通貨ノ換算割合ヲ定ム

第六条

郵便物、郵便為替及郵便振替ニ関スル料金ハ之ヲ徴収スル締約国郵政庁各自国ノ内国制度ニ於ケル類似ノ取扱ニ対スル料金ヲ超過セザル範囲内ニ於テ之ヲ定ム但シ内国制度ニ類似ノ取扱ナキモノニ対スル料金及相手国郵政庁ノ収得分ヲ含ム料金ハ業務協定ヲ以テ之ヲ定ム

第七条

郵便物、郵便為替及郵便振替ニ関スル料金ハ業務協定ニ別段ノ定アル場合ヲ除クノ外郵便切手其ノ他料金ヲ表示スベキ証票ヲ以テ之ヲ徴収ス

第八条

締約国郵政庁ハ業務協定ニ別段ノ定アル場合ヲ除クノ外其ノ徴収シタル料金ヲ全部収得ス

第九条

締約国郵政庁ノ事務ニ付郵政庁ノ発受スル郵便物、郵便為替及郵便振替ハ業務協定ノ定ムル場合ニ限リ之ヲ無料トス

第十条

特殊取扱ト為サザル通常郵便物ニシテ料金ノ未納又ハ不足ノモノニ付テハ名宛人ヨリ其ノ不納額ノ二倍ノ料金ヲ徴収ス名宛人其ノ納付ヲ拒ミタル為又ハ他ノ事由ニ因リ郵便物ヲ差出人ニ還付スル場合ニハ差出人ヨリ之ヲ徴収ス

第十一条

郵便為替金及郵便振替払出金ニ対スル権利ハ之ヲ譲渡スコトヲ得ズ但シ払渡国郵政庁ニ於テ線引ニ依ル銀行ヘノ譲渡ヲ認ムルトキ及小為替ニシテ受取人ヲ指定セザルモノナルトキハ此ノ限ニ在ラズ

第十二条

成規ノ手続ヲ経テ郵便物、郵便為替金又ハ郵便振替払出金ヲ交付シタルトキハ正当ノ交付又ハ払渡ヲ為シタルモノト看做ス

第十三条

締約国郵政庁ハ成規ニ依リ差出シタル郵便物ノ取扱ニ関シ業務協定ノ定ムル場合ニ限リ賠償ノ責ニ任ズ

前項ノ規定ニ依ル賠償ノ金額ハ業務協定ノ定ムル所ニ依ル

第十四条

締約国郵政庁ハ郵便為替金払渡ノ遅延ニ因リ生ジタル損害ニ付賠償ノ責ニ任ゼズ

第十五条

前条ノ規定ハ郵便為替ノ取扱ノ遅延ニ付之ヲ準用ス

第十六条

締約国郵政庁ハ業務協定ノ定ムル所ニ依リ相手国ノ郵便切手ト引換ヘラルベキ返信切手券ヲ発行ス

第十七条

締約国郵政庁已ムヲ得ザル事由ニ因リ其ノ業務ヲ一時停止スルトキハ遅滞ナク其ノ旨ヲ相手国郵政庁ニ通知スベシ

第十八条

本条約ノ正文ハ日本文及漢文トシ日本文本文ト漢文本文トノ間ニ解釈ヲ異ニシタルトキハ日本文ニ依リ之ヲ決ス

第十九条

本条約ハ署名ノ日ヨリ起算シ一月ヲ経テ之ヲ実施ス但シ郵便振替業務ニ関シテハ両締約国郵政庁ノ協議ヲ以テ其ノ実施期日ヲ定ム

締約国ハ六月前ニ相手国ニ対シテ為ス通告ニ依リ本条約ヲ廃棄スルコトヲ得

本条約ハ両締約国間ノ郵便業務ニ関スル従来ノ諸取極ニ代ルベキモノトス

右証拠トシテ下名ハ各本国政府ヨリ正当ノ委任ヲ受ケ本条約ニ署名調印ス

昭和十年十二月二十六日即チ康徳二年十二月二十六日新京ニ於テ本書二通ヲ作成ス

満洲帝国駐箚大日本帝国特命全権大使　南　次郎（印）
大日本帝国逓信省郵務局長　久埜　茂（印）
満洲帝国外交部大臣　張燕卿（印）
満洲帝国交通部郵務司長　藤原保明（印）

署名議定書

本日附ノ日本国満洲国間郵便業務ニ関スル条約ニ署名スルニ当リ両国代表者ハ暫行的措置トシテ左ノ如ク協定セリ

一　南満洲鉄道付属地帯日満両国郵便施設ニ関シテハ現状ヲ維持スベク必要アル場合ニ於ケル其ノ改善ニ付テハ従来ノ慣行ニ依リ之ヲ行フベキモノトス

二　日本国ノ南満洲鉄道附属地帯郵便業務ト満洲国ノ郵便業務トノ間ノ関係ハ前記条約ト同一条件ニ依ルモノトス

三　南満洲鉄道附属地帯日本国郵便業務ヨリ発シ又ハ之ニ充ツル郵便物ニ対スル満洲国通関ノ手続ニ関シテハ現状ヲ維持スベク必要アル場合ニ於ケル其ノ改善ニ付テハ関東逓信官署逓信局ト満洲国財政部トノ間ニ協定ヲ為スコトヲ得

昭和十年十二月二十六日即チ康徳二年十二月二十六日新京ニ於テ

南　次郎（印）
久埜　茂（印）
張燕卿（印）
藤原保明（印）

◎国境列車直通運転ニ関スル日清協約

明治四十四年十一月二日署名

本月二日日清両国委員ハ左ノ協約ニ調印セリ

安奉鉄道ト朝鮮鉄道トノ間ニ列車ノ国境直通運転ヲ行フニ付日清両国政府ハ各委員ヲ任命シ左記各項ヲ協約ス

一　日清両国政府ハ世界交通ノ為特ニ両国国境ニ於ケル列車ノ直通連絡ヲ承諾ス

二　両鉄道列車直通ノ為ニハ鴨緑江鉄橋上ニ於テハ其ノ中心ヲ以テ両国国界トナシ以西ヲ清国国境トナシ以東ヲ日本国国境トナス

三　列車国境ヲ通過スルトキハ機関車ノ更換ヲ行フ朝鮮鉄道使用ノ機関車ハ清国安東縣停車場以西ニ到ルコトナク安奉鉄道使用ノ機関車ハ新義州停車場以東ニ到ルコトナシ

四　両国方面ヨリスル列車日本国国境内ニ到ルモノハ朝鮮鉄道線路ヲ以テ限トナシ清国国境内ニ到ルモノハ南満洲鉄道株式会社線路ヲ以テ限トナス

五　両鉄道ノ各列車清国安東縣停車場ニ到レハ必ス貨物手荷物及小荷物ヲ荷物検査場ニ荷卸シ両国税関官吏ノ検査ヲ受クヘシ

但シ税関官吏ニ於テ荷卸スルニ及ハスト認メタルモノハ此ノ限ニ在ラス

六　両国ハ各税関官吏ヲ派シ安東縣停車場荷物検査場に於テ共同検査ヲ行ヒ各其ノ本国ノ税関規則ニ遵ヒ並細則ヲ規定シテ辦理スヘシ日本国国境内ヨリ清国ニ輸入スル貨物ハ先ツ日本国税関官吏ニ於テ検査シタル後清国税関官吏ニ於テ検査スヘク清国国境内ヨリ日本国ニ輸入スル貨物ハ先ツ清国税関官吏ニ於テ検査シタル後日本国税関官吏ニ於テ検査スヘシ

（イ）安東縣停車場発着ノ旅客携帯手荷物又ハ附随小荷物ハ安東縣停車場ニ於テ検査スルコト

（ロ）安東縣停車場ヲ通過スル旅客ノ携帯手荷物又ハ附随小荷物ハ停車中車内ニ於テ検査スルコト

若発車時刻迄ニ検査ヲ了ラサルトキハ税関官吏ハ其ノ便ニ従ヒ運転中車内ニ於テ検査ヲ続行シ若ハ携帯手荷物又ハ附随小荷物ヲ荷物検査場ニ卸サシメ之ヲ検査スルコト

（ハ）税関官吏前記二項ニ依リ検査中有税品ヲ発見シタルトキハ同物品所持者タル旅客ヨリ直接税金ヲ徴収スルコト

（ニ）托送手荷物及小荷物ハ検査ノ為検査場ニ持来ラシムヘキコト

（ホ）安東縣停車場発着ノ小荷物及貨物ニ関シテハ荷送人又ハ荷受人ニ於テ通関其ノ他ノ手続ヲ担任スルコト

（ヘ）安東縣停車場ヲ通過スル小荷物及貨物ハ南満洲鉄道株式会社社員ニ於テ荷送人又ハ荷受人ノ為通関手続ヲナシ税関官吏ト立会ノ下ニ其ノ検査ヲ受ケ同会社ニ於テ有税品ノ関税ヲ立替フルコト

（ト）南満洲鉄道株式会社及朝鮮総督府鉄道局ハ税関官吏ヲシテ車内ニ於テ検査ヲ執行スルコトヲ得セシムル為両鉄道ノ往復長期無賃乗車券ヲ税関官吏ニ給スルコト

七　両国国境ヲ通過スル列車ハ軍隊ヲ輸送スルヲ得ス条約ニ依リ駐屯ヲ許サレタル軍隊ハ此ノ限ニ在ラス但シ国境往来ニ際シ事前ニ必ス通知スヘシ

八　朝鮮人ニシテ従来清国内ニ住居シタル者ハ慣例ニ従ヒ

弁理スヘク其ノ他ノ朝鮮人ニシテ護照ヲ有セサル者ハ
乗車境ヲ過キ清国内地ニ旅行スルコトヲ得ス

九　両鉄道ノ列車国境通過ニ際シテハ同種類ノ貨物ニ対シ輸出輸入トモ須ク運賃ノ公平ヲ期スヘシ

十　安奉鉄道ハ条約ニ依リ十五年ノ後清国政府ニ於テ買収スヘキモノナルニ依リ本協約ハ該鉄道買収以前ノミニ適用セラルヘキモノニシテ買収後ハ両国政府ハ別ニ列車直通ニ関スル章程ヲ協定スヘシ

右証拠トシテ両国委員ハ日本文及漢文ヲ以テ作ラレタル各二通ノ本協約ニ署名調印スルモノナリ

明治四十四年十一月二日
宣統三年九月十二日

大日本帝国総領事　小池張造
朝鮮総督府鉄道局長官　大屋権平
南満洲鉄道株式会社副総裁　国沢新兵衛
朝鮮総督府税関長　矢野久三郎
南満洲鉄道株式会社理事　田中清次郎
大清帝国奉天交渉司　許鼎霖
大清帝国郵傳部郎中　阮惟和
大清帝国税務司代理　立花政樹
大清帝国税務司代理　ティーディームーアヘッド

◎鮮満国境通過鉄道貨物関税軽減取極

大正二年五月二十九日北京で署名
大正二年六月十一日官報

去月二十九日在北京伊集院公使ト支那総税務司トノ間ニ調印ヲ了シ本月二日ヨリ実施セル本取極訳文左ノ如シ

朝鮮ヨリ若ハ朝鮮ヲ通過シテ満洲ニ輸入セラレ又ハ満洲ヨリ朝鮮ニ若ハ朝鮮ヲ通過シテ輸出セラルル安東経由鉄道貨物ニ対スル減税特典ニ関スル取極

第一条　満洲ヨリ鉄道ニ依リ新義州以遠ノ各地ニ仕向ケラルル有税貨物及新義州以遠ノ各地ヨリ鉄道ニ依リ満洲ニ仕向ケラルル有税貨物ニ対シテハ各海関税率三分ノ二ノ輸出税又ハ輸入税ヲ課ス

第二条　新義州ヨリ更ニ鴨緑江水路ニ依リ他ニ輸送センカ為鉄道ニ依リ満洲ヨリ輸出セラレ又ハ該水路ニ依リ新義州ニ到着シテ更ニ鉄道ニ依リ満洲ニ輸入セラルル貨物ハ前記減税ノ特典ヲ受クルコトヲ得ス

従テ満洲ヨリ鉄道ニ依リ新義州ニ輸出セラルル一切ノ有税貨物ニハ関税全額ヲ課スルモ左記ノ貨物ニ限リ其ノ三分ノ一ノ払戻ヲ為スモノトス

(イ)新義州ニ於テ地方的消費ニ供セラルルモノ

(ロ)満洲輸出ノ日ヨリ二年以内ニ更ニ鉄道ニ依リ新義州以遠ニ輸出セラルルモノ

前記(イ)の貨物ニ関シテハ新義州税関発給ノ輸入免税(輸入税仕払済ヲ証セルモノ)(ロ)ノ貨物ニ関シテハ安

東税関ヲシテ原輸出貨物タルコトヲ識別セシメ得ルニ必要ナル細目ヲ記載セル新義州税関発給ノ運送免状ヲ以テ当該貨物カ関税三分ノ一ノ払戻ヲ受クルニ必要ナル条件ヲ具備スルノ証憑ト認ムヘシ

本条第一項ニ記載スルモノヲ除クノ外新義州ヨリ鉄道ニ依リ満洲ニ輸入セラルル有税貨物ハ船便ニ依リ到着シタルモノニ非サルコトヲ明記セル新義州税関発給ノ輸出免状又ハ運送免状ヲ添附スルニ於テハ海関税率三分ノ二ノ輸入税ヲ課セラルヘシ

朝鮮税関手続ニ何等変更アリタル場合ニハ本条記載ノ貨物ニ関スル支那海関手続モ亦改正ヲ要スルコトアルヘシ

第三条　三分ノ一ノ減税ノ特典ヲ受ケテ満洲ノ内地ニ仕向ケラルル貨物ニ対スル低代税ハ海関税率ノ三分ノ一即チ既納三分ノ二輸入税ノ半額トス

第四条　三分ノ一減税ノ特典ヲ受ケテ安東ニ輸入セラレ次テ鉄道ニ依リ満洲以外ノ条約港若ハ支那本部各省ノ内地ニ仕向ケラレ又ハ海路満洲若ハ支那本部ニ仕向ケラルル貨物ハ支那海関ニ右既減額ヲ納入スルニ非サレハ条約ノ規定ニ基キ外国輸入品ニ適用セラルヘキ普通ノ税関取扱ヲ受クルコトヲ得サルモノトス

第五条　申告者ハ英文及支那文ノ申告書ノ外左ノ事項ヲ記載セル鉄道運送状ノ副本ヲ提出スルコトヲ要ス

出荷者ノ氏名及成ルヘクハ荷受主ノ氏名、発荷地（停車場名）、仕向地（停車場名）、品名、容量、包装、符号、記号、番号等及成ルヘクハ其ノ価格並鉄道係員ノ

署名

第六条　朝鮮税関及支那海関ハ各其ノ所属国ノ収入ヲ害スヘキ詐害行為ヲ防遏スル為共助スルノ主義ヲ承認ス

一九一三年五月二十九日北京ニ於テ

日本国特命全権公使　伊集院彦吉（印）

総税務司　エフ、エー、アグレン（印）

◎図們江国境ヲ通過スル列車直通運転及税関手続簡捷ニ関スル協定

昭和十年五月二十二日新京で署名
昭和十年五月二十三日条約第三号

日本国政府及満洲国政府ハ日本国鉄道ト満洲国鉄道トノ間ニ図們江国境ヲ通過スル列車直通運転ヲ行フト共ニ右鉄道ニ依リ輸送セラルル物品ニ関スル税関手続ヲ簡捷ナラシメンガ為左ノ如ク協定セリ

第一条

日満両国政府ハ南満洲鉄道株式会社ノ経営下ニ在ル日本国鉄道ト図們又ハ開山屯ニ至ル満洲国鉄道トノ間ニ図們江国境ヲ通過スル列車直通運転ノ行ハルルコトニ同意ス

第二条

日本国政府ハ満洲国政府ガ其ノ税関官吏ヲ雄基、羅津及清津ニ於ケル日本国税関ニ派シ右ノ地ニ宛テ（右ノ地ヲ経由スルモノヲ含ム）満洲国ヨリ輸出セラレ又ハ右ノ地ヨリ（右ノ地ヲ経由スルモノヲ含ム）満洲国ニ輸入セラルル貨物、小荷物、託送手荷物及旅客附随小荷物ニシテ前条ニ掲グル鉄道ニ依リ

輸送セラルルモノニ付右日本国税関ノ構内ニ於テ日本国税関官吏ト共同ニ検査及関税収受ノ職務ヲ行ハシムルコトニ同意ス

第三条

日満両国政府ハ各自国ノ税関官吏ヲ日本国政府ニ在リテハ図們停車場ニ設置セラルベキ荷物検査場ニ、満洲国政府ニ在リテハ上三峰停車場ニ設置セラルベキ荷物検査場ニ派シ第一条ニ掲グル鉄道ニ依リ両国ノ国境ヲ越エテ輸送セラルル貨物、小荷物、託送手荷物及旅客附随小荷物ニシテ前条ニ該当セザルモノ並ニ旅客携帯品ニ付相手国税関官吏ト共同ニ検査及関税収受ノ職務ヲ行ハシムベシ

日満両国政府ハ前項ニ規定スル物品中図們又ハ上三峰停車場ヲ通過スル旅客携帯品、託送手荷物及旅客附随小荷物ニ付テハ各自国税関官吏ヲシテ列車ガ該停車場ニ停車中車中ニ於テ前項ニ準ジテ其ノ職務ヲ行ハシムルコトヲ得尤モ発車時刻迄ニ右職務ノ執行ヲ了リ難キトキハ発車後車中ニ於テ又ハ当該物品ヲ荷物検査場ニ卸サシメテ右職務ヲ行ハシムルコトヲ得

第四条

日満両国政府ハ本協定ニ依リ自国内ニ派遣セラレタル相手国ノ税関官吏ニ対シ右税関官吏ノ所属国ヨリノ輸出品ニ付検査及関税支払ノ拒絶アリタルトキ又ハ右税関官吏ニ於テ検査ノ際密輸出入品（禁制品ヲ含ム）ト認ムルモノアリタルトキハ右税関官吏ガ当該物品ヲ本国ニ送致スルノ措置ヲ執ルコトニ同意ス

第五条

本協定ニ依リ日満両国税関官吏ガ共同ニ検査ヲ為ス場合ニ於ケル検査ノ順序ハ日本国ヨリノ輸出品ニ付テハ日本国税関官吏ノ検査ヲ先ニシ満洲国ヨリノ輸出品ニ付テハ満洲国税関官吏ノ検査ヲ先ニス其ノ他ノ職務ノ執行ハ検査ノ順序ニ依ルモノトス

第六条

日満両国政府ハ支障ナキ限リ本協定ニ依リ自国内ニ派遣セラレタル相手国ノ税関官吏ノ職務執行ニ関シ便宜ヲ供与スベキコトヲ約ス

第七条

本協定ニ定メタル税関手続ニ関シ必要ナル細目ハ朝鮮総督ト満洲国財政部大臣トノ間ニ協定セラルベキモノトス

第八条

本協定ハ署名ノ日ニ効力ヲ発生シ日満両国政府ノ何レカ一方ガ本協定ヲ終了セシムルノ意思ヲ他方ニ通告シタル日ヨリ三月ノ期間ノ満了ニ至ル迄引続キ効力ヲ有スベシ

第九条

本協定ハ日本文及漢文ヲ以テ各二通ヲ作成ス日本文本文ト漢文本文トノ間ニ解釈ヲ異ニスルトキハ日本文本文ニ拠ルモノトス

右証拠トシテ下名ハ各本国政府ヨリ正当ノ委任ヲ受ケ本協定ニ署名調印セリ

昭和十年五月二十二日即チ康徳二年五月二十二日新京ニ於テ

之ヲ作成ス

日本帝国特命全権大使　南　次郎（印）

満洲帝国外交部大臣　張　燕卿（印）

◎北満鉄道（東支鉄道）ニ関スル「ソヴィエト」社会主義共和国連邦ノ権利ヲ満洲国ニ譲渡スル為ノ満洲国「ソヴィエト」社会主義共和国連邦間協定（抄）

昭和十年三月二十三日東京で署名

第一条

「ソヴィエト」社会主義共和国連邦政府ハ同政府ガ北満鉄道（東支鉄道）ニ関シテ有スル一切ノ権利ヲ満洲国政府ニ譲渡スベク満洲国政府ハ右ニ対スル代償トシテ日本国通貨一億四千万（一四〇、〇〇〇、〇〇〇）円ノ額ヲ「ソヴィエト」社会主義共和国連邦政府ニ支払フベシ

第二条

北満鉄道（東支鉄道）ニ関スル「ソヴィエト」社会主義共和国連邦政府ノ一切ノ権利ハ本協定実施ト同時ニ満洲国政府ニ移転スベク且之ト同時ニ北満鉄道（東支鉄道）ハ満洲国政府ノ完全ナル占有及単独ノ管理ノ下ニ置カルベキモノトス

第三条

一　本協定実施ト同時ニ「ソヴィエト」社会主義共和国連邦人民タル北満鉄道（東支鉄道）管理機関ノ高級職員ハ其ノ職ヲ解カルベシ右鉄道管理機関ノ右高級職員ハ其ノ管掌セル記録、帳簿、文書及書類ヲ種類ノ如何ヲ問ハズ総テ右鉄道ノ新管理機関ニ於ケル夫々ノ後任者ニ引渡スベシ（以下略）

二　右鉄道ノ平常ノ機能ヲ確保スル目的ヲ以テ「ソヴィエト」社会主義共和国連邦政府ハ「ソヴィエト」社会主義共和国連邦人民タル右鉄道管理機関ノ高級職員中ヨリ左ノ者ヲ本協定実施ノ日ヨリ一月間顧問トシテ新管理機関ノ用ニ供スルコトニ同意ス（以下略）

三　本協定実施後ニ於テハ何時ニテモ満洲国政府ハ左ノ者ノ何レカ又ハ全部ヲ解雇スルコトヲ得（以下略）

四（省略）

第四条

満洲国政府ハ千九百三十四年三月二十二日「ソヴィエト」社会主義共和国連邦政府ノ代表部ガ日本国外務大臣ヲ通ジテ満洲国政府ノ代表部ニ提出シタル北満鉄道（東支鉄道）ノ千九百三十三年十二月三十一日現在ノ資産及負債表ニ基キ右鉄道ノ資産及負債ヲ継承スベシ尤モ右表ハ之ニ掲ゲラレタル資産及負債ガ同表ノ日附ヨリ最後ノ表ノ日附ニ至ル迄ニ受ケタル変化ヲ示ス為且千九百三十四年一月一日及其ノ後発生シタル新ナル資産及負債ヲ示ス為千九百三十五年三月十七日及三月二十一日作成セラレタル表ニ依リ補足セラレタルモノトス千九百二十四年五月三十一日北京ニ於テ署名セラレタル「ソヴィエト」社会主義共和国連邦及支那共和国間諸問題ノ解決ノ為ノ大綱ニ関する協定第九条(四)ノ規定及千九百二十四年九月二十日奉天ニ於テ署名セラレタル「ソヴィエト」社会主義共

和国連邦政府及支那共和国東三省自治政府間ノ協定第一条㈢ノ規定ハ引続キ有効ナルモノトス

第七条

本協定第一条ニ掲ゲラルル日本国通貨一億四千万（一四〇、〇〇〇、〇〇〇）円ノ額ノ中四千六百七十万（四六、七〇〇、〇〇〇）円ノ額ハ本協定第八条ノ規定ニ従ヒ現金ニテ支払ハルベク残額九千三百三十万（九三、三〇〇、〇〇〇）円ノ決済ハ本協定第九条ノ規定ニ従ヒ「ソヴィエト」社会主義共和国連邦政府ニ引渡サルル物品ニ対スル満洲国政府ノ支払ヲ以テ行ハルベシ

第十二条

「北満鉄道（東支鉄道）」ナル語ハ之ニ属スル一切ノ権利、事業及財産ヲ包含スルモノトス

第十三条

満洲国政府及「ソヴィエト」社会主義共和国連邦政府ハ両国間ノ交通及運輸ヲ増進シ且容易ナラシムル目的ヲ以テ本協定実施後三月以内ニ旅客、手荷物及貨物ノ通過輸送、「ソヴィエト」社会主義共和国連邦ノ鉄道停車場ト北満鉄道（東支鉄道）停車場トノ間ニ於ケル旅客、手荷物及貨物ニ付テノ直通輸送並ニ技術的条件ノ許ス限リ「ウスリー」鉄道ト北満鉄道（東支鉄道）トノ間ニ於ケル貨物ノ積換ナキ綏芬河停車場経由ノ直通輸送ニ関スル問題ノ解決ニ付規定スル別約ヲ締結スベシ

右三月ノ期間内ニ両国政府ハ更ニ従来北満鉄道（東支鉄道）ノ運用セル電信路ト「ソヴィエト」社会主義共和国連邦ノ電信路トノ間ニ於ケル電信連絡ニ付規定スル別約ヲ締結スベシ

第十四条

本協定ハ署名ノ日ヨリ実施セラルベシ

右証拠トシテ各全権委員ハ本協定ニ署名調印セリ

康徳二年三月二十三日即チ千九百三十五年三月二十三日東京市ニ於テ英吉利語ヲ以テ本書二通ヲ作成ス

丁　士　源（印）
大　橋　忠　一（印）
鳥　沢　聲（印）
シー、シー、ユーレネフ（印）
ビー、アイ、カズロフスキー（印）
クズネッツオフ（印）

参照法令

備考　法令は本編関係のもののほか、前編の法令制度、司法制度、行政機構、地方制度、統計調査等に関する主要法令で未登載のものも末尾に附加しておいた。

一 警察・軍事

（一） 警察

◎関東州国防保安令（昭和一六、勅令六七三）……二〇四
◎関東州在留者取締規則（明治三九、府令八）……二〇五
◎関東州及南満洲鉄道附属地ノ治安警察ニ関スル件（大正一四、勅令三一七）……二〇六
◎関東州言論、集会、結社等臨時取締令（昭和一七、勅令二一二）……二〇七
◎関東州及南洋群島ニ於テハ治安維持ニ関シ治安維持法ニ依ルノ件（大正一四、勅令一七六）……二〇七
◎関東州治安維持令（昭和一六、勅令五五五）……二〇八
◎関東州思想犯保護観察令（昭和一三、勅令七九三）……二〇八
◎関東州及南満洲鉄道附属地不穏文書臨時取締令（昭和一一、勅令二六一）……二〇九
◎関東州及南満洲鉄道附属地ニ輸入若ハ移入スル出版物取締規則（昭和一〇、局令三九）……二〇九
◎関東州及南満洲鉄道附属地ニ於ケル行政執行ニ関スル件（大正一四、勅令三一六）……二一〇
◎拘留科料処分規則（明治四〇、府令二五）……二一一
◎関東州民政署令及関東都督府令ニ規定セル禁錮罰金拘留及科料ニ関スル件（大正元、府令四）……二一二
◎警察犯処罰規則（大正一一、府令五六）……二一二

（二） 軍事

◎関東州防空令（昭和一二、勅令七二八）……二一五
◎関東州防禦営造物地帯令（明治四一、勅令三六）……二一八
◎関東州防禦営造物地帯令臨時特例（昭和一八、勅令八六三）……二二〇
◎関東州軍事特別措置令（昭和二〇、勅令四六〇）……二二一
◎関東州海軍区ニ関スル件（明治三九、勅令二五六）……二二二
◎旅順港規則制定及該規則違反者罰則ノ件（明治三九、勅令二六三）……二二二
◎関東州及南満洲鉄道附属地ニ於ケル戒厳及徴発ニ関スル件（大正四、勅令七三）……二二三
◎関東州及南満洲鉄道附属地ニ於ケル軍需工業動員ニ関スル件（大正七、勅令三六九）……二二三
◎関東州及南満洲鉄道附属地ニ於テ依ルコトヲ定メタル軍需工業動員法ノ適用ニ関スル件（昭和一二、勅令六〇四）……二二三
◎関東州軍用自動車検査令（昭和一四、勅令九八）……二二四
◎関東州国家総動員令（昭和一四、勅令六〇九）……二二四
◎関東州学校卒業者使用制限令（昭和一四、勅令六四六）……二二五
◎関東州徴用令（昭和一九、勅令四八一）……二二五
◎関東州船員徴用令（昭和一六、勅令五八二）……二二七
◎関東州船員使用等統制令（昭和一六、勅令六五一）……二二八
◎関東州船員給料臨時措置令（昭和一五、勅令三一一）……二二九
◎関東州船員給与統制令（昭和一六、勅令五二）……二三〇
◎関東州船員動員令（昭和二〇、勅令三一）……二三一
◎関東州戦時海運管理令（昭和一七、勅令四八二）……二三三
◎関東州労務調整令（昭和一八、勅令四八九）……二三四

◎関東州勤労動員令（昭和二〇、勅令二六七）……二三六
◎関東州船舶製造等統制令（昭和一五、勅令六三六）…二三七
◎関東州海運統制令（昭和一九、勅令九一）……二三九
◎関東州電力調整令（昭和一五、勅令七八〇）……二四二
◎関東州物資統制令（昭和一七、勅令八三七）……二四三
◎関東州金属類回収令（昭和一八、勅令九二四）……二四三
◎関東州貿易統制令（昭和一六、勅令九二二）……二四四
◎関東州会社利益配当令（昭和一四、勅令七九七）……二四五
◎関東州会社職員給与臨時措置令（昭和一五、勅令三一〇）……二四七
◎関東州会社経理統制令（昭和一六、勅令五一）……二四八
◎関東州会社経理特別措置令（昭和二〇、勅令二一七）……二五八
◎関東州銀行等資金運用令（昭和一七、勅令五六一）…二五九
◎関東州企業許可令（昭和一八、勅令九二五）……二六〇
◎関東州企業整備令（昭和一八、勅令九二六）……二六一

二 衛生

◎医師規則（昭和八、庁令一）抄……二六四
◎関東州公医規則（明治四〇、府令五七）……二六六
◎歯科医師規則（昭和八、庁令二）……二六七
◎薬剤師規則（大正一四、庁令二四）抄……二六八
◎麻薬取締規則（昭和一〇、局令五八）……二七〇
◎関東州阿片令（大正一三、勅令五三）……二七四
◎南満洲鉄道附属地阿片取締規則（昭和八、庁令一四）……二七六
◎衛生組合規則（明治四〇、府令九）……二七八
◎関東州下水規則（明治四二、府令二）……二七九
◎関東州国民体力令（昭和一八、勅令一一二）……二八〇

三 文教・社会

（一） 学事

◎南満洲鉄道株式会社ノ設置スル南満医学堂ニ関スル件（明治四四、勅令二三〇）……二八〇
◎財団法人大連高等商業学校ノ設置スル大連高等商業学校ニ関スル件（昭和一二、勅令一四二）……二八二
◎旅順工科大学及満洲医科大学ニ関シテハ大学規程ニ依ルノ件（大正一一、庁令一八）……二八二
○満洲医科大学ニ関シテハ大学規程ニ依ルノ件（昭和一二、大使館令九）……二八二
◎大学学部等ノ在学年限又ハ修業年限ノ臨時短縮ニ関スル件（昭和一六、勅令九二四）……二八二
◎朝鮮、台湾、関東州及南満洲鉄道附属地ニ於ケル学位授与ニ関スル件（昭和六、勅令二六八）……二八三
◎関東州及南満洲鉄道附属地ニ於ケル青年訓練所ニ関スル件（昭和二、勅令一三八）……二八三
◎関東州及南満洲鉄道附属地ニ於ケル青年学校ニ関スル件（昭和一〇、勅令九一）……二八四
◎在関東州及満洲国帝国臣民教育令（昭和一八、勅令二一三）……二八四
◎関東州国民学校規則（昭和一八、局令三五）抄……二八七
◎在関東州及満洲国国民学校訓導、准訓導及養護訓導免許令（昭和一八、勅令二一四）……二九〇
◎満洲国在外指定学校指定規則（昭和一二、大使館令六）

……………二九一
○満洲国在外指定学校指定規則第六条但書及第七条第四項ノ規定ニ依リ教員タルコトヲ得ベキ者（昭和一二、大使館告示二）……二九三
◎内地以外ノ地域ニ於ケル学校ノ生徒、児童、卒業者等ノ他ノ学校へ入学及轉学ニ関スル規程（昭和一八、文部省令六三）抄……二九三
◎関東州書房規則（昭和二、庁令一七）……二九四
◎関東州普通学堂規則（大正一二、庁令一四）抄……二九五
◎関東局公学堂規則（大正一二、庁令一三）抄……二九六
◎関東高等公学校規則（昭和七、庁令七）抄……二九七
◎大連商業公学校規則（昭和一七、局令五三）抄……二九九
◎大連商業学堂規則（大正一二、庁令一一）抄……二九九
◎金州農業学堂規則（大正一二、庁令一二）抄……三〇〇

（二）社寺・宗教

◎関東州及南満洲鉄道附属地ニ於ケル神社廟宇及寺院等ニ関スル件（大正一一、勅令二六二）……三〇〇
◎関東神宮職員令（昭和一九、勅令五三九）……三〇一

（三）社会

◎関東州及南洋群島戦時災害保護令（昭和一七、勅令六三〇）……三〇一
◎軍事救護法施行ニ関スル件（大正六、勅令二〇五）抄……三〇三
◎関東州船員保険令（昭和一五、勅令六七）……三〇三
◎関東州及南洋群島ニ於ケル簡易生命保険及郵便年金ニ関スル件（昭和一六、勅令三二一）……三〇四
◎簡易生命保険及郵便年金ニ関シテハ簡易生命保険規則其ノ他逓信大臣ノ定ムル所ニ依ルノ件（昭和一六、局令三三）……三〇五
◎関東州ニ於ケル住宅組合ニ関スル件（大正一一、勅令四九四）……三〇五
◎関東州住宅営団令（昭和一八、勅令四七五）……三〇五
◎関東州及南満洲鉄道附属地並ニ南洋群島ニ於ケル入営者職業保障ニ関スル件（昭和六、勅令二六三）……三〇九

四　土地・公共施設

◎関東州土地収用令（大正一五、勅令二）……三一〇
◎関東州公有水面埋立令（昭和一五、勅令三九四）……三一四
◎関東州土地調査令（大正三、勅令八七）……三一四
◎関東州ニ於ケル水路測量標ニ関スル件（大正二、勅令三一四）……三一五
◎関東州州計画令（昭和一三、勅令九二）……三一五
◎関東州及南満洲鉄道附属地電気事業令（昭和一〇、勅令八五）……三二三

五　交通

（一）海運・海事

◎旅順港ニ関スル件（明治四三、勅令三〇四）……三二三
◎関東州水先規則（昭和四、庁令二一）抄……三二四
◎関東州ニ於ケル船舶ノ海上衝突予防ニ関シテハ海上衝突予防法ニ依ルノ件（明治四三、府令一八）……三二六
◎関東州ニ行ハルル命令ニ依ル日本船舶ニ関スル件（大正一四、勅令一三七）……三二六

◎関東州船籍令（明治四四、府令三五）……三二七
◎関東州船舶登記令（明治四四、府令三六）……三三〇
◎関東州船艦札規則（明治四四、府令三八）……三三一
◎船舶取締規則（大正二、府令三三）……三三一
◎関東州ニ行ハルル命令ニ依ル日本船舶及関東州ノ港湾ニ出入スル其ノ他ノ船舶ノ無線電信施設ニ関スル件（昭和一一、勅令一六五）……三三三
◎関東州臨時船舶管理令（昭和一二、勅令五八〇）……三三四
◎関東州及南洋群島船舶保護令（昭和一六、勅令四五八）……三三五
◎関東州船舶安全令（昭和九、勅令二五三）……三三五
◎関東州木船保険令（昭和一八、勅令六二四）……三三七
◎大正六年法律第二十九号施行ニ関スル件（大正六、勅令七一）……三三八
◎大正十三年法律第二号ヲ施行スル等ノ件（大正一三、勅令一九一）抄……三三八
◎外国ニ駐在スル帝国ノ大使、公使、領事官又ハ貿易事務官ノ朝鮮、台湾又ハ関東州ニ船籍ヲ有スル帝国船舶及其ノ船員ニ関スル職権ノ件（大正六、勅令四八）……三三九
◎関東州船舶職員令（昭和一一、勅令三一一）……三三九
◎関東州船員令（昭和一三、勅令七八三）……三三九
◎関東州海員懲戒令（昭和一一、勅令三一二）……三四〇

（二）　航空

◎関東州ニ於ケル航空ニ関スル件（昭和二、勅令二六七）……三四〇

六　通信

◎関東都督府ニ於ケル郵便、電信及電話ノ業務ニ関シ郵便法、郵便為替法、郵便貯金法、鉄道船舶郵便法及電信法ノ規定ヲ準用スル件（明治三九、勅令二二九）……三四一
◎明治三十九年勅令第二百二十九号施行ニ関スル件（明治三九、府令四）……三四三
◎関東州及南満洲鉄道附属地電気通信令（昭和八、勅令一九七）……三四三
関東庁逓信官署ニ於ケル電信電話ノ業務ノ廃止ニ関スル件（昭和八、庁令三三）抄……三四九
◎郵便電信電話等ニ関スル料金ノ徴収嘱託ノ件（大正五、勅令二〇〇）……三四九
◎内地満洲国間ヲ連絡スル有線電気通信施設ノ建設及保存ニ関スル件（昭和一三、勅令五九）……三四九
◎関東州ニ於ケル簡易生命保険及郵便年金ノ事務取扱ニ関スル件（昭和一六、勅令三二三）……三五〇

附加（前編関係のもの）

◎在満日本人ノ身分ニ関スル満洲国裁判ノ効力ニ関スル法律（昭和一八、法律五六）……三五一
◎関東都督府及所属官署ノ民事訴訟ニ関シ国ヲ代表スル件（明治四〇、勅令五七）……三五一
◎関東州訴訟費用臨時措置令（昭和一九、勅令四八三）……三五三
◎関東州内外国人私有財産権確認ニ関スル件（明治四〇、府告示六〇）……三五三
◎関東州外外国人私有財産権確認ニ関スル件（明治四〇、府

告示六五）……三五三
◎関東州ニ於ケル戦時犯罪処罰ノ特例ニ関スル件（昭和一七、勅令九）……三五三
◎関東州経済関係罰則整備令（昭和一九、勅令二六九）……三五三
◎関東州犯罪即決例（大正八、勅令二七四）……三五三
◎関東州ニ於ケル司法警察官ノ職務代行ニ関スル件（昭和八、勅令一五一）……三五五
◎関東州少年令（昭和一九、勅令六二九）……三五五
◎関東州少年院令（昭和一九、勅令六三〇）……三六一
◎関東州ニ於ケル刑事ニ関スル件（明治四一、勅令二五七）……三六二
◎関東州軍人軍属等犯罪即決令（昭和一六、勅令五三三）……三六二
◎旅順警備府令（昭和八、軍令海二）抄……三六二
◎関東州ニ於ケル戦時行政職権特例ニ関スル件（昭和二〇、勅令一四一）……三六三
◎関東州ニ於ケル市会議員ノ任期延長ニ関スル件（昭和一八、勅令六七一）……三六三
◎在満学校組合令（昭和一二、勅令六九五）……三六四
◎関東州及南満洲鉄道附属地並ニ南洋群島ニ於ケル資源調査ニ関スル件（昭和四、勅令三二八）……三六七
◎関東州国勢調査令（昭和一四、勅令三一〇）……三六七
◎関東州国勢調査令ノ昭和二十年ニ於ケル特例ニ関スル件（昭和二〇、勅令二三五）……三六八
◎関東州及南洋群島ニ於ケル統計資料実施調査ニ関スル件（昭和一六、勅令三七九）……三六八

法令一

警察、軍事

国家総動員

◎関東州国防保安令

昭和十六年六月四日
勅令第六百七十三号

朕関東州国防保安令ヲ裁可シ茲ニ之ヲ公布セシム（総理大臣副署）

関東州国防保安令

第一条 関東州ニ於ケル国防保安ニ関シテハ本令ニ規定スルモノヲ除クノ外国防保安法ニ依ル但シ同法第三十七条、第三十九条及第四十条ノ規定ハ此ノ限ニ在ラズ

第二条 国防保安法第十六条第一項中軍機保護法第二条乃至第七条及此等ニ関スル第十五条乃至第十七条、軍用資源秘密保護法第十一条乃至第十五条、第十九条、刑法第二編第三章、陸軍刑法第二十七条乃至第二十九条及此等ニ関スル第三十一条、第三十二条、第三十四条、海軍刑法第二十二条乃至第二十四条及此等ニ関スル第二十六条、第二十七条、第二十九条竝ニ国家総動員法第四十四条ノ罪トアルハ関東州裁判事務取扱令ニ於テ依ルコトヲ定メタル軍機保護法第二条乃至第七条及此等ニ関スル第十五条乃至第十七条、関東州裁判事務取扱令ニ於テ依ルコトヲ定メタル刑法第二編第三章、明治四十一年勅令第二百五十七号ニ於テ依ルコトヲ定メタル陸軍刑法第二十七条乃至第二十九条及此等ニ関スル第三十一条、第三十二条、第三十四条、明治四十一年勅令第二百五十七号ニ於テ依ルコトヲ定メタル海軍刑法第二十二条乃至第二十四条及此等ニ関スル第二十六条、第二十七条、第二十九条竝ニ関東州国家総動員令ニ於テ依ルコトヲ定メタル国家総動員法第四十四条ノ罪トス

第三条 国防保安法第十六条第二項中軍機保護法（前項第二号ニ掲グル罪ヲ除ク）、軍用資源秘密保護法（前項第二号ニ掲グル罪ヲ除ク）、要塞地帯法、陸軍輸送港域軍事取締法、明治二十三年法律第八十三号（軍港要港規則違反者処分ノ件）、軍用電気通信法、国境取締法、刑法第二編第一章、第二章、第四章、第八章乃至第十一章、第十五章乃至第十八章、第二十六章、第二十七章及第四十章、朝鮮刑事令第三条、陸軍刑法第二編第一章（前項第二号ニ掲グル罪ヲ除ク）、第八章及第九十九条、海軍刑法第二編第一章（前項第二号ニ掲グル罪ヲ除ク）、第八章及第百条、治安維持法、大正十五年法律第六十号（暴力行為等処罰ニ関スル法律）、爆発物取締罰則、匪徒刑罰令（明治三十一年律令第二十四号）、不隠文書臨時取締法、通貨及証券模造取締法、通貨及証券模造取締規則（明治三十六年律令第十四号）、明治三十八年法律第六十六号（外国ニ於テ流通スル貨幣紙幣銀行券証券偽造変造及模造ニ関スル法律）、治安警察法、大正八年制令第七号（政治ニ関スル犯罪処罰ノ件）、外国為替管理法、関税法、昭和十二年法律第九十二号（輸出入品等ニ関スル臨時措置ニ関スル法律）、船舶法、航空法、電信法、無線電信法竝ニ国家総動員法（前項第二号ニ掲グル罪ヲ除ク）ノ罪トアルハ関東州裁判事務取扱令ニ於テ依ルコトヲ定メタル軍機保護法（前項第二号ニ掲グル罪ヲ除ク）、関東州防禦営造物地帯令、明治三十九年勅令第二百六十三号（旅順港規則

制定及該規則違反者罰則ノ件)、関東州裁判事務取扱令ニ於テ依ルコトヲ定メタル刑法第二編第一章、第二章、第四章、第八章乃至第十一章、第十五章乃至第十八章、第二十六章、第二十七章及第四十章、明治四十一年勅令第二百五十七号ニ於テ依ルコトヲ定メタル陸軍刑法第二編第一章(前項第二号ニ掲グル罪ヲ除ク)、第八章及第九十九条、明治四十一年勅令第二百五十七号ニ於テ依ルコトヲ定メタル海軍刑法第二編第一章(前項第二号ニ掲グル罪ヲ除ク)、第八章及第百条、関東州治安維持令、関東州裁判事務取扱令ニ於テ依ルコトヲ定メタル大正十五年法律第六十号(暴力行為等処罰ニ関スル法律)、関東州裁判事務取扱令ニ於テ依ルコトヲ定メタル爆発物取締罰則、大正十三年勅令第二百五十九号(関東州ニ於テ財物劫掠ノ目的ヲ以テ多衆結合スル者ノ処罰ニ関スル件)、関東州不隠文書臨時取締令、関東州裁判事務取扱令ニ於テ依ルコトヲ定メタル通貨及証券模造取締法、関東州裁判事務取扱令ニ於テ依ルコトヲ定メタル明治三十八年法律第六十六号(外国ニ於テ流通スル貨幣紙幣銀行券偽造変造及模造ニ関スル法律)、大正十四年勅令第三百十七号(関東州ノ治安警察ニ関スル件)、関東州外国為替管理令、昭和十二年勅令第七百二十七号(関東州ニ於ケル輸出入品等ニ関スル臨時措置ニ関スル件)、関東州船籍令、昭和二年勅令第二百六十七号(関東州ニ於ケル航空ニ関スル件)、関東州電気通信令並ニ関東州国家総動員令(前項第二号ニ掲グル罪ヲ除ク)ノ罪トス

第四条 国防保安法(第十六条ノ規定ヲ除ク)中治安維持法トアルハ関東州治安維持令、刑法トアルハ関東州裁判事務取扱令ニ於テ依ルコトヲ定メタル刑法、刑事訴訟法トアルハ関東州裁判事務取扱令ニ於テ依ルコトヲ定メタル刑事訴訟法、法律トアルハ勅令又ハ関東局令、本法トアルハ本令、司法大臣トアルハ満洲国駐箚特命全権大使、検事総長検事長又ハ検事正トアルハ高等法院検察官長、地方裁判所検事又ハ区裁判所検事トアルハ地方法院検察官、豫審判事トアルハ豫審判官、検事トアルハ検察官、裁判所書記トアルハ法院書記トス

附　則

本令施行ノ期日ハ満洲国駐箚特命全権大使之ヲ定ム

(昭和十六年関東局令第五十九号で昭和十六年六月四日から施行)

本令施行前関東州裁判事務取扱令第七十二条乃至第七十五条ノ規定ニ依リ為シタル捜査手続ハ本令施行後ト雖モ仍其ノ効力ヲ有ス

前項ノ捜査手続ニシテ本令ニ之ニ相当スル規定アルモノハ之ヲ本令ニ依リ為シタルモノト看做ス

◎関東州在留者取締規則

明治三十九年九月一日
関東都督府令第八号

改正　明治四〇年第一四号、大正元年第四号、一〇年第三九号、昭和二年第一二号、九年第六八号、一二年第一一一号

第一条 本令ニ於テ在留者ト称スルハ関東州ニ出入シ又ハ居

住スル者ヲ謂フ

第二条　関東州内ニ居住スル者ハ其ノ氏名、族籍（外国人ニ在リテハ其ノ国籍）、身分、職業、日本人ニシテ兵役ニ関係アル者ハ役種、兵種及官等級、生年月日及戸主、家族、同居人、使用人ノ区別並居住場所ヲ具シ五日以内ニ所轄警察署ニ届出ツヘシ其ノ死亡、転出其ノ他戸籍又ハ届出ノ事項ニ異動ヲ生シタルトキ亦同シ前項ノ届出ハ家族、同居人、使用人ニ在リテハ戸主、世帯主又ハ傭主ヨリ其ノ手続ヲ為スヘシ

第三条　削除

第四条　関東州内ニ於テ出生シタルトキハ十四日以内ニ父、母、戸主又ハ世帯主ヨリ所轄警察署ニ届出ツヘシ

第五条　在留者ニシテ治安ヲ妨害シ又ハ風俗ヲ擾乱スルノ虞アリト認ムルトキハ所轄警察署長ハ一年以上三年以内関東州内ニ在留ヲ禁止スルコトヲ得

第六条　在留ヲ禁止セラレタル者ハ十五日以内ニ関東州外ニ退出スヘシ若シ期限内ニ退出シ難キ正当ノ理由アリト認ムルトキハ警察署長ハ相当ノ保証金ヲ出サシメ又ハ出サシメスシテ猶予ヲ与フルコトヲ得

第七条　前条ノ猶予ヲ得タル者其ノ期限内再ヒ第五条ニ該当スル挙動アリタルトキハ其ノ猶予ヲ取消シ仍保証金ヲ没収スヘシ

第八条　在留禁止ノ命令ヲ受ケタル者改悛ノ状顕著ナルトキハ所轄警察署長ハ何時ニテモ其ノ命令ヲ取消コトヲ得

第九条　在留禁止ノ命令ヲ受ケタル者其ノ命令ニ対シ不服アルトキハ命令ヲ受ケタル日ヨリ三日以内ニ所轄警察署長ヲ経テ関東州庁長官ニ命令取消ノ申請ヲ為スコトヲ得

前項ノ場合ニ於テハ其ノ命令ノ執行ヲ停止セス

第十条　第二条第四条ニ違背シタル者ハ拘留又ハ科料ニ処ス

第十一条　退去期限内又ハ猶予期限内ニ退去セサル者又ハ禁止期限ヲ犯シタル者ハ六月以下ノ懲役又ハ二百円以下ノ罰金ニ処ス

第十二条　削除

附　則

本令ハ発布ノ日ヨリ之ヲ施行ス

明治三十八年九月軍令大連湾出入船舶及関東州在留者取締規則及関東州在留者取締規則施行細則ハ之ヲ廃止ス

露国人ノ居住及旅行ニ関シテハ当分ノ内従前ノ例ニ依ル

◎関東州及南満洲鉄道附属地ノ治安警察ニ関スル件

大正十四年十一月十八日
勅令第三百十七号

朕関東州及南満洲鉄道附属地ノ治安警察ニ関スル件ヲ裁可シ茲ニ之ヲ公布セシム（総理大臣副署）

関東州及南満洲鉄道附属地ニ於ケル治安警察ニ関シテハ行政訴訟ニ関スル規定ヲ除クノ外治安警察法ニ依ル但シ同法中内務大臣トアルハ関東長官トス

附　則

本令施行ノ期日ハ関東長官之ヲ定ム（昭和二年関東庁令第五十号で同年十一月一日から施行）

○関東庁官制等ノ改正ニ際シ憲兵令其ノ他ノ勅令中改正等ノ件（抄）

（昭和九年十二月二十六日勅令第三百九十五号）

第四十二条　大正十四年勅令第三百十七号中左ノ通改正ス

「関東長官」ヲ「満洲国駐箚特命全権大使」ニ改ム

附　則

本令ハ公布ノ日ヨリ之ヲ施行ス

○昭和十二年勅令第六百八十五号（抄）

（昭和十二年十二月一日勅令第六百八十五号）

第二十五条　大正十四年勅令第三百十七号中左ノ通改正ス

「及南満洲鉄道附属地」ヲ削ル

附　則

本令ハ公布ノ日ヨリ之ヲ施行ス

◎関東州言論、集会、結社等臨時取締令

（昭和十七年一月二十一日勅令第二十二号）

朕関東州言論、集会、結社等臨時取締令ヲ裁可シ茲ニ之ヲ公布セシム（総理大臣副署）

関東州言論、集会、結社等臨時取締令

関東州ニ於ケル言論、集会、結社等ノ取締ニ関シテハ出版ニ関スル規定ヲ除クノ外言論、出版、集会、結社等臨時取締法ニ依ル但シ同法中本法トアルハ本令トス

附　則

本令ハ公布ノ日ヨリ之ヲ施行ス

◎関東州及南洋群島ニ於テハ治安維持ニ関シ治安維持法ニ依ルノ件

（大正十四年五月八日勅令第百七十六号）

朕関東州及南洋群島ニ於テハ治安維持ニ関シ治安維持法ニ依ルノ件ヲ裁可シ茲ニ之ヲ公布セシム（総理大臣副署）

関東州及南洋群島ニ於テハ治安維持ニ関シ治安維持法ニ依ル

附　則

本令ハ大正十四年五月十二日ヨリ之ヲ施行ス

◎関東州治安維持令

昭和十六年五月十四日
勅令第五百五十五号

朕関東州治安維持令ヲ裁可シ茲ニ之ヲ公布セシム（総理大臣副署）

関東州治安維持令

関東州ニ於ケル治安維持ニ関シテハ治安維持法第三十二条、第三十七条、第三十八条及第三章ノ規定ヲ除クノ外同法ニ依ル但シ同法中刑事訴訟トアルハ関東州裁判事務取締令ニ於テ依ルコトヲ定メタル刑事訴訟法、本法トアルハ本令、司法大臣トアルハ満洲国駐箚特命全権大使、検事長トアルハ高等法院検察官長、地方裁判所検事又ハ区裁判所検事トアルハ地方法院検察官、豫審判事トアルハ豫審判官、検事トアルハ検察官、裁判所書記トアルハ法院書記トス

附　則

本令ハ昭和十六年五月十五日ヨリ之ヲ施行ス

本令施行前関東州裁判事務取扱令第七十二条乃至第七十五条ノ規定ニ依リ為シタル捜査手続ハ本令施行後ト雖モ仍其ノ効力ヲ有ス

前項ノ捜査手続ニシテ本令ニ之ニ相当スル規定アルモノハ之ヲ本令ニ依リ為シタルモノト看做ス

◎関東州思想犯保護観察令

昭和十三年十二月二十八日
勅令第七百九十三号

朕関東州思想犯保護観察令ヲ裁可シ茲ニ之ヲ公布セシム（総理大臣副署）

関東州思想犯保護観察令

関東州ニ於ケル思想犯保護観察ニ関シテハ思想犯保護観察法第十一条第二項、第十二条及第十四条ノ規定ヲ除クノ外同法ニ依ル但シ同法中保護観察所トアルハ関東保護観察所、保護観察審査会トアルハ関東保護観察審査会、保護司トアルハ関東保護観察所保護司、治安維持法トアルハ大正十四年勅令第百七十六号ニ於テ依ルコトヲ定メタル治安維持法、非訟事件手続法トアルハ関東州裁判事務取締令ニ於テ依ルコトヲ定メタル非訟事件手続法トス

保護観察ノ実行ニ関シ必要ナル事項ハ満洲国駐箚特命全権大使之ヲ定ム

附　則

本令ハ昭和十四年一月十日ヨリ之ヲ施行ス

本令ハ本令施行前ニ思想犯保護観察法第一条ニ定ムル事由ノ生ジタル場合ニモ亦之ヲ適用ス

関東州思想犯保護観察令中改正

昭和十六年五月十四日
勅令第五百七十一号

第一項中「大正十四年勅令第百七十六号ニ於テ依ルコトヲ定メタル治安維持法」ヲ「関東州治安維持法」ニ改ム

附　則

本令ハ昭和十六年五月十五日ヨリ之ヲ施行ス

◎関東州及南満洲鉄道附属地不隠文書臨時取締令

昭和十一年八月八日
勅令第二百六十一号

朕関東州及南満洲鉄道附属地不隠文書臨時取締令ヲ裁可シ茲ニ之ヲ公布セシム（総理大臣副署）

関東州及南満洲鉄道附属地不隠文書臨時取締令

関東州及南満洲鉄道付属地ニ於ケル不隠文書ノ取締ニ関シテハ不隠文書臨時取締法ニ依ル但シ同法中地方長官トアルハ南満洲鉄道附属地ニ在リテハ満洲国駐箚特命全権大使、関東州ニ在リテハ関東州庁長官トシ出版法若ハ新聞紙法ニ依ル納本トアルハ関東州及南満洲鉄道附属地ニ於テ発行スル文書図画ノ取締ニ付大使ノ定メタル所ニ依ル納本トス

附　則

本令ハ公布ノ日ヨリ之ヲ施行ス

○昭和十二年勅令第六百八十五号（抄）

昭和十二年十二月一日
勅令第六百八十五号

第二十七条　関東州及南満洲鉄道附属地不隠文書臨時取締令中左ノ通改正ス

「関東州及南満洲鉄道附属地不隠文書臨時取締令」ヲ「関東州不隠文書臨時取締令」ニ改ム

「及南満洲鉄道附属地ヲ削リ但書ヲ左ノ如ク改ム

但シ同法中地方長官トアルハ関東州庁長官トシ出版法若ハ新聞紙法ニ依ル納本トアルハ関東州ニ於テ発行スル文書図画ノ取締ニ付大使ノ定メタル所ニ依ル納本トス

附　則

本令ハ公布ノ日ヨリ之ヲ施行ス

◎関東州及南満洲鉄道附属地ニ輸入若ハ移入スル出版物取締規則

昭和十年五月十六日
関東局令第三十九号

改正　昭和一二年第一一号

第一条　満洲国駐箚特命全権大使ハ本令施行地域外ニ於テ発行スル出版物ニシテ本令施行地域内ニ於テ発賣頒布スルヲ目的トスト認ムルモノハ之ヲ告示ス

前項ノ規定ニ依リ告示シタル出版物ヲ本令施行地域内ニ輸入セントスルトキハ発行人ハ左ノ事項ヲ具シ大使ノ許可ヲ受

クベシ

一　題号

二　掲載事項ノ種類

三　発行ノ時期

四　発行所、印刷所ノ名称及所在地

五　発行人、編輯人、印刷人ノ原籍、住所、氏名及生年月日

六　輸入開始ノ時期

七　輸入ノ経路及発賣頒布ノ地域

八　取次人ノ住所、氏名、生年月日及職業

九　取次所ノ名称及所在地

第二条　発行人前条ノ出版物ヲ輸入シタルトキハ発賣頒布前関東州庁ニ二部ヲ、発賣頒布地所轄警察署及関東地方法院検察局ニ各一部ヲ納ムベシ

第三条　本令施行地域内ニ輸入スル出版物ノ掲載事項ニシテ公安ヲ紊リ若ハ風俗ヲ害スルノ虞アリト認ムルトキ又ハ前二条ノ規定ニ違反シテ輸入シ若ハ発賣頒布シタルトキハ大使ハ其ノ輸入若ハ発賣頒布ヲ禁止シ又ハ之ヲ差押ヘ第一条ノ規定ニ依ル出版物ニ在リテハ其ノ許可ヲ取消スコトアルベシ

第四条　前条ノ規定ニ依リ差押ヘタル出版物ニシテ一年以上其ノ差押ヲ解除セラレザルトキハ差押ヲ執行シタル官庁ニ於テ之ヲ処分スルコトヲ得

第五条　第三条ノ規定ニ依リ差押ヘタル出版物ニシテ其ノ差押フベキ部分ト其ノ他ノ部分トヲ分割シ得ベキ場合ニ於テ関係者ノ請求アルトキハ之ヲ分割シ差押ヲ要セザル部分ヲ返還スルコトアルベシ但シ之ガ為必要ナル費用ハ発行人ノ負担トス

第六条　第一条又ハ第二条ノ規定ニ違反シタル者ハ六月以下ノ禁錮又ハ二百円以下ノ罰金若ハ科料ニ処ス第三条ノ規定ニ基ク処分ニ違反シタル者及情ヲ知リテ其ノ出版物ヲ輸入シ又ハ販賣頒布シタル者ハ前項ニ準ジ之ヲ処罰ス

附　則

本令ハ公布ノ日ヨリ之ヲ施行ス

◎関東州及南満洲鉄道附属地ニ於ケル行政執行ニ関スル件

大正十四年十一月十八日
勅令第三百十六号

朕関東州及南満洲鉄道附属地ニ於ケル行政執行ニ関スル件ヲ裁可シ茲ニ之ヲ公布セシム（総理大臣副署）

関東州及南満洲鉄道附属地ニ於ケル行政執行ニ関シテハ行政執行法第六条第三項ノ規定ヲ除クノ外国法ニ依ル但シ同法中庁府県警察費トアルハ国費、勅令トアルハ関東庁令トス

附　則

本令施行ノ期日ハ関東長官之ヲ定ム

○関東庁官制等ノ改正ニ際シ憲兵令其ノ他ノ勅令中改正等ノ件（抄）

昭和九年十二月二十六日
勅令第三百九十五号

第四十三条　大正十四年勅令第三百十六号中左ノ通改正ス
「関東庁令」ヲ「関東局令」ニ改ム

附　則

本令ハ公布ノ日ヨリ之ヲ施行ス

○昭和十二年勅令第六百八十五号（抄）

昭和十二年十二月一日
勅令第六百八十五号

第二十六条　大正十四年勅令第三百十六号中左ノ通改正ス
「及南満洲鉄道附属地」ヲ削ル

附　則

本令ハ公布ノ日ヨリ之ヲ施行ス

◎拘留科料処分規則

明治四十年四月二十七日
関東都督府令第二十五号

第一条　民政署長、民政支署長、警務署長、警務支署長又ハ其ノ代理タル官吏ハ其ノ所轄内ニ於テ拘留科料ニ該当スル所為アル者ニ対シ其ノ処分ヲ為スヘシ

第二条　拘留科料ノ処分ハ本人ノ陳述ヲ聴キ証憑ヲ取調ヘ其ノ言渡ヲ為スヘシ但シ本人ヲ呼出ス必要ナシト認ムルトキ又ハ呼出スモ出頭セサルトキハ直ニ其ノ言渡書ノ謄本ヲ本人若ハ其ノ住所ニ送達スルコトヲ得

第三条　処分言渡書ニハ本人ノ氏名、年令、身分、職業、住所違犯ノ事実ハ適用シタル法条及言渡タル拘留又ハ科料並言渡ヲ為シタル官署、年月日、官氏名ヲ記載シ所属官署ノ印ヲ押捺スヘシ

第四条　処分言渡ヲ受ケタル者ハ其ノ言渡アリタル日又ハ言渡書謄本ノ送達アリタル日ヨリ三日以内ニ其ノ言渡ヲ為シタル官署ヲ経由シ関東都督ニ不服ヲ申立ツルコトヲ得但シ拘留ノ言渡ヲ受ケタル者ハ一日ヲ一円ニ計算シタル金額科料ノ言渡ヲ受ケタル者ハ科料金ニ該当スル金額ヲ保証トシテ其ノ官署ニ供託スルコトヲ要ス

第五条　処分言渡ヲ為シタル官署ニ於テ不服申立ヲ受ケタルトキハ前条ノ期間ヲ経過シタルモノハ之ヲ却下シ其ノ期間中ニ係ルモノハ意見ヲ付シ関係記録ト共ニ速ニ関東都督ニ進達スヘシ

第六条　関東都督ハ不服申立カ理由ナシト認ムルトキハ其ノ申立ヲ却不シ理由アリト認ムルトキハ其ノ処分ヲ取消シ又ハ其ノ変更ノ言渡ヲ為スヘシ
前項ノ取調ニ必要ト認ムルトキハ本人又ハ関係人ヲ喚問スルコトアルヘシ

第七条　前条ノ不服ノ申立アリタルトキハ其ノ処分ノ執行ヲ

停止ス

第八条　拘留処分ノ執行ハ之ヲ強制ス但シ一日ヲ一円ニ折算シ保証金ヲ以テ之ニ換フルコトヲ得

科料処分ヲ受ケ完納セサルトキハ保証金ヲ以テ之ニ換ヘ若ハ一円ヲ一日ニ折算シテ留置ス其ノ一円ニ充タサルトキト雖一日ニ計算ス

附　則

本令ハ公布ノ日ヨリ之ヲ施行ス

◎関東州民政署令及関東都督府令ニ規定セル禁錮罰金拘留及科料ニ関スル件

大正元年九月九日
関東都督府令第四号

関東州民政署令及関東都督府令ニ規定セル禁錮罰金拘留及科料ニ関スル件左ノ通定ム

左ニ掲クル署令及府令ニ規定スル罰金拘留及科料ノ期間金額ニ付テハ刑法総則ノ規定ニ依ル

明治三十八年関東州民政署令第二号芸妓酌婦及雇婦女取締規則

明治三十八年関東州民政署令第三号

明治三十八年関東州民政署令第四号料理店飲食店宿屋下宿屋貸席待合茶屋引手茶屋営業取締規則

明治三十八年関東州民政署令第十二号貸座敷取締規則

明治三十九年関東州民政署令第二号娼妓健康診断施行規則

明治三十九年関東州民政署令第三号獣類取締規則

明治三十九年関東州民政署令第四号塵芥掃除規則

明治三十九年関東州民政署令第五号賣肉取締規則

明治三十九年関東州民政署令第六号屠獣取締規則

明治三十九年関東州民政署令第十九号

明治三十九年関東州民政署令第二十四号理髪営業者取締規則

明治三十九年関東州民政署令第二十五号人力車営業取締規則

明治三十九年関東都督府令第八号関東州在留者取締規則

明治三十九年関東都督府令第二十七号営業取締規則

明治四十一年関東都督府令第三十七号

明治四十一年関東都督府令第三十八号薬品営業並薬品取締規則

明治四十一年関東都督府令第四十七号伝染病予防規則

附　則

本令ハ公布ノ日ヨリ之ヲ施行ス

◎警察犯処罰規則

大正十一年七月二十七日
関東庁令第五十六号

第一条　左ノ各号ノ一ニ該当スル者ハ拘留又ハ科料ニ処ス

一　一定ノ住居又ハ生業ナクシテ諸方ニ徘徊スル者

二　故ナク人ノ居住若ハ看守セサル邸宅、建造物又ハ船舶内ニ潜伏シタル者

三　乞丐ヲ為シタル者
四　面会ヲ強請シ又ハ強談、威迫ノ行為ヲ為シタル者
五　合力、喜捨若ハ寄付又ハ物品ノ購買ヲ強請シタル者
六　人ヲ誑惑セシムヘキ言説若ハ虚報ヲ為シ又ハ流布シタル者
七　申込ナキ新聞紙其ノ他出版物ヲ配布シテ其ノ代料ヲ請求シ又ハ其ノ購読ノ申込ヲ強請シタル者
八　申込ナキ広告ヲ為シテ其ノ代料ヲ請求シ又ハ広告ノ申込ヲ強請シタル者
九　誇大又ハ虚偽ノ広告ヲ為シテ不正ノ利ヲ図リタル者
十　天災事変ニ際シ日常生活ニ必要ナル物資ノ価格ヲ故ラニ昂騰セシメ又ハ不正ノ手段ニ依リ暴利ヲ図リタル者
十一　入札ノ妨害ヲ為シ、共同入札ヲ強請シ又ハ落札人ニ対シ其ノ事業若ハ利益ノ分配又ハ金品ヲ強請シタル者
十二　入札ニ際シ通謀シテ競争入札ノ趣旨ニ反スル行為ヲ為シタル者
十三　一定ノ飲食物ニ他物ヲ混シテ不正ノ利ヲ図リタル者
十四　飲用ヲ禁シタル水ヲ飲料トシテ販賣又ハ供給シタル者
十五　濫ニ銃砲ヲ発射シ、爆竹其ノ他ノ劇発物ヲ弄ヒ又ハ自然発火ノ虞アル物品ノ取扱ヲ忽ニシタル者
十六　家屋其ノ他ノ建造物若ハ引火シ易キ物ノ近傍ニ於テ濫ニ火ヲ焚キタル者
十七　煙突ノ掃除ヲ怠リタル者
十八　天災事変ニ際シ制止ヲ肯セスシテ其ノ現場ニ立入リ若ハ其ノ場所ヨリ退去セス又ハ官吏ヨリ援助ノ求ヲ受ケ故ナク之ニ応セサル者
十九　濫ニ鉄道線路ヲ通行シタル者
二十　汽車又ハ電車ノ往来ニ妨害ト為ルヘキ行為ヲ為シタル者
二十一　公衆ノ自由ニ交通シ得ル場所ニ於テ喧噪シ又ハ横臥、佇立若ハ蹲踞シタル者
二十二　公衆ノ自由ニ交通シ得ル場所ニ濫ニ車馬、舟筏其ノ他ノ物ヲ置キ交通ノ妨害ヲ為シタル者
二十三　出入ヲ禁シタル場所ニ濫ニ出入シタル者
二十四　他人ノ身辺ニ濫ニ立塞リ又ハ追随シタル者
二十五　他人ノ身体若ハ物件又ハ之ニ害ヲ及ホス虞アル場所ニ濫ニ物件ヲ抛擲又ハ放射シタル者
二十六　他人ノ繋キタル獣畜又ハ舟筏ヲ濫ニ解放シタル者
二十七　官公署ノ榜示シ又ハ榜示セシメタル禁條ヲ犯シタル者
二十八　他人ノ家屋其ノ他工作物ヲ汚瀆シ若ハ之ニ貼紙ヲ為シ又ハ他人ノ標札、招牌、榜標ノ類ヲ汚瀆又ハ徹去シタル者
二十九　道路、公園、社寺地、墓地又ハ他人ノ田野、園囿若ハ池沼ニ於テ花卉、樹木、菜果若ハ放魚ヲ採摘若ハ補獲シ又ハ其ノ成育ノ妨害ト為ルヘキ行為ヲ為シタル者
三十　電柱、掲示場、園棚、橋梁等ニ獣畜舟筏ノ類ヲ繋キタル者
三十一　河川、溝渠又ハ下水路ノ疏通ノ妨害ト為ルヘキ行

為ヲ為シタル者
三十二　道路、道路敷、提防、下水、河川又ハ用水路ノ原形ヲ濫ニ変更シタル者
三十三　神祠、仏堂、礼拝所、墓所、碑標、形像又ハ其ノ他之ニ類スル物ヲ汚瀆シタル者
三十四　他人ノ標灯又ハ社寺、道路若ハ公園等ニ常備シタル常灯ヲ濫ニ消シタル者
三十五　犬其ノ他ノ獣類ヲ嗾シ又ハ驚逸セシメタル者
三十六　濫ニ催眠術ヲ施シタル者
三十七　濫ニ吉凶禍福ヲ説キ、禁厭、加持、祈禱若ハ符呪等ヲ為シ又ハ神符若ハ神水ノ類ヲ授与シテ医療ヲ妨ケ又ハ人ヲ惑シタル者
三十八　他人ノ業務ニ対シ悪戯又ハ妨害ヲ為シタル者
三十九　葬祭其ノ他ノ儀式又ハ行列ニ対シ悪戯又ハ妨害ヲ為シタル者
四十　多衆会同ノ場所ニ於テ会衆ノ妨害ト為ルヘキ行為ヲ為シタル者
四十一　人家稠密ノ場所ニ於テ濫ニ声高ヲ発シ又ハ午後十二時後夜間歌舞音曲ヲ為シタル者
四十二　官公職、爵位、勲、功、学位若ハ称号ヲ詐称シ又ハ法令ノ定ムル服装若ハ徽章ヲ借用シ若ハ之ニ類似ノモノヲ使用シタル者
四十三　他人ノ名義ヲ借用シタル者
四十四　官公署ニ対シ不実ノ申述ヲ為シ又ハ申述ノ義務アルニ拘ラス申述ヲ拒ミタル者
四十五　故ナス官公署ノ召喚ニ応セサル者
四十六　不正ノ目的ヲ以テ人ヲ隠匿シタル者
四十七　本籍、住所、氏名、年令又ハ職業ヲ詐称シテ投宿、遊興又ハ乗船シタル者
四十八　自己占有ノ場所内ニ老幼、不具若ハ疾病ノ為救助ヲ要スル者又ハ人ノ死屍若ハ死胎アルコトヲ知リテ速ニ官ニ申告セサル者
四十九　警察官吏ノ指揮ニ依ラスシテ前号ノ死屍若ハ死胎ノ原状ヲ濫ニ変更シタル者
五十　人ノ死屍若ハ死胎ヲ隠匿シ又ハ之ヲ他ニ紛ハシク擬装シタル者
五十一　自己ノ使役スル労務者ヲ苛酷ニ取扱ヒ又ハ故ナク其ノ自由ヲ拘束シタル者
五十二　公衆ノ目ニ触ルヘキ場所ニ於テ牛馬其ノ他ノ動物ヲ虐使シタル者
五十三　公衆ノ目ニ触ルヘキ場所ニ於テ袒裼若ハ裸裎シ臀部若ハ股部ヲ露ハシ又ハ其ノ他ノ醜態ヲ為シタル者
五十四　密賣淫若ハ其ノ媒介ヲ為シ又ハ情ヲ知リテ密賣淫ノ場所ヲ供与シタル者
五十五　街路又ハ其ノ付近ニ於テ賭博類似ノ行為ヲ為シタル者
五十六　街路又ハ公園ニ於テ排屎又ハ排尿シタル者
五十七　人ノ飲用ニ供スル浄水ヲ汚穢シ、其ノ使用ヲ妨ケ又ハ其ノ水路ニ障碍ヲ生セシメタル者
五十八　不熟ノ果物、腐敗シタル肉類其ノ他ノ健康ニ害ア

ル飲食物ヲ販賣シ又ハ販賣セムトシタル者

五十九　炮煮、洗滌、剝皮等ヲ要セス其ノ儘食用ニ供シ得へキ飲食物ヲ覆蓋セスシテ販賣シ若ハ販賣セムトシ又ハ携行シタル者

六十　禽獣ノ死屍、汚穢物又ハ瓦礫ノ類ヲ濫ニ投棄シ又ハ之ヲ除去スルコトヲ怠リタル者

六十一　前各号ノ外警察取締上ノ制止ヲ肯セサル者

第二条　前条ニ規定シタル違反行為ヲ教唆シ又ハ幇助シタル者ハ之ヲ罰ス但シ情状ニ依リ其ノ刑ヲ免除スルコトヲ得

附　則

本令ハ大正十一年八月一日ヨリ之ヲ施行ス

警察犯処罰令ハ之ヲ廃止ス

◎関東州防空令

昭和十二年十二月二十四日
勅令第七百二十八号

朕関東州防空令ヲ裁可シ茲ニ之ヲ公布セシム（総理、海軍、陸軍大臣副署）

改正　昭和一六年第九七三号、第一一四〇号

関東州防空令

第一条　関東州ニ於ケル防空ニ関シテハ本令ニ規定スルモノノ外防空法ニ依ル但シ同法第七条、第十三条第四項、第十四条第二項、第十五条第六項、第十六条乃至第十七条ノ二、第二十条及第二十二条ノ規定ハ此ノ限ニ在ラズ

同法中勅令トアルハ関東局令トス

同法中主務大臣トアルハ満洲国駐箚特命全権大使トス

同法中地方長官トアルハ関東州庁長官トシ市町村トアルハ市トシ行政執行法トアルハ大正十四年勅令第三百十六号ニ於テ依ルコトヲ定メタル行政執行法トシ北海道又ハ府県トアルハ関東州地方費トス

同法第五条ノ三及第十二条第二項中市町村長トアルハ市長又ハ民政署長トシ其ノ他ノ規定中市町村長トアルハ市長トス

同法第十一条中行政官庁トアルハ大使、関東州庁長官、関東軍司令官、旅順警備府司令長官トス

第一条ノ二　関東軍司令官及旅順警備府司令長官ハ陸海軍ノ行フ防衛ニ則応セシムル為防空計画ノ設定上基準トナルベキ事項ヲ定メ之ヲ大使ニ提示スベシ

第二条　旅順警備府司令長官又ハ旅順要塞司令官ハ監視網構成ノ概要ニ付防空計画ノ設定上必要ナル事項ヲ関東州庁長官ニ、陸海軍ノ行フ防衛ノ心要上使用ヲ禁止又ハ制限スルコトアルベキ土地建物ニ付防空計画ノ設定上必要ナル事項ヲ関東州庁長官、防空法第二条ノ規定ニ依リ指定セラレタル市長又ハ同法第三条第一項ノ規定ニ依ル防空計画ノ設定者ニ通知スベシ

前項ノ通知アリタルトキハ之ニ準拠シテ防空計画ヲ設定スベシ

第二条ノ二　防空計画ヲ設定スル場合ニ於テハ陸海軍ノ行フ防衛ニ則応セシムル為必要アル事項ニ関シテハ大使ハ関東軍司令官又ハ旅順警備府司令長官ニ、関東州庁長官ハ旅順警備府司令長官又ハ旅順要塞司令官ニ協議スベシ

第三条　防空計画ノ認可ヲ為ス場合ニ於テハ陸海軍ノ行フ防衛ニ則応セシムル為必要アル事項ニ関シテハ大使ハ関東軍司令官及旅順警備府司令長官ニ、関東州庁長官ハ旅順警備府司令長官及旅順要塞司令官ニ協議スベシ

第四条　左ニ掲グル事項ニ関シテハ大使又ハ関東州庁長官ハ関係陸海軍司令官及関係官庁ニ協議スベシ

一　防空計画ノ認可ヲ為ス場合ニ於テ当該計画中国ニ於テ管理スル土地家屋物件ノ使用ニ関スル事項

二　防空計画ノ認可ヲ為ス場合ニ於テ設備又ハ資材ノ整備又ハ供用ニシテ他ノ法令ニ依リ認可又ハ許可ヲ要スルモノニ関スル事項

三　防空法第三条第一項ノ規定ニ依ル指定及同条第二項ノ規定ニ依ル認可

四　設備又ハ資材ノ整備又ハ供用ニシテ他ノ法令ニ依リ認可又ハ許可ヲ要スルモノニ関スル防空法第五条ノ規定ニ依ル命令

五　防空法第三条第一項ノ規定ニ依ル防空計画ノ設定者ニ対スル同法第十条第一項ノ規定ニ依ル命令

第四条ノ二　防空ノ実施ニ際シ関東軍司令官又ハ旅順警備府司令長官ハ防空ノ実施ニ付陸海軍ノ行フ防衛ニ則応セシムル為必要ナル事項ヲ大使ニ請求スルコトヲ得

緊急ノ必要アルトキハ旅順警備府司令長官又ハ旅順要塞司令官ハ防空ノ実施ニ付陸海軍ノ行フ防衛ニ則応セシムル為必要ナル事項ヲ関東州庁長官ニ請求スルコトヲ得

第五条　防空ノ実施ノ開始及終止ハ大使之ヲ命ズ

前項ノ命令ハ関東州庁長官及防空法第三条第一項ノ防空計画ノ設定者ニ対シテハ大使関係アル市長ニ対シテハ大使ノ通知ニ依リ関東州庁長官之ヲ発ス

大使第一項ノ命令ヲ為スニ付テハ其ノ時期及区域ニ関シテハ関東軍司令官又ハ旅順警備府司令長官ノ通知ニ依ルベシ

第六条　前条ノ規定ニ依リ防空ノ実施ノ開始命令アリタルトキハ防空計画ノ設定者ハ監視及之ニ伴フ通信ニ関シテハ直ニ之ヲ実施シ防空上必要ナル其ノ他ノ事項ニ関シテハ其ノ準備ヲ為シ適宜之ヲ実施スベシ

監視及之ニ伴フ通信ハ前条ノ規定ニ依リ防空ノ実施ノ終止命令アル迄之ヲ継続スベシ

第七条　防空ヲ実施スル場合ニ於テ航空機ノ来襲ニ関シテハ左ノ各号ノ区分ニ依リ防空警報ヲ発ス

一　警戒警報　　航空機ノ来襲ノ虞アル場合

二　警戒警報解除　　航空機ノ来襲ノ虞ナキニ至リタル場合

三　空襲警報　　航空機ノ来襲ノ危険アル場合

四　空襲警報解除　　航空機ノ来襲ノ危険ナキニ至リタル場合

関東軍司令官、旅順警備府司令長官又ハ旅順要塞司令官ノ発スル防空警報ヲ以テ前項ノ防空警報トス

第八条　防空法第八条及第十条第二項ニ規定スル灯火管制ニ関スル命令ハ大使之ヲ定ム

大使前項ノ命令ヲ定ムルニ付テハ灯火ノ分類、管制ノ程度其ノ他軍事上必要ナル事項ニ関シテハ関東軍司令官又ハ旅

順警備府司令長官ノ通知ニ依ルベシ

第九条　防空法第十三条第一項乃至第三項ノ規定ニ依リ補償ヲ受クベキ者補償ニ付不服アルトキハ其ノ金額ノ決定ノ通知ヲ受ケタル日ヨリ、供用、収用、使用、除却、改築、廃止、変更其ノ他ノ措置ノ後六月ヲ経過シテ補償金額ノ決定ヲ受ケザルトキハ其ノ期間経過シタル日ヨリ六月以内ニ大使ノ定ムル所ニ依リ其ノ裁決ヲ申請スルコトヲ得

前項ノ規定ハ防空法第十四条第一項ノ実費弁償ニ之ヲ準用ス

第九条ノ二　防空法第十二条第二項ノ規定ニ依ル扶助金ヲ給スルニ要スル費用ハ市長ノ給スルモノニ在リテハ市、民政署長ノ給スルモノニ在リテハ関東州地方費ノ負担トス

第九条ノ三　防空法第十五条第三項ノ規定ニ依リ建築物ノ所有者ノ負担スル費用ニ対シテハ市ノ区域内ニ在ル建築物ニ係ルモノニ在リテハ市、其ノ他ノ建築物ニ係ルモノニ在リテハ関東州地方費ハ其ノ三分ノ二以内ヲ補助スベシ

防空法第十五条第四項ノ規定ニ依リ物件ノ管理者又ハ所有者ノ負担スル費用ニ対シテハ関東州地方費ハ其ノ二分ノ一以内ヲ補助スベシ

第十条　国庫ハ豫算ノ範囲内ニ於テ大使ノ定ムル所ニ依リ左ノ諸費ニ対シ其ノ二分ノ一以内ヲ補助ス

一　防空法第十五条第一項ノ規定ニ依リ関東州地方費、市又ハ同法第三条第一項ノ規左ニ依ル防空計画ノ設定者ノ負担スル費用

二　防空法第十五条第二項ノ規定ニ依リ特殊施設ノ管理者又ハ所有者ノ負担スル費用

三　防空法第十五条第五項又ハ本令第九条ノ二ノ規定ニ依リ同法第三条第一項ノ規定ニ依ル防空計画ノ設定者又ハ関東州地方費若ハ市ノ負担スル扶助金

四　防空法第十五条第七項ノ規定ニ依リ関東州地方費ノ負担スル損失補償金

五　前条ノ規定ニ依リ関東州地方費又ハ市ノ負担スル補助金

第十条ノ二　防空法第五条ノ三ノ規定ニ依リ市長又ハ民政署長ノ施行スル防火改修工事ニ要スル費用ハ市費又ハ関東州地方費ヲ以テ一時繰替支弁スベシ

前項ノ規定ニ依リ繰替支弁シタル費用ノ弁償金ノ徴収ニ付テハ国税徴収ノ例ニ依ル

前項ノ弁償金ニシテ弁償ヲ得ザルモノアルトキハ国庫ハ関東州地方費又ハ市ニ対シ其ノ損失ノ二分ノ一ヲ補償ス

第十一条　大使防空法第三条第一項、第五条、第六条、第十一条及第二十一条ノ規定ニ関スル事項ニ付規定ヲ設ケントスルトキハ関東軍司令官及旅順警備府司令長官ニ協議スベシ

附　則

本令ハ公布ノ日ヨリ之ヲ施行ス

○関東州防空令中改正

昭和十七年五月二十七日
勅令第五百四十七号

「旅順警備府司令長官」ヲ「鎮海警備府司令長官」ニ改ム

附　則

本令ハ公布ノ日ヨリ之ヲ施行ス

○関東州防空令中改正

昭和十九年一月八日
勅令第二十五号

関東州防空令中左ノ通改正ス

第一条第一項中「第十五条第六項、第十六条乃至第十七条ノ二」ヲ「第十六条乃至第十七条ノ二、第十九条ノ五」ニ改メ同条第五項中「及第十二条第二項」ヲ削ル

第四条ノ二第二項中「鎮海警備府司令長官又ハ旅順要塞司令官」ヲ「関東州庁長官ハ防空ノ実施ニ付必要ナル事項ヲ他ノ地方官庁ニ、鎮海警備府司令長官、旅順要塞司令官又ハ特定ノ艦隊司令長官若ハ其ノ指定スル指揮官」ニ改ム

第五条第二項中「関東州庁長官及」ヲ「関係アル地方官庁及」ニ改ム

第九条ノ二ヲ削ル

第九条ノ三第二項中「関東州地方費ハ」ヲ「大使ノ命令ニ依ル移転ノ場合ニ於テハ国庫ニ於テ、関東州庁長官ノ命令ニ依ル移転ノ場合ニ於テハ関東州地方費ニ於テ」ニ改メ同条ヲ第九条ノ二トス

第十条中「二分ノ一以内」ヲ「全部又ハ一部」ニ改メ同条第三号中「又ハ本令第九条ノ二」及「又ハ関東州地方費若ハ市」ヲ削リ同条中第四号ヲ第五号トシ第五号ヲ第六号トシ第三号ノ次ニ左ノ一号ヲ加フ

四　防空法第十五条第六項ノ規定ニ依リ関東州地方費ノ負担スル移転費

附　則

本令ハ昭和十八年法律第百四号施行ノ日ヨリ之ヲ施行ス

◎関東州防禦営造物地帯令

明治四十一年三月七日
勅令第三十六号

改正　大正三年第三五号、四年第一七五号、八年第一〇二号、一一年第五〇四号、一四年第五〇号、昭和八年第一六九号、一六年第九七三号、一七年第五七四号

朕枢密顧問ノ諮詢ヲ経テ関東州防禦営造物地帯令ヲ裁可シ茲ニ之ヲ公布セシム（総理、陸軍、海軍大臣副署）

関東州防禦営造物地帯令

第一条　防禦営造物地帯ハ陸地ト水面トヲ問ハス防禦営造物ヲ基点トシ其ノ外方地域ヲ左記標準ニ依リ三区ニ分ツ

第一区　基点ヲ去ルコト五百間以内

第二区　基点ヲ去ルコト二千五百間以内

第三区　基点ヲ去ルコト五千間以内
前項ノ規定ハ防禦営造物ヲ設クルコトニ予定シタル箇所ニ付亦之ヲ適用ス
第二条　防禦営造物地帯ハ陸軍大臣其ノ区域ヲ定メ之ヲ告示ス其ノ変更ノ場合亦同シ
第三条　防禦営造物ニ出入セントスル者ハ其ノ所属ニ従ヒ要塞司令官又ハ鎮海警備府司令長官ノ許可ヲ受クベシ
第四条　何人ト雖要塞司令官ノ許可ヲ受クルニ非サレハ防禦営造物地帯内水産ノ形状若ハ防禦営造物ヲ測量、撮影、模寫、模造、録取シ又ハ防禦営造物地帯ヲ航空スルコトヲ得ス
航空ノ許否ニ関シテハ要塞司令官ハ陸軍大臣ノ許可ヲ受クヘシ
第五条　防禦営造物地帯第一区及第二区ニ於テハ要塞司令官ノ許可ヲ受クルニ非サレハ左記各号ノ行為ヲ為スコトヲ得ス
一　地表ノ高低ヲ永久ニ変更スル工事
二　溝渠、塩田、水道、道路、橋梁、繋泊場ノ新設又ハ其ノ変更
三　鉄道、軌道、墜道ノ新設又ハ其ノ変更
四　採鉱其ノ他地盤ノ掘鑿
五　運河、永久棧橋ノ新設、水面ノ埋立、河海岸ノ掘鑿又ハ其ノ変更
前項ニ関スル処分ニ付テハ要塞司令官又ハ陸軍大臣ノ認可ヲ受クヘシ
第六条　防禦営造物地帯第一区ニ於テハ要塞司令官ノ許可ヲ受クルニ非サレハ左記各号ノ行為ヲ為スコトヲ得ス
一　工作物ノ新設、変更又ハ移転
二　埋葬地、牧場、公園、竹木林ノ新設又ハ其ノ変更
三　山林原野ニ於ケル焚火
四　火器爆発物ノ発射、発火
五　爆発物其ノ他燃焼シ易キ危険物ノ製造又ハ貯蔵
六　漁業、採藻又ハ船舶ノ繋泊
第七条　要塞司令官ハ防禦営造物地帯ニ於テ兵備ノ状況其ノ他地形等ノ視察ヲ為ス者ト認メタルトキハ之ヲ地帯外ニ退去セシムルコトヲ得
第八条　要塞司令官ハ防禦営造物地帯ニ於ケル水陸ノ形状又ハ防禦営造物ニ関スル文書、図画、模型ノ類ニシテ軍事上有害ナリト認ムルモノヲ発見シタルトキハ之ヲ没入スルコトヲ得
第九条　要塞司令官ハ第五条及第六条ノ違反者ニ対シ期限ヲ定メテ其ノ復旧ヲ命スルコトヲ得義務者指定ノ期限迄ニ復旧セサルトキ又ハ復旧ヲ終了シ能ハスト認メタルトキハ要塞司令官ニ於テ之ヲ執行シ国税徴収ノ例ニ依リ其ノ費用ヲ義務者ヨリ徴収スルコトヲ得
前項ニ依リ第五条ノ違反者ニ対シ復旧ヲ命スル場合ニ於テハ陸軍大臣ノ認可ヲ受クヘシ
第十条　陸軍大臣ハ一定ノ区域ニ限リ第四条乃至第六条ノ禁止ノ一部又ハ全部ヲ解除スルコトヲ得此ノ場合ニ於テハ解除ノ事項及其ノ地域ヲ告示ス其ノ変更又ハ取消ヲ為シタル

トキ亦同シ

第十一条　防禦営造物地帯ニシテ専ラ海軍ニ関スルモノニ付テハ本令ニ定メタル要塞司令官ノ職権ハ鎮海警備府司長官之ヲ行ヒ陸軍大臣ノ職権ハ海軍大臣之ヲ行フ

防禦営造物地帯ニシテ海軍ニ関係アルモノニ付テハ第七条及第八条ニ定メタル要塞司令官ノ職権ハ鎮海警備司令長官ニ於テモ之ヲ行フコトヲ得

第十二条　第二条、第四条乃至第六条、第九条及第十条ノ場合ニ於テ其ノ海軍ノ防禦営造物地帯ニ関連スルモノニ在リテハ陸軍官憲ハ之ヲ海軍官憲ニ協議スベシ

第十二条ノ二　本令ノ禁止及制限ハ陸海軍又ハ陸海軍官庁ノ行動又ハ施設ニ関シテハ之ヲ適用セズ

第十三条　要塞司令官及鎮海警備府司令長官ハ防禦営造物ノ地帯ヲ画スル為其ノ他必要アル場合ニ於テ部下官僚ヲシテ防禦営造物地帯及其ノ附近ノ地ニ出入セシムルコトヲ得

第十四条　官庁ニ於テ第三条乃至第六条ニ定メタル行為ヲ為サムトスル場合ニ於テハ予メ陸海軍官憲ニ協議スヘシ

第十五条　左記各号ノ一ニ該当スル者ハ一年以下ノ懲役若ハ十一日以上ノ拘留又ハ二百円以下ノ罰金若ハ二円以上ノ科料ニ処ス

一　防禦営造物地帯ニ関スル標木、標石又ハ標札ノ類ヲ移転シ又ハ毀損シタル者

二　許可ヲ受ケスシテ防禦営造物ニ出入シタル者

三　第四条乃至第六条ニ違反シタル者

四　第七条ニ依リ退去ヲ命セラレ之ニ従ハサル者

第十六条　本令ノ施行ニ関シ必要ナル細則ハ陸軍大臣海軍大臣ト協議シテ之ヲ定ム

附　則

本令ハ明治四十一年四月一日ヨリ之ヲ施行ス

本令ニ依リ許可ヲ要スル事項ハ本令施行前既ニ許可ヲ受ケタルモノト雖遅滞ナク其ノ目的位置方法等ヲ記シ更ニ要塞司令官ニ申請スヘシ本令施行後三月以内ニ申請セサルトキハ其ノ許可ヲ取消スコトアルヘシ

◎関東州防禦営造物地帯令臨時特例

昭和十八年十一月十三日
勅令第八百六十三号

朕関東州防禦営造物地帯令臨時特例ヲ裁可シ茲ニ之ヲ公布セシム（総理、陸軍、海軍大臣副署）

関東州防禦営造物地帯令臨時特例

大東亜戦争中関東州防禦営造物地帯令第五条第二項及第九条第二項ノ規定ニ依ル陸軍大臣ノ認可（同令第十一条第一項ニ規定スル場合ニ在リテハ海軍大臣ノ認可）ハ之ヲ受クルコトヲ要セズ

附　則

本令ハ公布ノ日ヨリ之ヲ施行ス

◎関東州軍事特別措置令

昭和二十年八月八日
勅令第四百六十号

朕関東州軍事特別措置令ヲ裁可シ茲ニ之ヲ公布セシム（総理、海軍、陸軍大東亜大臣副署）

関東州軍事特別措置令

関東州ニ於ケル築城、設営其ノ他軍事上緊要ナル事項ノ整備ニ関シテハ軍事特別措置法（第一条第二項ノ規定ヲ除ク）及同法施行令（第二条ノ規定ヲ除ク）ニ依ル但シ此等ノ法令中帝国臣民トアルハ関東州ニ居住スル者、地方長官トアルハ関東州庁長官、当該都道府縣樺太トアルハ関東州、不動産登記法トアルハ関東州裁判事務取扱令ニ於テ依ルコトヲ定メタル不動産登記法、官報トアルハ関東局局報、国家総動員法トアルハ関東州国家総動員令ニ於テ依ルコトヲ定メタル国家総動員法トス

附　則

本令ハ昭和二十年八月十日ヨリ之ヲ施行ス

◎関東州海軍区ニ関スル件

明治三十九年九月二十五日
勅令第二百五十六号

朕関東州海軍区ニ関スル件ヲ裁可シ茲ニ之ヲ公布セシム（海軍大臣副署）

関東州ノ海岸海面ヲ関東州海軍区トシ旅順鎮守府ヲシテ之ヲ管セシム

附　則

本令ハ明治三十九年十月一日ヨリ之ヲ施行ス

◎明治三十九年勅令第二百五十六号中改正

大正三年三月十四日
勅令第二十六号

明治三十九年勅令第二百五十六号中「旅順鎮守府」ヲ「佐世保鎮守府」ニ改ム

附　則

本令ハ大正三年四月一日ヨリ之ヲ施行ス

◎明治三十九年勅令第二百五十六号中改正

昭和十二年五月一日
勅令第百六十二号

「関東州ノ海岸海面」ヲ「関東州及其ノ海上」ニ改ム

附　則

本令ハ公布ノ日ヨリ之ヲ施行ス

◎旅順港規則制定及該規則違反者罰則ノ件

明治三十九年九月二十八日
勅令第二百六十三号

朕枢密顧問ノ諮詢ヲ経テ旅順港規則制定及該規則違反者罰則ノ件ヲ裁可シ茲ニ之ヲ公布セシム（海軍大臣副署）

海軍大臣ハ外務大臣ト協議シ旅順港ニ関シテ軍事上必要ナル規則ヲ設クルコトヲ得

前項ノ旅順港規則ニ違反シタル者ハ十一日以上一年以下ノ重禁錮又ハ二円以上五十円以下ノ罰金ニ処ス

附　則

本令ハ明治三十九年十月一日ヨリ之ヲ施行ス

○明治三十九年勅令第二百六十三号中改正

明治四十三年七月十六日
勅令第三百十一号

明治三十九年勅令第二百六十三号中「外務大臣」ヲ「内閣総理大臣」ニ改メ「重禁錮」ヲ「懲役若ハ拘留」ニ、「罰金」ヲ「罰金若ハ科料」ニ改ム

附　則

本令ハ公布ノ日ヨリ之ヲ施行ス

○明治三十九年勅令第二百六十三号中改正

昭和四年六月十日
勅令第百六十九号

「内閣総理大臣」ヲ「拓務大臣」ニ改ム

附　則

本令ハ公布ノ日ヨリ之ヲ施行ス

○明治三十九年勅令第二百六十三号中改正

昭和九年十二月二十六日
勅令第三百九十号

明治三十九年勅令第二百六十三号中左ノ通改正ス

「拓務大臣」ヲ「内閣総理大臣」ニ改ム

附　則

本令ハ公布ノ日ヨリ之ヲ施行ス

◎関東州及南満洲鉄道附属地ニ於ケル戒厳及徴発ニ関スル件

大正四年五月六日
勅令第七十三号

朕関東州及南満洲鉄道付属地ニ於ケル戒厳及徴発ニ関スル件

ヲ裁可シ茲ニ之ヲ公布セシム（総、外、陸、海、大臣副署）
関東州及南満洲鉄道附属地ニ於ケル戒厳及徴発ニ関シテハ戒厳令、徴発令及徴発事務条例ニ依ル但シ徴発令及徴発事務条例中行政区畫、行政官庁及公署並徴発令及徴発事務条例中評価委員ノ旅費日当ニ関シテハ関東都督之ヲ定ム

附　則

本令ハ公布ノ日ヨリ之ヲ施行ス

◯明治四十三年勅令第三百四号並大正四年勅令第七十三号中改正

（大正八年四月十二日 勅令第百三号）

左ニ掲クル勅令中「関東都督」ヲ「陸軍大臣」ニ、「旅順要塞部司令官」ヲ「海軍大臣」ニ改ム
明治四十三年勅令第三百四号
大正四年勅令第七十三号

附　則

本令ハ公布ノ日ヨリ之ヲ施行ス

◎関東州及南満洲鉄道附属地ニ於ケル軍需工業動員ニ関スル件

（大正七年十月二日 勅令第三百六十九号）

朕関東州及南満洲鉄道附属地ニ於ケル軍需工業動員ニ関スル件ヲ裁可シ茲ニ之ヲ公布セシム（総理大臣副署）
関東州及南満洲鉄道付属地ニ於ケル軍需工業動員ニ関シテハ軍需工業動員法ニ依ル

附　則

本令ハ公布ノ日ヨリ之ヲ施行ス

◎関東州及南満洲鉄道附属地ニ於テ依ルコトヲ定メタル軍需工業動員法ノ適用ニ関スル件

（昭和十二年十月二十三日 勅令第六百四号）

朕関東州及南満洲鉄道附属地ニ於テ依ルコトヲ定メタル軍需工業動員法ノ適用ニ関スル件ヲ裁可シ茲ニ之ヲ公布セシム（総理大臣副署）
関東州及南満洲鉄道附属地ニ於テハ大正七年勅令第三百六十九号ニ於テ依ルコトヲ定メタル軍需工業動員法ノ適用ニ関シテハ昭和十二年法律第八十八号ニ依ル

附　則

本令ハ公布ノ日ヨリ之ヲ施行ス

（参照）昭和十二年九月十日公布法律第八十八号は「軍需工業動員法ノ適用ニ関スル件」である。

◎関東州軍用自動車検査令

昭和十四年三月三十日
勅令第九十八号

朕関東州軍用自動車検査令ヲ裁可シ茲ニ之ヲ公布セシム

（総理、海軍、陸軍大臣副署）

関東州軍用自動車検査令

第一条 関東州ニ於ケル軍用自動車検査ニ関シテハ軍用自動車検査法ニ依ル但シ同法中勅令トアルハ陸軍省令又ハ海軍省令、政府トアルハ関東軍司令官又ハ旅順要港部司令官トス

第二条 関東州庁長官、民政署長、警察署長及市長ハ陸軍大臣又ハ海軍大臣ノ定ムル所ニ依リ軍用自動車検査ニ関スル事務ノ一切ヲ行フベシ

附 則

本令ハ昭和十四年四月一日ヨリ之ヲ施行ス

◎関東州国家総動員令

昭和十四年八月二十六日
勅令第六百九号

朕関東州国家総動員令ヲ裁可シ茲ニ之ヲ公布セシム

（総理大臣副署）

関東州国家総動員令

等一条 関東州ニ於ケル国家総動員ニ関シテハ本令ニ規定スルモノヲ除クノ外国家総動員法ニ依ル但シ同法第五十条ノ規定ハ此ノ限ニ在ラズ

第二条 国家総動員法第五条、第二十三条及第二十六条中勅令トアルハ軍機保護上其ノ他軍事上特ニ必要アル場合ニ在リテハ陸軍省令又ハ海軍省令トシ其ノ他ノ場合ニ在リテハ関東局令トス

国家総動員法第七条及第十九条乃至第二十二条中勅令トアルハ関東局令トス

国家総動員法第二十八条中勅令トアルハ同法第二十三条又ハ第二十五条ノ規定ニ依リ陸軍大臣又ハ海軍大臣ニ於テ命令ヲ為ス場合ニ於ケル損失ノ補償又ハ補助金ノ交付ニ関シテハ陸軍省令又ハ海軍省令トシ其ノ他ノ場合ニ在リテハ関東局令トス

第三条 国家総動員法中帝国臣民ニ関スル規定ハ関東州ニ居住スル帝国臣民ニ非ザル者ニ関シ之ヲ準用ス

附 則

本令ハ昭和十四年九月十一日ヨリ之ヲ施行ス

大正七年勅令第三百六十九号及昭和十二年勅令第六百四号ハ之ヲ廃止ス

◎関東州学校卒業者使用制限令

昭和十四年九月十六日
勅令第六百四十六号

朕関東州学校卒業者使用制限令ヲ裁可シ茲ニ之ヲ公布セシム（総理大臣副署）

関東州学校卒業者使用制限令

関東州ニ於ケル学校卒業者ノ使用制限ニ関シテハ学校卒業者使用制限令第七条ノ規定ヲ除クノ外同令ニ依ル但シ同令中厚生大臣トアルハ満洲国駐箚特命全権大使、地方長官トアルハ関東州庁長官、市町村トアルハ市及会、国又ハ道府縣トアルハ国、国家総動員法トアルハ関東州国家総動員令ニ於テ依ルコトヲ定メタル国家総動員法トス

附　則

本令ハ公布ノ日ヨリ之ヲ施行ス

◎関東州徴用令

昭和十九年七月二十六日
勅令第四百八十一号

朕関東州徴用令ヲ裁可シ茲ニ之ヲ公布セシム（総理、大東亜大臣副署）

関東州徴用令

第一条　関東州国家総動員令ニ於テ依ルコトヲ定メタル国家総動員法（以下国家総動員法ト称ス）第四条ノ規定ニ基ク帝国臣民及関東州ニ居住スル帝国臣民ニ非ザル者ノ徴用並ニ国家総動員法第六条ノ規定ニ基ク被徴用者ノ使用又ハ賃金、給料其ノ他従業条件ニ関スル命令ハ本令ニ又ハ別ニ定ムルモノヲ除クノ外国民徴用令ニ依ル但シ同令第一条、第四条、第六条乃至第七条ノ四、第十二条、第十三条、第十六条、第十六条ノ二、第二十一条第五号、第二十二条ノ二、第二十四条及第二十五条ノ規定ハ此ノ限ニ在ラズ

国民徴用令中国家総動員法トアルハ関東州国家総動員令ニ於テ依ルコトヲ定メタル国家総動員法、国民職業能力申告令トアルハ関東州職業能力申告規則、医療関係者職業能力申告令トアルハ関東州医療関係者職業能力申告規則、厚生大臣トアルハ満洲国駐箚特命全権大使、地方長官トアルハ関東州庁長官、官衙ノ所管大臣トアルハ官衙（陸海軍ノ部隊及学校ヲ含ム）ノ長、国民勤労動員署長トアルハ関東勤労動員署長、市町村（東京都ノ区ノ存スル区域ニ在リテハ東京都）又ハ之ニ準ズベキモノトアルハ市又ハ会、市町村長（東京都ノ区ノ存スル区域、京都市、大阪市、名古屋市、横浜市及神戸市ニ在リテハ区長）若ハ之ニ準ズベキモノトアリ又ハ市長村長（東京都ノ区ノ存スル区域、京都市、大阪市、名古屋市、横浜市及神戸市ニ在リテハ区長）又ハ之ニ準ズベキモノトアルハ市長又ハ会長、帝国臣民トアルハ帝国臣民及関東州ニ居住

スル帝国臣民ニ非サル者、第二十二条ノ二ノ第一項トアルハ関東州徴用令第十二条、管理工場若ハ指定工場トアリ又ハ管理工場又ハ指定工場トアルハ大使ノ指定スル工場事業場其ノ他ノ施設、本籍トアルハ本籍（関東州民籍規則ニ依ル民籍ヲ含ム）、東京都議会、道府県会、市町村会其ノ他之ニ準ズベキモノノ議員トアルハ市会議員又ハ会協議会員トス

第二条　本令ニ依リ徴用スル者ハ国ノ行フ総動員業務ニ従事セシムルモノトス

特別ノ必要アル場合ニ於テハ前項ノ規定ニ拘ラズ大使ノ指定スル工場事業場其ノ他ノ施設（以下指定工場ト称ス）ニ於テ行フ総動員業務ニ従事セシムルコトヲ得

第三条　総動員業務ヲ行フ官衙（陸海軍ノ部隊及学校ヲ含ム以下同ジ）ノ長又ハ指定工場ノ事業主徴用ニ依リ人員ノ配置ヲ必要トスルトキハ大使ニ之ヲ請求又ハ申請スベシ

第四条　大使前条ノ規定ニ依ル請求又ハ申請アリタル場合ニ於テ徴用ノ必要アリト認ムルトキハ徴用命令ヲ発シ関東州庁長官ニ之ヲ通達スベシ

第五条　関東州庁長官徴用命令ノ通達ヲ受ケタルトキハ大使ノ定ムル所ニ依リ出頭命令書ヲ発シ徴用セラルベキ者ニ之ヲ交付スベシ

関東州庁長官ハ前項ノ出頭命令書ノ交付ヲ受ケ出頭シタル者ニ付身体ノ状態、居住及就業ノ場所、職業、技能程度、家庭ノ状況、希望等ヲ検査シテ服務ノ適否ヲ判定シ従事スベキ総動員業務、職業及場所ヲ決定シタル上徴用令書ヲ発シ徴用セラルベキ者ニ之ヲ交付スベシ

緊急ヲ要スルトキ又ハ前項ノ規定ニ依ル検査若ハ調査ヲ為スノ必要ナシト認ムルトキハ関東州庁長官ハ前二項ノ規定ニ拘ラズ直ニ徴用令書ヲ発シ徴用セラルベキ者ニ之ヲ交付スルコトヲ得

第六条　前条第二項ノ規定ニ依ル検査又ハ調査及服務ノ適否ノ判定ニ関スル事務ニ従事セシムル為関東州庁ニ徴用官ヲ置ク徴用官ハ関東州庁内務部長タル関東局事務官又ハ関東州庁長官ノ指定スル関東局ノ事務官、理事官、技師若ハ関東勤労動員署理事官ヲ以テ之ニ充ツ

第七条　大使指定工場ノ事業主（事業主法人ナル場合ニ在リテハ其ノ代表者）ヲ徴用シ當該工場ニ於テ行フ総動員業務ニ従事セシムルニ当リテハ第三条乃至前条ノ規定ニ拘ラズ徴用命令ヲ発シ関東州庁長官ニ之ヲ通達シ関東州庁長官ヲシテ徴用令書ヲ発シ徴用セラルベキ者ニ之ヲ交付セシムベシ

第八条　被徴用者ヲ使用スル官衙ノ長又ハ指定工場ノ事業主被徴用者ヲ使用スル官衙若ハ指定工場、被徴用者ノ従事スル総動員業務、職業若ハ場所又ハ徴用ノ期間ニ付変更ヲ必要トスルトキハ大使ニ之ヲ請求又ハ申請スベシ

第九条　大使前条ノ規定ニ依ル請求又ハ申請アリタル場合ニ於テ必要アリト認ムルトキハ被徴用者ヲ使用スル官衙若ハ指定工場、被徴用者ノ従事スル総動員業務、職業若ハ場所又ハ徴用ノ期間ヲ変更スルコトヲ得

大使必要アリト認ムルトキハ前条ノ規定ニ依ル請求又ハ申請ナキ場合ト雖モ被徴用者ノ徴用ヲ変更スルコトヲ得

大使前項ノ規定ニ依リ徴用ヲ変更セントスルトキハ官衙ニ使用セラルル者ニ在リテハ当該官衙ノ長ニ協議スベシ

第十条　大使徴用ノ変更又ハ解除ヲ為サントスルトキハ徴用変更命令又ハ徴用解除命令ヲ発シ関東州庁長官ニ之ヲ通達スベシ

関東州庁長官徴用変更命令又ハ徴用解除命令ノ通達ヲ受ケタルトキハ直ニ徴用変更令書又ハ徴用解除令書ヲ発シ被徴用者ニ之ヲ交付スベシ

第十一条　第八条、第九条第一項第二項、前条並ニ国民徴用令第十四条第一項及第十五条第一項第二項ノ規定ハ被徴用者タル指定工場ノ事業主（事業主法人ナル場合ニ在リテハ其ノ代表者）ノ徴用ノ変更又ハ解除ニ付之ヲ準用ス

第十二条　大使必要アリト認ムルトキハ其ノ定ムル所ニ依リ関東州庁長官ヲシテ徴用命令、徴用変更命令若ハ徴用解除命令ヲ俟タズ直ニ出頭命令書、徴用令書、徴用変更令書若ハ徴用解除令書ヲ発シ徴用セラルベシ者若ハ被徴用者ニ之ヲ交付セシメ又ハ関東州庁長官ヲシテ第二条第二項、第三条、第七条乃至第九条若ハ国民徴用令第十四条、第十五条（前条ニ於テ準用スル場合ヲ含ム）、第十八条第二項若ハ第十九条ノ二ノ規定ニ依ル大使ノ職権ヲ行ハシムルコトヲ得

附　則

本令施行ノ期日ハ大使之ヲ定ム

◎関東州船員徴用令

（昭和十六年五月十四日 勅令第五百八十二号）

朕関東州船員徴用令ヲ裁可シ茲ニ之ヲ公布セシム（総理大臣副署）

関東州船員徴用令

第一条　関東州国家総動員令ニ於テ依ルコトヲ定メタル国家総動員法第四条ノ規定ニ基キ昭和十四年関東局令第百九号関東州船員職業能力申告規則ニ於テ依ルコトヲ定メタル船員職業能力申告令第二条ニ掲グル者（昭和十五年関東局令第二号関東州医療関係者職業能力申告規則ニ依リ申告ヲ為スベキ者ヲ除ク）ヲ船員トシテ総動員業務タル船舶ノ運航ニ従事セシムル為ニ徴用シ及同法第六条ノ規定ニ基キ被徴用者ノ使用又ハ給与其ノ他ノ労働条件ニ付命令ヲ為スハ本令ニ定ムルモノノ外船員徴用令ニ依ル但シ同令第十一条第二項、第十二条第二項、第十三条第二項、第十五条第二項、第十六条第二項及第二十四条ノ規定ハ此ノ限ニ在ラズ

船員徴用令中国家総動員法（昭和十三年勅令第三百十七号ニ於テ依ル場合ヲ含ム以下同ジ）又ハ国家総動員法トアルハ関東州国家総動員令ニ於テ依ルコトヲ定メタル国家総動員法トシ逓信大臣トアルハ満洲国駐箚特命全権大使トシ逓信局長トアルハ関東海務局長トス

第二条　被徴用者疾病其ノ他ノ事由ニ因リ職務ニ従事シ難キ場合ニ於テハ大使ニ其ノ旨ヲ申出ヅルコトヲ得

第三条　被徴用者ニ対スル給与ニ関シ必要ナル事項ハ官衛ニ使用セラルル者ニ関シテハ大使之ヲ定メ其ノ他ノ者ニ関シテハ船舶所有者大使ノ認可ヲ受ケテ之ヲ定ムベシ

第四条　船員徴用令第十六条第一項ノ旅費ニ関シ必要ナル事項ハ大使之ヲ定ム

附　則

本令ハ昭和十六年五月二十日ヨリ之ヲ施行ス

◎関東州船員徴用令中改正

昭和十七年四月八日
勅令第三百九十七号

第一条第一項中「第十六条第二項及」ノ下ニ「第三項並ニ」ヲ加フ

附　則

本令ハ公布ノ日ヨリ之ヲ施行ス

◯昭和十八年勅令第八百五十六号（抄）

昭和十八年十一月一日
勅令第八百五十六号

第六条　左ニ掲グル勅令中「逓信大臣」ヲ「運輸通信大臣」ニ、「逓信局長」ヲ「海運局長」ニ改ム

関東州船員徴用令

附　則

本令ハ公布ノ日ヨリ之ヲ施行ス

◎関東州船員使用等統制令

昭和十六年五月三十一日
勅令第六百五十一号

朕関東州船員使用等統制令ヲ裁可シ玆ニ之ヲ公布セシム（総理大臣副署）

関東州船員使用等統制令

第一条　関東州国家総動員令ニ於テ依ルコトヲ定メタル国家総動員法第六条ノ規定ニ基ク船員ノ使用、雇入及解雇ニ関スル命令ニ付テハ本令ニ定ムルモノノ外船員使用等統制令ニ依ル但シ同令第十三条及第十四条ノ規定ハ此ノ限ニ在ラズ

船員使用等統制令中国家総動員法（昭和十三年勅令第三百十七号ニ於テ依フ場合ヲ含ム以下同ジ）又ハ国家総動員法トアルハ関東州国家総動員令ニ於テ依ルコトヲ定メタル国家総動員法トシ逓信大臣又ハ逓信局長トアルハ満洲国駐箚特命全権大使トシ道府県トアルハ関東州地方費トス

第二条　大使ハ本令ニ依ル其ノ職権ノ一部ヲ関東海務局長ニ委任スルコトヲ得

附　則

本令ハ公布ノ日ヨリ之ヲ施行ス

○昭和十八年勅令第八百五十六号（抄）

昭和十八年十一月一日
勅令第八百五十六号

第六条　左ニ掲グル勅令中「逓信大臣」ヲ「運輸通信大臣」

二、「逓信局長」ヲ「海運局長」ニ改ム

関東州船員使用等統制令

附　則

本令ハ公布ノ日ヨリ之ヲ施行ス

◎関東州船員給料臨時措置令

昭和十五年五月一日
勅令第三百十一号

朕関東州船員給料臨時措置令ヲ裁可シ茲ニ之ヲ公布セシム

（総理大臣副署）

関東州船員給料臨時措置令

第一条　関東州国家総動員令ニ於テ依ルコトヲ定メタル国家総動員法第六条ノ規定ニ基ク船員ノ賃金ニ関スル臨時措置及同法第十一条ノ規定ニ基ク会社ノ経理ニ関スル命令ノ中船員ニ対スル給与ノ支給ニ関スルモノニ付テハ本令ニ定ムルモノノ外賃金臨時措置令及会社職員給与臨時措置令ニ依ル但シ賃金臨時措置令第二条、第六条、第二十一条、第二十二条及第二十四条乃至第二十八条並ニ会社職員給与臨時措置令第三条、第九条第二項第一号、第十七条、第二十条、第二十一条及第二十三条乃至第二十五条ノ規定ハ此ノ限ニ在ラズ

賃金臨時措置令中国家総動員法（昭和十三年勅令第三百十七号ニ於テ依ル場合ヲ含ム以下同ジ）又ハ国家総動員法トアルハ関東州国家総動員令ニ於テ依ルコトヲ定メタル国家総動員法トシ厚生大臣トアルハ満洲国駐劄特命全権大使トシ地方長官（東京府ニ在リテハ警視総監以下同ジ）又ハ地方長官トアルハ第八条、第十条、第十一条及第十三条乃至第十六条ノ場合ニ在リテハ大使、其ノ他ノ場合ニ在リテハ関東海務局長トシ道府県賃金委員会トアルハ関東州船員給料委員会トシ昭和十四年九月十八日トアルハ昭和十五年一月一日トシ労務者トアルハ賃金ヲ受クル船員トシ同一ノ工場、事業場、事務所トアルハ同一雇傭主ノ管理ニ属スル船舶トシ道府県トアルハ関東州地方費トス

会社職員給与臨時措置令中国家総動員法（昭和十三年勅令第三百十七号ニ於テ依ル場合ヲ含ム以下同ジ）又ハ国家総動員法トアルハ関東州国家総動員令ニ於テ依ルコトヲ定メタル国家総動員法トシ閣令トアルハ関東局令トシ会社利益配当及資金融通令第七条トアルハ関東州会社利益配当令第六条トシ主務名臣トアルハ第五条本文、第六条乃至第八条、第十条、第十二条及第十三条ノ場合ニ在リテハ大使、第十六条ノ場合ニ在リテハ大使又ハ関東海務局長、其ノ他ノ場合ニ在リテハ関東海務局長トシ船員給料委員会トアルハ関東州船員給料委員会トシ昭和十四年九月十八日トアルハ昭

和十五年一月一日トシ職員、社員、役員又ハ社員トアルハ船員（賃金ヲ受クル船員ヲ除ク）トシ役員数トアルハ船員数（賃金ヲ受クル船員ノ数ヲ除ク）トス

第二条　関東州船員給料委員会ハ大使ノ監督ニ属シ其ノ諮問ニ応ジテ賃金臨時措置令第十六条及会社職員給与臨時措置令第十三条ノ規定ニ依リ其ノ期限ニ属セシメタル事項ヲ調査審議ス

第三条　関東州船員給料委員会ハ会長一人及委員十五人以内ヲ以テ之ヲ組織ス

会長ハ関東局監理部長ヲ以テ之ニ充ツ

委員ハ関東局部内高等官及学識経験アル者ノ中ヨリ大使之ヲ命ズ

第四条　関東州船員給料委員会ニ幹事ヲ置ク大使之ヲ命ズ

幹事ハ会長ノ指揮ヲ承ケ庶務ヲ整理ス

第五条　関東州船員給料委員会ニ書記ヲ置ク大使之ヲ命ズ

書記ハ上司ノ指揮ヲ承ケ庶務ニ従事ス

附　則

本令ハ昭和十五年五月三日ヨリ之ヲ施行ス

本令ハ昭和十五年十二月三十一日迄其ノ効力ヲ有ス但シ同日以前ニ為シタル行為ニ関スル罰則ノ適用ニ付テハ同日後ト雖モ仍其ノ効力ヲ有ス

賃金臨時措置令ヲ会社職員給与臨時措置令ハ本令ノ適用ニ付テハ昭和十五年十月十九日後ト雖モ仍其ノ効力ヲ有ス

◎関東州船員給与統制令

（昭和十六年一月十五日　勅令第五十二号）

朕関東州船員給与統制令ヲ裁可シ茲ニ之ヲ公布セシム

（総理大臣副署）

関東州船員給与統制令

関東州国家総動員令ニ於テ依ルコトヲ定メタル国家総動員法第六条ノ規定ニ基ク船員ノ給与ニ関スル命令及同法第十一条ノ規定ニ基ク会社ノ経理ニ関スル命令中船員ノ給与ニ関スルモノニ付テハ船員給与統制令ニ依ル但シ同令第十六条ノ規定ハ此ノ限ニ在ラス

船員給与統制令中国家総動員法（昭和十三年勅令第三百十七号ニ於テ依ル場合ヲ含ム以下同ジ）又ハ国家総動員法トアルハ関東州国家総動員令ニ於テ依ルコトヲ定メタル国家総動員法トシ逓信大臣トアルハ満洲国駐箚特命全権大使トシ逓信局長又ハ地方長官（東京府ニ於テハ警視総監）トアルハ関東海務局長トシ道府県トアルハ関東州地方費トス

附　則

本令ハ昭和十六年一月二十一日ヨリ之ヲ施行ス

関東州船員給料臨時措置令ハ之ヲ廃止ス但シ本令施行前ニ為シタル行為ニ関スル罰則ノ適用ニ付テハ同日後ト雖モ仍其ノ効力ヲ有ス

○昭和十八年勅令第八百五十六号（抄）

昭和十八年十一月一日
勅令第八百五十六号

第六条　左ニ掲グル勅令中「逓信大臣」ヲ「運輸通信大臣」ニ、「逓信局長」ヲ「海運局長」ニ改ム

関東州船員給与統制令

附　則

本令ハ公布ノ日ヨリ之ヲ施行ス

○大正九年勅令第百九十号外百四十勅令中改正ノ件（抄）

昭和二十年五月十九日
勅令第三百七号

第九条　左ニ掲グル勅令中「運輸通信大臣」ヲ「運輸大臣」ニ改ム

関東州船員給与統制令

附　則

本令ハ公布ノ日ヨリ之ヲ施行ス

◎関東州船員動員令

昭和二十年一月二十五日
勅令第三十一号

朕関東州船員動員令ヲ裁可シ茲ニ之ヲ公布セシム

（総理、大東亜大臣副署）

関東州船員動員令

第一条　関東州国家総動員令ニ於テ依ルコトヲ定メタル国家総動員法第四条ノ規定ニ基ク帝国臣民及関東州ニ居住スル帝国臣民ニ非ザル者ノ船員トシテノ徴用、同法第六条ノ規定ニ基ク船用ノ使用、雇入、解雇若ハ退職又ハ応徴船員（本令ニ依リ徴用セラレタル者ヲ謂フ以下同ジ）ノ使用若ハ従業条件ニ関スル命令、同法第十三条第一項ノ規定ニ基ク船員ノ衛生又ハ教育訓練ニ関スル施設ノ管理及使用並ニ同法第二項ノ規定ニ基ク従業者ノ供用ハ本令ニ定ムルモノヲ除クノ外船員動員令ニ依ル但シ同令第一条、第五条第三項、第九条第三項、第十条第三項第四項、第十五条第二項、第二十条第四号、第五章、第六章及第五十四条ノ規定並ニ第五十一条及第五十五条中職業能力ニ関スル事項ノ申告及船舶運航技能者ノ養成ニ関スル規定ハ此ノ限ニ在ラズ

船員動員令中国家総動員法トアルハ関東州国家総動員令ニ於テ依ルコトヲ定メタル国家総動員法、医療関係者職業能力申告令トアルハ関東州医療関係者職業能力申告規則、第三十五条トアルハ関東州船員職業能力申告規則第二条、運輸通信大臣トアルハ満洲国駐箚特命全権大使、海運局長ト

アルハ関東海務局長、帝国議会、東京都議会、道府縣会、市町村会其ノ他之ニ準ズベキモノノ議員トアルハ市会議員又ハ会協議会員、都道府縣トアルハ関東州地方費トス

第二条　応徴船員疾病其ノ他ノ事由ニ因リ職務ニ従事シ難キ場合ニ於テハ大使ニ其ノ旨ヲ申出ヅルコトヲ得

附　則

本令ハ公布ノ日ヨリ之ヲ施行ス

関東州船員徴用令及関東州船員使用等統制令ハ之ヲ廃止ス

関東州戦時海運管理令中左ノ通改正ス

第一項中「ニ乗組マシムベキ船員ノ徴用、同法第六条ノ規定ニ基ク被徴用船員ノ解雇、従業、退職又ハ給与ニ関スル命令、同法第八条ノ規定ニ基ク船舶運営会ノ運航スル船舶」及「及船員ノ衛生及教育訓練ニ関スル施設ノ管理」ヲ削リ「第四条」ヲ「第八条」ニ、「乃至第六十七条」ヲ「及第六十六条」ニ改ム

第二項中「、船員職業能力申告令トアルハ昭和十四年関東局令第百九号関東州船員職業能力申告規則ニ於テ依ルコトヲ定メタル船員職業能力申告令、船員徴用令トアルハ関東州船員徴用令ニ於テ依ルコトヲ定メタル船員徴用令」ヲ削ル

第三項及第四項ヲ削ル

本令施行前ニ為シタル行為ニ関スル罰則ノ適用ニ付テハ仍従前ノ例ニ依ル

本令施行前関東州船員徴用令ニ於テ依ルコトヲ定メタル船員徴用令、関東州船員使用等統制令ニ於テ依ルコトヲ定メタル船員使用等統制令又ハ関東州戦時海運管理令ニ於テ依ルコトヲ定メタル戦時海運管理令中ノ船員ノ徴用若ハ船員ノ衛生及教育訓練ニ関スル施設ノ管理ニ関スル規定ニ基キテ発シ又ハ為シタル命令又ハ処分ハ之ヲ本令中ノ相当規定ニ基キテ発シ又ハ為シタル命令又ハ処分ト看做ス

○大正九年勅令第百九十号外百四十勅令中改正ノ件（抄）

昭和二十年五月十九日
勅令第三百七号

第九条　左ニ掲グル勅令中「運輸通信大臣」ヲ「運輸大臣」ニ改ム

関東州船員動員令

附　則

本令ハ公布ノ日ヨリ之ヲ施行ス

◎関東州戦時海運管理令

昭和十七年五月五日
勅令第四百八十二号

朕関東州戦時海運管理令ヲ裁可シ茲ニ之ヲ公布セシム

（総理大臣副署）

関東州戦時海運管理令

関東州戦時海運管理令ニ於テ依ルコトヲ定メタル国家総動員法第四条ノ規定ニ基ク船舶運営会（海運事業の統制ノ為ニス

ル経営ヲ目的トスル団体ヲ謂フ以下同ジ）ノ運航スル船舶ニ乗組マシムベキ船員ノ徴用、同法第六条ノ規定ニ基ク被徴用船員ノ解雇、従業、退職又ハ給与ニ関スル命令、同法第八条ノ規定ニ基ク船舶運営会ノ運航スル船舶ノ使用ニ関スル命令、同法第十三条ノ規定ニ基ク船舶運営会ヲシテ運航セシムベキ船舶ノ使用及船員ノ衛生及教育訓練ニ関スル施設ノ管理並ニ同法第十八条ノ規定ニ基ク船舶運営会ノ設立ニ関スル命令及船舶運営会ニ関シ必要ナル事項ニ付テハ本令ニ定ムルモノヲ除クノ外戦時海運管理令ニ依ル但シ同令第一条、第三十六条第二項、第五十三条第三項及第六十五条乃至第六十七条ノ規定ハ此ノ限ニ在ラズ

戦時海運管理令中国家総動員法トアルハ関東州国家総動員令ニ於テ依ルコトヲ定メタル国家総動員法、国税徴収法トアルハ明治四十年勅令第五十六号ニ於テ準用スルコトヲ定メタル国税徴収法、船員職業能力申告令トアルハ昭和十四年関東局令第百九号関東州船員職業能力申告規則ニ於テ依ルコトヲ定メタル船員職業能力申告令、船員徴用令トアルハ関東州船員徴用令ニ於テ依ルコトヲ定メタル船員徴用令、総裁トアルハ会長、逓信大臣トアルハ満洲国駐箚特命全権大使、海務局長トアルハ関東海務局長、市町村トアルハ市又ハ会、市町村税トアルハ市税又ハ会税、官報トアルハ関東局局報トス

戦時海運管理令第二十六条中第十二条第二項トアルハ関東州船員徴用令第二条トス

戦時海運管理令第二十九条ニ於テ準用スルコトヲ定メタル工場事業場管理令第三条及第八条乃至第十条中主務大臣トアルハ大使トス

附　則

本令施行ノ期日ハ大使之ヲ定ム（昭和十七年関東局令第七十四号で昭和十七年六月三日から施行）

○昭和十八年勅令第八百五十六号（抄）

昭和十八年十一月一日
勅令第八百五十六号

第五条　左ニ掲グル勅令中「逓信大臣」ヲ「運輸通信大臣」ニ、「海務局長」ヲ「海運局長」ニ改ム

関東州戦時海運管理令

附　則

本令ハ公布ノ日ヨリ之ヲ施行ス

○関東州船員動員令附則（抄）

昭和二十年一月二十五日
勅令第三十一号

関東州戦時海運管理令中左ノ通改正ス

（以下関東州船員動員令附則参照）

○大正九年勅令第百九十号外百四十勅令中改正ノ件（抄）

昭和二十年五月十九日
勅令第三百七号

第九条 左ニ掲グル勅令中「運輸通信大臣」ヲ「運輸大臣」ニ改ム

関東州戦時海運管理令

附 則

本令ハ公布ノ日ヨリ之ヲ施行ス

◎関東州労務調整令

昭和十八年六月九日
勅令第四百八十九号

朕関東州労務調整令ヲ裁可シ茲ニ之ヲ公布セシム

（総理、大東亜大臣副署）

関東州労務調整令

第一条 国家ニ緊急ナル事業ニ必要ナル労務ヲ確保スル為ニスル関東州国家総動員令ニ於テ依ルコトヲ定メタル国家総動員法（以下国家総動員法ト称ス）第六条ノ規定ニ基ク従業者ノ雇入、使用、解雇、就職及退職ノ制限ハ本令ニ又ハ別ニ定ムルモノヲ除クノ外労務調整令ニ依ル但シ同令第一条、第六条、第八条、第十一条及第十八条乃至第二十条ノ規定ハ此ノ限ニ在ラズ

労務調整令中国家総動員法トアルハ関東州国家総動員令ニ於テ依ルコトヲ定メタル国家総動員法、学校卒業者使用制限令トアルハ関東州学校卒業者使用制限令ニ於テ依ルコトヲ定メタル学校卒業者使用制限令、厚生大臣トアルハ満洲国駐箚特命全権大使、地方長官トアルハ関東州庁長官、国民職業指導所長トアルハ関東職業指導所長、国民職業指導所トアルハ関東職業指導所、国及道府県、市町村其ノ他之ニ準ズベキモノトアリ又ハ国及道府県トアルハ国、市及会、国又ハ道府県トアルハ国、市又ハ会、道府県トアルハ市又ハ会、国民学校修了者トアルハ初等学校修了者、第四条、第六条又ハ第七条トアルハ第四条、第七条又ハ関東州労務調整令第二条トス

第二条 本令施行後関東州ニ於ケル国民学校（以下国民学校ト称ス）ノ高等科ヲ修了シ又ハ公学堂ノ初等科若ハ高等科若ハ普通学堂ヲ修了シ若ハ中途退学シタル者後二年ヲ経過セザル男子ニシテ技能者タラザルモノ（以下初等学校修了者ト称ス）ノ雇入及就職ハ関東職業指導所ノ紹介ニ依ルニ非ザレバ之ヲ為スコトヲ得ズ但シ国、市及会ニ於ケル雇入及就職ノ場合並ニ命令ヲ以テ定ムル場合ハ此ノ限ニ在ラズ

第三条 労務調整令第七条ノ規定ハ左ノ各号ノ一ニ該当スル場合ニハ之ヲ適用セズ

一 労務調整令第五条第二号ノ場合

二 国、市及会ニ於ケル一般青壮年ノ雇入及就職ノ場合

三 其ノ他命令ヲ以テ定ムル場合

第四条 国民学校ノ初等科若ハ高等科、公学堂ノ初等科若ハ

高等科又ハ普通学堂在学中ノ者ヲ雇入シ其ノ者ガ国民学校ノ高等科、公学堂高等科若ハ普通学堂ヲ修了シ若ハ公学堂初等科ヲ修了シ公学堂高等科ニ進学セザル場合又ハ公学堂ノ初等科若ハ高等科若ハ普通学堂ヲ中途退学シタル場合引続キ其ノ者ヲ雇傭スル場合ニ於テハ第二条ノ規定ノ適用ニ付テハ其ノ者ガ国民学校ノ高等科、公学堂ノ高等科若ハ初等科若ハ普通学堂ヲ修了シ又ハ公学堂ノ初等科若ハ高等科若ハ普通学堂ヲ中途退学スル時ニ於テ新ニ雇入レ及就職スルモノト看做ス

年令十四年未満ノ者ヲ雇入レ引続キ其ノ者ヲ雇傭スル場合ニ於テハ労務調整令第七条ノ規定ノ適用ニ付テハ其ノ者ガ年令十四年ニ達スル時ニ於テ新ニ雇入レ及就職スルモノト看做ス

事業主其ノ雇傭スル従業者ニ付工場、事業場其ノ他ノ使用ノ場所間ニ所属ノ移動ヲ行フ場合ニ於テハ本令ノ適用ニ付テハ後ノ使用ノ場合ニ於テ新ニ雇入レ及就職スルモノト看做ス

第一項及第二項ノ場合ニ於テ命令ノ定ムル所ニ依リ新ナル雇入ニ関シ第二条若ハ労務調整令第七条ノ規定ニ依ル認可又ハ第二条ノ規定ニ基キテ発スル命令ニ依ル認可ノ申請アリタルトキハ其ノ申請ニ対スル認可又ハ不認可ノ処分アル時ニ新ニ雇入レ及就職スルモノト看做ス

第五条　第二条及前条第一項ニ於テ国民学校ノ初等科若ハ高等科又ハ公学堂ノ初等科若ハ高等科トアルハ関東州ニ於ケル之ニ準ズベキモノヲ含ム

附　則

本令施行ノ期日ハ大使之ヲ定ム（昭和十八年関東局令第百号で昭和十八年八月二十日から施行）

○関東職業指導所官制中改正ノ件附則（抄）

昭和十九年三月七日
勅令第百七号

附　則

本令ハ公布ノ日ヨリ之ヲ施行ス

関東州労務調整令中左ノ通改正ス

「関東職業指導所長」ヲ「関東勤労動員署長」ニ、「関東職業指導所」ヲ「関東勤労動員署」ニ改ム

○関東州労務調整令中改正

昭和十九年六月十四日
勅令第四百一号

第一条第二項中「道府県」ヲ「都道府県」ニ改ム

第二条中「公学堂」ヲ「公学校」ニ改メ「若ハ普通学堂」ヲ削ル

第四条第一項中「国民学校ノ初等科若ハ高等科、公学堂ノ初等科若ハ高等科又ハ普通学堂」ヲ「国民学校又ハ公学校ノ初等科又ハ高等科」ニ、「国民学校ノ高等科、公学堂高等科若ハ普通学堂」ヲ「国民学校若ハ公学校ノ高等科」ニ、「公学堂初

等科」ヲ「公学校初等科」ニ、「公学堂高等科」ヲ「公学校高等科」ニ「又ハ公学堂ノ初等科若ハ高等科若ハ普通学堂」ヲ「又ハ公学校ノ初等科若ハ高等科」ニ、「公学堂ノ高等科若ハ初等科若ハ普通学堂」ヲ「若ハ公学校ノ高等科若ハ初等科」ニ改ム

第五条中「公学堂」ヲ「公学校」ニ改ム

附　則

本令ハ公布ノ日ヨリ之ヲ施行ス

◎関東州勤労動員令

昭和二十年五月九日
勅令第二百六十七号

朕関東州勤労動員令ヲ裁可シ茲ニ之ヲ公布セシム

（総理、大東亜大臣副署）

関東州勤労動員令

関東州国家総動員令ニ於テ依ルコトヲ定メタル国家総動員法第四条及第六条ノ規定ニ基ク勤労動員ニ関スル命令ハ本令ニ又ハ別ニ定ムルモノヲ除クノ外国家勤労動員令ニ依ル但シ同令第一条、第六条第二項第二号、第十四条、第十九条第二項第三号第六号、第三十三条第三号第六号、第三章第四節、第五十六条第二号、第六十五条第一項、第六十六条乃至第六十八条ノ規定並ニ第五十三条ノ規定中勤労協力ニ関スル部分及第六十条第二項ノ規定中勤労協力ヲ為ス者ニ関スル部分ハ此ノ限ニ在ラズ

国家勤労動員令中国家総動員法トアルハ関東州国家総動員令ニ於テ依ルコトヲ定メタル国家総動員法、医療関係者職業能力申告令トアルハ関東州医療関係者職業能力申告規則、国民職業能力申告令トアルハ関東州職業能力申告規則、厚生大臣トアリ、厚生大臣（軍需省所管企業ニ於ケル勤労管理ニ関スル事項ニ付テハ軍需大臣）トアリ又ハ厚生大臣（軍需省所管企業ニ於ケル勤労管理及給与ニ関スル事項ニ付テハ軍需大臣）トアルハ満洲国駐箚特命全権大使、地方長官（東京都ニ在リテハ警視総監以下同ジ）トアリ又ハ地方長官トアルハ関東州庁長官、国民勤労動員官トアルハ勤労動員官、当該官衙ノ所官大臣トアルハ当該官衙ノ長、国民勤労動員署長トアルハ関東勤労動員署長、帝国臣民トアルハ帝国臣民及関東州ニ居住スル帝国臣民ニ非ザル者、国、都道府県及市町村其ノ他ノ之ニ準ズベキモノトアルハ国、市及会、市町村（東京都ノ区ノ存スル区域ニ在リテハ東京都）又ハ之ニ準ズベキモノトアルハ市又ハ会、庁府県トアルハ関東州庁、国及都道府県トアルハ国、市及会、東京都議会、道府県会、市町村会其ノ他之ニ準ズベキモノノ議員トアルハ市会議員又ハ同協議会員、勤労協力トアルハ関東州勤労協力規則ニ依ル勤労協力、国又ハ都道府県トアルハ国、市又ハ会、都道府県トアルハ市又ハ会、市町村長（東京都ノ区ノ存スル区域、京都市、大阪市、名古屋市、横浜市及神戸市ニ在リテハ区長）若ハ之ニ準ズベキモノトアリ又ハ市町村長（東京都ノ区ノ存スル区域、京都市、大阪市、名古屋市、横浜市及神戸市ニ在リテハ区長）又ハ之ニ準ズベキモノトアルハ市長又ハ会長トス

附　則

本令施行ノ期日ハ大使之ヲ定ム

関東州学校卒業者使用制限令、関東州徴用令及関東州労務調整令ハ之ヲ廃止ス但シ本令施行前ニ為シタル行為ニ関スル罰則ノ適用ニ付テハ本令施行後ト雖モ仍其ノ効力ヲ有ス

本令施行前関東州徴用令ニ於テ依ルコトヲ定メタル国民徴用令第十六条ノ五第二項若ハ第十九条ノ三ノ規定ニ基キテ発シタル命令、同令第十九条第六項ノ規定ニ依リテ為シタル定又ハ関東州労務調整令ニ於テ依ルコトヲ定メタル労務調整令（以下労務調整令ト称ス）第二条第一項若ハ第八条ノ二ノ規定ニ依リテ為シタル指定ハ之ヲ本令ニ於テ依ルコトヲ定メタル国民勤労動員令（以下国民勤労動員令ト称ス）中ノ相当規定ニ基キテ発シタル命令又ハ之ニ依リテ為シタル命令、定若ハ指定ト看做ス

本令施行前関東州学校卒業者使用制限令ニ於テ依ルコトヲ定メタル学校卒業者使用制限令（以下学校卒業者使用制限令ト称ス）第二条又ハ労務調整令第七条第二号ノ規定ニ依リテ為シタル認可ハ国民勤労動員令第十五条ノ申請ニ基キテ為シタル割当ト看做ス

本令施行前労務調整令第四条又ハ第七条第三号ノ規定ニ依リテ為シタル認可ハ国民勤労動員令第十八条第一項第三号ノ規定ニ依リテ為シタル認可ト看做ス

本令施行前ニ為シタル学校卒業者使用制限令第二条ノ規定ニ依ル認可及関東州労務調整令又ハ同令ニ基キテ発スル命令ニ依ル認可並ニ其ノ申請ハ国民勤労動員令第五十八条ノ規定ノ適用ニ付テハ同令中ノ相当規定ニ依ル認可及割当並ニ其ノ申請ト看做ス

関東勤労動員署官制中左ノ通改正ス

第一条中「労務調整、勤労奉公協力其ノ他」ヲ削ル

◎関東州船舶製造等統制令

昭和十五年九月二十六日
勅令第六百三十六号

朕関東州船舶製造等統制令ヲ裁可シ茲ニ之ヲ公布セシム（総理大臣副署）

関東州船舶製造等統制令

第一条　関東州国家総動員令ニ於テ依ルコトヲ定メタル国家総動員法（以下単ニ国家総動員法ト称ス）第八条ノ規定ニ基ク船舶ノ製造、修繕及使用ニ関スル命令ハ本令ノ定ムル所ニ依ル

第二条　船舶ノ製造ヲ為サントスル者ハ満洲国駐箚特命全権大使ノ定ムル所ニ依リ当該船舶ノ製造ニ付其ノ許可ヲ受クベシ

第三条　本令施行地外ニ船舶ノ製造ノ註文ヲ為サントスル者ハ大使ノ定ムル所ニ依リ其ノ旨ヲ大使ニ届出ヅベシ

第四条　大使ハ船舶所有者又ハ造船業者ニ対シ船舶ノ修繕範囲ノ制限又ハ修繕期間ノ短縮ニ関シ必要ナル事項ヲ命ズルコトヲ得

第五条　大使ハ船舶所有者又ハ運航業者ニ対シ船舶ノ貸借

（期間傭船ヲ含ム以下同ジ）又ハ船舶ノ運航ノ委託ヲ命ズルコトヲ得

前項ノ命令アリタル場合ニ於テハ賃貸料、運航手数料其ノ他ノ事項ニ関シ当事者間ニ於テ協議スベシ協議調ハズ又ハ協議ヲ為スコト能ハザルトキハ大使ノ裁定スル所ニ依ルベシ

第六条　帝国臣民又ハ帝国法人ニシテ関東州、内地、朝鮮又ハ台湾ニ行ハルル法令ニ依ル日本船舶ニ非ザル船舶ヲ借受ケ（期間傭船ヲ含ム）又ハ其ノ運航委託ヲ受ケントスル者ハ大使ノ定ムル所ニ依リ其ノ許可ヲ受クベシ

第七条　大使ハ航路若ハ区域ヲ指定シ若ハ一般的ニ船舶ヲ指定シテ航海ヲ禁止シ若ハ制限シ又ハ一般的ニ人若ハ物ヲ指定シテ其ノ運送ヲ禁止シ若ハ制限スルコトヲ得但シ他ノ法令ニ基キテ為サルル別段ノ処分ノ効力ヲ妨ゲズ

第八条　大使ハ船舶荷役ノ円滑ヲ図ル為必要アリト認ムルトキハ運送取扱業者、荷役請負業者、荷送人又ハ荷受人ニ対シ運送品ノ船積又ハ陸揚ニ関シ其ノ方法又ハ順位ノ変更其ノ他必要ナル事項ヲ命ズルコトヲ得

第九条　国家総動員法第二十七条ノ規定ニ基キ補償スベキ損失ハ第五条ノ規定ニ依ル処分ニ因ル通常生ズベキ損失トス

損失ノ補償ヲ請求セントスル者ハ第五条ノ規定ニ依リ命ゼラレタル貸借又ハ委託ノ期間終了後之ヲ請求スベシ但シ大使ノ定ムル所ニ依リ別段ノ時期ニ之ヲ請求スルコトヲ得

第十条　大使ハ国家総動員法第三十一条ノ規定ニ基キ船舶ノ製造、修繕及使用ニ関シ必要ナル報告ヲ徴シ又ハ当該官吏ヲシテ船舶、事業場、事務所、倉庫其ノ他ノ場所ニ臨検シ業務ノ状況若ハ帳簿書類其ノ他ノ物件ヲ検査セシムルコトヲ得

前項ノ規定ニ依リ当該官吏ヲシテ臨検検査セシムル場合ニ於テハ其ノ身分ヲ示ス証票ヲ携帯セシムベシ

第十一条　本令及本令ニ基キテ発スル命令中船舶所有者ニ関スル規定ハ船舶共有ノ場合ニ在リテ船舶管理人ヲ置キタルトキハ船舶管理人ニ之ヲ適用ス

第十二条　大使第二条又ハ第五条乃至第七条ノ規定ニ依ル処分ヲ為サントスルトキハ其ノ重要ナルモノニ付予メ逓信大臣ニ議スベシ

附　則

本令ハ公布ノ日ヨリ之ヲ施行ス

○昭和十八年勅令第八百五十六号（抄）

昭和十八年十一月一日
勅令第八百五十六号

第一条　左ニ掲グル勅令中「逓信大臣」ヲ「運輸通信大臣」ニ改ム

関東州船舶製造等統制令

附　則

本令ハ公布ノ日ヨリ之ヲ施行ス

◎関東州海運統制令

昭和十九年二月十九日
勅令第九十一号

朕関東州海運統制令ヲ裁可シ茲ニ之ヲ公布セシム（総理、運輸通信、大東亜大臣副署）

関東州海運統制令

第一条　関東州国家総動員令ニ於テ依ルコトヲ定メタル国家総動員法（以下国家総動員法ト称ス）第八条ノ規定ニ基ク船舶、船体、船舶用機関、艤装品、其ノ部分品若ハ附属品（以下船舶等ト称ス）ノ製造若ハ修繕、海運関係事業ノ用ニ供スル物資ノ譲渡其ノ他ノ処分、使用、消費若ハ保有又ハ海運関係事業ニ於ケル貨物ノ移動ニ関スル命令、同法第十六条ノ規定ニ基ク海運関係事業ニ属スル設備ノ新設、拡張又ハ改良ノ制限、同法第十六条ノ二ノ規定ニ基ク海運関係事業ニ属スル設備又ハ権利ノ譲渡其ノ他ノ処分、出資又ハ使用ニ関スル命令及同法第十六条ノ三ノ規定ニ基ク海運関係事業ノ開始、委託、共同経営、譲渡、廃止若ハ休止又ハ海運関係事業ヲ営ム会社ノ合併ニ関スル命令ハ別ニ定ムルモノヲ除クノ外本令ノ定ムル所ニ依ル

第二条　本令ニ於テ海運関係事業トハ左ニ掲グル事業ニシテ満洲国駐箚特命全権大使ノ定ムルモノヲ謂フ

一　船舶ニ依ル人若ハ物ノ運送、船舶ノ貸渡又ハ其ノ運航ノ委託ヲ為ス事業
二　船舶等ノ製造又ハ修繕ヲ為ス事業
三　船舶ノ運航、製造又ハ修繕ニ必要ナル多種類ノ物品ノ販売ヲ為ス事業
四　船舶ノ救助、引揚又ハ解撤ヲ為ス事業
五　船舶ニ依ル人若ハ物ノ運送又ハ船舶ノ貸渡若ハ売買ニ関スル仲立ヲ為ス事業
六　海上運送ニ附随シテ貨物ノ船積又ハ陸揚ノ為荷捌、積卸又ハ艀船若ハ曳船ニ依ル運搬ヲ為ス事業及此等ノ作業ノ請負ヲ為ス事業

本令ニ於テ貸渡又ハ借受トハ船舶ニ付テハ期間傭船ヲ含ムモノトス

第三条　海運関係事業ヲ開始セントスル者ハ大使ノ定ムル所ニ依リ当該開始ニ付大使ノ許可ヲ受クベシ

第四条　大使海運関係事業整備ノ為必要アリト認ムルトキハ海運関係事業ヲ営ム者（以下海運関係事業者ト称ス）ニ対シ其ノ事業ニ属スル設備若ハ権利若ハ其ノ事業ノ用ニ供スル物資ノ譲渡、譲受、貸渡若ハ借受ヲ命ジ又ハ其ノ事業ニ属スル設備ノ使用ニ関シ其ノ方法ノ改善其ノ他必要ナル事項ヲ命ズルコトヲ得

前項ノ規定ニ依ル命令ヲ受ケタル者ハ他ノ法令ニ拘ラズ譲渡又ハ貸渡ヲ為スコトヲ得

第五条　前条ノ場合ニ於ケル譲渡又ハ貸渡ノ条件ハ当事者間ノ協議ニ依ル

前項ノ協議ハ大使ノ認可ヲ受クルニ非ザレバ其ノ効力ヲ生ゼズ

第一項ノ協議調ハズ又ハ協議ヲ為スコト能ハザルトキハ大使之ヲ裁定ス

第六条　大使海運関係事業整備ノ為必要アリト認ムルトキハ海運関係事業者ニ対シ其ノ事業ニ属スル設備又ハ権利ノ出資ヲ命ズルコトヲ得此ノ場合ニ於テ大使ハ出資ノ相手方ニ対シ必要ナル事項ヲ命ズルコトヲ得

第四条第二項及前条ノ規定ハ前項ノ場合ニ之ヲ準用ス

第七条　海運関係事業者其ノ事業ノ全部若ハ一部ノ譲渡、廃止若ハ休止又ハ其ノ事業ニ属スル設備ノ譲渡、貸渡、新設、拡張若ハ改良ヲ為サントスルトキハ大使ノ定ムル所ニ依リ其ノ許可ヲ受クベシ

第八条　大使ハ其ノ定ムル所ニ依リ海運事業者ニ対シ其ノ事業ノ用ニ供スル物資ノ使用、消費若ハ保有ニ関シ必要ナル事項ヲ命ジ又ハ譲渡、貸渡其ノ他ノ処分、使用、消費若ハ保有ノ制限若ハ禁止ヲ為スコトヲ得

第九条　大使ハ海運関係事業者ニ対シ規格ヲ指定シテ船舶等ノ製造ヲ命ジ若ハ範囲ヲ指定シテ船舶等ノ修繕ヲ命ジ、指定シタル規格若ハ範囲以外ノ船舶等ノ製造若ハ修繕ヲ制限シ若ハ禁止シ又ハ船舶等ノ製造若ハ修繕ニ付順位ノ変更其ノ他必要ナル事項ヲ命ズルコトヲ得

第十条　船舶等ノ製造又ハ修繕ヲ為サントスル者ハ大使ノ定ムル所ニ依リ当該製造又ハ修繕ニ付大使ノ許可ヲ受クベシ

本令施行地外ニ船舶等ノ製造又ハ修繕ノ注文ヲ為サントスル者ハ大使ノ定ムル所ニ依リ其ノ旨ヲ大使ニ届出ズベシ

第十一条　第四条第一項又ハ第六条第一項ノ規定ニ依ル譲渡、貸渡又ハ出資ノ命令ヲ受ケタル者ハ譲渡、貸渡又ハ出資ニ支障ヲ及ボス虞ナキ場合ヲ除クノ外大使ノ許可ヲ受クルニ非ザレバ当該設備、権利又ハ物資の譲渡、貸渡其ノ他ノ処分ヲ為スコトヲ得ズ

第十二条　第四条第一項ノ規定ニ依ル命令ニ基キ設備、権利若ハ物資ノ譲渡ヲ受ケタル者又ハ第六条第一項ノ規定ニ依ル命令ニ基キ設備若ハ権利ノ出資ヲ受ケタル者当該設備、権利又ハ物資ニ付譲渡、貸渡其ノ他ノ処分ヲ為サントスルトキハ大使ノ定ムル所ニ依リ其ノ許可ヲ受クベシ

第十三条　海運関係事業ニ属スル設備若ハ権利又ハ海運関係事業ノ用ニ供スル物資ニ関シ強制競売手続、明治四十年勅令第五十六号ニ於テ準用スルコトヲ定メタル国税徴収法ニ依ル強制徴収手続、関東州土地収用令ニ依ル使用若ハ収用ノ手続又ハ国家総動員法第十三条ノ規定ニ基ク使用ノ手続其ノ他此等ノ手続ニ準ズベキモノノ進行中ナルトキハ其ノ進行中ニ限リ当該設備、権利又ハ物資ニ関シテハ第四条第一項、第六条第一項若ハ第八条前段ノ規定又ハ第九条中船舶ノ製造若ハ修繕ヲ命ズル規定ハ之ヲ適用セズ

第十四条　工場財団ニ属スルモノハ第四条第一項又ハ第六条第一項ノ規定ニ依ル命令ニ基キ譲渡又ハ出資アリタル後ト雖モ仍原財団ニ属スルモノトス

前項ノ場合ニ於ケル登記ニ関シ必要ナル事項ハ大使之ヲ定ム

第十五条　大使ハ第四条第一項又ハ第六条第一項ノ規定ニ依ル命令ニ基キ設備、権利又ハ物資ヲ譲渡シ又ハ出資シタル

者ヲシテ第十六条ノ規定ニ依リ債務ノ全部ノ承継アリタル場合ヲ除クノ外譲渡又ハ出資ヲ受ケタル者ガ担保権ノ実行ニ因リ受クルコトアルベキ損失ノ補償ニ充ツル為大使ノ定ムル所ニ依リ相当ノ担保ヲ供託セシムルコトヲ得

譲渡又ハ出資ヲ受ケタル者ハ前項ノ規定ニ依リ供託セラレタルモノノ上ニ質権ヲ有ス

第十六条 大使ハ第四条第一項又ハ第六条第一項ノ規定ニ依リ設備又ハ権利ノ譲渡又ハ出資ヲ命ジタル場合ニ於テ譲渡シ又ハ出資シタル者ヲシテ当該設備又ハ権利ヲ担保トスル債務ヲ引続キ負担セシメ置クコトヲ適当ナラズト認ムルトキハ国家総動員法第十八条ノ二ノ規定ニ基キ大使ノ定ムル所ニ依リ譲渡又ハ出資ヲ受ケタル者ヲシテ当該債務ノ全部又ハ一部ヲ承継セシムルコトヲ得

第五条ノ規定ハ前項ノ場合ニ之ヲ準用ス

第十七条 大使海運関係事業整備ノ為必要アリト認ムルトキハ海運関係事業者ニ対シ其ノ事業ノ全部若ハ一部ノ委託、受託、共同経営、譲渡若ハ譲受又ハ会社ノ合併ヲ命ズルコトヲ得

第四条第二項、第五条及第十一条乃至前条ノ規定ハ前項ノ規定ニ依リ事業ノ譲渡又ハ譲受ノ命令アリタル場合ニ之ヲ準用ス

第四条第二項、第五条及第十一条ノ規定ハ第一項ノ規定ニ依リ事業ノ委託、受託若ハ共同経営又ハ会社ノ合併ノ命令アリタル場合ニ之ヲ準用ス

第十八条 第五条（第六条第二項、第十六条第二項及前条第二項第三項ニ於テ準用スル場合ヲ含ム）ノ協議又ハ裁定ニ基キ会社ガ事業ノ譲渡、合併其ノ他当該協議又ハ裁定ニ於テ定メラレタル事項ノ実行ヲ為サントスルニ付株主総会又ハ之ニ準ズベキモノノ決議、同意等ヲ必要トスル場合ニ於テ其ノ決議、同意等ヲ得ルコト能ハザルトキハ会社ハ大使ノ認可ヲ受ケ当該事項ノ実行ヲ為スコトヲ得

第十九条 大使海運関係事業整備ノ為必要アリト認ムルトキハ海運関係事業者ニ対シ其ノ事業ノ全部又ハ一部ノ廃止又ハ休止ヲ命ズルコトヲ得

第二十条 関東州、内地、朝鮮又ハ台湾ニ行ハルル法令ニ依ル日本船舶（以下日本船舶ト称ス）ニ非ザル船舶ヲ借受ケ又ハ其ノ運航ノ委託ヲ受ケントスル者及日本船舶ニ非ザル船舶ニ依リ大使ノ指定スル物資ヲ運送セシメントスル者ハ大使ノ定ムル所ニ依リ当該借受、受託又ハ運送ニ付大使ノ許可ヲ受クベシ

第二十一条 大使ハ航路若ハ区域ヲ指定シ若ハ一般的ニ船舶ヲ指定シテ航海ヲ制限シ若ハ禁止シ又ハ一般的ニ人若ハ物ヲ指定シテ其ノ運送ヲ制限シ若ハ禁止スルコトヲ得但シ他ノ法令ニ基キテ為サルル別段ノ処分ノ効力ヲ妨ゲズ

第二十二条 大使海上輸送ノ円滑ヲ図ル為必要アリト認ムルトキハ海運関係事業者、運送取扱業者、荷送人若ハ荷受人又ハ此等ノ者ノ団体ニ対シ貨物ヲ指定シテ其ノ取扱ヲ為スベキコトヲ命ジ又ハ貨物ノ取扱ノ方法、順位、期日、期間若ハ数量ニ関シ必要ナル命令ヲ為スコトヲ得

第二十三条 国家総動員法第二十七条ノ規定ニ基キ補償スベ

キ損失ハ第八条、第九条又ハ第十九条ノ規定ニ依ル処分ニ因リ通常生ズベキ損失トス
損失補償請求ノ時期其ノ他損失補償ニ関シ必要ナル事項ハ大使之ヲ定ム
第二十四条　大使必要アリト認ムルトキハ国家総動員法第三十一条ノ規定ニ依リ海運関係事業者若ハ其ノ団体ヨリ其ノ事業ニ関シ報告ヲ徴シ又ハ当該官吏ヲシテ其ノ事務所、営業所、船舶、工場其ノ他必要ナル場所ニ臨検シ業務ノ状況若ハ帳簿書類、設備其ノ他ノ物件ヲ検査セシムルコトヲ得
前項ノ規定ニ依リ当該官吏ヲシテ臨検検査セシムル場合ニ於テハ其ノ身分ヲ示ス証票ヲ携帯セシムベシ
第二十五条　大使ハ本令ニ定ムル職権ノ一部ヲ関東海務局長ニ委任スルコトヲ得
第二十六条　大使第三条乃至第七条、第九条乃至第十二条、第十七条又ハ第十九条乃至第二十一条ノ規定ニ依ル処分ヲ為サントスルトキハ其ノ重要ナルモノニ付予メ運輸通信大臣ニ協議スベシ

附則

本令施行ノ期日ハ大使之ヲ定ム
関東州船舶製造等統制令ハ之ヲ廃止ス但シ本令施行前ニ為シタル行為ニ関スル罰則ノ適用ニ付テハ仍其ノ効力ヲ有ス

○大正九年勅令第百九十号外百四十勅令令中改正ノ件（抄）

昭和二十年五月十九日
勅令第三百七号

第九条　左ニ掲グル勅令中「運輸通信大臣」ヲ「運輸大臣」ニ改ム
関東州海運統制令

附則

本令ハ公布ノ日ヨリ之ヲ施行ス

◎関東州電力調整令

昭和十五年十一月二十日
勅令第七百八十号

朕関東州電力調整令ヲ裁可シ玆ニ之ヲ公布セシム（総理大臣副署）

関東州電力調整令

関東州国家総動員令ニ於テ依ルコトヲ定メタル国家総動員法第八条ノ規定ニ基ク電力ノ生産、配給又ハ消費ニ関シ必要ナル命令ニ付テハ本令ニ定ムルモノノ外電力調整令ニ依ル但シ同令第一条、第二条及第三条乃至第十六条ノ規定ハ此ノ限ニ在ラズ
電力調整令中電力申業者トアルハ関東州電気事業令ニ於テ依ルコトヲ定メタル電気事業法（以下電気事業法ト称ス）第一条ニ掲グル事業ヲ営ム者、電気供給事業者トアルハ電気事業

法第一条第一号又ハ第三号ニ掲グル事業ヲ営ム者、電気鉄道事業者トアルハ電気事業法第一条第二号ニ掲グル事業ヲ営ム者、自家用電気工作物施設者トアルハ電気事業法第三十条第一項ノ規定ニ基キテ発スル命令ノ規定ニ依リ届出ヲ為シ又ハ認可ヲ受ケテ強電流電気工作物ヲ施設シタル者、逓信大臣トアルハ満洲国駐箚特命全権大使、逓信局長又ハ地方長官（東京府ニ在リテハ警視総監）トアルハ関東逓信官署逓信局長又ハ関東州庁長官、国家総動員法トアルハ関東州国家総動員令ニ於テ依ルコトヲ定メタル国家総動員法トス

附　則

本令ハ公布ノ日ヨリ之ヲ施行ス

◎関東州物資統制令

昭和十七年十二月十七日
勅令第八百三十七号

朕関東州物資統制令ヲ裁可シ茲ニ之ヲ公布セシム

（総理、大東亜大臣副署）

関東州物資統制令

関東州国家総動員令ニ於テ依ルコトヲ定メタル国家総動員法第八条ノ規定ニ基ク国民経済ノ運行又ハ国民生活ノ安定ヲ確保スル為統制ヲ必要トスル物資ニ関スル統制ニ付テハ別ニ定ムルモノヲ除クノ外物資統制令ニ依ル但シ同令第一条及第二十条中国家総動員法第五条ノ規定ニ基ク協力命令ニ関スル部分、第六条乃至第八条、第十七条、第十九条並ニ第二十二条乃至第二十五条ノ規定ハ此ノ限ニ在ラズ

物資統制令中国家総動員法（昭和十三年勅令第三百十七号ニ於テ依ル場合ヲ含ム以下同ジ）又ハ国家総動員法トアルハ関東州国家総動員令ニ於テ依ルコトヲ定メタル国家総動員法トシ主務大臣又ハ当該主務大臣トアルハ満洲国駐箚特命全権大使トシ国税徴収法トアルハ明治四十年勅令第五十六号ニ於テ準用スルコトヲ定メタル国税徴収法トシ地方長官（東京府ニ在リテハ警視総監ヲ含ム）トアルハ関東州庁長官トス

附　則

本令ハ公布ノ日ヨリ之ヲ施行ス

◎関東州金属類回収令

昭和十八年十二月十五日
勅令第九百二十四号

朕関東州金属類回収令ヲ裁可シ茲ニ之ヲ公布セシム（総理、大東亜大臣副署）

関東州金属類回収令

第一条　関東州国家総動員令ニ於テ依ルコトヲ定メタル国家総動員法第八条ノ規定ニ基ク回収物件ノ譲渡其ノ他ノ処分、使用、所持及移動並ニ同法第十六条ノ二ノ規定ニ基ク事業ニ属スル設備タル回収物件ノ出資ニ関スル命令ニ付テハ本令ニ定ムルモノヲ除クノ外金属類回収令ニ依ル但シ同令第一条、第十一条第三項及第十七条ノ規定ハ此ノ限ニ在ラズ

金属類回収令中国家総動員法トアルハ関東州国家総動員令ニ於テ依ルコトヲ定メタル国家総動員法トシ軍需大臣トアルハ満洲国駐箚特命全権大使トシ地方長官トアルハ関東州庁長官トシ都道府縣又ハ市町村若ハ之ニ準ズルモノトアルハ市又ハ会トシ国税徴収法トアルハ明治四十年勅令第五十六号ニ於テ準用スルコトヲ定メタル国税徴収法トシ土地収用法、工場事業物使用収用令、土地工作物管理使用収用令若ハ総動員物資使用収用令トアルハ関東州土地収用令トス

第二条　金属類回収令第十一条第二項ノ場合ニ於テハ当該担保権者ハ当該回収物件ノ対価トシテ受クベキ金銭又ハ有価証券及当該回収物件ニ付同令第九条第一項ノ超過分トシテ受クベキ金銭ニ対シ其ノ権利ヲ行フコトヲ得

附　則

本令ハ公布ノ日ヨリ之ヲ施行ス

○関東州企業整備資金措置令附則（抄）

昭和二十年五月十九日
勅令第三百十八号

関東州金属類回収令中左ノ通改正ス

第一条第一項中「第十一条第三項」ヲ削リ同条第二項中「関東州土地収用令」ノ下ニ「トシ企業整備資金措置令トアルハ関東州企業整備資金措置令ニ於テ依ルコトヲ定メタル企業整備資金措置法」ヲ加フ

第二条ヲ削リ第一条ナル条名ヲ削ル

◎関東州貿易統制令

昭和十六年十月十五日
勅令第九百二十二号

朕関東州貿易統制令ヲ裁可シ茲ニ之ヲ公布セシム（総理大臣副署）

関東州貿易統制令

第一条　関東州国家総動員令ニ於テ依ルコトヲ定メタル国家総動員法（以下国家総動員法ト称ス）第九条ノ規定ニ基ク輸出若ハ輸入ノ命令又ハ輸出若ハ輸入ノ制限若ハ禁止及輸出又ハ輸入ニ係ル物品ノ譲渡其ノ他ノ処分、所持又ハ移動ニ関スル国家総動員法第八条ノ規定ニ基ク命令ハ本令ノ定ムル所ニ依ル

第二条　満洲国駐箚特命全権大使ノ指定スル物品（以下指定物品ト称ス）ハ当該物品ニ付大使ノ指定スル者（以下指定業者ト称ス）又ハ指定業者ノ委託若ハ承認ヲ受ケタル者ニ非ザレバ之ヲ輸出シ又ハ輸入スルコトヲ得ズ但シ大使ノ許可ヲ受ケタル場合其ノ他大使ノ定ムル場合ハ此ノ限ニ在ラズ

大使ノ指定スル物品以外ノ物品ハ大使ノ定ムル場合ヲ除クノ外大使ノ許可ヲ受ケタル者ニ非ザレバ之ヲ輸出シ又ハ輸入スルコトヲ得ズ

第三条　指定業者ハ大使ノ定ムル所ニ依ルニ非ザレバ輸出若ハ輸入ヲ為シ又ハ輸出若ハ輸入ノ委託若ハ承認ヲ為スコトヲ得ズ

第四条　大使必要アリト認ムルトキハ指定業者ニ対シ当該指定物品ノ輸出又ハ輸入ヲ命ズルコトヲ得

前項ノ規定ニ依ル輸出又ハ輸入ノ命令ハ大使輸出令書又ハ輸入令書ヲ発シ指定業者ニ交付シテ之ヲ為ス

第五条　大使ハ国家総動員法第八条ノ規定ニ基キ指定業者ニ対シ当該指定業者ノ輸出又ハ輸入ニ係ル指定物品ノ譲渡其ノ他ノ処分、所持又ハ移動ニ関シ必要ナル命令ヲ為スコトヲ得

第六条　国家総動員法第二十七条ノ規定ニ基キ補償スベキ損失ハ左ノ各号ニ掲グル損失トス

一　第四条ノ規定ニ依リ命令ヲ為シタル場合ニ於テハ当該命令ニ因ル損失ニシテ通常生ズベキモノ其ノ他大使ノ定ムルモノ

二　前条ノ規定ニ依リ命令ヲ為シタル場合ニ於テハ当該命令ニ因リ通常生ズベキ損失

前項ノ損失ノ補償ヲ請求セントスル者ハ大使ノ指定シタル期間内ニ之ヲ請求スベシ

第七条　大使又ハ関東州庁長官必要アリト認ムルトキハ国家総動員法第三十一条ノ規定ニ基キ輸出若ハ輸入又ハ輸出品若ハ輸入品ニ関シ報告ヲ徴シ又ハ当該官吏ヲシテ営業所、事務所、倉庫其ノ他ノ場所ニ臨検シ業務ノ状況若ハ帳簿書類其ノ他ノ物件ヲ検査セシムルコトヲ得

前項ノ規定ニ依リ当該官吏ヲシテ臨検検査セシムル場合ニ於テハ其ノ身分ヲ示ス証票ヲ携帯セシムベシ

第八条　大使ハ本令ニ規定シタル其ノ職権ノ一部ヲ関東州庁長官ニ委任スルコトヲ得

附　則

本令施行ノ期日ハ大使之ヲ定ム（昭和十六年関東局令第百三十二号で昭和十七年一月十五日から施行）

◎関東州会社利益配当令

昭和十四年十一月二十九日
勅令第七百九十七号

朕関東州会社利益配当令ヲ裁可シ茲ニ之ヲ公布セシム

（総理大臣副署）

関東州利益配当令

第一条　関東州国家総動員令ニ於テ依ルコトヲ定メタル国家総動員法（以下単ニ国家総動員法ト称ス）第十一条ノ規定ニ依ル会社ノ利益金ノ処分、償却其ノ他経理ニ関スル命令ニ付テハ本令ノ定ムル所ニ依ル

第二条　資本金（出資総額、株金総額、出資総額及株金総額ノ合計額又ハ基金総額ヲ謂フ以下同ジ）二十万円以上ノ会社ハ満洲国駐箚特命全権大使ノ許可ヲ受クルニ非ザレバ基準配当率ヲ超ユル率ニ依リ毎事業年度ノ利益配当（基金利息又ハ基金配当ヲ含ム以下同ジ）ヲ為スコトヲ得ズ但シ左ノ各号ノ一ニ該当スル場合ハ此ノ限ニ在ラズ

一　基準配当率ニ年百分ノ一（一年ヲ一事業年度トスルモノニ在リテハ年百分ノ二）以下ヲ加ヘタル率ニ依ルトキ

但シ配当率ハ年百分ノ十ヲ超ユルコトヲ得ズ

二　年百分ノ六以下ノ率ニ依ルトキ

第三条　本令ニ於テ基準配当率トハ左ノ各号ニ規定スル率ヲ謂フ

一　昭和十三年十一月三十日以前一年以内ニ利益配当ヲ決定シタル会社ニ在リテハ第三号又ハ第四号ニ該当スル場合ヲ除キ同日以前ニ最終ニ決定シタル利益配当ノ年率但シ当該利益配当ニ際シ普通ノ配当ノ外記念配当、特別配当其ノ他名称ノ有無ヲ問ハズ特別ノ配当ヲ為シタル会社ニ在リテハ其ノ申請ニ依リ大使ガ臨時ニ配当ヲ増加シタルモノト認定シタル部分ヲ除ク

二　昭和十三年十一月三十日以前一年以内ニ利益配当ヲ決定シタルコトナキ会社ニ在リテハ第三号又ハ第四号ニ該当スル場合ヲ除キ年百分ノ六

三　合併ニ因リ設立セラレタル会社又ハ合併後存続スル会社ニシテ昭和十三年十一月三十日以前一年以内ニ合併後ノ利益配当ヲ決定シタルコトナキモノ（合併ガ昭和十二年十一月三十日以前ニ為サレタル会社ヲ除ク）ニ在リテハ会社ノ申請ニ依リ大使ガ合併前ノ各会社ノ利益配当ノ実情ニ基キ認定シタル率

四　資本金二十万円未満タリシ会社（資本金二十万円以上ノ会社本令施行後資本減少ニ因リ資本金二十万円未満ト為リタルモノヲ含ム）ニシテ本令施行後ノ資本増加ニ依リ資本金二十万円以上ト為リタルモノニ在リテハ会社ノ申請ニ依リ大使ガ従前ノ利益配当ノ実情ニ基キ認定シタル率

会社ガ前条ノ規定ニ基キ基準配当率ヲ超ユル率ニ依リ利益配当ヲ為シタルトキハ其ノ率ガ年百分ノ十以下ナル限リ其ノ率ヲ以テ爾後ノ基準配当率トス但シ大使ガ前条ノ規定ニ基キ許可ヲ為スニ際シ基準配当率ニ算入セザル旨ヲ定メタル部分ヲ除ク

会社ガ基準配当率ニ満タザル率ニ依リ利益配当ヲ為シタルトキト雖モ其ノ会社ノ基準配当率ハ之ヲ変更セズ

第四条　大使ハ資本金二十万円以上ニシテ其ノ基準配当率ガ年百分ノ十以上ナル会社ガ資本増加ニ因リ現在ノ資本金ノ倍額ヲ超ユル資本金ノ会社ト為ス場合ニ於テ必要アリト認ムルトキハ前条ノ規定ニ拘ラズ其ノ資本増加後ノ基準配当率ヲ指定スルコトヲ得

第五条　第二条第一号ノ規定ハ基準配当率ガ第三条第一項第二号ノ規定ニ依リ定メラルル会社ノ本令施行後ニ於ケル最初ノ利益配当ニ関シテハ之ヲ適用セズ

大使ハ第三条第一項第三号若ハ第四号又ハ前条ノ規定ニ依リ会社ノ基準配当率ノ認定又ハ指定ヲ為スニ際シ当該認定又ハ指定後ノ最初ノ利益配当ニ関シ第二条第一号ノ規定ヲ適用セザル旨ヲ定ムルコトヲ得

第六条　会社ハ其ノ経営ヲ堅実ナラシムル為経理ニ関シ左ノ各号ニ掲グル事項ノ遵守ヲ旨トスベシ

一　経費支出ヲ適正ナラシムルコト

二　利益配当ニ関スル制限其ノ他ノ事由ニ因リ会社ノ経理上生ズベキ余裕ハ之ヲ必要ナル資産ノ償却又ハ積立金ノ積立ニ充ツルコト

大使ハ必要アリト認ムルトキハ会社ニ対シ前項各号ノ事項

ニ関シ勧告ヲ発シ又ハ必要ナル命令ヲ為スコトヲ得

第七条　大使ハ会社ノ資産負債及損益ノ内容、利益金ノ処分其ノ他経理ニ関シ国家総動員法第三十一条ノ規定ニ依リ報告ヲ徴シ又ハ当該官吏ヲシテ必要ナル場所ニ臨検シ業務ノ状況若ハ帳簿書類其ノ他ノ物件ヲ検査セシムルコトヲ得

前項ノ規定ニ依リ当該官吏ヲシテ臨検検査セシムル場合ニ於テハ其ノ身分ヲ示ス証票ヲ携帯セシムベシ

第八条　本令中大使トアルハ南満洲鉄道株式会社、東洋拓殖株式会社、横浜正金銀行、朝鮮銀行、台湾銀行及関東州ニ営業所ヲ有シ銀行法ノ適用ヲ受クル銀行ニ付テハ当該会社又ハ銀行ヲ監督スル主務官庁トス

附　則

本令ハ公布ノ日ヨリ之ヲ施行ス

◎関東州会社職員給与臨時措置令

昭和十五年五月一日
勅令第三百十号

朕関東州会社職員給与臨時措置令ヲ裁可シ茲ニ之ヲ公布セシム（総理大臣副署）

関東州会社職員給与臨時措置令

第一条　関東州国家総動員令ニ於テ依ルコトヲ定メタル国家総動員法第十一条ノ規定ニ基ク会社ノ経理ニ関スル命令ノ中船員以外ノ職員ニ対スル給与ノ支給ニ関スルモノニ付テハ本令ニ定ムルモノノ外会社職員給与臨時措置令ニ依ル但シ第十二条乃至第十四条、第十七条、第二十条、第二十一条及第二十三条乃至第二十五条ノ規定ハ此ノ限ニ在ラズ

会社職員給与臨時措置令中国家総動員法（昭和十三年勅令第三百十七号ニ於テ依ル場合ヲ含ム以下同ジ）又ハ国家総動員法トアルハ関東州国家総動員令ニ於テ依ルコトヲ定メタル国家総動員法トシ閣令トアルハ関東局令トシ会社利益配当及資金融通令第七条トアルハ関東州会社利益配当令第六条トシ主務大臣トアルハ満洲国駐箚特命全権大使トシ昭和十四年九月十八日トアルハ昭和十五年一月一日トシ賃金臨時措置令第三条ノ賃金ヲ受クル労務者トアルハ賃金（賃金、給料、手当、賞与其ノ他名称ノ如何ヲ問ハズ雇傭者ガ労働ノ対償トシテ支給スル金銭、物其ノ他ノ利益ヲ謂フ）ヲ受クル労務者トス

第二条　満洲国駐箚特命全権大使ハ本令施行ニ関スル事務ノ一部ヲ税務署長又ハ民政署長ヲシテ取扱ハシムルコトヲ得

大使ハ税務署長若ハ民政署長ヲシテ会社職員給与臨時措置令第十六条ノ規定ニ依ル報告ヲ徴セシメ又ハ税務署長、民政署長若ハ其ノ代理官ヲシテ同条ノ規定ニ依ル臨検検査ヲ為サシムルコトヲ得

附　則

本令ハ昭和十五年五月三日ヨリ之ヲ施行ス

本令ハ昭和十五年十二月三十一日迄其ノ効力ヲ有ス但シ同日以前ニ為シタル行為ニ関スル罰則ノ適用ニ付テハ同日後ト雖モ仍其ノ効力ヲ有ス

会社職員給与臨時措置令ハ本令ノ適用ニ付テハ昭和十五年十

月十九日後ト雖モ仍其ノ効力ヲ有ス

◎関東州会社経理統制令

昭和十六年一月十五日
勅令第五十一号

改正　昭和一七年第五五号

朕関東州会社経理統制令ヲ裁可シ茲ニ之ヲ公布セシム

(総理大臣副署)

関東州会社経理統制令

第一章　総則

第一条　関東州国家総動員令ニ於テ依ルコトヲ定メタル国家総動員法(以下単ニ国家総動員法ト称ス)第十一条ノ規定ニ依ル会社ノ利益金ノ処分、償却其ノ他経理ニ関スル命令ニ付テハ本令ノ定ムル所ニ依ル

第二条　会社ハ国家目的達成ノ為国家経済ニ課セラレタル責任ヲ分担スルコトヲ以テ経営ノ本義トシ其ノ経理ニ関シ左ノ各号ニ掲グル事項ノ遵守ヲ旨トスベシ

一　資金ハ之ヲ最モ有益ニ活用シ苟モ人的及物的資源ノ濫費ニ陥ルガ如キコトハ厳ニ之ヲ避クルコト

二　経費ノ支出及資産ノ償却ヲ適正ナラシムルコト

三　役員、社員其ノ他従業者ノ給与及其ノ支給方法ヲ適正ナラシムルコト

四　利益ノ分配ヲ適正ナラシメ自己資金ノ畜積ニ努ムルコト

第二章　利益配当及積立金

第三条　資本金(出資総額、株金総額、出資総額及株金総額ノ合計額又ハ基金総額ヲ謂フ以下同ジ)二十万円以上ノ会社ハ毎事業年度ニ付左ノ各号ノ率ノ中低キ率ヲ超ユル率ニ依リ利益配当(基金利息又ハ基金配当ヲ含ム以下同ジ)ヲ為サントスルトキハ満洲国駐箚特命全権大使ノ許可ヲ受クベシ

一　配当金総額ガ自己資本に対シ年百分ノ八ニ相当スル金額ト為ス配当率

二　直前ノ事業年度ノ配当率

左ノ各号ニ掲グル場合ニ於テハ各其ノ定ムル率ヲ前項第二号ノ率ト看做シテ前項ノ規定ヲ適用ス

一　直前の事業年度ノ配当率ガ年百分ノ十ニ達セザルトキハ其ノ配当率ニ年百分ノ一(六月ニ非ザル期間ヲ事業年度トスルモノニ在リテハ当該事業年度ノ月数ノ六ニ対スル割合ヲ百分ノ一ニ乗ジテ得タル率)ヲ加ヘタル率但シ其ノ率ガ年百分ノ六ニ達セザルトキハ年百分ノ六トシ年百分ノ十ヲ超ユルトキハ年百分ノ十トス

二　直前ノ事業年度ニ付利益配当ヲ為サザリシトキ又ハ設立後最初ノ事業年度ノ利益配当ナルトキハ年百分ノ六

三　資本金二十万円未満タリシ会社資本増加ニ因リ資本金二十万円以上ト為リタル後最初ノ事業年度ニ付為ス利益配当ナルトキハ第一号ノ規定ニ拘ラズ年百分ノ六

四　配当金総額ガ自己資本ニ対シ年百分ノ五ノ割合ニ相当スル金額ト為ス配当率ガ前三号ト率ヨリ高キトキハ其ノ

率但シ其ノ率ガ年百分ノ十ヲ超ユルトキハ年百分ノ十トス

前二項ノ自己資本ハ大使ノ定ムル所ニ依リ計算シタル金額ニ依ル

第四条　大使ハ左ノ各号ニ掲グル場合ニ於テハ会社ニ対シ期間ヲ定メ将来ノ配当率ニ付適当ト認ムル率ヲ指定スルコトヲ得

一　当該会社ノ利益ノ実情ニ照シ配当金ガ過大ナリト認メラルルトキ

二　当該会社ノ資金計画ニ照シ自己資金ノ畜積ガ必要ナリト認メラルルトキ

会社ハ前項ノ規定ニ依リ配当率ニ付大使ノ指定ヲ受ケタルトキハ前条ノ規定ニ拘ラズ当該配当率ヲ超ユル率ニ依リ利益配当ヲ為スコトヲ得ズ

第五条　合併ニ因リテ設立シタル資本金二十万円以上ノ会社又ハ合併後存続スル資本金二十万円以上ノ会社ハ合併後最初ノ事業年度ニ付利益配当ヲ為サントスルトキハ利益配当ノ率ガ年百分ノ六ヲ超エザル場合ヲ除キ前二条ノ規定ニ拘ラズ大使ノ定ムル所ニ依リ会社ノ申請ニ基キ大使ガ従前ノ利益配当其ノ他各会社ノ経理ノ実情ヲ参酌シテ指定シタル率ヲ超エザル利益配当ノ率ニ依ルベシ

第六条　大使ハ会社収益ノ状況其ノ他経理ノ実情ニ照シ必要アリト認ムルトキハ当該会社ニ対シ法定準備金ノ外特別ノ積立金ノ積立ヲ命ジ又ハ当該積立金ノ運用方法ニ付必要ナル命令ヲ為スコトヲ得

前項ノ積立金ハ大使ノ許可ヲ受クルニ非ザレバ之ヲ使用スルコトヲ得ズ

第三章　役員及社員給与

第七条　本章ノ規定ハ左ノ各号ノ一ニ該当スル会社ニ之ヲ適用ス

一　資本金二十万円以上ノ会社

二　前号ニ規定スルモノヲ除クノ外役員及社員ノ合計数常時三十人以上ノ会社

第八条　本章ニ於テ役員ト称スルハ左ノ各号ノ一ニ該当スル者ヲ謂フ

一　機関トシテ会社ノ業務ニ従事スル者

二　顧問、相談役其ノ他名称ノ如何ヲ問ハズ賞与ニ関シ会社ガ前号ニ該当スル者ニ準ジテ取扱フ者

第九条　本章ニ於テ社員ト称スルハ船員及賃金(賃金、給料、手当、賞与其ノ他名称ノ如何ヲ問ハズ雇傭者ガ労務ノ対償トシテ事給スル金銭、物其ノ他ノ利益ヲ謂フ)ヲ受クル労務者ヲ除クノ外左ノ各号ノ一ニ該当スル者ヲ謂フ

一　会社ニ雇傭セラルル者

二　顧問、嘱託其ノ他名称ノ如何ヲ問ハズ継続シテ会社ノ業務ニ従事スル者但シ役員タル者ヲ除ク

第十条　本章ニ於テ給与ト称スルハ報酬、給料、手当、賞与、交際費、機密費其ノ他名称ノ如何ヲ問ハズ会社ガ役員又ハ社員ノ職務ノ対償トシテ支給スル金銭、物其ノ他ノ利益ヲ謂フ

第十一条　役員ノ給与ヲ分チテ左ノ各号ニ掲グル給与トス

一　報酬（会社ガ役員ニ対シ一定ノ金額ニ依リ定期ニ支給スル給与ニシテ経費トシテ経理スルモノヲ謂フ但シ在勤手当其ノ他第二十条各号ニ掲グル社員手当ニ準ズル手当ヲ除ク）
二　賞与（会社ガ役員ニ対シ定期ニ利益金処分ニ依リ支給スル給与ヲ謂フ）
三　退職金（会社ガ退職シタル役員ニ対シ支給スル給与ヲ謂フ）
四　臨時ノ給与（会社ガ役員ニ対シ臨時ニ支給スル給与ヲ謂フ）
五　雑給与（前各号ニ掲グル給与ヲ除クノ外会社ガ役員ニ対シ支給スル給与ヲ謂フ）
第十二条　会社ハ毎事業年度ノ役員報酬ヲ支給セントスル場合ニ於テ左ノ各号ノ一ニ該当スルトキハ大使ノ許可ヲ受クベシ
一　支給セントスル役員報酬ノ合計金額ガ昭和十六年一月二十一日以後終了シタル各事業年度ニ付支給シタル役員報酬又ハ本条ノ規定ニ依リ大使ノ許可ヲ受ケタル役員報酬ノ事業年度毎ノ合計金額（当該事業年度ノ月数ト異ル月数ノ事業年度ニ付テハ大使ノ定ムル所ニ依リ計算シタル金額）ノ中最モ多キ金額（以下最高報酬額ト称ス）ヲ超ユルトキ
二　昭和十六年一月二十一日以後終了シタル各事業年度ニ付役員報酬ヲ支給セザリシトキ
三　設立後最初ノ事業年度ノ役員報酬ナルトキ

四　合併後最初ノ事業年度ノ役員報酬ナルトキ但シ其ノ役員報酬ノ合計金額ガ合併後存続スル会社ノ最高報酬ヲ超エザルトキヲ除ク
五　第七条各号ノ一ニ掲グル会社ニ該当セザリシ会社第七条各号ノ一ニ掲グル会社ト為リタル後最初ノ事業年度ノ役員報酬ナルトキ
第十三条　会社ハ毎事業年度ニ付役員賞与ヲ支給セントスル場合ニ於テ其ノ合計金額ガ左ノ各号ノ金額（百円未満ノ端数ハ之ヲ百円ニ切上グ）ノ中少キ金額ヲ超ユルトキハ大使ノ許可ヲ受クベシ
一　法定賞与額（大使ノ定ムル所ニ依リ計算シタル当該事業年度ノ純益金ニ大使ノ定ムル割合ヲ乗ジテ得タル金額ヲ謂フ以下同ジ）
三　前期賞与額（直前ノ事業年度ニ付支給シタル役員賞与ノ合計金額ヲ謂フ但シ当該事業年度ノ月数ガ直前ノ事業年度ノ月数ト異ル場合ニ於テハ大使ノ定ムル所ニ依リ計算シタル金額ヲ謂フ以下同ジ）
左ノ各号ニ掲グル場合ニ於テハ各其ノ定ムル金額ヲ前項第二号ノ金額ト看做シテ前項ノ規定ヲ適用ス
一　前期賞与額ガ法定賞与額ニ達セザルトキハ前期賞与額ノ百分ノ百二十ニ相当スル金額但シ前期賞与額ノ百分ノ百二十ニ相当スル金額ガ法定賞与額ニ対シ百分ノ七十ノ割合ニ達セザルトキハ法定賞与額ノ百分ノ七十ニ相当スル金額
二　直前ノ事業年度ニ付役員賞与ヲ支給セザリシトキ又ハ

設立後最初ノ事業年度ニ付支給スル役員賞与ナルトキハ法定賞与額ノ百分ノ七十ニ相当スル金額

三　合併後最初ノ事業年度ニ付支給スル役員賞与ナルトキ又ハ第七条各号ノ一ニ掲グル会社ニ該当セザリシ会社第七条各号ノ一ニ掲グル会社ト為リタル後最初ノ事業年度ニ付支給スル役員賞与ナルトキハ第一号ノ規定ニ拘ラズ法定賞与額ノ百分ノ七十ニ相当スル金額

第十四条　会社ハ退職シタル役員ニ退職金ヲ支給セントスルトキハ大使ノ許可ヲ受クベシ但シ左ノ各号ノ一ニ該当スル場合ハ此ノ限ニ在ラズ

一　大使ノ定ムル限度ヲ超エザル退職金ヲ支給セントスルトキ

二　大使ノ定ムル所ニ依リ大使ノ許可ヲ受ケタル準則ニ依リ退職金ヲ支給セントスルトキ

第十五条　会社ハ役員ニ対シ臨時ノ給与ヲ支給セントスルトキハ大使ノ許可ヲ受クベシ

第十六条　会社ハ第二十四ノ規定ニ依リ大使ニ報告スベキ準則若ハ大使ノ承認ヲ受ケタル準則又ハ第二十五条若ハ第二十六条ノ規定ニ依リ大使ノ許可ヲ受ケ若ハ大使ノ定ムル所ニ依リ制定若ハ変更シタル準則ニ依ルノ外役員ニ対シ雑給与ヲ支給スルコトヲ得ズ

第十七条　社員ノ給与ヲ分チテ左ノ各号ニ掲グル給与トス

一　基本給料（会社ガ社員ニ対シ一定ノ金額ニ依リ定期ニ支給スル給与ノ中基本トナルベキ固定給ヲ謂フ）

二　関東州在勤手当（会社ガ社員ニ対シ関東州内ニ在勤スルニ因リ定期ニ一定ノ金額又ハ割合ニ依リ支給スル給与ヲ謂フ）

三　其ノ他ノ手当（前二号ニ掲グル給与ヲ除クノ外会社ガ社員ニ対シ定期ニ若ハ職務ニ関シ一定ノ事実アル場合ニ一定ノ金額、数量若ハ割合ニ依リ支給スル給与又ハ継続シテ利用セシムル住居其ノ他ノ施設ヲ謂フ）

四　賞与（前三号ニ掲グル給与ヲ除クノ外会社ガ社員ニ対シ定期ニ支給スル給与ヲ謂フ）

五　退職金（会社ガ退職シタル社員ニ対シ支給スル給与又ハ之ニ相当スル金額ニシテ在職中ノ社員ニ対シ前払スルモノヲ謂フ）

六　臨時ノ給与（前五号ニ掲グル給与ヲ除クノ外会社ガ社員ニ対シ臨時ニ支給スル給与ヲ謂フ）

第十八条　会社ハ大使ノ定ムル限度ヲ超エテ社員ノ初任ノ基本給料及関東州在勤手当ヲ支給スルコトヲ得ズ但シ転職者（前職ニ於テ役員報酬、社員基本給料又ハ之ト同様ノ性質ヲ有スル給与ヲ受ケ居リタル者ヲ謂フ）又ハ特別ノ経歴若ハ技能ヲ有スル者ニ付大使ノ許可ヲ受ケテ為ス初任ノ基本給料ノ支給ニ付テハ此ノ限ニ在ラズ

第十九条　会社ハ大使ノ定ムル限度ヲ超エテ社員ノ基本給料ノ増加支給（以下昇給ト称ス）又ハ社員ノ関東州在勤手当ノ支給ヲ為サントスルトキハ大使ノ許可ヲ受クベシ

前項ノ規定ハ左ノ各号ノ一ニ該当スル昇給ニハ之ヲ適用セズ

一　入営シタル社員（陸軍衛生部将校ノ補充及現役期間ノ

臨時特例第四条第一項若ハ陸軍技術部将校ノ補充及現役期間ノ臨時特例第七条第一項ノ規定ニ依リ短期現役ニ服スル将校又ハ海軍軍医科、薬剤科、主計科、造船科、造機科及造兵科士官現役期間特例第一条ノ規定ニ依リ短期現役ニ服スル士官ト為リタル者ヲ含ム)、召集セラレタル社員又ハ徴用セラレタル社員退営シ又ハ召集若ハ徴用ヲ解除セラレ会社ノ勤務ニ復シタル場合ニ於テ勤務ニ復シタル後一年以内ニ当該社員ニ付為ス昇給

二 基本給料ガ大使ノ定ムル金額ニ達セザル社員ニ付為ス昇給ニシテ其ノ昇給後ノ基本給料ガ大使ノ定ムル金額ヲ超エザルモノ

第二十条 会社ハ第二十四条ノ規定ニ依リ大使ニ報告スベキ準則若ハ大使ノ承認ヲ受ケタル準則又ハ第二十五条若ハ第二十六条ノ規定ニ依リ大使ノ許可ヲ受ケ若ハ大使ノ定ムル所ニ依リ制定若ハ変更シタル準則ニ依ルノ外社員ニ対シ左ノ各号ニ掲グル手当ヲ支給スルコトヲ得ズ

一 関東州外在勤手当(関東州外ニ在勤スルニ因リ支給スル手当ヲ謂フ)、僻地手当其ノ他特殊地域ニ在勤スルニ因リ支給スル手当

二 危険手当、其ノ他生命、健康等ニ関シ危険又ハ有害ナル特定ノ勤務ニ従事スルニ因リ支給スル手当

三 居残手当、宿直手当其ノ他特定ノ追加勤務ニ対シ支給スル手当

四 大使ノ定ムル家族手当

五 食事手当又ハ被服手当

六 歩合ニ依リ支給スル手当

七 現物ヲ以テ支給スル手当

八 其ノ他大使ノ定ムル手当

第二十一条 会社ガ毎賞与期間ニ付社員ニ対シ支給スル賞与ノ総額ト第十七条第二号及前条各号ニ掲グル手当以外ノ手当ノ当該賞与期間中ニ於ケル支給総額トノ合計金額ハ大使ノ定ムル限度ヲ超ユルコトヲ得ズ但シ大使ノ定ムル場合ハ此ノ限ニ在ラズ

前項但書ノ規定ニ依リ前項ノ限度ヲ超エテ支給スル金額ニ付テハ会社ハ之ヲ経費トシテ経理スルコトヲ得ズ但シ大使ノ許可ヲ受ケタル場合ハ此ノ限ニ在ラズ

第一項ノ賞与期間ハ大使之ヲ定ム

第二十二条 会社ハ第二十四条ノ規定ニ依リ大使ニ報告スベキ準則若ハ大使ノ承認ヲ受ケタル準則又ハ第二十五条若ハ第二十六条ノ規定ニ依リ大使ノ許可ヲ受ケ若ハ大使ノ定ムル所ニ依リ制定若ハ変更シタル準則ニ依ルノ外社員ニ対シ退職金ヲ支給スルコトヲ得ズ

第二十三条 会社ハ社員ノ全部若ハ大部分又ハ社員数常時三十人以上ヲ有スル事務所、工場若ハ事業場ニ付其ノ所属社員ノ全部若ハ大部分ニ対シ時期ヲ同ジクシテ臨時ノ給与ヲ支給セントスルトキハ大使ノ許可ヲ受クベシ

第二十四条 本令施行ノ際本章規定ノ適用ヲ受クル会社ハ国家総動員法第三十一条ノ規定ニ依リ大使ノ定ムル所ニ従ヒ本令施行ノ際ニ於ケル役員雑給与、第二十条各号ニ掲グル社員手当及社員退職金ノ準則ヲ大使ニ報告スベシ

第七条各号ノ一ニ掲グル会社ニ該当セザリシ会社ニシテ本令施行後第七条各号ノ一ニ掲グル会社ト為リタルモノハ役員雑給与、第二十条各号ニ掲グル社員手当及社員退職金ノ準則ニ付大使ノ承認ヲ受クベシ

第二十五条　会社ハ役員雑給与、第二十条各号ニ掲グル社員手当又ハ社員退職金ノ準則ヲ制定シ又ハ変更セントスルトキハ大使ノ許可ヲ受クベシ

第二十六条　大使ハ役員又ハ社員ノ給与及其ノ支給方法ノ適正ヲ図ル為必要アリト認ムルトキハ会社ニ対シ役員若ハ社員ノ給与ノ金額若ハ支給方法ニ関シ必要ナル命令ヲ為シ又ハ役員雑給与、役員退職金、第二十条各号ニ掲グル社員手当若ハ社員退職金ノ準則ノ制定、変更若ハ廃止ヲ命ズルコトヲ得

第二十七条　削除

第二十八条　本章ノ規定ハ関東法院ガ決定ヲ以テ定メタル報酬ニハ通用セズ

第四章　経費及賃金

第二十九条　昭和十七年一月三十日現在ニ於テ資本金百万円以上ノ会社（第二項後段ノ会社ヲ除ク）ハ国家総動員法第三十一条ノ規定ニ依リ大使ノ定ムル所ニ従ヒ、機密費、交際費、接待費又ハ広告宣伝費其ノ他之ト同様ノ性質ヲ有スル支出（利益金処分ニ依ルモノヲ含ム以下単ニ機密費等ト称ス）ノ基準月額ヲ大使ニ報告スベシ

昭和十七年一月三十一日以後設立（合併ニ因ル設立ヲ含ム以下本項ニ於テ同ジ）セラレタル資本金百万円以上ノ会社若ハ資本増加（合併ニ因ル資本増加ヲ含ム以下本項ニ於テ同ジ）ニ因リ資本金百万円以上ト為リタル会社又ハ同年一月三十日以前設立セラレタル資本金百万円以上ノ会社若ハ資本増加ニ因リ資本金百万円以上ト為リタル会社ニシテ同日以前其ノ設立後若ハ資本増加後決算確定シタル事業年度ナキ会社ハ大使ノ定ムル所ニ依リ機密費等ノ基準月額ヲ定メ大使ノ承認ヲ受クベシ資本金百万円以上ノ会社ハ機密費等ノ基準月額ヲ増額セントスルトキハ大使ノ許可ヲ受クベシ

大使ハ必要アリト認ムルトキハ資本金百万円以上ノ会社ニ対シ機密費等ノ基準月額ヲ減額スベキコトヲ命ズルコトヲ得

資本金百万円以上ノ会社ハ毎事業年度ニ於テ支出セントスル機密費等ノ合計金額ガ前四項ノ規定ニ依リ報告シ、承認ヲ受ケ、増額シ又ハ減額シタル基準月額ニ当該事業年度ノ月数（暦ニ従ヒ計算シ一月未満ノ端数ヲ生ジタルトキハ之ヲ一月ニ切上グ）ヲ乗ジテ得ベキ金額ヲ超ユルトキハ大使ノ許可ヲ受クベシ

前五項ノ規定ハ特別ノ法令ニ依リ設立セラレタル会社ニハ之ヲ適用セズ

第二十九条ノ二　資本金百万円以上ノ会社ハ国家総動員法第三十一条ノ規定ニ依リ大使ノ定ムル所ニ従ヒ毎事業年度ニ於ケル寄付金其ノ他之ト同様ノ性質ヲ有スル支出（利益金処分ニ依ルモノヲ含ム以下単ニ寄付金等ト称ス）ノ予定額ヲ大使ニ報告スベシ

前項ノ規定ニ依リ報告ヲ為シタル会社ハ其ノ報告シタル金額ヲ超エテ当該事業年度ニ於テ寄付金等ヲ支出セントスルトキハ大使ノ許可ヲ受クベシ

前二項ノ規定ハ特別ノ法令ニ依リ設立セラレタル会社ニハ之ヲ適用セズ

第二十九条ノ三　大使ハ必要アリト認ムルトキハ会社ニ対シ機密費等、寄付金等、福利施設費其ノ他之ト同様ノ性質ヲ有スル支出（利益金処分ニ依ルモノヲ含ム）又ハ研究費其ノ他之ト同様ノ性質ヲ有スル支出（利益金処分ニ依ルモノヲ含ム）ノ金額又ハ其ノ経理ノ方法ニ関シ必要ナル命令ヲ為スコトヲ得

第三十条　大使ハ会社ノ経費ノ支出ヲ適正ナラシムル為必要アリト認ムルトキハ会社ニ対シ之ニ関シ必要ナル命令ヲ為スコトヲ得

第三十一条　会社ハ大使ノ定ムル所ニ依リ固定資産ノ償却ヲ為スベシ但シ大使ノ許可ヲ受ケタルトキハ此ノ限ニ在ラズ

第三十二条　大使ハ会社ノ経理上必要アリト認ムルトキハ会社ニ対シ資産ノ償却ニ関シ必要ナル命令ヲ為スコトヲ得

第三十三条　会社ハ大使ノ定ムル所ニ依リ左ノ各号ニ掲グル事項ニ付大使ノ許可ヲ受クベシ

一　有価証券ノ取得又ハ処分

二　特許権、鉱業権又ハ漁業権ノ取得又ハ処分

三　賃金の貸付又ハ借入

大使ハ会社ニ対シ借入金ノ限度ヲ指定スルコトヲ得

前項ノ指定ヲ受ケタル会社ハ大使ノ許可ヲ受クルニ非ザレバ其ノ指定ヲ受ケタル限度ヲ超エテ賃金ノ借入ヲ為スコトヲ得ズ

第三十四条　大使ハ会社ノ経理ヲ適正ナラシムル為必要アリト認ムルトキハ会社ニ対シ余裕賃金ノ運用ニ関シ必要ナル制限ヲ為スコトヲ得

第五章　経理検査

第三十五条　大使ハ会社ノ資産負債及損金ノ内容、利益金ノ処分其ノ他経理ニ関シ国家総動員法第三十一条ノ規定ニ依リ報告ヲ徴シ又ハ当該官吏ヲシテ必要ナル場所ニ臨検シ業務ノ状況若ハ帳簿書類其ノ他ノ物件ヲ検査セシムルコトヲ得

前項ノ規定ニ依リ当該官吏ヲシテ臨検検査セシムル場合ニ於テハ其ノ身分ヲ示ス証票ヲ携帯セシムベシ

第三十六条　会社ハ大使ノ定ムル所ニ依リ財産目録、貸借対照表、損益計算書及原価計算ニ関スル書類ヲ作成スベシ

前項ノ財産目録ニ記載スベキ財産ハ大使ノ定ムル所ニ依リ之ヲ評価スベシ

会社ハ第一項ノ規程ニ依リ作成スベキ書類ノ調製ニ必要ナル帳簿ヲ備ヘ整然且明瞭ニ之ガ記帳ヲ為スベシ

第三十七条　大使ハ必要アリト認ムルトキハ会社ニ対シ勘定科目及帳簿組織ヲ指定シ之ニ依ルベキコトヲ命ズルコトヲ得

第三十八条　大使ハ必要アリト認ムルトキハ会社ヲ指定シテ決算ニ関シ当該官吏ノ監査ヲ受クベキコトヲ命ズルコトヲ得

前項ノ規定ニ依リ決算ニ関シ監査ヲ受クベキ命令ヲ受ケタル会社ハ当該官吏ノ監査ヲ受ケタルコトノ証明ヲ受ケタル後ニ非ザレバ利益金ノ処分ヲ為スコトヲ得ズ

第六章　雑則

第三十八条ノ二　会社ハ何等ノ名称ヲ以テスルヲ問ハズ本令ニ基ク制限ヲ免ルル行為ヲ為スコトヲ得ズ

第三十八条ノ三　大使ハ必要アリト認ムルトキハ会社、事項及期間ヲ定メテ本令ニ基ク制限ヲ解除シ又ハ本令ニ基ク義務ヲ免除スルコトヲ得

第三十九条　本令（役員及社員給与ニ関スル規定ヲ除ク）中大使トアルハ南満洲鉄道株式会社、満洲電信電話株式会社、東洋拓殖株式会社、横浜正金銀行、朝鮮銀行、台湾銀行及関東州ニ営業所ヲ有シ銀行法ノ適用ヲ受クル銀行ニ付テハ当該会社又ハ銀行ヲ監督スル主務官庁トス

第四十条　大使ハ本令施行ニ関スル事務ノ一部ヲ関東州庁長官、税務署長又ハ民政署長ヲシテ取扱ハシムルコトヲ得

大使ハ関東州庁長官、税務署長又ハ民政署長ヲシテ第三十五条ノ規定ニ依ル報告ヲ徴セシメ又ハ関東州庁長官、税務署長、民政署長若ハ其ノ代理官ヲシテ同条ノ規定ニ依ル臨検検査ヲ為サシムルコトヲ得

附　則

第四十一条　本令ハ昭和十六年一月二十一日ヨリ之ヲ施行ス

第四十二条　関東州会社利益配当令、関東州会社職員給与臨時措置令及昭和十四年勅令第七百九十八号ハ之ヲ廃止ス但シ本令施行前ニ為シタル行為ニ関スル罰則ノ適用ニ付テハ仍其ノ効力ヲ有ス

第四十三条　会社ノ直前ノ事業年度ノ利益配当ガ関東州会社利益配当令第二条ノ規定ニ依リ大使ノ許可ヲ受ケテ基準配当率ヲ超ユル率ニ依リ為シタルモノニシテ当該利益配当ノ率ノ中大使ガ其ノ許可ヲ為スニ際シ基準配当率ニ算入セザル旨ヲ定メタル部分アルトキハ其ノ部分ヲ除キタル率ヲ以テ第三条第一項第二号ノ直前ノ事業年度ノ配当率ト看做ス

第四十四条　本令施行前合併ヲ為シタルニ因リ関東州会社利益配当令第三条第一項第三号ノ規定ニ依リ基準配当率ニ付大使ノ認定ヲ受ケタル会社ガ当該合併後最初ノ事業年度ノ利益配当ヲ本令施行後為サントスルトキハ当該基準配当率ヲ以テ第三条第一項第二号ノ直前ノ事業年度ノ配当率ト看做ス

第四十五条　資本金二十万円未満タリシ会社ニシテ本令前ノ資本増加ニ因リ資本金二十万円以上ト為リタルニ因リ関東州会社利益配当令第三条第一項第四号ノ規定ニ依リ其ノ基準配当率ニ付大使ノ認定ヲ受ケタル会社ガ当該資本増加後最初ノ事業年度ノ利益配当ヲ本令施行後為サントスルトキハ当該基準配当率ヲ以テ第三条第一項第二号ノ直前ノ事業年度ノ配当率ト看做ス

第四十六条　関東州会社利益配当令第四条ノ規定ニ依リ其ノ基準配当率ニ付大使ノ指定ヲ受ケタル会社ガ指定後最初ノ事業年度ノ利益配当ヲ本令施行後為サントスルトキハ其ノ指定ヲ受ケタル基準配当率ヲ以テ第三条第一項第二号ノ直前ノ事業年度ノ配当率ト看做ス

第四十七条　第三条第二項第一号ノ規定ハ第四十四条乃至前条ノ場合ニ於テ大使ガ基準配当率ノ認定又ハ指定ヲ為スニ際シ当該認定又ハ指定後ノ最初ノ利益配当ニ関シ関東州会社利益配当令第二条第一号ノ規定ヲ適用セザル旨ヲ定メタルトキハ当該利益配当ニ関シテハ之ヲ適用セズ

前項ニ規定スル場合ヲ除クノ外第三条第二項第一号及第四号ノ規定ハ第四十三条乃至前条ノ規定ニ依リ直前ノ事業年度ノ配当率ト看做サレタル率ニ付テモ亦之ヲ適用ス

附　則（昭和十七年勅令第五十五号）

本令ハ公布ノ日ヨリ之ヲ施行ス

本令施行前従前ノ第二十九条第一項ノ規定ニ依リ本令施行後最初ニ終了スル事業年度ニ付同項第一号ニ掲グル支出ノ予定額ヲ報告シタル会社ガ当該事業年度ニ於テ其ノ予定額ノ範囲内ニ於テ為ス機密費等ノ支出ニハ第二十九条第五項ノ改正規定ハ之ヲ適用セズ

本令施行前会社ガ従前ノ第二十九条第一項ノ規定ニ依リ本令施行後最初ニ終了スル事業年度ニ付為シタル同項第二号ニ掲グル支出ノ予定額ノ報告ハ之ヲ第二十九条ノ二第一項ノ改正規定ニ依リ為シタル報告ト看做ス

本令施行前ニ為シタル行為ニ関スル罰則ノ適用ニ付テハ仍従前ノ例ニ依ル

○関東州会社経理統制令中改正

（昭和十九年六月七日 勅令第三百八十九号）

第四条第一項ニ左ノ一号ヲ加フ

三　其ノ他国家経済ノ運営上必要アリト認メラルルトキ

第六条第一項中「会社収益ノ状況其ノ他経理ノ実情ニ照シ」ヲ「国家経済ノ運営上」ニ、「当該会社」ヲ「会社」ニ改ム

第十三条第一項中「少キ金額ヲ超ユルトキ」ノ下ニ「又ハ其ノ支給ガ大使ノ定ムル金額ニ付大使ノ定ムル方法ニ依ラザルトキ」ヲ加フ

第十五条ニ左ノ但書ヲ加フ

但シ大使ノ定ムル場合ハ此ノ限ニ在ラズ

第十七条第二号ヲ削リ同条第三号中「其ノ他ノ手当（前二号ニ掲グル給与）」ヲ「手当（基本給料）」ニ改メ同号ヲ第二号トシ同条第四号中「前三号」ヲ「前二号」ニ改メ同号ヲ第三号トシ同条第五号ヲ第四号トシ同条第六号中「前五号」ヲ「前四号」ニ改メ同号ヲ第五号トス

第十八条中「及関東州在勤手当」ヲ削ル

第十九条第一項中「社員ノ基本給料ノ増加支給（以下昇給ト称ス）又ハ社員ノ関東州在勤手当ノ支給ヲ為サントスルトキ」ヲ「定期昇給ヲ為サントスルトキ及臨時昇給ヲ為サントスルトキ」ニ、同条第二項第一号中「海軍軍医科、薬剤科、主計科、造船科、造機科及造兵科士官」ヲ「海軍将校相当官」ニ改メ同条ニ第一項トシテ左ノ一項ヲ加フ

社員ノ基本給料ノ増加支級（以下単ニ昇給ト称ス）ヲ分チテ左ノ各号ニ掲グル昇給トス

一　定期昇給（毎年一回又ハ二回一定ノ時期ニ於テ為スモノ）

二　臨時昇給（定期昇給ノ時期以外ノ時期ニ於テ為スモノ）

第二十条中「支給スルコトヲ得ズ」ノ下ニ「但シ大使ノ定ムル場合ハ此ノ限ニ在ラズ」ヲ「関東州外在勤手当」ノ上ニ「関東州在勤手当、」ヲ加ヘ「（関東州外ニ在勤スルニ因リ支給スル手当ヲ謂フ）」ヲ削ル

第二十一条第一項中「第十七条第二号及」ヲ削ル

第二十三条、第二十四条第二項及第二十五条ニ左ノ但書ヲ加フ

但シ大使ノ定ムル場合ハ此ノ限ニ在ラズ

第二十九条　資本金二十万円以上ノ会社ハ毎事業年度ニ於テ支出セントスル機密費、交際費、接待費其ノ他之ト同様ノ性質ヲ有スル支出（利益金処分ニ依ルモノヲ含ム以下単ニ機密費等ト称ス）ノ合計金額又ハ広告宣伝費其ノ他之ト同様ノ性質ヲ有スル支出（利益金処分ニ依ルモノヲ含ム以下単ニ広告宣伝費等ト称ス）ノ合計金額ガ当該会社ノ機密費等又ハ広告宣伝費等ノ基準月額ニ当該事業年度ノ月数（暦ニ従ヒ計算シ一月未満ノ端数ヲ生ジタルトキハ之ヲ一月ニ切上グ）ヲ乗ジテ得ベキ金額ヲ超ユルトキハ大使ノ許可ヲ受クベシ

前項ノ機密費等又ハ広告宣伝費等ノ基準月額トハ会社ノ当該事業年度初ノ払込資本金額ニ各大使ノ定ムル割合ヲ乗ジテ得タル金額トス但シ左ノ各号ニ掲グル場合ニ於テハ各其ノ定ムル金額トス

一　特別ノ事由アル場合ニ於テ会社ガ大使ノ承認ヲ受ケ機密費等又ハ広告宣伝費等ノ基準月額トシテ特別ノ金額ヲ定メタルトキ

二　大使ガ機密費等又ハ広告宣伝費等ノ基準トシテ特別ノ金額ヲ定メタルトキ

前項但書ノ規定ノ適用ヲ受クル会社其ノ払込資本金額ヲ減少シタルトキハ国家総動員法第三十一条ノ規定ニ依リ大使ノ定ムル所ニ従ヒ其ノ旨大使ニ報告スベシ

第二十九条ノ二　資本金二十万円以上ノ会社ハ毎事業年度ニ於テ支出セントスル国防献金及恤兵金以外ノ寄附金其ノ他之ト同様ノ性質ヲ有スル支出（利益金処分ニ依ルモノヲ含ム以下単ニ寄附等ト称ス）ノ合計金額ガ大使ノ定ムル限度ヲ超ユルトキハ大使ノ許可ヲ受クベシ

第二十九条ノ三中「機密費等、」ノ下ニ「広告宣伝費等、」ヲ加フ

第三十四条中「会社ノ経理ヲ適正ナラシムル為」ヲ「国家経済ノ運営上」ニ改ム

第三十八条ノ三中「、事項及期間」ヲ「又ハ事項」ニ改ム

附　則

本令ハ公布ノ日ヨリ之ヲ施行ス

本令施行ノ際第三章ノ規定ノ適用ヲ受クル会社ハ国家総動員法第三十一条ノ規定ニ依リ大使ノ定ムル所ニ従ヒ本令施行ノ際ニ於ケル関東州在勤手当ノ準則ヲ大使ニ報告スベシ

前項ノ規定ニ依リ報告スベキ準則ハ改正後ノ第二十条ノ規定ノ適用ニ付テハ之ヲ第二十四条第一項ノ規定ニ依リ報告スベキ準則ト看做ス

会社ノ本令施行前開始シ本令施行後終了スル事業年度ニ於ケル機密費等、広告宣伝費等及寄附金等ニ関シテハ仍従前ノ第二十九条及第二十九条ノ二ノ規定ニ依ル

第二十九条及第二十九条ノ二ノ改正規定ハ資本増加（合併ニ因ル資本増加ヲ含ム以下同ジ）ニ因リ資本金二十万円以上ト為リタル会社ニ付テハ当該資本増加後最初ニ開始スル事業年度ヨリ之ヲ適用ス

本令施行前ニ為シタル行為ニ関スル罰則ノ適用ニ付テハ仍従前ノ例ニ依ル

◎関東州会社経理特別措置令

昭和二十年四月六日
勅令第二百十七号

朕関東州会社経理特別措置令ヲ裁可シ茲ニ之ヲ公布セシム

（総理、大東
亜大臣副署）

関東州会社経理特別措置令

第一条　関東州国家総動員令ニ於テ依ルコトヲ定メタル国家総動員法（以下国家総動員法ト称ス）第十一条ノ規定ニ基ク会社ノ経理ニ関スル命令ノ中戦時災害（戦争ノ際ニ於ケル戦闘行為又ハ之ニ関連アル事件ニ因ル災害ヲ謂フ以下同ジ）ニ因リ損失ヲ生ジタル場合等ニ於ケル特別措置ニ関スルモノニ付テハ本令ノ定ムル所ニ依ル

第二条　戦時災害ニ因リ損失ヲ生ジタル会社及満洲国駐箚特命全権大使ノ指定スル会社ハ其ノ経理ニ付左ノ特別措置ヲ為スコトヲ得法令、法令ニ基ク命令又ハ行政官庁ノ指導若ハ斡旋ニ依リ当該会社ノ営業ノ全部若ハ一部ヲ譲受ケ又ハ当該会社ヲ合併シタル会社亦同ジ

一　関東州裁判事務取扱令ニ於テ依ルコトヲ定メタル商法第二百八十五条ノ規定及其ノ準用規定ニ拘ラズ財産目録ニ記載スル営業用ノ固定財産ニ付財産目録調製ノ時ニ於ケル価格ヲ超エザル価額ヲ附スルコト

二　他ノ法令ノ規定ニ拘ラズ準備金ノ割合ヲ引下ゲ、準備金ノ積立ヲ為サズ又ハ準備金ヲ使用スルコト

三　戦時災害又ハ大使ノ指定スル事由ニ因リ生ジタル損金ノ全部又ハ一部ヲ貸借対照表ノ資産ノ部ニ計上シ之ヲ一定ノ期間内ニ償却スルコト

第三条　会社前条ノ規定ニ依ル特別措置ヲ為サントスルトキハ大使ノ許可ヲ受クベシ但シ大使ノ定ムル場合ハ此ノ限ニ在ラズ

前項但書ノ規定ニ依リ許可ヲ受ケズシテ前条ノ規定ニ依ル特別措置ヲ為シタル会社ハ国家総動員法第三十一条ノ規定ニ依リ大使ノ定ムル所ニ従ヒ其ノ旨大使ニ報告スベシ

大使必要アリト認ムルトキハ会社又ハ事項ヲ定メテ前二項ノ規定ニ依ル許可ヲ受ケ又ハ報告ヲ為ス義務ヲ免除スルコトヲ得

第四条　本令ノ施行ニ関シ必要ナル事項ハ大使之ヲ定ム

附　則

本令ハ公布ノ日ヨリ之ヲ施行ス

◎関東州銀行等資金運用令

昭和十七年六月六日
勅令第五百六十一号

朕関東州銀行等資金運用令ヲ裁可シ茲ニ之ヲ公布セシム（総理拓務、大蔵大臣副署）

関東州銀行等資金運用令

第一条　関東州国家総動員令ニ於テ依ルコトヲ定メタル国家総動員法（以下国家総動員法ト称ス）第十一条ノ規定ニ依ル銀行、保険会社及東洋拓殖株式会社（以下金融機関等ト総称ス）ニ対スル資金ノ運用ニ関スル命令ニ付テハ本令ノ定ムル所ニ依ル

第二条　満洲国駐箚特命全権大使資金ノ運用ヲ適正ナラシムル為必要アリト認ムルトキハ金融機関ニ対シ資金ノ運用ニ関スル計画ノ変更ヲ命ジ又ハ大使ノ定ムル所ニ依リ資金ノ運用方法ヲ指示スルコトヲ得

第三条　金融機関事業ニ属スル設備ノ新設、拡張又ハ改良ニ関スル資金以外ノ資金ニシテ大使ノ定ムルモノノ貸付ヲ為サントスルトキハ大使ノ定ムル所ニ依リ大使ノ許可ヲ受クベシ当該資金ニ付手形ノ割引ヲ為シ又ハ当座貸越ノ契約ヲ為サントスルトキ亦同ジ

第四条　大使前条ノ規定ニ依ル許可ヲ為スニ付必要アリト認ムルトキハ国家総動員法第三十一条ノ規定ニ依リ資金ノ貸付若ハ手形ノ割引ヲ受ケ又ハ当座貸越ノ契約ヲ為サントスル者ヨリ必要ナル事項ニ関スル報告ヲ徴スルコトヲ得

第五条　第二条中満洲国駐箚特命全権大使又ハ大使トアルハ横浜正金銀行、朝鮮銀行、台湾銀行及関東州ニ営業所ヲ有シ銀行法ノ適用ヲ受クル銀行ニ付テハ大蔵大臣トシ東洋拓殖株式会社ニ付テハ拓務大臣トス

附　則

本令ハ昭和十七年六月十五日ヨリ之ヲ施行ス

○昭和十七年勅令第七百二十四号（抄）

昭和十七年十一月一日
勅令第七百二十四号

第五十条　関東州銀行等資金運用令中左ノ通改ム

第五条中「拓務大臣」ヲ「内務大臣」ニ改ム

○関東州銀行等資金運用令中改正

昭和十九年五月六日
勅令第三百二十八号

第一条中「及東洋拓殖株式会社」ヲ「、東洋拓殖株式会社及金融組合」ニ改メ「資金の運用」ノ下ニ「並ニ銀行及金融組合ニ対スル債務ノ引受」ヲ加フ

第六条　大使緊急ノ必要アル場合ニ於テ資金ノ供給ヲ円滑ナ

ラシムル為必要アリト認ムルトキハ銀行（横浜正金銀行、朝鮮銀行、台湾銀行及関東州ニ営業所ヲ有シ銀行法ノ適用ヲ受クル銀行ヲ除ク）及金融組合（以下債務引受機関ト総称ス）ニ対シ債務ノ引受ヲ命ズルコトヲ得

第七条　大使ハ前条ノ規定ニ依ル命令ニ因リ債務引受機関ガ損失ヲ受ケタルトキハ債務引受機関ニ対シ通常生ズベキ損失ヲ補償ス

前項ノ損失ヲ決定スル基準其ノ他損失補償ニ関シ必要ナル事項ハ大使之ヲ定ム

第八条　前条第一項ノ規定ニ依リ大使ガ債務引受機関ニ対シ支払フベキ損失補償金ハ国債証券ヲ以テ之ヲ交付スルコトヲ得

前項ノ規定ニ依リ交付スル国債証券ノ交付価格ハ時価ヲ参酌シテ大蔵大臣之ヲ定ム

第九条　大使ハ引受機関ガ第六条ノ規定ニ依ル命令ニ依リ債務ノ引受ヲ為シタル場合ニ於テ其ノ引受ニ関シ必要アリト認ムルトキハ国家総動員法第三十一条ノ規定ニ依リ債務ヲ引受ケラレタル債務者ヨリ其ノ業務ニ関スル報告ヲ徴シ又ハ当該官吏ヲシテ必要ナル場所ニ臨検シ帳簿書類其ノ他ノ物件ヲ検査セシムルコトヲ得

前項ノ規定ニ依リ当該官吏ヲシテ検査セシムル場合ニ於テハ其ノ身分ヲ示ス証票ヲ携帯セシムベシ

附　則

本令ハ公布ノ日ヨリ之ヲ施行ス

◎関東州企業許可令

昭和十八年十二月十五日
勅令第九百二十五号

朕関東州企業許可令ヲ裁可シ茲ニ之ヲ公布セシム

（総理、大東亜大臣副署）

関東州企業許可令

関東州国家総動員令ニ於テ依ルコトヲ定メタル国家総動員法第十六条ノ規定ニ基ク事業ニ属スル設備ノ新設、拡張又ハ改良ノ制限及同法第十六条ノ三ノ規定ニ基ク事業ノ開始又ハ委託ニ関スル命令ニ付テハ企業許可令ニ依ル但シ同令第一条及第十一条ノ規定ハ此ノ限ニ在ラズ

企業許可令中国家総動員法トアルハ関東州国家総動員令ニ於テ依ルコトヲ定メタル国家総動員法トシ閣令トアルハ関東局令トシ重要産業団体令ニ依ル統制令ニシテ主務大臣ノ指定スルモノ（以下指定統制令ト称ス）トアルハ満洲国駐箚特命全権大使ノ指定スルモノ（以下指定団体ト称ス）トシ指定統制会トアルハ指定団体トシ主務大臣トアルハ大使トス

附　則

本令ハ公布ノ日ヨリ之ヲ施行ス

◎関東州企業整備令

昭和十八年十二月十五日
勅令第九百二十六号

朕関東州企業整備令ヲ裁可シ茲ニ之ヲ公布セシム（総理、陸軍、海軍、大東亜大臣副署）

関東州企業整備令

第一条　関東州国家総動員令ニ於テ依ルコトヲ定メタル国家総動員法第十六条ノ二ノ規定ニ基ク事業ニ属スル設備又ハ権利（水の使用に関スル権利ヲ除ク）ノ譲渡其ノ他ノ処分、出資、使用又ハ移動ニ関スル命令及同法第十六条ノ三ノ規定ニ基ク事業ノ委託、譲渡、廃止若ハ休止又ハ法人ノ合併若ハ解散ニ関スル命令ニ付テハ本令ニ定ムルモノヲ除クノ外企業整備令ニ依ル但シ同令第一条、第二十五条並ニ第二十六条第二項及第三項ノ規定ハ此ノ限ニ在ラズ

企業整備令中国家総動員法トアルハ関東州国家総動員令ニ於テ依ルコトヲ定メタル国家総動員法トシ主務大臣、他ノ大臣、所管大臣又ハ当該大臣トアルハ満洲国駐箚特命全権大使トシ国税徴収法トアルハ明治四十年勅令第五十六号ニ於テ準用スルコトヲ定メタル国税徴収法トシ土地収用法トアルハ関東州土地収用令トシ株式会社、株式合資会社又ハ有限会社トアルハ株式会社又ハ株式合資会社トシ工場財団又ハ鉱業財団トアルハ工場財団トシ企業整備令第二条中権利トアルハ権利（水ノ使用ニ関スル権利ヲ除ク以下同ジ）トス

第二条　大使ハ本令ニ定ムル職権ノ一部ヲ関東州庁長官ニ委任スルコトヲ得

附　則

本令ハ公布ノ日ヨリ之ヲ施行ス

法令二

衛生、学事、神社宗教、
社会、土地、州計画、
電気事業、交通、通信、
前編分付加

◎医師規則（抄）

昭和八年一月十四日
関東庁令第一号

改正 昭和九年第七八号、一一年第八号、一二年第一一一号

第一条 医師タラントスル者ハ左ノ資格ヲ有シ満洲国駐箚特命全権大使ノ免許ヲ受クルコトヲ要ス
一 医師法第一条第一項第一号又ハ第二号ニ該当スル者
二 満洲医科大学専門部ヲ卒業シタル者
三 外国ノ医学校ヲ卒業シ又ハ外国ニ於テ医師免許ヲ得タル帝国臣民ニシテ大使ニ於テ適当ト認メタル者

内務大臣ノ下付シタル医師免許証又ハ医術開業免許ヲ有スル者ハ本令ニ依リ免許ヲ受ケタル者ト看做ス

第二条 左ノ各号ノ一ニ該当スル者ハ医師ノ免許ヲ受クルコトヲ得ズ
一 六年ノ懲役又ハ禁錮以上ノ刑ニ処セラレタル者
二 未成年者、禁治産者、準禁治産者、聾者、唖者及盲者

第三条 六年未満ノ懲役若ハ禁錮ニ処セラレタル者、医業ニ関シ不正ノ行為アリタル者又ハ身体若ハ精神ニ異状アリテ医業ニ堪ヘズト認ムル者ニ免許ヲ与ヘザルコトアルベシ

第七条 医師自己又ハ他人ノ診療所若ハ其ノ出張所ニ於テ医業ヲ開始シタルトキハ十日内ニ其ノ旨ヲ関東州庁長官ニ届出ヅベシ其ノ医業ヲ休止シ廃止シ又ハ診察治療ノ場所ニ異動ヲ生ジタルトキ亦同ジ

官立病院ニ於テ診察治療ニ従事スル場合ハ前項ニ依ルノ限ニ在ラズ

第一項ノ開業届出ニハ医師免許証又ハ医術開業免状ノ寫ヲ添附スベシ

本令ニ於テ診療所トハ公衆又ハ特定多数人ノ為医業ヲ為ス場所ヲ謂フ

第八条 医師住所ヲ定メタルトキハ本籍、住所、氏名、年令及現在ノ業務ヲ具ジ医師免許証又ハ医術開業免状ノ寫ヲ添ヘ関東州庁長官ニ届出ヅベシ但シ前条ノ手続ヲ為シタル場合ハ此ノ限ニ在ラズ

前項ノ住所ヲ変更シタルトキハ其ノ旨ヲ関東州庁長官ニ届出ヅベシ

第九条 医師ハ自ラ診療セズシテ治療ヲ為シ若ハ診断書、処方箋ヲ交付シ又ハ検案セズシテ検案書若ハ死産証書ヲ交付スルコトヲ得ズ但シ診療中ノ患者死亡シタル場合ニ交付スル死亡診断書ニ付テハ此ノ限ニ在ラズ

第十条 医師ハ法令ノ規定ニ依リ必要アル者ニ正当ノ事由ナクシテ診断書、検案書、死産証書又ハ死亡診断書ノ交付ヲ拒ムコトヲ得ズ

開業ノ医師ハ診察治療ノ需アル場合ニ於テ正当ノ事由ナクシテ之ヲ拒ムコトヲ得ズ

第十一条 医業ニ関シテハ何人ト雖モ医師ノ称号及専門科名ヲ除クノ外其ノ技能、療法又ハ経歴ニ関スル広告ヲ為スコトヲ得ズ

第十二条 医師患者ヲ診療シ又ハ死体若ハ死産児ヲ検案シタル場合ニ於テ異常アリト認メタルトキハ直ニ所轄警察署ニ

申告スベシ

第十三条　医師ハ其ノ診察シタル患者ニ交付スル処方箋ニ患者ノ氏名、年令、薬名、分量、用法、用量及処方ノ年月日ヲ記載シ署名又ハ捺印スベシ

第十四条　医師其ノ診察治療スル患者ニ自ラ薬剤ヲ交付スルトキハ容器又ハ包紙ニ其ノ用法、患者ノ氏名及診療所ノ名称又ハ自己ノ氏名ヲ明記スベシ

第十五条　医師ハ診療簿ヲ備ヘ診察治療シタル患者ノ住所、氏名、年令、職業、病名、診療年月日及療法ヲ記載シ十年間保存スベシ但シ不明ナルモノハ其ノ旨ヲ記載スベシ

第十六条　医師第二条八号ノ一ニ該当スルニ至リタルトキハ其ノ免許ヲ取消シ又ハ医業ヲ禁止ス

医師第三条ノ規定ニ該当スルニ至リタルトキハ免許ヲ取消シ又ハ医業ヲ禁止シ若ハ期間ヲ定メテ停止スルコトアルベシ

前二項ノ規定ニ依ル処分ヲ受ケタル医師ハ直ニ医師免許証ヲ大使ニ提出スベシ

医業ノ禁止又ハ停止ノ処分ヲ受ケタル者ノ提出シタル免許証ニハ其ノ裏面ニ禁止又ハ停止ノ要旨ヲ記載シ之ヲ還付ス内務大臣ヨリ医業ニ停止セラレタル者ハ其ノ間業務ヲ停止セラレタルモノトス

第十七条　第一条第一項ノ医師免許ノ取消ヲ求メントスルトキハ医師免許証ヲ添ヘ大使ニ届出ヅベシ

医師失踪ノ宣告ヲ受ケ又ハ死亡シタルトキハ戸主、家族又ハ同居人ヨリ二十日以内ニ其ノ旨ヲ大使ニ届出ヅベシ

前項ノ場合第一条第一項ノ医師ニ在リテハ医師免許証ヲ添付スベシ

第十九条　左ニ掲グル場合ニ於テハ族籍、氏名、事由其ノ他必要ト認ムル事項ヲ関東局局報ニ公告ス

一　医師ノ免許ヲ為シタルトキ
二　医師失踪ノ宣告ヲ受ケ又ハ死亡シタルトキ
三　医師免許証ノ書換又ハ再下付ヲ為シタルトキ
四　医師免許ノ取消又ハ医業ノ禁止若ハ停止ヲ為シタルトキ

第二十条　医師ハ医師会ヲ設立スルコトヲ得

医師会ハ医事衛生ノ改良発達ヲ図ルヲ以テ目的トス

医師会ハ医事衛生ニ関シ官庁ノ諮問ニ応ジ又ハ建議ヲ為スコトヲ得

第二十八条　左ノ各号ノ一ニ該当スル者ハ二百円以下ノ罰金又ハ科料ニ処ス

一　免許ヲ受ケズシテ医業ヲ為シタル者又ハ禁止中若ハ停止中医業ヲ為シタル者
二　第九条乃至第十五条ノ規定ニ違反シタル者

第二十九条　第五条、第七条第一項、第八条、第十六条第三項、第十七条第二項及第十八条ノ規定ニ違反シタル者ハ科料ニ処ス

附　則

第三十条　本令ハ昭和八年二月一日ヨリ之ヲ施行ス

第三十一条　医師取締規則ハ之ヲ廃止ス

第三十二条　第一条各号ノ規定ニ該当セザル者ト雖モ当分ノ

内其ノ履歴及技倆ヲ審査シ地域及期限ヲ定メ之ニ医業ノ免許ヲ与フルコトアルベシ

前項ノ免許ヲ受ケントスル者ハ本籍（外国人ニ在リテハ其ノ国籍）、住所、氏名、生年月日、医業地域及期間ヲ記シタル書面ニ戸籍謄本又ハ戸籍抄本及履歴書並ニ其ノ技倆ヲ証明スルニ足ルベキ書類ヲ添ヘ関東州庁長官ニ申請スベシ

本令施行前地域及期間ヲ限リ免許ヲ受ケ現ニ医業ヲ為ス者ハ第一項ノ規定ニ依リ免許ヲ受ケタルモノト着做ス

第一項又ハ前項ノ規定ニ依リ免許ヲ受ケタル者ニハ本令ノ規定ヲ準用ス

第三十三条　現ニ居住シ又ハ開業中ノ医師ニシテ従前ノ規定ニ依リ届出ヲ為シタル者ハ本令ニ依リ届出タルモノト看做ス

◎関東州公医規則

明治四十年十月十五日
関東都督府令第五十七号

改正　明治四三年第三六号
大正三年第七号、四年第四号、六年第一九号、九年庁第二九号、一三年第二一号、一四年第一号
昭和九年第八一号

第一条　関東州ニ公医ヲ置ク

公医ハ其ノ取務ニ関シテハ嘱託員ノ待遇トス

第二条　公医配置ノ場所、受持区域及其ノ人員ハ関東州庁長官之ヲ定ム

第三条　公医ハ所轄警察署長之ヲ指揮監督ス

第四条　公医ハ其ノ受持区域内ニ於テ左ノ事項ヲ担任スヘシ

一　貧民患者ノ施療ニ関スル事項

二　芸奴、娼妓、酌婦等ノ健康診断及治療ニ関スル事項

三　種痘普及ニ関スル事項

四　伝染病ノ流行及地方病ノ発生ニ注意シ之カ検疫、予防ニ関スル事項

五　検屍検証ニ関スル事項

六　飲料水、家屋、下水、道路、溝渠等ノ清潔方法ニ関スル事項

七　衛生及医師統計ニ関スル事項

八　前各号ノ外特ニ命セラレタル事項

第五条　公医ハ前条ノ外左ノ事項ニ注意スヘシ

一　医師、産婆其ノ他療丁ノ業務ニ関スル事項

二　薬剤師、薬種商、製薬者、賣薬営業者ノ業務薬品ノ良否及賣薬ニ関スル事項

三　飲食物、飲食器具、絵具、著色料等ノ中毒ニ関スル事項

四　前各号ノ外受持区域内ニ於ケル公衆衛生ニ関スル事項

第六条　公医ハ非常事変ニ因リ人命救助ヲ要スルトキハ速ニ現場ニ出張シ所在地警察官吏ニ協議シ其ノ救護ニ従事スヘシ

第七条　公医ハ所轄警察署長ノ指揮ニ依リ健康診断及汽車船舶ノ検疫ニ従事スヘシ

第八条　公医ハ常ニ受持区域内ニ於ケル公衆衛生及医事ノ状

況ヲ査察シ意見ヲ具シテ之ヲ所轄警察署長ニ報告スヘシ
第九条　公医ハ左記事項ニ関シ毎一箇月分ヲ翌月五日迄ニ所轄警察署長ヲ経由シ関東州庁長官ニ報告スヘシ但シ事ノ緊急ヲ要スルモノハ臨時即報スヘシ
一　第四条各号ニ関スル事項
二　開業医トシテ診療シタル患者ノ病類別
第十条　公医ニハ別ニ定メタル手当、助手傭入加給、産婆傭入加給、施療薬餌料及舎宅料ヲ給ス但シ家屋ヲ貸与スル場合ニ於テハ舎宅料ヲ支給セス
第十一条　公医ニハ品目員数ヲ限リ治療用機械器具等ヲ貸与スルコトアルヘシ
第十二条　公医ニ支給スル旅費ハ別ニ之ヲ定ム
第十三条　公医ハ所轄警察官署又ハ警察官吏派出所ノ認定交付シタル施療券ヲ携行シタル者ニハ施療ヲ為スヘシ
第十四条　公医ハ第十一条貸与品ノ外普通治療機械器具及薬品ヲ常備スヘシ
第十五条　公医ハ所轄警察署長ノ指揮アルトキハ受持区域外ノ事務ニ従事スヘシ
第十六条　公医及其ノ家族ハ薬種商、売薬業其ノ他ノ営業ヲ為スコトヲ得ス
第十七条　公医ハ診察料、手術料、薬価等ヲ定メ所轄警察署長ヲ経由シ関東州庁長官ノ認可ヲ受クヘシ之ヲ更改セムトスルトキ亦同シ
第十八条　公医ハ左ニ掲クル事項ニ関シテハ所轄警察署長ノ認可ヲ受クヘシ
一　受持区域内ニ於テ開業ノ場所ヲ移転セムトスルトキ
二　病院又ハ出張所ヲ設置セムトスルトキ
三　私事ノ為施行セムトスルトキ
四　病気其ノ他ノ事故ニ依リ其ノ業務ヲ休止セムトスルトキ

◎歯科医師規則

昭和八年一月十四日
関東庁令第二号

改正　昭和一二年第一一号

第一条　歯科医師ハ内務大臣ノ授与シタル歯科医師免許証又ハ歯科医術開業免状ヲ有スル者ナルコトヲ要ス
第二条　医師ニシテ歯科専門ヲ標榜シ又ハ歯科医業中金属充塡、鑲嵌、義歯、歯冠継続及架工、歯列矯正、口蓋補綴ノ技術ニ属スル行為ヲ為サントスル者ハ関東州庁長官ノ許可ヲ受クベシ
前項ノ申請書ニハ歯科学ノ課程ヲ設クル当校等ノ首長ノ作成シタル歯科ヲ修業シ且相当技能ヲ有スル旨ノ証明書ヲ添附スルコトヲ要ス
医師ニシテ内務大臣ノ許可ヲ受ケ又ハ大正五年法律第四十四号附則ニ依リ歯科医業ヲ為ス者ハ本令ニ依リ許可ヲ受ケタルモノト看做ス
第三条　医師規則第二条乃至第二十七条、第二十八条第二号、第二十九条、第三十二条及第三十三条ノ規定ハ之ヲ

歯科医師ニ準用ス

第四条　左ノ各号ノ一ニ該当スル者ハ二百円以下ノ罰金又ハ科料ニ処ス

一　免許ヲ受ケズシテ歯科医業ヲ為シタル者又ハ禁止中若ハ停止中歯科医業ヲ為シタル者

二　第二条第一項ノ規定ニ違反シタル者

附　則

本令ハ昭和八年二月一日ヨリ之ヲ施行ス

大正五年関東都督府令第三十五号ハ之ヲ廃止ス

第二条ノ規定ニ依リ歯科医業ヲ為ス者ハ之ヲ歯科医師ト看做ス

◎薬剤師規則（抄）

大正十四年五月一日
関東庁令第二十四号

改正　昭和九年第八二号、一一年第四八号、一二年第一一号、一七年第一二七号

第一条　薬剤師ハ厚生大臣ノ授与シタル薬剤師免許証ヲ有スル者タルコトヲ要ス

第二条　薬剤師ニ非サレハ販賣又ハ授与ノ目的ヲ以テ調剤ヲ為スコトヲ得ス但シ別段ノ規定アルモノハ此ノ限ニ在ラス

薬剤師販賣又ハ授与ノ目的ヲ以テ調剤ヲ為ス場合ニ於テハ薬局ニ於テ之ヲ行フヘシ

第三条　薬剤師ニ非サレハ薬局ヲ開設シ又ハ之ヲ管理スルコトヲ得ス但シ薬剤師ト雖二以上ノ薬局ヲ管理スルコトヲ得ス

第四条　薬剤師ハ薬品ノ製造、販賣及鑑定ヲ為スコトヲ得

第五条　薬剤師薬局ヲ開設セムトスルトキハ本籍、住所、氏名、生年月日、薬局ノ所在地及名称並薬局ヲ自ラ管理セサル場合ニ於テハ管理人タル薬剤師ノ本籍、住所、氏名及生年月日ヲ具シ薬剤師免許証寫ヲ添ヘ管理人タル薬剤師ヲ置クトキハ其ノ者ノ薬剤師免許証寫ヲ添附スルコト関東州庁長官ノ許可ヲ受クヘシ薬局ノ所在地又ハ管理人タル薬剤師ヲ変更セムトスルトキ亦同シ

第六条　薬剤師左ノ各号ノ一ニ該当スル場合ハ十日内ニ本籍、住所、氏名、生年月日、現在ノ業務及就業場所ヲ具シ薬剤師免許証寫ヲ添ヘ関東州庁長官ニ届出ツヘシ業務又ハ就業場所ヲ変更シタルトキ亦同シ

一　薬局ヲ廃止シ又ハ薬局ノ名称ヲ変更シタルトキ

二　診療所、研究所、試験所其ノ他ニ勤務シタルトキ

三　住所ヲ定メ又ハ之ヲ変更シタルトキ

第七条　薬剤師ハ調剤ノ需アル場合ニ於テハ昼夜ヲ問ハス正当ノ事由ナクシテ之ヲ拒ムコトヲ得ス

処方箋中疑ハシキ廉アルトキハ其ノ医師ニ質シ証明ヲ得ルニ非サレハ調剤ヲ為スコトヲ得ス

第八条　医師ノ処方箋中ニ記載セラレタル薬品ニシテ欠乏セルモノアルトキハ薬剤師ハ其ノ医師ノ同意ヲ得ルニ非サレハ之ヲ省略シ又ハ他ノ薬品ヲ以テ之ニ代ヘ調剤ヲ為スコトヲ得ス但シ欠乏セル薬品ト同一ノ集成ヲ有スル薬品異性体及同素体ヲ

含マスヲ以テ之ニ代フル場合ハ此ノ限ニ在ラス

第九条　薬剤師調剤ヲ為シタルトキハ薬剤ノ容器又ハ包紙ニ内外用ノ別、用法、用量、調剤年月日、患者ノ氏名及薬局名又ハ薬剤師ノ氏名ヲ記載スヘシ

第十条　薬局開設者ハ薬局ニ調剤録ヲ備フヘシ

薬剤師調剤ヲ為シタルトキハ直ニ調剤録ニ左ノ事項ヲ記載スヘシ

一　処方箋ニ記載セル事項

二　調剤ノ年月日

三　調剤者ノ氏名

四　処方箋ニ指定スル使用期間ニ対スル調剤ノ全部ヲ了ラサルトキハ調剤量

五　第七条第二項ノ規定ニ依リ医師ノ証明ヲ得タルトキハ其ノ旨

六　第八条ノ規定ニ依リ医師ノ証明ヲ得テ調剤ヲ為シタルトキハ其ノ旨並薬品名及分量、同条但書ノ規定ニ依リ他ノ薬品ヲ以テ之ニ代ヘ調剤シ為シタルトキハ其ノ旨及薬品名

第十一条　薬剤師調剤ヲ為シタルトキハ其ノ処方箋又ハ其ノ寫及調剤録ヲ三年間保存スヘシ

第十二条　薬局ノ構造設備ハ左ノ各号ニ依ルヘシ

一　採光換気ヲ十分ナラシメ且清潔ヲ保ツ為適当ナル装置ヲ為スコト

二　冷暗所ヲ設クルコト

三　日本薬局方第一表ノ薬品ヲ備フルコト

四　感量十ミリグラムノ天秤及感量五百グラムノ上皿天秤其ノ他調剤ニ必要ナル器具ヲ備フルコト

第十三条　薬剤師死亡シタルトキハ十日内ニ、休業二十日ヲ超ユルトキハ直ニ其ノ旨ヲ関東州庁長官ニ届出ツヘシ但シ死亡シタルトキハ遺族ヨリ届出ツヘシ

第十四条　薬剤師ハ薬剤師会ヲ設立スルコトヲ得

薬剤師会ハ薬事衛生ノ改良発達ヲ図リ公益ニ貢献スルヲ以テ目的トス

第十六条ノ二　行政官庁ハ薬事衛生ニ関スル報告又ハ調査ヲ薬剤師会ニ命スルコトヲ得

第十七条　第二条第一項、第三条又ハ第五条ニ違反シタル者ハ二百円以下ノ罰金又ハ科料ニ処ス

第十八条　第七条又ハ第八条ニ違反シタル者又ハ誤リテ調剤ヲ為シタル者ハ百円以下ノ罰金又ハ科料ニ処ス

第十九条　第二条第二項、第九条、第十一条又ハ第十二条ニ違反シタル者ハ五十円以下ノ罰金又ハ科料ニ処ス

第二十条　第六条、第十条又ハ第十三条ニ違反シタル者ハ科料ニ処ス

第二十一条　関東州庁長官ハ薬剤師ニシテ禁錮以上ノ刑ニ処セラレタルトキ又ハ其ノ業務ニ関シ罰金、科料ノ刑ニ処セラレ若ハ不正ノ行為アリタルトキ又ハ其ノ業務ヲ営ムニ堪ヘスト認メタルトキハ其ノ業務ヲ禁止シ又ハ停止スルコトヲ得

第二十二条　本令中医師ニ関スル規定ハ歯科医師及獣医師ニ

之ヲ準用ス

附　則

本令ハ公布ノ日ヨリ之ヲ施行ス

本令施行ノ際現ニ薬剤師タル者ハ二十日内ニ第五条又ハ第六条ノ届出ヲ為スヘシ

◎麻薬取締規則

昭和十年九月二十三日
関東局令第五十八号

改正　昭和一二年第一一号

第一条　本令ニ於テ麻薬トハ左ノ各号ニ掲グル物ヲ謂フ

一　「モルヒネ」及「ヂアセチルモルヒネ」其ノ他ノ「モルヒネエステル」並ニ其ノ各塩類

二　粗製「モルヒネ」、「コカ」葉及粗製「コカイン」

三　「エクゴニン」（比旋光度ノ如何ヲ問ハズ）及「コカイン」其ノ他ノ「エクゴニンエステル」並ニ其ノ各塩類

四　「ヂヒドロオキシコデイノン」、「ヂヒドロコデイノン」、「ヂヒドロモルヒノン」、「アセチルヂヒドロコデイノン」、「ヂヒドロモルヒネ」及其ノ各「エステル」並ニ其ノ各塩類

五　「コデイン」、「エチルモルヒネ」、「ベンジルモルヒネ」其ノ他ノ「モルヒネエーテル」及其ノ各塩類

六　「モルヒネエヌオキシド」其ノ他ノ五価窒素「モルヒネ」及其ノ誘導体

七　「ヂヒドロコデイン」及「テバイン」並ニ其ノ各塩類

八　「モルヒネ」、「モルヒネエステル」（「ヂアセチルモルヒネ」ヲ除ク）若ハ「モルヒネエーテル」（「コデイン」及「エチルモルヒネ」ヲ除ク）ヲ千分中二分以上検出シ又ハ「ヂアセチルモルヒネ」ヲ検出スル物

九　「ヂヒドロオキシコデイノン」、「ヂヒドロコデイノン」、「ヂヒドロモルヒノン」、「アセチルヂヒドロコデイノン」、「ヂヒドロモルヒネ」若ハ其ノ各「エステル」又ハ五価窒素「モルヒネ」若ハ其ノ誘導体ヲ千分中二分以上検出スル物

十　「エクゴニン」又ハ「コカイン」其ノ他ノ「エクゴニンエステル」ヲ千分中一分以上検出スル物

十一　印度大麻草、其ノ樹脂及之ヲ含有スル物

第二条　削除

第三条　第一条第一号乃至第六号ノ麻薬（「コカ」葉ヲ除ク）、第八条ノ麻薬ニシテ「モルヒネ」若ハ「ヂアセチルモルヒネ」ヲ千分中百分以上検出スル物又ハ第十条ノ麻薬ニシテ「コカイン」ヲ千分中百分以上検出シ若ハ「コカ」葉ヨリ直接製造セラレ「コカイン」ヲ千分中一分以上検出スルモノヲ製造セントスル者ハ左ノ各号ノ事項ヲ具シ満洲国駐箚特命全権大使ノ許可ヲ受クベシ

一　製造所所在地

二　品名

三　製造又ハ貯蔵ニ使用スル建造物ノ位置、構造及設備（図面添付）

前項各号ノ事項ヲ変更セントスルトキハ其ノ事項ニ付更ニ

許可ヲ受クベシ

第四条　前条第一項ノ許可ヲ受ケタル者ハ毎年其ノ製造セントスル数量並ニ原料ノ種類、数量及取得方法ニ付大使ノ許可ヲ受クベシ之ヲ変更セントスルトキ亦同ジ

第五条　第三条第一項ノ許可ヲ受ケタル者ハ毎年一月乃至三月、四月乃至六月、七月乃至九月、十月乃至十二月ノ各期間毎ニ其ノ期間満了後十日以内ニ各製造所ニ付当該麻薬ニ関スル左ノ各項ヲ大使ニ届出ヅベシ

一　製造シタル麻薬ノ品名及数量

二　払出シタル麻薬ノ品名及数量

三　期間末ニ現在スル麻薬ノ品名及数量

四　受入レタル原料ノ種類、数量、受入先及原料ガ阿片又ハ第一条第二号ノ麻薬ナル場合ニ於テハ其ノ百分中ニ検出スル「モルヒネ」又ハ「コカイン」若ハ「エクゴニン」ノ量

五　仕込ミタル原料ノ種類、数量及原料ガ阿片又ハ第一条第二号ノ麻薬ナル場合ニ於テハ其ノ百分中ニ検出スル「モルヒネ」又ハ「コカイン」若ハ「エクゴニン」ノ量

六　期間末ニ現在スル原料ノ種類及数量

第六条　第三条ノ許可ヲ受クベキ麻薬ヲ除クノ外第一条第七号乃至第十一号ノ麻薬ヲ製造セントスル者ハ左ノ各号ノ事項ヲ具シ大使ニ届出ヅベシ

一　製造所所在地

二　品名

三　毎年ノ製造予定数量

四　原料ノ種類、数量及取得方法

前項各号ノ事項ヲ変更セントスルトキハ其ノ事項ニ付更ニ届出ヅベシ

第七条　前条ノ麻薬ヲ製造シタル者ハ毎年十二月末日迄ニ製造シタル麻薬ノ品名及数量並ニ原料ノ種類、数量及受入先ヲ翌年一月末日迄ニ大使ニ届出ヅベシ

前項ノ規定ハ麻薬ヲ原料トシテ麻薬ニ非ザル物ヲ製造シタル者ニ之ヲ準用ス

第八条　麻薬ヲ製造スル者其ノ製造ヲ廃止シタルトキハ十日以内ニ大使ニ届出ヅベシ

第九条　麻薬ヲ輸入セントスル者ハ左ノ各号ノ事項ヲ具シ大使ノ許可ヲ受クベシ

一　品名及数量

二　輸入ノ目的

三　出荷人ノ氏名（法人ニ在リテハ名称）及業務所所在地

四　輸入ノ期間

五　送荷ノ方法

六　輸入地

前項各号ノ事項ヲ変更セントスルトキハ其ノ事項ニ付更ニ許可ヲ受クベシ

第一項ノ許可ヲ為シタルトキハ輸入許可証及輸入許可証明書ヲ下付ス

第十条　麻薬ヲ輸出セントスル者ハ左ノ各号ノ事項ヲ具シ仕向地当該官憲ノ発給ニ係ル輸入許可証明書又ハ保税倉庫搬入許可証明書ヲ添ヘ大使ノ許可ヲ受クベシ

輸出ヲ為サザルトキハ許可ヲ受ケタル期間満了後十日以内ニ輸入許可証及輸入許可証明書又ハ輸出許可証及輸出許可証謄本ヲ大使ニ返納スベシ

第十六条　麻薬ハ大使ノ許可ヲ受クルニ非ザレバ之ヲ賣買シ、受授シ、所有シ又ハ所持スルコトヲ得ズ但シ医師、歯科医師、獣医師、薬剤師若ハ薬品営業者ニシテ業務上正当ニ賣買シ、受授シ、所有シ若ハ所持スル場合又ハ医師、歯科医師若ハ獣医師ノ処方箋ニ依リ麻薬ヲ譲受ケ又ハ其ノ麻薬ヲ所有シ若ハ所持スル場合ハ此ノ限ニ在ラズ

第十七条　麻薬ヲ発賣スル者又ハ小分シテ販賣スル者ハ其ノ容器又ハ被包ニ左ノ事項ヲ記載スベシ

一　第一条各号ニ該当スル薬品ニ在リテハ「麻」ノ字

二　第一条第一号、第三号又ハ第四号ニ該当スル薬品ニ在リテハ五瓦以下ヲ内容トスル場合ヲ除キ氏名（法人ニ在リテハ名称）又ハ商号、業務所所在地、発賣又ハ小分ノ年月日及番号

三　第一条第八号乃至第十号ニ該当スル薬品ニ在リテハ之ニ含有スル麻薬タル「アルカロイド」ノ量

第十八条　薬品営業者ハ別記様式ノ帳簿ヲ備ヘ麻薬ノ受払ニ付其ノ品名、種類、数量、年月日、受入先払出先ノ住所又ハ業務所所在地、職業及氏名（法人ニ在リテハ名称）又ハ商号並ニ前条第二号ノ麻薬ニ在リテハ其ノ容器又ハ被包ノ記載事項ヲ記入シ其ノ日附ヨリ三年間之ヲ保存スベシ但シ医師、歯科医師又ハ獣医師ノ処方箋ニ依リ譲渡スル麻薬及大使ノ別ニ指定スル麻薬ニ付テハ此ノ限ニ在ラズ

第十九条　薬品営業者ガ他ノ薬品営業者、医師、歯科医師又

一　品名及数量

二　荷受人ノ氏名（法人ニ在リテハ名称）及業務所所在地

三　輸出ノ期間

四　送荷ノ方法

五　輸出地

前項各号ノ事項ヲ変更セントスルトキハ其ノ事項ニ付更ニ許可ヲ受クベシ

第一項ノ許可ヲ為シタルトキハ輸出許可証及輸出許可証ノ謄本ヲ下付ス

前項ノ謄本ハ之ヲ送荷ニ添送スベシ

第十一条　関東州ヲ通過スル麻薬ヲ積載スル船舶ノ船長ハ送荷ニ添送スル輸出許可証又ハ転向証明書ノ謄本ヲ入港ノ際当該警察署長ニ提示スルニ非ザレバ該麻薬ヲ輸送スルコトヲ得ズ

前項ノ規定ハ郵便ニ依ル輸送ニハ之ヲ適用セズ

第十二条　麻薬ノ陸場、積戻又ハ積換ハ本令ノ適用ニ付テハ之ヲ輸出入ト看做ス

第十三条　麻薬ヲ輸入シ又ハ輸出スル者ハ其ノ輸入又ハ輸出ノ際輸入許可証又ハ輸出許可証ヲ当該警察署長ニ提示スベシ

第十四条　麻薬ヲ輸入シ又ハ輸出シタル者ハ輸入ノ場合ニ於テハ輸入許可証及送荷ニ添送シタル輸出許可証又ハ転向証明書ノ謄本ヲ、輸出ノ場合ニ於テハ輸出許可証ヲ添ヘ十日以内ニ其ノ旨ヲ大使ニ届出ヅベシ

第十五条　麻薬ノ輸入又ハ輸出ノ許可ヲ受ケタル者輸入又ハ

ハ獣医師ニ麻薬ヲ譲渡スルトキハ其ノ薬品営業者、医師、歯科医師又ハ獣医師タルコトニ関シ警察署長ノ証明アル文書ヲ徴スベシ但シ薬品営業者自己ノ知人タル薬品営業者、医師、歯科医師又ハ獣医師ニ麻薬ヲ譲渡スルトキハ此ノ限ニ在ラズ

前項ノ文書ハ三年間之ヲ保存スベシ

第二十条　当該官吏ハ前条ノ文書若ハ第十八条ノ帳簿ヲ検査シ又ハ麻薬ヲ製造シ、貯蔵シ若ハ販賣スル場合ニ臨検スルコトヲ得

第二十一条　医師麻薬ノ慢性中毒者ヲ診断シタルトキハ其ノ住所、氏名及中毒麻薬ノ種類ヲ十日以内ニ所轄警察署長ニ届出ズベシ其ノ転帰ノ場合亦同ジ

第二十二条　医師麻薬ノ慢性中毒者ニ其ノ中毒治療ノ目的ヲ以テ麻薬ヲ配伍スル処方箋ヲ交付シタルトキハ患者ノ氏名、薬名、分量、用法、用量、処方ノ年月日及使用期間ヲ具シ十日以内ニ所轄警察署長ニ届出ヅベシ

第二十三条　第三条、第四条、第九条若ハ第十条ノ許可ヲ受ケタル者、第六条ノ麻薬ヲ製造スル者又ハ麻薬ヲ原料トシテ麻薬ニ非ザル物ヲ製造スル者本令ニ違反シ又ハ麻薬若ハ阿片ニ関シ犯署其ノ他不正ノ行為アリタルトキハ其ノ許可ヲ取消シ又ハ其ノ製造ヲ禁止シ若ハ停止スルコトアルベシ

第二十四条　第三条第一項、第四条、第九条第一項、第十条第一項又ハ第十六条ノ規定ニ違反シタル者ハ一年以下ノ懲役又ハ二百円以下ノ罰金ニ処ス

第三条第一項、第九条第一項又ハ第十条第一項ノ規定ニ違反シテ麻薬ヲ製造シ、輸入シ又ハ輸出スル目的ヲ以テ其ノ予備ヲ為シタル者ハ六月以下ノ懲役又ハ百円以下ノ罰金ニ処ス

第二十五条　第三条第二項、第六条、第九条第二項、第十条第二項、第十一条又ハ第十八条ノ規定ニ違反シタル者ハ六月以下ノ懲役又ハ百円以下ノ罰金ニ処ス

第二十六条　第十九条、第二十一条又ハ第二十二条ノ規定ニ違反シタル者ハ二百円以下ノ罰金又ハ科料ニ処ス

第二十七条　第五条、第七条、第八条、第十条第四項、第十三条乃至第十五条若ハ第十七条ノ規定ニ違反シ又ハ第二十条ノ検査若ハ臨検ヲ拒ミタル者ハ百円以下ノ罰金又ハ拘留若ハ科料ニ処ス

第二十八条　麻薬ノ製造、貯蔵、販賣、輸入、輸出、輸送、陸揚、積戻又ハ積換ヲ為ス者ハ其ノ代理人、戸主、家族、同居者、雇人其ノ他ノ従業者ガ本令又ハ本令ニ基ク処分ニ違反シタルトキハ自己ノ指揮ニ出デザルノ故ヲ以テ処罰ヲ免ルルコトヲ得ズ

第二十九条　本令ニ依リ適用スベキ罰則ハ其ノ者ガ法人ナルトキハ理事、取締役其ノ他ノ法人ノ業務ヲ執行スル役員ニ、未成年者又ハ禁治産者ナルトキハ其ノ法定代理人ニ之ヲ適用ス但シ営業ニ関シ成年者ト同一ノ能力ヲ有スル未成年者ニ付テハ此ノ限ニ在ラズ

第三十条　本令ノ罰則ノ適用ヲ受ケザル者本令ニ依リ処罰セラルベキ行為ヲ為シタルトキハ拘留又ハ科料ニ処ス

附　則

本令ハ昭和十年十月一日ヨリ之ヲ施行ス
麻酔剤取締規則ハ之ヲ廃止ス
本令施行前許可ヲ受ケ現ニ麻薬（第六条ノ麻薬ヲ除ク）ヲ製造スル者ハ本令ニ依リ許可ヲ受ケタルモノト看做ス
本令施行前許可ヲ受ケ第六条ノ麻薬ヲ製造スル者ハ本令施行ノ日ヨリ十日以内ニ本令ニ依ル届出ヲ為スベシ
本令施行前許可ヲ受ケタル麻薬ノ輸入又ハ輸出ニ関シテハ仍従前ノ例ニ依ル
別記（様式）省略

◎関東州阿片令

大正十三年三月二十七日
勅令第五十三号

改正　昭和三年第一六七号、九年第三八九号、一二年第七号、一三年第八四号、一五年第四五七号

朕枢密顧問ノ諮詢ヲ経テ関東州阿片令ヲ裁可シ茲ニ之ヲ公布セシム
（総理大臣副署）

関東州阿片令

第一条　本令ニ於テ阿片トハ生阿片、阿片煙膏及薬用阿片ヲ謂フ

第二条　阿片ハ之ヲ吸食スルコトヲ得ス但シ満洲国駐箚特命全権大使ハ当分ノ内阿片癮者ノ救療上必要アリト認ムル場合ニ限リ官ノ賣下ニ係ル阿片煙膏ノ吸食ヲ許可スルコトヲ得

第三条　阿片又ハ阿片吸食器具ハ之ヲ輸入シ又ハ輸出スルコトヲ得ズ但シ左ノ各号ノ一ニ該当スル場合ハ此ノ限ニ在ラズ

一　大使ニ於テ製薬又ハ阿片癮者救療ノ為必要ナル生阿片ヲ輸入スルトキ
二　大使ニ於テ薬用阿片ノ輸出ヲ許可スルトキ
三　関東州外ニ仕向ケラルル生阿片又ハ薬用阿片ニシテ輸入国政府ノ輸入証明書ヲ有シ且不正使用ノ虞ナシト認メラルルモノヲ関東州ニ於テ積換ヲ為シ又ハ関東州ヲ通過セシムルトキ

第三条ノ二　阿片ノ賣下及交付並ニ阿片煙膏及薬用阿片ノ製造ハ官ニ於テ之ヲ行フモノトス

第四条　阿片又ハ阿片吸食器具ハ大使ノ許可ヲ受クルニ非ザレバ之ヲ製造シ、賣買シ、授受シ、所有シ又ハ所持スルコトヲ得ズ但シ大使ノ定ムル所ニ依リ左ノ各号ノ一ニ該当スル場合ハ此ノ限ニ在ラズ

一　阿片煙膏小賣人ガ阿片吸食器具ヲ製造シ又ハ阿片煙膏若ハ阿片吸食器具ヲ賣買シ、授受シ、所有シ若ハ所持スルトキ
二　第二条但書ノ規定ニ依ル許可ヲ受ケタル阿片癮者ガ阿片煙膏若ハ阿片吸食器具ヲ譲受ケ又ハ之ヲ所有シ若ハ之ヲ所持スルトキ
三　製造者ガ製薬ノ為生阿片若ハ薬用阿片ヲ譲受ケ又ハ之ヲ所有シ若ハ所持スルトキ
四　医師、歯科医師、獣医師、薬剤師又ハ薬用阿片販賣人

ガ薬用阿片ヲ賣買シ、授受シ、所有シ又ハ所持スルトキ

五　医師、歯科医師若ハ獣医師ノ処方箋ヲ以テ薬用阿片ヲ譲受ケ又ハ之ヲ所有シ若ハ所持スルトキ

第四条ノ二　阿片煙灰ハ官ニ於テ買上グル場合ヲ除クノ外之ヲ賣買シ又ハ之ヲ授受シ、所有シ若ハ所持スルコトヲ得ズ但シ第二条但書ノ規定ニ依リ許可ヲ受ケタル阿片癮者ガ阿片煙膏吸食ニ因リ生ジタル阿片煙灰ヲ所有シ又ハ所持スル場合ハ此ノ限ニ在ラズ

第四条ノ三　阿片煙膏小賣人ハ阿片煙膏ニ加工シ又ハ他物ヲ混和スルコトヲ得ズ

第五条　阿片煙館ハ之ヲ開設又ハ維持スルコトヲ得ス

第六条　阿片ヲ製造スル目的ヲ以テ罌粟ヲ栽培スルコトヲ得ス

第七条　大使ハ必要アリト認ムル事項ニ付第四条ノ許可ヲ受ケタル者又ハ阿片煙膏小賣人、薬用阿片販賣人、製薬者、医師、歯科医師、獣医師若ハ薬剤師ヲシテ報告ヲ為サシムルコトヲ得大使ハ必要アリト認ムルトキハ当該官吏ヲシテ前項ニ規定スル者ノ製造物、店舗其ノ他ノ場所ニ立入リ原料、製造品、器具、機械、帳簿書類其ノ他ノ物件ヲ検査セシムルコトヲ得

第八条　第二条但書ノ規定ニ依ル許可ヲ受ケスシテ阿片ヲ吸食シタル者ハ三年以下ノ懲役又ハ三千円以下ノ罰金ニ処ス

第九条　第三条ノ規定ニ違反シテ阿片ヲ輸入シ若ハ輸出シタル者又ハ第四条ノ規定ニ違反シテ阿片ヲ製造シ、販賣シ若ハ販賣ノ目的ヲ以テ買受ケ若ハ所持シタル者ハ六月以上七年以下ノ懲役ニ処ス

第三条ノ規定ニ違反シテ阿片吸食器具ヲ輸入シ若ハ輸出シタル者、第四条ノ規定ニ違反シテ阿片吸食器具ヲ製造シ、販賣シ若ハ販賣ノ目的ヲ以テ買受ケ若ハ所持シタル者又ハ第四条ノ二ノ規定ニ違反シタル者ハ三月以上五年以下ノ懲役ニ処ス

第四条ノ三ノ規定ニ違反シタル者ハ三年以下ノ懲役又ハ三千円以下ノ罰金ニ処ス

第一項若ハ第二項ノ規定ニ依リ罰スル場合ヲ除クノ外第四条ノ規定ニ違反シタル者又ハ第二条但書ノ規定ニ依リ許可ヲ受ケタル阿片癮者ニシテ官ノ賣下ニ係ル阿片煙膏以外ノ阿片ヲ吸食シタルモノハ一年以下ノ懲役又ハ五百円以下ノ罰金ニ処ス

第九条ノ二　二十一才未満ノ者ヲ強制シ又ハ誘引シテ阿片ヲ吸食セシメ又ハ第四条ノ規定ニ違反シテ阿片ヲ譲受ケ、所有シ若ハ所持セシメタル者ハ七年以下ノ懲役又ハ五千円以下ノ罰金ニ処ス

二十一才未満ノ者ヲ幇助シテ阿片ヲ吸食セシメ又ハ第四条ノ規定ニ違反シテ阿片ヲ譲受ケ、所有シ若ハ所持セシメタル者ハ四年以下ノ懲役又ハ三千円以下ノ罰金ニ処ス

第十条　第五条ノ規定ニ違反シタル者ハ六月以上七年以下ノ懲役ニ処ス

第十一条　前四条ノ未遂罪ハ之ヲ罰ス

第十二条　第六条ノ規定ニ違反シタル者ハ二年以下ノ懲役又ハ千円以下ノ罰金ニ処ス

第十三条　正当ノ理由ナクシテ第七条第一項ノ規定ニ依ル報告ヲ怠リ若ハ虚偽ノ報告ヲ為シ又ハ同条第二項ノ規定ニ依ル検査ヲ拒ミ、妨ケ若ハ忌避シ若ハ尋問ニ対シ答弁ヲ為サス若ハ虚偽ノ陳述ヲ為シタル者ハ二百円以下ノ罰金又ハ科料ニ処ス

第十四条　関東州裁判事務取扱令ニ於テ依ルコトヲ定メタル刑法第二編第十四章ノ規定ハ之ヲ適用セス

第十五条　大使ハ本令ニ規定シタル其ノ職権ノ一部ヲ命令ヲ以テ関東州庁長官ニ委任スルコトヲ得

附　則

本令施行ノ期日ハ関東長官之ヲ定ム（大正十三年関東庁令第四十九号で大正十三年九月一日から施行）

附　則（昭和三年勅令第百六十七号）

本令施行ノ期日ハ関東長官之ヲ定ム（昭和三年関東庁令第三十三号で昭和三年七月三十一日から施行）

附　則（昭和十二年勅令第七号）

本令施行ノ期日ハ満洲国駐箚特命全権大使之ヲ定ム（昭和十二年関東局令第四十二号で昭和十二年四月二十二日から施行）

附　則（昭和十三年勅令第八十四号）

本令施行ノ期日ハ満洲国駐箚特命全権大使之ヲ定ム（昭和十三年関東局令第七号で昭和十三年二月二十一日から施行）

◎南満洲鉄道附属地阿片取締規則

昭和八年四月二十五日
関東庁令第十四号

第一条　本令ニ於テ阿片トハ生阿片及阿片煙膏ヲ謂フ

第二条　阿片ハ之ヲ吸食スルコトヲ得ズ但シ関東長官ハ当分ノ内未成年者ニ非ザル阿片癮者ノ救療上必要アリト認ムル場合ニ限リ其ノ吸食ヲ許可スルコトアルベシ

第三条　阿片吸食ノ許可ヲ受ケントスル者ハ本籍、住所、氏名、年令及職業ヲ具シ関東長官ニ願出ヅベシ

第四条　阿片癮者ノ認定ハ官ノ指定シタル医師ノ診断ニ依ル

阿片吸食ノ許可ヲ与フルトキハ之ニ一日ノ吸食定量ヲ指定シ吸煙証ヲ下付ス

第五条　阿片又ハ阿片吸食器具ハ之ヲ輸移入シ又ハ輸移出スルコトヲ得ズ但シ官ニ於テ製薬又ハ阿片癮者救療ノ為必要ナル生阿片ヲ輸移入スル場合ハ此ノ限ニ在ラズ

第六条　生阿片ノ賣下又ハ交付ハ官ニ於テ之ヲ行フモノトス

第七条　阿片又ハ阿片吸食器具ハ関東長官ノ許可ヲ受クルニ非ザレバ之ヲ製造シ、賣買シ、授受シ、所有シ又ハ所持スルコトヲ得ズ但シ左ノ各号ノ一ニ該当スル場合ハ此ノ限ニ在ラズ

一　阿片小賣人ガ阿片煙膏若ハ阿片吸食器具ヲ製造シ又ハ生阿片、阿片煙膏若ハ阿片吸食器具ヲ賣買シ、授受シ、所有シ若ハ所持スルトキ

二　阿片吸食ノ許可ヲ受ケタル阿片癮者ガ生阿片、阿片煙

賣若ハ阿片吸食器具ヲ譲受ケ又ハ所有シ若ハ所持スルトキ

三　製薬者ガ製薬ノ為生阿片ヲ譲受ケ又ハ之ヲ所有シ若ハ所持スルトキ

第八条　阿片煙灰ハ官ニ於テ買上グル場合ヲ除クノ外之ヲ賣買スルコトヲ得ズ

第九条　阿片煙館ハ之ヲ開設シ又ハ維持スルコトヲ得ズ

第十条　阿片ヲ製造スル目的ヲ以テ罌粟ヲ栽培スルコトヲ得ズ

第十一条　阿片小賣人ハ関東長官ニ於テ必要ニ依リ之ヲ指定ス

第十二条　阿片小賣人又ハ阿片買入ノ許可ヲ受ケタル製薬者ニシテ阿片ヲ要スルトキハ関東庁専賣局ヨリ之ガ賣下ヲ受クベシ

学校、研究所又ハ試験所ニ於テ学術試験用トシテ阿片ヲ必要トスルトキハ関東庁専賣局ニ於テ無償ヲ以テ交付スルコトアルベシ

第十三条　阿片吸食ノ許可ヲ受ケタル者ハ吸煙証ヲ提示シテ阿片小賣人ヨリ阿片又ハ阿片吸食器具ヲ譲受クルコトヲ得

但シ旅行其ノ他已ムヲ得ザル事由ニ依リ所轄警察署ノ許可ヲ得タル場合ヲ除クノ外吸食定量ノ十日分以上ノ阿片ヲ譲受クルコトヲ得ズ

第十四条　阿片小賣人ハ吸煙証ヲ所持セザル者ニ阿片若ハ阿片吸食器具ヲ譲渡シ又ハ前条但書ノ制限ヲ超エテ阿片ヲ譲渡シ又ハ前条但書ノ制限ヲ超エテ阿片ヲ譲渡スルコトヲ得ズ

阿片ノ小賣ハ現金ヲ以テ之ヲ為スベシ

第十五条　阿片小賣人本籍、住所、氏名ヲ変更シ又ハ廃業シ若ハ死亡シタルトキハ十日内ニ本人又ハ其ノ家族ヨリ関東長官ニ届出ヅベシ

第十六条　阿片小賣人ハ阿片又ハ阿片吸食器具ノ買受帳及賣渡帳ヲ備フベシ

阿片又ハ阿片吸食器具ノ買受帳ニハ買受ノ都度其ノ種類、数量、価格、年月日ヲ明確ニ記載スベシ

阿片又ハ阿片吸食器具ノ賣渡帳ニハ賣渡ノ都度其ノ種類、数量、価格、年月日及買受人ノ住所、氏名、年令其ノ他特ニ関東長官ノ命ジタル事項ヲ明確ニ記載スベシ

前二項ノ帳簿ハ五年間之ヲ保存スベシ

第十七条　阿片小賣人ハ阿片又ハ阿片吸食器具ノ受払ニ付毎月五日迄ニ其ノ前月分ヲ所轄警察署ニ報告スベシ

第十八条　阿片小賣人又ハ製薬者ガ其ノ指定若ハ許可ヲ取消サレ又ハ廃業シ若ハ死亡シタルトキハ残余阿片又ハ阿片吸食器具ノ処分方法ニ付当該事実発生ノ日ヨリ十日内ニ関東長官ノ許可ヲ受クベシ

前項ノ手続ハ本人死亡ノ場合ニ於テハ其ノ相続人又ハ家族ヨリ之ヲ為スベシ

第十九条　関東長官ハ当該官吏ヲシテ阿片小賣所ニ臨検セシムルコトアルベシ

第二十条　阿片小賣人ハ其ノ業務ニ関シ関東長官ノ命ジタル事項ヲ遵守スベシ

第二十一条　阿片小賣人本令又ハ本令ニ基キテ発スル命令若ハ処分ニ違反シ又ハ業務上不正ノ行為アリタルトキハ其ノ業務ヲ停止シ若ハ指定ヲ取消スコトアルベシ

第二十二条　本令又ハ本令ニ基キテ発スル命令若ハ処分ニ違反シタル者ハ拘留又ハ科料ニ処ス

第二十三条　阿片小賣人又ハ製薬者ニシテ未成年者又ハ禁治産者ナルトキハ本令ノ罰則ハ之ヲ法定代理人ニ適用ス

第二十四条　阿片小賣人又ハ製薬者ハ其ノ代理人、戸主、家族、同居者、雇人其ノ他ノ従業者ニシテ其ノ業務ニ関シ本令ノ規定ニ違反シタル者アルトキハ自己ノ指揮ニ出デザルノ故ヲ以テ処罰ヲ免ルルコトヲ得ズ

第二十五条　本令ノ罰則ハ法人ニ在リテハ之ヲ其ノ代表者ニ適用ス

附　則

本令ハ昭和八年五月十日ヨリ之ヲ施行ス

◎衛生組合規則

明治四十年二月八日
関東都督府令第九号

改正　明治四一年第一号、大正一〇年第四二号、昭和一一年第四四号

第一条　警察署長ハ汚物ノ掃除及清潔方法消毒方法其ノ他伝染病予防救治ニ関スル方法施行ノ為必要ト認メタルトキハ区域ヲ定メ衛生組合ヲ設クルコトヲ得

衛生組合ハ規約ヲ設ケ前項ノ事項ヲ施行ス

第二条　警察署長ノ指定シタル区域内ノ居住者ハ当然衛生組合員トス

第三条　衛生組合ノ経費ハ其ノ組合ノ負担トス

経費ノ収支方法ハ組合之ヲ定メ警察署長ノ認可ヲ受クヘシ

第四条　衛生組合規約ハ警察署長ノ認可ヲ受クヘシ

第五条　衛生組合ニハ組合長一名副組合長二名ヲ置クヘシ

前項ノ外衛生組合ニハ衛生上ノ技能アル顧向一名ヲ置クコトヲ得

第六条　組合長ハ組合ヲ代表シ規約ニ基キ其ノ事務ヲ掌理ス

第七条　副組合長ハ組合長ヲ補佐シ組合長事故アルトキハ其ノ職務ヲ代理ス

第八条　土地ノ状況ニ依リ一衛生組合ノ地区ヲ小区域ニ区劃スルノ必要アルトキハ各区ニ衛生委員及副衛生委員各一名若ハ衛生委員二名ヲ置キ其ノ区域内ニ於ケル衛生事務ヲ補佐セシムルコトヲ得

第九条　前条小区域多数ナルトキハ衛生委員中ヨリ十名以上十五名以内ノ常議員ヲ置キ事業ノ視察及急施事項ヲ議セシムルコトヲ得

第十条　衛生組合長副組合長ハ衛生委員、副衛生委員ノ予選ニ依リ警察署長之ヲ命ス

第十一条　顧問ハ衛生組合長ノ推薦ニ依リ警察署長之ヲ命ス

第十二条　衛生委員、副衛生委員、常議員ハ警察署長之ヲ選任ス但シ衛生委員副衛生委員ハ其ノ区域内居住ノ組合員ヲシテ選挙セシメ常議員ハ衛生委員ヲシテ互選セシムルコトヲ得此ノ場合ニ於テハ当選者ハ衛生組合長ヨリ警察署長ノ

認可ヲ受クヘシ

第十三条　衛生組合長、副組合長、顧問、衛生委員、副衛生委員、常議員ノ任期ハ一箇年トス

◎関東州下水規則

明治四十二年二月六日
関東都督府令第二号

改正　大正一〇年庁第五六号、昭和九年第一〇八号、一四年第三一号

第一条　本令ニ於テ下水ト称スルハ汚水疏通ノ用ニ供スル溝渠其ノ他ノ排水路及附属工作物ヲ謂フ

下水ヲ分チテ公共下水及私設下水トス

第二条　本令ニ於テ管理ト称スルハ必要ナル下水ノ新設、下水ノ改築、増築又ハ修繕、有害又ハ不必要ナル下水ノ廃止及下水ノ掃除清潔ニ関スル事項ヲ包含ス

第三条　市ニ於テ公共下水ヲ新設、改築又ハ増築セムトスルトキハ其ノ設計及工費ノ収入予算並ニ起工及竣功ノ期限ヲ定メ関東州庁長官ノ認可ヲ受クヘシ

第三条ノ二　市以外ノ区域ニ於ケル公共下水ハ関東州庁長官之ヲ管理ス

第四条　私設下水ハ建物ノ所有者ニ於テ之ヲ管理スヘシ但シ其ノ所有者ト使用者ト異ナルトキハ掃除清潔ニ関スル事項ニ付テハ使用者ニ於テ之ヲ管理スヘシ

第五条　私設下水ハ石、煉瓦、釉薬ヲ施シタル陶管、セメントモルタル、セメントコンクリート其ノ他不滲透質ノ材料ヲ用ヰ排水路ノ横断面ノ底部ハ円形又ハ卵円形トシ構造スヘシ

第六条　私設下水ヲ新設、改築、増築又ハ廃止セムトスルトキハ公共下水管理者ノ認可ヲ受クヘシ其ノ延長三十間ヲ超ユルトキハ平面図ヲ添付スルコトヲ要ス

前項ノ工事竣成シタルトキハ検査ヲ受クヘシ検査終了ノ後ニ非サレハ之ヲ使用スルコトヲ得ス

第七条　私設下水管理者カ其ノ義務ヲ履行セス若ハ指定ノ期限内ニ履行ノ見込ナキトキ又ハ其ノ履行ノ方法不適当ト認ムルトキハ公共下水管理者ニ於テ之ヲ執行シ其ノ費用ヲ管理者ヨリ徴収スルコトアルヘシ

第八条　私設下水ノ排出物ハ公共下水ニ流下セシムヘシ

地形其ノ他ノ事情ニ因リ前項ニ依リ難キトキハ警察署長ノ許可ヲ得テ衛生上無害ノ場所ニ流下セシムルコトヲ得

前二項ニ依リ難キトキハ下水溜ヲ設クルコトヲ得

第九条　公共下水ニハ屎尿ヲ排出スヘカラス但シ管理者ノ許可ヲ受ケタルトキハ此ノ限ニ在ラス

第十条　私設下水ニシテ衛生上有害ト認ムルモノアルトキハ警察署長ハ其ノ下水ノ使用ヲ禁止又ハ制限シ其ノ他必要ナル処分ヲ命スルコトヲ得

第十一条　故意又ハ過失ニ因リ公共下水ヲ破壊シ其ノ疎通ヲ妨ケ其ノ他之ニ対シ障害ヲ加フル者アルトキハ警察署長ハ原状回復又ハ障害排除ヲ命スルコトヲ得

第十二条　第七条ノ規定ハ第十条又ハ前条ノ命令ヲ受ケタル者ニ之ヲ準用ス

第十三条　下水工事又ハ汚水疏通ノ為土地、建物及工作物ヲ収用若ハ使用シ又ハ之ヲ変更スルノ必要アルトキハ利害関係人ハ之ヲ拒ムコトヲ得ス但シ其ノ工事又ハ疏通ノ為急要ニシテ且土地建物及工作物ニ対シ損害ノ最少ナル場所及方法ヲ選ムコトヲ要ス

前項ノ場合ニ於テ利害関係人ハ直接ニ生シタル損害ノ補償ヲ求ムルコトヲ得

第一項ノ場所方法及前項ノ補償金額ニ関シ異議アルトキハ関東州庁長官ノ定ムル所ニ依ル

附　則

第十四条　本令ハ公布ノ日ヨリ之ヲ施行ス

第十五条　道路ニ随従シ専ラ其ノ用ニ供スル溝渠ハ本令ニ依ルノ限ニ在ラス

第十六条　本令ノ施行地域ハ別ニ之ヲ定ム

◎関東州国民体力令

昭和十八年三月八日
勅令第百十二号

朕関東州国民体力令ヲ裁可シ茲ニ之ヲ公布セシム

関東州国民体力令（総理、大東亜大臣副署）

第一条　関東州ニ於ケル国民体力ノ管理ニ関シテハ本令ニ定ムルモノヲ除クノ外国民体力法ニ依ル但シ同法第二十一条ノ規定ハ此ノ限ニ在ラズ

国民体力法中国務大臣トアルハ満洲国駐箚特命全権大使トシ地方長官トアルハ関東州庁長官トシ市町村長トアルハ市長又ハ民政署長トシ市町村内トアルハ市又ハ民政署ノ管轄区域内トシ道府州トアリ又ハ道府県、市町村トアルハ市トシ、監獄、矯正院、少年教護院トアルハ関東監獄トシ保健所トアルハ関東医院又ハ関東保健館トシ本法トアルハ法令トシ本法施行地内トアルハ関東州内トシ勅令トアルハ関東局令トス

第二条　国民体力管理医ノ選任又ハ解任ハ関東州庁長官之ヲ行フ但シ特別ノ事情ニ依リ必要アルトキハ大使ノ定ムル所ニ依リ学校長又ハ国ノ事業場若ハ施設ノ長ヲシテ之ヲ行ハシムルコトヲ得

第三条　体力検査ニ要スル費用ニシテ左ニ掲グルモノハ毎年度豫算ノ範囲内ニ於テ国庫之ヲ負担ス

一　国民体力管理医手当
二　体力検査補助者手当
三　薬品其ノ他消耗品ノ費用

附　則

本令施行ノ期日ハ大使之ヲ定ム（昭和十八年関東局令第七十号で昭和十八年六月一日から施行）

◎南満洲鉄道株式会社ノ設置スル南満医学堂ニ関スル件

明治四十四年八月二十四日
勅令第二百三十号

朕南満洲鉄道株式会社ノ設置スル南満医学堂ニ関スル件ヲ裁

可シ玆ニ之ヲ公布セシム（総理大臣副署）

南満洲鉄道株式会社ノ設置スル南満医学堂ニ関シテハ専門学校令ニ依ル但シ同令中文部大臣ノ職務ハ関東都督之ヲ行フ

附　則

本令ハ公布ノ日ヨリ之ヲ施行ス

○明治四十四年勅令第二百三十号中改正

大正十一年三月三十一日
勅令第百六十二号

「南満医学堂」ヲ「満洲医科大学ニ関シテハ大学令ニ、南満医学堂」ニ、「関東都督」ヲ「関東長官」ニ改ム

附　則

本令ハ大正十一年四月一日ヨリ之ヲ施行ス

○明治四十四年勅令第二百三十号中改正

大正十一年八月十日
勅令第三百六十六号

「南満医学堂」ヲ「南満医学堂及南満洲工業専門学校」ニ改ム

附　則

本令ハ公布ノ日ヨリ之ヲ施行ス

○明治四十四年勅令第二百三十号中改正

大正十四年三月十一日
勅令第二十五号

「南満医学堂及南満洲工業専門学校」ヲ「南満医学堂、南満洲工業専門学校及満洲教育専門学校」ニ改ム

附　則

本令ハ公布ノ日ヨリ之ヲ施行ス

○関東庁官制等ノ改正ニ際シ憲兵令其ノ他ノ勅令中改正等ノ件（抄）

昭和九年十二月二十六日
勅令第三百九十五号

第七十八条　明治四十四年勅令第二百三十号中左ノ通改正ス

「南満医学堂」及「及満洲教育専門学校」ヲ削リ「関東長官」ヲ「満洲国駐箚特命全権大使」ニ改ム

附　則

本令ハ公布ノ日ヨリ之ヲ施行ス

◎財団法人大連高等商業学校ノ設置スル大連高等商業学校ニ関スル件

昭和十二年四月二十日
勅令第百四十二号

朕財団法人大連高等商業学校ノ設置スル大連高等商業学校ニ関スル件ヲ裁可シ茲ニ之ヲ公布セシム（総理大臣副署）

財団法人大連高等商業学校ノ設置スル大連高等商業学校ニ関シテハ専門学校令ニ依ル但シ同令中文部大臣ノ職務ハ満洲国駐箚特命全権大使之ヲ行フ

附　則

本令ハ公布ノ日ヨリ之ヲ施行ス

◎旅順工科大学及満洲医科大学ニ関シテハ大学規程ニ依ルノ件

大正十一年四月一日
関東庁令第十八号

旅順工科大学及満洲医科大学ニ関シテハ大正八年文部省令第十一号大学規程ニ依ル但シ同令中文部大臣トアルハ関東長官トス

附　則

本令ハ公布ノ日ヨリ之ヲ施行ス

○昭和十二年勅令第六百八十二号等施行ニ際シ昭和十年関東局令第十二号其ノ他ノ命令中改正ノ件（抄）

昭和十二年十二月一日
関東局令第百十一号

第十八条　大正十一年関東庁令第十八号中左ノ通改正ス

「及満洲医科大学」ヲ削リ「関東長官」ヲ「満洲国駐箚特命全権大使」ニ改ム

附　則

本令ハ公布ノ日ヨリ之ヲ施行ス

○（改正）満洲医科大学ニ関シテハ大学規程ニ依ルノ件

昭和十二年十二月一日
在満洲国大使館令第九号

満洲医科大学ニ関シテハ大正八年文部省令第十一号大学規程ニ依ル但シ同令中文部大臣トアルハ満洲国駐箚特命全権大使トス

附　則

本令ハ公布ノ日ヨリ之ヲ施行ス

◎昭和十六年勅令第九百二十四号（大学学部等ノ在学年限又ハ修業年限ノ臨時短縮ニ関スル件）

昭和十六年十月十六日
勅令第九百二十四号

改正　昭和一八年第一一一号、第一一二三号

第一条　大学令第十条、第十一条若ハ第十六条、師範教育令第十四条又ハ専門学校令第六条若ハ第八条第二項ノ規定ニ依ル大学学部ノ在学年限又ハ高等師範学校、女子高等師範学校若ハ専門学校ノ修業年限ハ夫々六月以内之ヲ短縮スルコトヲ得

前項中大学令又ハ専門学校令トアルハ夫々朝鮮教育令、台湾教育令及在関東州及満洲国帝国臣民教育令ニ於テ依ル場合ヲ含ムモノトス

第二条　前条第一項ノ規定ニ依ル在学年限ハ修業年限ノ短縮ハ内地ニ在リテハ文部大臣、朝鮮ニ在リテハ朝鮮総督、台湾ニ在リテハ台湾総督、関東州及満洲国ニ在リテハ満洲国駐箚特命全権大使之ヲ行フ

附　則

本令ハ公布ノ日ヨリ之ヲ施行ス

本令ハ大学学部ノ在学年限ニ関シテハ昭和十七年四月以前ニ入学シ引続キ在学スル学生ニ付、高等師範学校、女子高等師範学校又ハ専門学校ノ修業年限ニ関シテハ昭和二十一年四月以前ニ入学シ引続キ在学スル生徒ニ付之ヲ適用ス

附　則（昭和十八年勅令第百十一号）

本令ハ昭和十八年四月一日ヨリ之ヲ施行ス

本令施行ノ際現ニ大学予科又ハ高等学校高等科ニ在学スル生徒ニ付テハ其ノ修業年限ノ短縮ハ第一条ノ改正規定ニ拘ラズ仍従前ノ例ニ依ル

◎朝鮮、台湾、関東州及南満洲鉄道附属地ニ於ケル学位授与ニ関スル件

昭和六年十一月五日
勅令第二百六十八号

朕枢密顧問ノ諮詢ヲ経テ朝鮮、台湾、関東州及南満洲鉄道附属地ニ於ケル学位授与ニ関スル件ヲ裁可シ茲ニ之ヲ公布セシム（総理、拓務大臣副署）

朝鮮、台湾、関東州及南満州鉄道附属地ニ於ケル学位授与ニ関シテハ学位令ニ依ル

◎関東州及南満洲鉄道附属地ニ於ケル青年訓練所ニ関スル件

昭和二年五月二十六日
勅令等百三十八号

朕関東州及南満洲鉄道附属地ニ於ケル青年訓練所ニ関スル件ヲ裁可シ茲ニ之ヲ公布セシム（総理大臣副署）

関東州及南満洲鉄道附属地ニ於ケル青年訓練所ニ関シテハ青

年訓練所令ニ依ル但シ同令中市町村、市町村学校組合及町村学校組合トアルハ市、文部大臣又ハ地方長官トアルハ関東長官トス

関東長官ハ必要ト認ムルトキハ関東州地方費ヲ以テ青年訓練所ヲ設置スルコトヲ得

附　則

本令ハ公布ノ日ヨリ之ヲ施行ス

◯関東庁官制等ノ改正ニ際シ憲兵令其ノ他ノ勅令中改正等ノ件（抄）

昭和九年十二月二十六日
勅令第三百九十五号

第七十九条　昭和二年勅令第百三十八号中左ノ通改正ス

第一項但書中「文部大臣又ハ地方長官トアルハ関東長官」ヲ「文部大臣トアルハ満洲国駐箚特命全権大使、地方長官トアルハ関東州ニ在リテハ関東州庁長官南満洲鉄道附属地ニ在リテハ大使」ニ改ム

第二項中「関東長官」ヲ「大使」ニ改ム

附　則

本令ハ公布ノ日ヨリ之ヲ施行ス

◎関東州及南満洲鉄道附属地ニ於ケル青年学校ニ関スル件

昭和十年四月二十四日
勅令第九十一号

朕関東州及南満洲鉄道附属地ニ於ケル青年学校ニ関スル件ヲ裁可シ茲ニ之ヲ公布セシム（総理大臣副署）

関東州及南満洲鉄道附属地ニ於ケル青年学校ニ関シテハ青年学校令ニ依ル但シ同令中北海道府県、市町村、市町村学校組合、町村学校組合トアルハ市、文部大臣トアルハ満洲国駐箚特命全権大使、地方長官トアルハ関東州ニ在リテハ関東州庁長官南満洲鉄道附属地ニ在リテハ大使トス

大使ハ必要ト認ムルトキハ関東州地方費ヲ以テ青年学校ヲ設置スルコトヲ得

附　則

本令ハ昭和十年五月一日ヨリ之ヲ施行ス

昭和二年勅令第百三十八号ハ之ヲ廃止ス

◎在関東州及満洲国帝国臣民教育令

昭和十八年三月二十七日
勅令第二百十三号

朕枢密顧問ノ諮詢ヲ経テ在関東州及満洲国帝国臣民教育令ヲ裁可シ茲ニ之ヲ公布セシム（総理、大東亜大臣副署）

在関東州及満洲国帝国臣民教育令

第一条　関東州ニ於ケル帝国臣民ノ教育及帝国ガ満洲国ニ於テ行フ帝国臣民ノ教育ハ本令ニ依ル

第二条　普通教育ハ国民学校令、中等学校令中中学校及高等女学校ニ関スル部分並ニ高等学校令ニ依ル

第三条　実業教育ハ中等学校令中実業学校ニ関スル部分ニ依ル

第四条　専門教育ハ専門学校令ニ、大学教育及其ノ予備教育ハ大学令ニ依ル

第五条　師範教育ハ師範教育令中師範学校ニ関スル部分ニ依ル

第六条　青年学校教育ハ青年学校令ニ依ル

第七条　前五条ニ規定スル勅令中文部大臣ノ職務ハ満洲国駐箚特命全権大使之ヲ行フ

国民学校令、中等学校令、師範教育令中師範学校ニ関スル部分及青年学校令ニ依ル場合ニ於テ関東州又ハ満洲国ニ於ケル特殊ノ事情ニ依リ特例ヲ設クル必要アルモノニ付テハ大使別段ノ定ヲ為スコトヲ得

高等学校及大学予科ノ教員ノ資格並ニ高等学校、専門学校及大学ノ設立ニ関シテハ大使ノ定ムル所ニ依ル

第八条　本令ニ規定スルモノヲ除クノ外私立学校、特殊ノ教育ヲ為ス学校其ノ他教育施設ニ関シテハ大使ノ定ムル所ニ依ル

附　則

第九条　本令ハ昭和十八年四月一日ヨリ之ヲ施行ス

第十条　本令施行ノ際現ニ存スル関東国民学校、関東州公立国民学校及満洲国ニ於ケル在外指定学校ニシテ国民学校ト同等ノ課程ヲ有スルモノハ本令ニ依ル国民学校トス

本令施行ノ際現ニ存スル関東中学校、関東州公立中学校及満洲国ニ於ケル在外指定学校ニシテ中学校ノ学科ヲ授クルモノハ本令ニ依ル中学校トス

本令施行ノ際現ニ存スル関東高等女学校、関東州公立高等女学校及満洲国ニ於ケル在外指定学校ニシテ高等女学校ノ学科ヲ授クルモノハ大使ト定ムル所ニ依リ本令ニ依ル高等女学校トス

旅順高等学校ハ本令ニ依ル高等学校トス

大連工業学校及金州農業学校並ニ本令施行ノ際現ニ存スル関東州公立実業学校（大使ノ定ムルモノヲ除ク以下同ジ）及関東州及満洲国ニ於ケル在外指定学校ニシテ実業学校ノ学科ヲ授クルモノハ大使ノ定ムル所ニ依リ本令ニ依ル実業学校トス

大連高等商業学校、南満洲工業専門学校及満洲医科大学附属薬学専門部ハ本令ニ依ル専門学校トス

旅順工科大学及満洲医科大学ハ本令ニ依ル大学トス

本令施行ノ際現ニ存スル関東師範学校及在満師範学校ハ大使ノ定ムル所ニ依リ本令ニ依ル師範学校トス

本令施行ノ際現ニ存スル関東州及満洲国ニ於ケル青年学校ハ本令ニ依ル青年学校トス

第十一条　本令施行ノ際現ニ前条第二項、第三項又ハ第五項ニ掲グル学校ニ在学スル生徒（大使ノ定ムルモノヲ除ク）ニ付テハ其ノ修業年限ハ本令ニ於テ依ルコトヲ定メタル中

等学校令第七条及第九条ノ規定ニ拘ラズ仍従前ノ例ニ依ル

第十二条　本令施行前関東中学校、関東州公立中学校若ハ満洲国ニ於ケル在外指定学校ニシテ中学校ノ学科ヲ授クルモノノ第四学年ヲ修了シタル者若ハ本令ニ於テ依ルコトヲ定メタル中等学校令第二十条ノ規定ニ依ル中学校ノ第四学年ヲ修了シタル者又ハ大使ノ定ムル所ニ依リ之ト同等以上ノ学力アリト認メラレタル者ハ本令ニ於テ依ルコトヲ定メタル高等学校令第十二条又ハ大学令十三条第二項ノ規定ニ拘ラズ高等学校高等科又ハ大学予科ニ入学スルコトヲ得

第十三条　本令施行ノ際現ニ関東師範学校又ハ在満師範学校ニ在学スル生徒ハ大使ノ定ムル所ニ依リ本令ニ依ル師範学校ノ生徒ト為ルモノトス

第十四条　本令施行前関東中学校、関東州公立中学校若ハ満洲国ニ於ケル在外指定学校ニシテ中学校ノ学科ヲ授クルモノノ第四学年ヲ修了シタル者又ハ本令ニ於テ依ルコトヲ定メタル中等学校令第二十条ノ規定ニ依ル中学校ノ第四学年ヲ修了シタル者ハ本令ニ於テ依ルコトヲ定メタル青年学校令第十二条第四号ノ規定ノ適用ニ付テハ之ヲ中学校ヲ卒業シタル者ト看做ス

第十五条　本令施行前関東国民学校、関東州公立国民学校又ハ満洲国ニ於ケル在外指定学校ニシテ国民学校ト同等ノ課程ヲ有スルモノノ初等科又ハ高等科ヲ修了シタル者ハ本令ニ依ル国民学校ノ初等科又ハ高等科ヲ修了シタル者トス

本令施行前関東中学校、関東州公立中学校又ハ満洲国ニ於ケル在外指定学校ニシテ中学校ノ学科ヲ授クルモノヲ卒業シタル者ハ本令ニ依ル中学校ヲ卒業シタル者トス

本令施行前関東高等女学校、関東州公立高等女学校又ハ満洲国ニ於ケル在外指定学校ニシテ高等女学校ノ学科ヲ授クルモノヲ卒業シタル者ハ本令ニ依ル高等女学校ヲ卒業シタル者トス

本令施行前旅順高等学校ヲ卒業シタル者ハ本令ニ依ル高等学校高等科ヲ卒業シタル者トス

本令施行前大連工業学校、関東州公立実業学校又ハ関東州及満洲国ニ於ケル在外指定学校ニシテ実業学校ノ学科ヲ授クルモノヲ卒業シタル者ハ本令ニ依ル実業学校ヲ卒業シタル者トス

本令施行前大連高等商業学校、南満洲工業専門学校又ハ満洲医科大学附属薬学専門部ヲ卒業シタル者ハ本令ニ依ル専門学校ヲ卒業シタル者トス

本令施行前旅順工科大学若ハ満洲医科大学ノ学部ヲ卒業シタル者又ハ其ノ予科ヲ修了シタル者ハ夫々本令ニ依ル大学ノ学部ヲ卒業シタル者又ハ其ノ予科ヲ修了シタル者トス

本令施行前関東師範学校又ハ在満師範学校ヲ卒業シタル者ハ本令ニ依ル師範学校ヲ卒業シタル者トス

本令施行前関東州及満洲国ニ施ケル青年学校ヲ卒業シタル者ハ本令ニ依ル青年学校本科ヲ卒業シタル者トス

第十六条　昭和十六年勅令第九百二十四号中左ノ通改正ス

第一条中「及台湾教育令」ヲ「台湾教育令及在関東州及満洲国帝国臣民教育令」ニ改ム

第二条中「台湾総督」ノ下ニ「、関東州及満洲国ニ在リテ

八満洲国駐箚特命全権大使」ヲ加フ

◎関東州国民学校規則（抄）

昭和十八年三月二十九日
関東局令第三十五号

第一章　教則及編制

第一節　総則

第一条　国民学校ニ於テハ在関東州及満洲国帝国臣民教育令ニ於テ依ルコトヲ定メタル国民学校令（以下国民学校令ト称ス）第一条ノ旨趣ニ基キ左ノ事項ニ留意シテ児童ヲ教育スベシ

一　教育ニ関スル勅語ノ旨趣ヲ奉体シテ教育ノ全般ニ亘リ皇国ノ道ヲ修練セシメ特ニ国体ニ対スル信念ヲ深カラシメ益忠ノ至誠ニ徹セシムベシ

二　日満両国ノ不可分関係ヲ領得セシメ進ミテ大陸ニ発展スベキ大国民タルノ志操ノ涵養ニ力ムベシ

三　国民生活ニ必須ナル普通ノ知識技能ヲ体得セシメ情操ヲ醇化シ健全ナル心身ノ育成ニ力ムベシ

四　我ガ国文化ノ特質ヲ明ナラシムルト共ニ東亜及世界ノ大勢ニ付テ知ラシメ皇国ノ地位ト使命トノ自覚ニ導キ他民族ヨリ信頼ヲ受クルニ足ル品位ト実力トノ養成ニ力ムベシ

五　心身ヲ一体トシテ教育シ教授、訓練、養護ノ分離ヲ避クベシ

六　各教科並ニ科目ハ其ノ特色ヲ発揮セシムルト共ニ相互ノ関連ヲ緊密ナラシメ之ヲ国民錬成ノ一途ニ帰セシムベシ

七　儀式、学校行事等ヲ重ンジ之ヲ教科ト併セ一体トシテ教育ノ実ヲ挙グルニ力ムベシ

八　家庭及社会トノ連絡ヲ緊密ニシ児童ノ教育ヲ全カラシムルニ力ムベシ

九　教育ヲ国民ノ生活ニ即シテ具体的実際的ナラシムベシ

十　児童心身ノ発達ニ留意シ男女ノ特性、個性、環境等ヲ顧慮シテ適切ナル教育ヲ施スベシ

十一　児童ノ興味ヲ喚起シ自修ノ習慣ヲ養フニ力ムベシ

十二　団体訓練並ニ作業ヲ重視シ克己、責任、協同、規律等ノ徳性ノ涵養ニ力ムベシ

十三　勤労尊重ノ念ヲ涵養シ就労ノ気風ヲ振作シテ職域奉公ノ素地ヲ啓培スベシ

第二節　教科及科目

第二条　国民学校ノ教科ハ初等科及高等科ヲ通ジ国民科、理数科、体錬科及芸能科トシ高等科ニ在リテハ実業科ヲ加フ

国民科ハ之ヲ分チテ修身、国語、国史及地理並ニ大陸事情及満語ノ科目トス

理数科ハ之ヲ分チテ算数及理科ノ科目トス

体錬科ハ之ヲ分チテ体操、武道及教錬ノ科目トス

芸能科ハ之ヲ分チテ音楽、習字、図画及工作ノ科目トシ初等科ノ女児ニ付テハ裁縫ノ科目ヲ、高等科ノ女児ニ付テハ家事及裁縫ノ科目ヲ加フ

実業科ハ之ヲ分チテ農業、工業、商業又ハ水産ノ科目トス

前五項ニ掲グル科目ノ外高等科ニ於テハ地方ノ実情ニ依リ必要ナル科目ヲ加設スルコトヲ得

前項ノ規定ニ依リ科目ヲ設ケントスルトキハ市長又ハ民政署長ニ於テ関東州庁長官ノ認可ヲ受クベシ之ヲ止メントスルトキ亦同ジ

第七項ノ加設科目ハ之ヲ随意科目ト為スコトヲ得

第八条　国民科大陸事情及満語ハ満洲及東亜ニ関スル事情ノ概要ヲ知ラシムルト共ニ簡易ナル満語ヲ習得セシメ大陸ニ於ケル皇国民ノ使命ヲ自覚セシムルモノトス

初等科ニ於テハ満洲ノ自然、風俗、習慣等ヨリ始メ歴史、地理等ノ大要及簡易ナル満語ヲ授クベシ

高等科ニ於テハ前項ノ旨趣ヲ拡メテ之ヲ大陸生活ノ特質ニ及ボシ日常須知ノ満語ヲ授クベシ

他教科トノ関連ヲ密ニシ我ガ国ト関係深キ事項ニ関シテハ特ニ其ノ取扱ニ留意スベシ

満語ハ発音抑揚ニ留意シ力メテ即事即物ノ指導ヲ図リ兼ネテ習俗ノ一端ヲ知ラシムベシ

第九条（理数科ニ関スルモノ第三項）　大陸ノ発展ハ特ニ我ガ国ノ科学ノ力ニ負フ所以ヲ知ラシメ大陸開発ノ実力養成ニ力ムベシ

第三十四条　学校長ハ各学年ノ課程表並ニ各教科及科目ノ授業細目ヲ定ムベシ

第三十五条　国民学校ニ於テ各学年ノ課程ノ修了又ハ全課程ノ修了ヲ認ムルニハ試験ノ方法ニ依ルコトナク児童平素ノ成績ヲ考査シテ之ヲ定ムベシ

第三十六条　学校長ハ初等科又ハ高等科ノ課程ヲ修了セリト認メタル者ニハ修了証書ヲ授与スベシ

学校長ハ各学年ノ課程ヲ修了セリト認メタル者ニハ修業証書ヲ、第三十二条ノ規定ニ依リ一学年間学習セシ者ニハ学習証書ヲ与フルコトヲ得

第三節　教科用図書、映画、音盤及放送

第三十七条　国民学校ノ教科用図書ハ関東局、在満日本教育会若ハ文部省ニ於テ著作権ヲ有スルモノ又ハ文部大臣ノ検定シタルモノニ付関東州庁長官ニ於テ之ヲ撰定スベシ

第四節　学年及式日

第四十二条　国民学校ノ学年ハ四月一日ニ始リ翌年三月三十一日ニ終ル

学年ヲ分チテ左ノ三学期トス

第一学期　四月一日ヨリ七月三十一日迄

第二学期　八月一日ヨリ十二月三十一日迄

第三学期　一月一日ヨリ三月三十一日迄

第五節　編制

第四十七条　国民学校ノ学級数ハ二十四学級以下トス

特別ノ事情アルトキハ市長又ハ民政署長ニ於テ関東州庁長官ノ認可ヲ受ケ前項ノ制限ニ依ラザルコトヲ得

国民学校ニ分教場ヲ設置スル場合ハ六学級以下トシ第一項ノ制限外ト為スコトヲ得

第四十八条　一学級ノ児童数ハ初等科ニ在リテハ六十人以下、高等科ニ在リテハ五十人以下トス

特別ノ事情アルトキハ市長又ハ民政署長ニ於テ関東州庁長

官ノ認可ヲ受ケ前項ノ制限ニ依ラザルコトヲ得

第五十六条　国民学校ニ於テハ各学級ニ在関東州及満洲国国民学校訓導免許状又ハ国民学校訓導免許状ヲ有スル訓導（以下本科訓導ト称ス）一人ヲ置クベシ但シ初等科ニ在リテハ在関東州及満洲国国民学校初等科訓導免許状又ハ国民学校初等科訓導免許状ヲ有スル訓導ヲ以テ之ニ充ツルコトヲ得

高等科ニ在リテハ前項ノ職員ノ外教科科目、授業時数、児童数ニ応ジ、必要ナル員数ノ本科訓導又ハ在関東州及満洲国国民学校専科訓導免許状若ハ国民学校専科訓導免許状ヲ有スル訓導（以下専科訓導ト称ス）ヲ置クベシ

初等科ニ於テハ適宜専科訓導ヲ置クコトヲ得

第一項及第二項ニ規定スル職員ヲ得難キトキハ高等科ニ在リテハ在関東州及満洲国国民学校准訓導免許状又ハ国民学校准訓導免許状ヲ有スル准訓導ヲ、初等科ニ在リテハ在関東州及満洲国国民学校初等科准訓導免許状又ハ国民学校初等科准訓導免許状ヲ有スル准訓導ヲ以テ之ニ充ツルコトヲ得

特別ノ事情アルトキハ関東州庁長官ハ在関東州及満洲国国民学校教員免許状又ハ国民学校教員免許状ヲ有セザル者ヲシテ准訓導ノ職務ヲ行ハシムルコトヲ得

第二章　就学

第五十九条　翌年四月ニ於テ其ノ年令就学ノ始期ニ達スベキ児童アルトキハ保護者（児童ニ対シ親権ヲ行フ者、親権ヲ行フ者ナキトキハ後見人又ハ後見人ノ職務ヲ行フ者ヲ謂フ以下同ジ）ニ於テ其ノ年一月末日迄ニ別記第一号様式ニ依リ市長又ハ民政署長ニ届出ヅベシ

前項ニ規定スル児童ニシテ同項ノ届出期限後市又ハ民政署ノ区域内ニ来住シタルトキハ其ノ保護者ニ於テ同項ノ規定ニ準ジ遅滞ナク其ノ旨当該市長又ハ民政署長ニ届出ヅベシ

第六十条　就学期間中ニ在ル児童ニシテ左ノ各号ノ一ニ該当スルモノアルトキハ其ノ保護者ハ遅滞ナク其ノ旨市長又ハ民政署長ニ届出ヅベシ

一　其ノ市又ハ民政署ノ区域内ニ来住シタルトキ

二　死亡シタルトキ

三　其ノ市又ハ民政署ノ区域外ニ転住セントスルトキ

四　学校編制ノ変更ニ因ルニ非ズシテ市又ハ民政署ノ区域内ニ於テ転学セントスルトキ

五　一年以上居所分明ナラザルトキ（以下略）

第六十一条　市長又ハ民政署長ハ毎年十二月一日ノ現在ニ依リ其ノ市又ハ民政署ノ区域内ニ居住スル児童ニシテ翌年四月ニ於テ其ノ年令、就学ノ始期ニ達スベキモノヲ調査シ別記第二号様式ニ依リ十二月末日迄ニ其ノ学令簿ヲ編製スベシ（以下略）

（以下略）

第六十三条　市長又ハ民政署長ハ児童ヲシテ国民学校ニ入学セシムベキ期日ヲ一月末日迄ニ其ノ保護者ニ通知スベシ

第六十四条　市長又ハ民政署長ハ前条ノ規定ニ依リ通知シタル児童ノ氏名及入学期日ヲ遅滞ナク関係学校長ニ通知スベシ其ノ通知ヲ為シタル後児童ノ就学ニ関シ異動ヲ生ジタル

トキ亦同ジ

第六十六条　民政署ノ区域内ニ在リテ適度ノ通学路程内ニ国民学校ノ施設ナク学令児童ヲ就学セシムルコト能ハズト認ムルトキハ民政署長ハ関東州庁長官ノ認可ヲ受ケ国民学校令第八条ニ規定スル保護者ノ義務ヲ免除スルコトヲ得

附　則

第九十八条　本令ハ昭和十八年四月一日ヨリ之ヲ施行ス

参照　国民学校令（昭和十六年三月一日勅令第百四十八号）

第八条　保護者（児童ニ対シ親権ヲ行フ者、親権ヲ行フ者ナキトキハ後見人又ハ後見人ノ職務ヲ行フ者ヲ謂フ以下同ジ）ハ児童ノ満六才ニ達シタル日ノ翌日以後ニ於ケル最初ノ学年ノ始ヨリ満十四才ニ達シタル日ノ属スル学年ノ終迄之ヲ国民学校ニ就学セシムルノ義務ヲ負フ

◎在関東州及満洲国国民学校訓導、準訓導及養護訓導免許令

昭和十八年三月二十七日
勅令第二百十四号

朕在関東州及満洲国国民学校訓導、准訓導及養護訓導免許令ヲ裁可シ茲ニ之ヲ公布セシム（総理、大東亜大臣副署）

在関東州及満洲国国民学校訓導、准訓導及養護訓導免許令

第一条　在関東州及満洲国国民学校教員免許状ヲ分チテ左ノ五種トス

一　在関東州及満洲国国民学校訓導免許状
二　在関東州及満洲国国民学校初等科訓導免許状
三　在関東州及満洲国国民学校専科訓導免許状
四　在関東州及満洲国国民学校准訓導免許状
五　在関東州及満洲国国民学校初等科准訓導免許状

第二条　在関東州及満洲国国民学校訓導免許状ヲ有スル者ハ国民学校ノ全教科、在関東州及満洲国国民学校初等科訓導免許状ヲ有スル者ハ国民学校初等科ノ全教科、在関東州及満洲国国民学校専科訓導免許状ヲ有スル者ハ満洲国駐箚特命全権大使ノ定ムル所ニ依リ国民学校ノ教科中一科目又ハ数科目ニ付児童ノ教育ヲ掌ル訓導ト為ルコトヲ得

在関東州及満洲国国民学校准訓導免許状ヲ有スル者ハ国民学校ノ全教科、在関東州及満洲国国民学校初等科准訓導免許状ヲ有スル者ハ国民学校初等科ノ全教科ニ付准訓導ト為ルコトヲ得

第三条　在関東州及満洲国国民学校教員免許状ハ師範学校ヲ卒業シタル者又ハ訓導若ハ准訓導ノ検定ニ合格シタル者ニ対シ大使ノ定ムル所ニ依リ之ヲ授与ス

在関東州及満洲国国民学校養護免許状ハ養護訓導ノ検定ニ合格シタル者ニ対シ大使ノ定ムル所ニ依リ之ヲ授与ス

前二項ノ検定ヲ施行スル為在関東州及満洲国国民学校教員検定委員会ヲ置ク

在関東州及満洲国国民学校教員検定委員会ニ関スル規程ハ別ニ之ヲ定ム

教員免許状及養護訓導免許状其ノ他検定ニ関スル規程ハ大使之ヲ定ム

第四条　左ノ各号ノ一ニ該当スル者ハ訓導若ハ准訓導ノ検定又ハ養護訓導ノ検定ヲ受クルコトヲ得ズ

一　禁錮以上ノ刑ニ処セラレタル者

二　破産者ニシテ復権ヲ得ザル者

第五条　在関東州満洲国国民学校教員免許状ヲ有スル者左ノ各号ノ一ニ該当スルトキハ教員免許状ハ其ノ効力ヲ失フ

一　禁錮以上ノ刑ニ処セラレタルトキ

二　破産ノ宣告ヲ受ケタルトキ

教員免許状ヲ有スル者不正ノ行為其ノ他教員タルベキ体面ヲ汚辱スルノ行為アリテ其ノ情状重シト認ムルトキハ大使ハ其ノ教員免許状ヲ褫奪ス

前二項ノ規定ハ在関東州及満洲国国民学校養護訓導免許状ヲ有スル者ニ之ヲ準用ス

附　則

本令ハ昭和十八年四月一日ヨリ之ヲ施行ス

◎満洲国在外指定学校指定規則（抄）

昭和十二年十二月一日
在満洲国大使館令第六号

改正　昭和一三年第二六号、一四年第一〇号、一五年第二号、一六年教務部令第三号

満洲国在外指定学校指定規則左ノ通定ム

満洲国在外指定学校指定規則

第一条　満洲国内ニ於テ帝国臣民ノ為ニ設置シタル学校ニシテ恩給法施行令第八条ニ関シ指定ヲ受ケントスルトキハ学校ノ管理者又ハ設立者ニ於テ左ノ事項ヲ具シ満洲国駐箚特命全権大使ニ申請スベシ

一　学校ノ名称

二　学校ノ沿革

三　学則

四　職員ノ氏名及其ノ履歴書

五　現在生徒学年別学級別人員

六　校地校舎及附属舎等ノ平面図

七　経費及維持ノ方法

前項第一号及第三号ノ変更ハ大使ノ認可ヲ受クベシ

第二条　前条ノ規定ハ在外指定学校ノ設立者ノ変更ノ場合ニ之ヲ準用ス

第三条　学則ニ規定スベキ事項概ネ左ノ如シ

一　修業年限、学年、学期、休日ニ関スル事項

二　学科課程、教授時数ニ関スル事項

三　生徒ノ入学、退学、課程ノ修了及卒業ノ認定ニ関スル事項

四　授業料入学料等ヲ徴収スルトキハ之ニ関スル事項

五　寄宿舎ヲ設クルトキハ之ニ関スル事項

第四条　第一条ノ申請ニ基キ大使ニ於テ指定ヲ為スベキ学校ハ其ノ管理及維持ノ方法確実ニシテ所定ノ学科ヲ教授スルニ足ルベキ相当ノ教員及設備ヲ具フルモノニ限ル

第五条　第一条ニ依リ指定セラレタル学校ヲ廃止セントスルトキハ其ノ事由並生徒ノ処分方法ヲ具シ大使ノ認可ヲ受ク

ベシ
第六条　国民学校ノ教科ヲ授クル在外指定学校ノ訓導ハ国民学校初等科訓導免許状ヲ有スル者、准訓導ハ国民学校准訓導免許状ヲ有スル者、学校長ハ国民学校訓導免許状ヲ有スル者タルベシ但シ別ニ大使ノ指定シタル者ヲ以テ之ニ充ツルコトヲ得
第七条　中学校、高等女学校ノ教科ヲ授クル在外指定学校ノ教諭、助教諭ハ中学校ノ教員免許状又ハ高等女学校ノ教員免許状ヲ有スル者タルベシ但シ高等女学校ノ教科ヲ授クル学校ニ於テハ第二学年以下ノ教授ヲ担任セシムル為国民学校訓導免許状ヲ有スル者又ハ大使ノ指定ニ依リ国民学校ノ教科ヲ授クル在外指定学校ノ訓導タルヲ得ベキ者ヲ以テ之ニ充ツルコトヲ得
実業学校ノ教科ヲ授クル在外指定学校ノ教諭、助教諭ハ左ノ各号ノ一ニ該当スル者タルベシ
一　学位ヲ有スル者
二　大学ヲ卒業シタル者、大学ニ於テ試験ニ合格シ学士ト稱スルコトヲ得ル者又ハ官立学校ノ卒業者ニシテ学士ト称スルコトヲ得ル者
三　文部大臣ノ指定ニ依リ実業学校ノ教員タルコトヲ得ル者
四　教員免許令ニ依リ教員免許状ヲ有スル者
青年学校ノ教科ヲ授クル在外指定学校ノ教諭、助教諭ハ左ノ各号ノ一ニ該当スル者タルベシ但シ第三号ニ該当スル者ハ六年以上助教諭ノ職ニ在ラザレバ教諭ト稱スルコトヲ得ズ
一　青年学校教員養成所ヲ卒業シタル者
二　実業学校ノ教科ヲ授クル在外指定学校ノ教諭、助教諭タルコトヲ得ル者
三　国民学校訓導免許状又ハ国民学校専科訓導免許状ヲ有スル者及大使ノ指定ニ依リ国民学校ノ教科ヲ授クル在外指定学校ノ訓導タルコトヲ得ル者
青年学校及青年学校ノ教科ヲ授クル在外指定学校以外ノ官公立学校又ハ在外指定学校ノ教科ヲ授クル在外指定学校ノ教諭ト称スルコトヲ得
前三項ノ外支那語、露語其他特別ノ学科ヲ加授スル中学校、高等女学校、実業学校又ハ青年学校ノ教科ヲ授クル在外指定学校ニ於テハ之ガ教授ヲ担任セシムル為大使ノ指定シタル者ヲ以テ教諭、助教諭ニ充ツルコトヲ得
第二十三条　在外指定学校ニシテ第四条ノ要件ヲ失ヒ又ハ学校ノ管理者又ハ設立者ニ於テ大使ノ命令ニ違背スルトキハ其ノ指定ヲ取消スコトアルベシ
附　則
本令ハ公布ノ日ヨリ之ヲ施行ス
本令施行前大正十二年外務、文部省令在外指定学校ノ指定ニ関スル規程及大正十二年関東庁令第五十二号関東州及南満洲鉄道附属地在外指定規則ニ依リ為シタル指定ハ本令ニ依リ之ヲ為シタルモノト看做ス

○昭和十二年在満洲国大使館告示第二号
（満洲国在外指定学校指定規則第六条但書及七条第四項ノ規定ニ依リ教員タルコトヲ得ベキ者）

昭和十二年十二月一日
在満洲国大使館告示第二号

改正　昭和一五年第二四号、教務部告示第六四号、一六年第一四号

満洲国在外指定学校指定規則第六条但書及第七条第四項ノ規定ニ依リ教員タルヲ得ベキ者左ノ通指定ス

国民学校ノ教課ヲ授クル在外指定学校ノ訓導又ハ学校長タルヲ得ベキ者左ノ如シ

一　旅順高等女学校補習科ニ於テ小学校教員タルニ適スル教育ヲ受ケテ修了シタル者

二　満洲教育専門学校ヲ卒業シタル者

三　在満師範学校又ハ関東師範学校ヲ卒業シタル者

四　在満洲国小学校教員検定規則ニ依ル教員検定ニ合格シタル者但シ学校長タリ得ベキ者ハ第一種検定合検者ニ限ル

五　朝鮮ニ於ケル官立、公立ノ師範学校及教員養成所ヲ卒業シタル者又ハ国民学校教員試験規則ニ依リ教員試験ニ合検シタル者

中学校、高等女学校、実業学校又ハ青年学校ノ教科ヲ授クル在外指定学校ニ於テ支那語又ハ露語ノ教授ヲ担任スル教諭、助教諭タルヲ得ベキ者左ノ如シ

一　官立外国語学校支那語又ハ露語部ヲ卒業シタル者（教育学ヲ修メザル者ニ在リテハ支那語科又ハ露語科ノ成績優良ナル者ニ限ル）

二　東亜同文書院ヲ卒業シタル者（支那語科ノ成績優良ナル者ニ限ル）

三　日露協会学校ヲ卒業シタル者（露語科ノ成績優良ナル者ニ限ル）

四　相当ノ学歴ヲ有シ中学校、高等女学校、実業学校、青年学校又ハ之ト同等以上ノ官立、公立学校若ハ在外指定学校ニ於テ三年以上支那語科又ハ露語科ノ教授ヲ担任シ其ノ成績優良ナル者

◎内地以外ノ地域ニ於ケル学校ノ生徒、児童、卒業者等ノ他ノ学校ヘ入学及転学ニ関スル規程（抄）

昭和十八年五月十一日
文部省令第六十三号

内地以外ノ地域ニ於ケル学校ノ生徒、児童、卒業者等ノ他ノ学校ヘ入学及転学ニ関スル規程左ノ通定ム

第一条　左ノ各号ノ一ニ該当スル者ハ他ノ学校ヘ入学及転学ノ関係ニ付国民学校令ニ依ル国民学校ノ児童及修了者ト同一ノ取扱ヲ受ク

三　在関東州及満洲国帝国臣民教育令ニ依ル国民学校ノ児

童及修了者

第二条　左ノ各号ノ一ニ該当スル者ハ他ノ学校ヘ入学及転学ノ関係ニ付中等学校令ニ依ル入学資格、修業年限及種類ノ相当スル中等学校ノ生徒及卒業者ト同一ノ取扱ヲ受ク

三　在関東州及満洲国帝国臣民教育令ニ依ル中等学校並ニ旅順高等公学校中学部及金州女子高等公学校ノ生徒及卒業者

第三条　左ノ各号ノ一ニ該当スル者ハ他ノ学校ヘ入学及転学ノ関係ニ付高等学校令ニ依ル高等学校ノ生徒及卒業者ト同一ノ取扱ヲ受ク

二　在関東州及満洲国帝国臣民教育令ニ依ル高等学校ノ生徒及卒業者

第四条　左ノ各号ノ一ニ該当スル者ハ他ノ学校ヘ入学及転学ノ関係ニ付専門学校令ニ依ル入学資格、修業年限及種類ノ相当スル専門学校ノ生徒及卒業者ト同一ノ取扱ヲ受ク

三　在関東州及満洲国帝国臣民教育令ニ依ル専門学校ノ生徒及卒業者

第五条　左ノ各号ノ一ニ該当スル者ハ他ノ学校ヘ入学及転学ノ関係ニ付師範教育令ニ依ル師範学校ノ生徒及卒業者ト同一ノ取扱ヲ受ク

三　在関東州及満洲国帝国臣民教育令ニ依ル師範学校ノ生徒及卒業者

附　則

本令ハ昭和十八年四月一日ヨリ之ヲ適用ス

◎関東州書房規則

昭和二年四月二十日
関東庁令第十七号

改正　昭和一二年第一二号、一四年第三一号

第一条　書房ハ支那従前ノ慣例ニ依リ専ラ支那文ノ教授ヲ為スヲ以テ目的トス但シ土地ノ状況ニ依リ日本語、算術又ハ裁縫ノ一科目若ハ数科目ヲ加設スルコトヲ得

第二条　書房ハ本令ノ規定ニ依リ市長又ハ民政署長之ヲ監督ス

第三条　書房ヲ開設セシムトスルトキハ開設者ハ左ノ各号ノ事項ヲ記載シタル申請書ニ其ノ履歴書ヲ添ヘ市長又ハ民政署長ニ願出テ認可ヲ受クヘシ第一号乃至第四号ノ事項又ハ開設者ヲ変更セシムトスルトキ亦同シ

一　目的、名称及位置

二　教授時数及教授用書籍名

三　教師ノ氏名及履歴

四　支那文ノ外特ニ日本語、算術又ハ裁縫ノ一科目若ハ数科目ヲ教授セムトスルトキハ其ノ事項

五　季節ヲ定メテ授業ヲ為スモノニ在リテハ其ノ季節

前項第五号ノ事項ヲ変更セムトスルトキハ其ノ旨ヲ市長又ハ民政署長ニ届出ツヘシ

第四条　書房ヲ廃止シタルトキハ開設者ニ於テ遅滞ナク其ノ旨ヲ市長又ハ民政署長ニ届出ツヘシ

第五条　書房ノ名称ニハ学校ニ類スル文字ヲ用ウルコトヲ得

ス
書房ニハ其ノ名称ヲ記シタル標札ヲ見易キ場所ニ掲クヘシ
第六条　書房ノ教師ハ左ノ各号ノ一ニ該当スル者タルコトヲ要ス
一　支那人ニシテ公学堂及普通学堂ノ教員タル資格ヲ有スル者
二　市長又ハ民政署長ノ認可シタル者
第七条　左ノ各号ノ一ニ該当スル者ハ書房ノ開設者又ハ教師ト為ルコトヲ得ス
一　禁錮以上ノ刑ニ処セラレタル者
二　第八条ノ規定ニ依ル閉鎖ヲ命セラレ又ハ解職ヲ命セラレタル者
第八条　左ノ場合ニ於テハ市長又ハ民政署長ハ書房ノ閉鎖、教師ノ解職其ノ他必要ナル措置ヲ命スルコトヲ得
一　書房ノ開設者若ハ教師ニシテ不適当ナリト認メタルトキ又ハ法令ノ規定ニ基キ発シタル命令ニ違反シタルトキ
二　書房ノ管理不適当ニシテ教育上有害ナリト認メタルトキ
三　引続キ三月以上授業ヲ為ササルトキ
第九条　本令ノ規定ニ依ラスシテ書房ト認ムヘキモノヲ開設シタル者アルトキハ市長又ハ民政署長ハ其ノ旨ヲ関係者ニ通告シ主ニ本令ノ規定ニ依ラシムヘシ
第十条　前条ノ通告ヲ受ケ其ノ手続ヲ為ササル者、第八条ノ規定ニ依リ書房ノ閉鎖ヲ命セラレタル後仍其ノ事業ヲ継続シタル者、第三条第一項第三号ノ認可ヲ受ケスシテ教師ヲ採用シタル者、第六条第二号ノ認可ヲ受ケスシテ教師タリシ者又ハ第八条ノ規定ニ依リ教師ノ解職ヲ命セラレタル後仍之ヲ解職セサル者ハ科料ニ処ス
第十一条　書房開設者ハ毎年五月一日現在ニ依ル学童数（男女別）ヲ調査シ其ノ月十五日迄ニ市長又ハ民政署長ニ報告スヘシ

附　則

本令ハ公布ノ日ヨリ之ヲ施行ス
本令施行ノ際存在スル書房ハ本令施行ノ日ヨリ三月内ニ第三条ノ事項ヲ具シ民政署長又ハ民政支署長ノ認可ヲ受クヘシ

◎関東州普通学堂規則（抄）

大正十二年三月十七日
関東庁令第十四号
（昭和十四年局令第四五号改正現在）

第一条　普通学堂ハ支那人ノ児童ニ簡単ナル初等教育ヲ施ス所トス
普通学堂ハ児童ノ身体ノ発達ニ留意シ徳育ヲ施シ其ノ生活ニ必須ナル普通ノ知識技能ヲ授クルヲ以テ本旨トス
第二条　普通学堂ハ市又ハ会ニ於テ設立管理スルモノトス
第三条　市又ハ会ニ於テ普通学堂ヲ設立セシムトスルトキ又ハ其ノ分教場ヲ設立セムトスルトキハ名称、位置及通学区域ヲ具シ関東州庁長官ノ認可ヲ受クヘシ其ノ名称、位置又ハ通学区域ヲ変更セムトスルトキ亦同シ
第四条　普通学堂ニハ補習科ヲ置クコトヲ得

補習科ヲ置カムトスルトキハ管理者ヨリ其ノ理由、教科目、教授ノ程度、毎週教授時数及教科用図書ヲ具シ関東州庁長官ノ認可ヲ受クヘシ

第五条　普通学堂ハ市長又ハ民政署長之ヲ監督ス

第六条　普通学堂ノ修業年限ハ四年、補習科ノ修業年限ハ一年トス

第七条　普通学堂ノ教科目ハ修身、満洲国語、日本語、算術、図画、手工、唱歌、体操トシ男児ノ為ニハ実科、女児ノ為ニハ裁縫ヲ加フ

実科ハ農業又ハ商業ノ中一種トス

土地ノ情況ニ依リ必要ト認メタルトキハ管理者ニ於テ関東州庁長官ノ認可ヲ受ケ教科目ヲ減シ又ハ各教科目ノ教授時数ヲ増減スルコトヲ得

前項ノ場合ニ於テ減シタル教科目ノ教授時数ハ之ヲ他ノ教科目ニ配当スヘシ

第十一条　普通学堂ノ教科用図書ハ関東州庁長官ノ定ムル所ニ依ル但シ補習科ノ教科用図書ニ付テハ此ノ限ニ在ラス

第十二条　普通学堂ニ於テ数学年ノ児童ヲ二学級ニ編制スルトキハ各学年ノ程度ニ拘ラス全部又ハ一部ノ児童ヲ同一ノ程度ニ依リ教授スルコトヲ得

第十三条　一学級ノ児童数ハ六十人以下トス但シ特別ノ事情アルトキハ此ノ限ニ在ラス

第十七条　普通学堂ニ於テハ各学級ニ教員一人ヲ置ク但シ特別ノ事情アルトキハ此ノ限ニ在ラス

第三十三条　第一学年ニ入学スルコトヲ得ル児童ハ学年ノ始ニ於テノ満六年以上満十年以下ノ者トス但シ特別ノ事情アル満十年以上ノ者ニ付テハ此ノ限ニ在ラス

第三十四条　補習科ニ入学スルコトヲ得ル者ハ普通学堂ヲ卒業シタル者及学堂長ニ於テ之ト同等以上ノ学力アリト認メタル者トス

第四十八条　普通学堂職員ノ任用解職ハ関東州庁長官之ヲ行フ

第五十条　普通学堂ニ於テハ授業料ヲ徴収スルコトヲ得

授業料ノ額ハ市長又ハ民政署長ノ認可ヲ受ケ管理者之ヲ定ム

◎関東局公学堂規則（抄）

（昭和十八年局令第五九号改正現在）

大正十二年三月十七日
関東庁令第十三号

第一条　公学堂ハ児童ノ身体ノ発達ニ留意シ徳育ヲ施シ其ノ生活ニ必須ナル普通ノ知識技能ヲ授ケルヲ以テ本旨トス

第二条　公学堂ニハ初等科若ハ高等科ヲ置キ又ハ之ヲ併置ス

公学堂ニ補習科ヲ置クコトアルヘシ

第三条　初等科ノ修業年限ハ四年、高等科ノ修業年限ハ二年、補習科ノ修業年限ハ一年トス

第四条　初等科ノ教科目ハ修身、満洲国語、日本語、算術、図画、手工、唱歌、体操トシ女児ノ爲ニハ裁縫ヲ加フ

第五条　高等科ノ教科目ハ修身、満洲国語、日本語、算術、

歴史、地理、理科、図画、手工、唱歌、体操トス男児ノ為ニハ実科、女児ノ為ニハ栽縫及手芸ヲ加フ

実科ハ農業又ハ商業ノ中一種トス

学童長ハ土地ノ情況ニ依リ実科ヲ課セサルコトヲ得

第十六条　公学堂ノ学級ノ編制ハ関東州庁長官ノ認可ヲ受ケ民政署長之ヲ定ム其ノ変更ニ付亦同シ

第二十二条　歴史ハ満洲、日本及中華民国ニ於ケル史実ノ大要ヲ授ケ以テ之等各地文化ノ由来ヲ知ラシメ兼テ東亜ノ大勢ヲ解シ睦隣ノ念ヲ涵養スルヲ以テ要旨トス

歴史ニ在リテハ国体ノ大要、歴代ノ治績、偉人ノ事蹟、賢哲ノ嘉言善行、人文ノ発達、東亜諸国ノ交渉、日満ノ関係等ノ概略ヲ授ケヘシ（以下略）

第二十三条　地理ハ地球ノ表面及人類生活ノ状態ニ関スル知識ノ一班ヲ得シメ又東亜地誌ノ大要ヲ理会セシムルヲ以テ要旨トス

地理ニ在リテハ満州ノ地勢、気候、区劃、都会、産物、交通等ヨリ始メ日本及中華民国地理ノ大要ニ及ホシ進ミテハ地球ノ形状、運動等に関スル簡単ナル知識ヲ得シメ且諸外国ノ地理ノ概要ヲ授ケヘシ（以下略）

第三十三条　教授日数ハ毎学年二百四十日以上タルヘシ

特別ノ事情アルトキハ関東州庁長官ノ認可ヲ受ケ民政署長ニ於テ前項ノ日数ヲ減スルコトヲ得

第三十四条　休業日ハ左ノ如シ

一　祝日、大祭日

二　日曜日

三　始政記念日

四　学童記念日

五　夏季休業　七月二十六日ヨリ八月二十日迄

六　年末年始休業　十一月二十九日ヨリ翌年一月五日迄

七　冬季休業　陰暦十二月二十七日ヨリ翌年一月六日迄及一月十四日ヨリ一月十六日迄

八　学年末休業　三月二十七日ヨリ同月三十一日迄

九　端午節、中元節、仲秋節

（以下略）

第三十五条　第一学年ニ入学スルコトヲ得ル児童ハ学年ノ始ニ於テ初等科ニ在リテハ満六年以上満十年以下、高等科ニ在リテハ満十年以上満十四年以下ノ者トス但シ特別ノ事情アル者ニ付テハ比ノ限ニ在ラス

第三十六条　高等科ニ入学スルコトヲ得ル児童ハ初等科又ハ普通学堂ヲ卒業シタル者及学堂長ニ於テ之ト同等以上ノ学力アリト認メタル者トス（以下略）

◎関東高等公学校規則（抄）

（昭和十八年局令第五九号改正現在）

昭和七年四月八日
関東庁令第七号

第一条　旅順高等公学校ニ中学部及師範部ヲ置ク

第二条　旅順高等公学校中学部ニ於テハ支那人タル男子ニ須要ナル高等普通教育ヲ為スヲ以テ目的トシ旅順高等公学校

師範部ニ於テハ支那人タル普通学堂教員及公学堂初等科教員ヲ養成スルヲ以テ目的トス

旅順高等公学校生徒ノ教養ニ関シテハ左ノ事項ニ留意スベシ

一　学校教育ノ全般ヨリ道徳教育ヲ行ハンコトヲ期シ常ニ生徒ヲ実践躬行ニ導クベシ

二　勤労ヲ愛好スルノ習慣ヲ育成シ且協同ヲ尚ビ責任ヲ重ンズルノ観念ヲ涵養センコトニ力ムベシ

三　国際道徳ヲ重ンジ協調融和ヲ尚ブノ精神ヲ養成シ特ニ日支親善ノ実ヲ挙ゲシメンコトニ力ムベシ

四　専ラ心力ノ啓発ヲ旨トシ社会生活上適切有用ナル知能ヲ養ハンコトヲ期スベシ

五　身体ヲ強健ナラシムルト共ニ精神ヲ鍛錬シ青年ノ濶達ナル気風ヲ養ハンコトヲ旨トスベシ

旅順高等公学校師範部ニ於テハ前項ノ外尚左ノ事項ニ留意スベシ

一　常ニ児童ノ師表タルベキ品格ヲ具ヘシメンコトニ力ムベシ

二　普通学堂又ハ公学堂初等科ノ教科ニ関連スル事項ニ付テハ之ガ教授ノ方法ヲ会得セシメンコトニ力ムベシ

第二条ノ二　金州女子高等公学校ニ於テハ支那人タル女子ニ須要ナル高等普通教育ヲ爲スヲ以テ目的トシ生徒ノ教養ニ関シテハ前条第二項ノ外特ニ婦徳ノ涵養ニ意ヲ用ヒ順良貞淑ニシテ進ンデ社会ニ奉仕スルノ資質ヲ得シメンコトニ力ムベシ

第三条　修養年限ハ旅順高等公学校中学部ハ五年、旅順高等公学校師範部ハ男子二年、女子四年、金州女子高等公学校ハ四年トス

第四条　旅順高等公学校中学部ノ学科目ハ修身、支那文、日本語、歴史、地理、英語、数学、理科、実業、図画、音楽、作業科、体操トス

旅順高等公学校師範部ノ学科目ハ修身、教育、支那文、日本語、歴史、地理、数学、理科、実業、図画、手工、音楽、体操トス但シ女子ニハ家事裁縫ヲ加フ

金州女子高等公学校ノ学科目ハ第二項ニ規定スル学科目ノ外家事、裁縫ヲ加フ

第三十二条　旅順高等公学校中学部及金州女子高等公学校第一学年ニ入学シ得ル者ハ左ノ各一号ノ一ニ該当スル者タルベシ

一　関東局公学堂及関東州公立公学堂ノ高等科ヲ卒業シタル者

二　相当年令ニシテ之ト同等以上ノ学力ヲ有スル者

第三十三条　旅順高等公学校師範部第一学年ニ入学シ得ル者ハ品行方正、身体健全ニシテ左ノ各号ノ一ニ該当スル者タルベシ

一　男子ハ旅順高等公学校中学部第二学年修了者又ハ相当年令ニシテ之ト同等以上ノ学力ヲ有スル者

二　女子ハ関東局公学堂及関東州公立公学堂ノ高等科卒業者又ハ相当年令ニシテ之ト同等以上ノ学力ヲ有スル者

第四十六条　旅順高等公学校師範部生徒ハ之ヲ寄宿舎ニ収容

ス

◎大連商業公学校規則（抄）

昭和十七年四月二十日
関東局令第五十三号

第一条　大連商業公学校ハ満支人ニ対シ商業ニ関スル須要ナル知識技能ヲ授ケ徳性ヲ涵養スルヲ以テ目的トシ特ニ左ノ事項ニ留意シテ其ノ生徒ヲ教育スベシ

一　学校教育ノ全般ニ亙リ徳育ヲ重ンジ常ニ生徒ヲ実践躬行ニ導キ皇道ニ帰一シ商業経済ヲ通ジテ大東亜ノ建設ニ協力スルノ精神ヲ涵養センコトヲ期スベシ

二　経済ノ本義ヲ理会セシメ職域奉公ノ信念ヲ養ヒ特ニ勤労ヲ愛好スルノ習慣ヲ育成シ且廉潔ヲ尚ビ責任ヲ重ンズルノ観念ヲ涵養センコトヲ期スベシ

三　信義ヲ重ンジ協調融和ヲ尚ブノ精神ヲ養成シ常ニ礼義ヲ正クスル習慣ヲ馴致センコトニ力ムベシ

四　心身ヲ鍛錬シ闊達明朗ナル気風ヲ養ハンコトヲ旨トスベシ

第二条　商業公学校ノ修業年限ハ四年トス

第十五条　第一学年ニ入学スルコトヲ得ル者ハ公学堂高等科ヲ卒業シタル者又ハ学校長ニ於テ之ト同等以上ノ学力アリト認メタル者タルベシ

◎大連商業学堂規則（抄）

大正十二年三月十七日
関東庁令第十一号
（昭和十五年局令第二六号改正現在）

第一条　大連商業学堂ハ支那人ニ商業ニ関スル須要ナル知識技能ヲ授ケ兼テ徳性ヲ涵養スルヲ以テ目的トス

第二条　商業学堂ノ修業年限ハ四年トス

商業学堂ニハ専修科ヲ併置スルコトアルヘシ専修科ノ修業年限ハ一年以内トス

第三条　商業学堂ノ学科目ハ修身、満洲国語、日本語、英語、数学、地理、歴史、理科、法制、体操及商業ニ関スル学科トス但シ学堂長ハ関東州庁長官ノ認可ヲ受ケ図画、工業大意其ノ他ノ学科目ヲ加設スルコトヲ得

専修科ノ学科目ハ関東州庁長官ノ認可ヲ受ケ学堂長之ヲ定ム

第四条　商業ニ関スル学科ハ商業要項、簿記、商品、商業文、商業算術、商業実践、商業地理、商業史、商業法規、タイプライチング、速記術其ノ他ノ科目ニ就キ関東州庁長官ノ認可ヲ受ケ学堂長之ヲ定ム

商業ニ関スル学科ニ在リテハ実習ヲ併テ課スルモノトス

第十二条　第一学年ニ入学スルコトヲ得ル者ハ公学堂高等科ヲ卒業シタル者又ハ学堂長ニ於テ之ト同等以上ノ学力アリト認メタル者トス専修科ニ入学スルコトヲ得ル者亦同シ

◎金州農業学堂規則（抄）

（昭和十六年局令第四一号改正現在）

大正十二年三月十七日
関東庁令第十二号

第一条　金州農業学堂ハ日本人及満洲人ニ農業ニ関スル須要ナル知識技能ヲ授ケ兼テ徳性ヲ涵養スルヲ以テ目的トス

第二条　農業学堂ノ修業年限ハ四年トス

農業学堂ニハ専修科ヲ併置スルコトアルヘシ専修科ノ修業年限ハ一年内トス

第三条　農業学堂ノ学科目ハ修身、国語、支那語、満洲国語、日本語、数学、物理及化学、博物、公民科、体操並農業ニ関スル学科トス但シ学堂長ハ関東州庁長官ノ認可ヲ受ケ地理、簿記、図画、手工其ノ他ノ学科目ヲ加設スルコトヲ得

専修科ノ学科目ハ関東州庁長官ノ認可ヲ受ケ学堂長之ヲ定ム

第四条　農業ニ関スル学科ハ作物、園芸、土壌、肥料、作物病虫害、畜産、農産製造、養蚕、測量、林業其ノ他ノ科目ニ就キ関東州庁長官ノ認可ヲ受ケ学堂長之ヲ定ム

農業ニ関スル学科ニ在リテハ実習ヲ併セ課スルモノトス

第十二条　第一学年ニ入学スルコトヲ得ル者ハ国民学校初等科若ハ公学堂高等科ヲ卒業シタル者又ハ学堂長ニ於テ之ト同等以上ノ学力アリト認メタル者トス専修科ニ入学スルコトヲ得ル者亦同シ

◎関東州及南満洲鉄道附属地ニ於ケル神社廟宇及寺院等ニ関スル件

大正十一年五月十六日
勅令第二百六十二号

朕関東州南満洲鉄道附属地ニ於ケル神社廟宇及寺院等ニ関スル件ヲ裁可シ茲ニ之ヲ公布セシム（総理大臣副署）

関東州及南満洲鉄道附属地ニ於テ神社、廟宇及寺院教会其ノ他ノ布教所ヲ設立、移転、廃止又ハ併合セムトスルトキハ関東長官ノ許可ヲ受ケヘシ其ノ名称又ハ維持ノ方法ヲ変更セムトスルトキ亦同シ

関東長官ハ前項ニ定ムルモノヲ除クノ外神社、廟宇及寺院教会其ノ他ノ布教所ノ取締ニ関シ必要ナル規定ヲ設クルコトヲ得

附　則

本会施行ノ期日ハ関東長官之ヲ定ム

○関東庁官制等ノ改正ニ際シ憲兵令其ノ他ノ勅令中改正等ノ件（抄）

昭和九年十二月二十六日
勅令第三百九十五号

第三十八条　大正十一年勅令第二百六十二号中左ノ通改正ス

第一項中「関東長官」ヲ「満洲国駐劄特命全権大使」ニ改ム

第二項中「関東長官」ヲ「大使」ニ改ム

附　則

本令ハ公布ノ日ヨレ之ヲ施行ス

◎関東神宮職員令

昭和十九年九月一日
勅令第五百三十九号

朕関東神宮職員令ヲ裁可シ茲ニ之ヲ公布セシム（総理、大東亜 内務大臣副署）

関東神宮職員令

第一条　関東神宮ニ左ノ職員ヲ置ク

宮司　一人
祢宜　一人
主典　六人

第二条　宮司ハ満洲国駐箚特命全権大使ノ指揮監督ヲ承ケ祭祀ニ奉仕シ祭儀ヲ司リ庶務ヲ管理ス

第三条　祢宜ハ宮司ノ指揮監督ヲ承ケ祭儀及庶務ニ従事ス

第四条　主典ハ上職ノ指揮監督ヲ承ケ祭儀及庶務ニ従事ス

第五条　宮司事故アルトキハ祢宜之ヲ代理ス

第六条　宮司ハ勅任官ノ待遇トス

祢宜及主典ハ判任官ノ待遇トシ大使之ヲ命ズ

第七条　祢宜ニシテ二十年以上判任官又ハ判任官ノ対遇以上ノ神官神職又ハ神社ニ関スル事務ヲ所掌トスル官ノ職ニ在リ功績顕著ナル者ハ特ニ之ヲ奉仕官ノ待遇ト爲スコトヲ得

第八条　神職ニハ俸給ヲ支給ス但シ大使ニ於テ名誉職ト爲スコトヲ妨ゲズ

第九条　神職ノ服務、俸給及旅費ニ関スル規程ハ大使之ヲ定ム

第十条　宮司ハ官国幣社及神宮神部署神職任用令ニ依ル高等試験ノ合格者及同令第八条二号乃至第六号ノ規定ニ依リ奉任待遇ノ神職ニ任用セラルル資格アル者ノ中ヨリ之ヲ任用ス

附　則

本令ハ公布ノ日ヨリ之ヲ施行ス

◎関東州及南洋群島戦時災害保護令

昭和十七年八月十九日
勅令第六百三十号

朕関東州及南洋群島戦時災害保護令ヲ裁可シ茲ニ於之ヲ公布セシム（総理、拓務大臣副署）

関東州及南洋群島戦時災害保護令

第一条　関東州及南洋群島ニ於ケル戦時災害ノ保護ニ関シテハ本令ニ規定スルモノヲ除クノ外戦時災害保護法及戦時災害保護施行令ニ依ル但シ関東州ニ在リテハ同法第十三条第二項、第十四条第二項及二十九条並ニ同令第一条ノ規定ハ、南洋群島ニ在リテハ同法第十条第五項、第十三条第二項、第十四条、第十五条及第二十九条並ニ同令第一条ノ規定ハ比ノ限ニ在ラズ

第二条　戦時災害保護法中本法トアルハ本令トシ同法又ハ戦時災害保護法施行令中厚生大臣トアリ又ハ厚生大臣関係大

臣ト協議シテトアルハ関東州ニ在リテハ満洲国駐箚特命全権大使、南洋群島ニ在リテハ南洋庁長官トシ地方長官トアルハ関東州ニ在リテハ関東州庁長官、南洋群島ニ在リテハ南洋庁支庁長トス

第三条　関東州ニ在リテハ戦時災害保護法第十条第五項中市町村長又ハ之ニ準ズルモノトアルハ市長、当該吏員トアルハ当該官吏又ハ吏員トシ同法第十四条第一項中市町村長又ハ之ニ準ズルモノトアルハ市長又ハ民政署長トシ同法第十五条中道府県、市町村又ハ之ニ準ズルモノトアルハ市又ハ会トス

第四条　戦時災害保護法第十三条第一項ノ規定ニ依リ損失補償ヲ受クベキ者補償ノ額ニ付不服アルトキハ其ノ金額ノ決定ノ通知ヲ受ケタル日ヨリ六月以内ニ関東州ニ在リテハ大使ノ定ムル所ニ依リ、南洋群島ニ在リテハ南洋庁長官ノ定ムル所ニ依リ其ノ裁決ヲ申請スルコトヲ得

第五条　本令ハ関東州ニ在リテハ関東州民籍規則ニ依リ本籍ヲ有スル者ニ、南洋群島ニ在リテハ島民ニ之ヲ準用ス

前項ノ場合ニ於テ特別ノ事情ニ依リ必要アルトキハ関東州ニ在リテハ大使、南洋群島ニ在リテハ南洋庁長官別段ノ定ヲ為スコトヲ得

附　則

本令ハ公布ノ日ヨリ之ヲ施行ス

◎軍事救護法施行ニ関スル件（抄）

大正六年十月三十日
勅令第二百五号

朕軍事救護法施行ニ関スル件ヲ裁可シ茲ニ之ヲ公布セシム

（総理大臣副署）

関東州ニ於ケル傷病兵其ノ家族若ハ遺族又ハ下士兵卒ノ家族若ハ遺族ノ救護ニ関シテハ軍事救護法ニ依ル

附　則

本令ハ軍事救護法施行ノ日ヨリ之ヲ施行ス（大正七年六月一日から施行）

（参照）軍事救護法（大正六年法律第一号）は後軍事扶助法と改称

◎関東州船員保険令

昭和十五年二月二十三日
勅令第六十七号

朕関東州船員保険令ヲ裁可シ茲ニ之ヲ公布セシム（総理大臣副署）

関東州船員保険令

第一条　関東州ニ於ケル船員保険ニ関シテハ本令ニ定ムルモノヲ除クノ外船員保険法ニ依ル但シ同法第七条、第十六条、第五章及第七章ノ規定ハ此ノ限ニ在ラズ

船員保険法中民法トアルハ関東州裁判事務取扱令ニ於テ依ルコトヲ定メタル民法、国税徴収法トアルハ明治四十年勅令第五十六号ニ於テ準用スルコトヲ定メタル国税徴収法、船員法トアルハ関東州船員令ニ於テ依ルコトヲ定メタル船

員法、勅令トアルハ関東局令、主務大臣トアルハ満洲国駐箚特命全権大使、市町村又ハ北海道、府県、市町村トアルハ市又ハ会、市町村税トアルハ市会税トス

第二条　保険給付ニ関スル決定ニ不服アル者ハ関東州船員保険審査会ニ審査ヲ請求シ其ノ決定ニ不服アルトキハ関東法院ニ訴ヲ提起スルコトヲ得

前項ノ審査ノ請求ハ時効ノ中断ニ関シテハ之ヲ裁判上ノ請求ト看做ス

第三条　保険料其ノ他本令ニ依ル徴収金ノ賦課若ハ徴収ノ処分又ハ船員保険法第十二条ノ規定ニ依ル処分ニ不服アル者ハ大使ニ裁決ヲ申請スルコトヲ得

大使前項ノ規定ニ依ル徴収金ノ賦課又ハ徴収ノ処分ニ関スル裁決ノ申請ヲ受ケタルトキハ関東州船員保険審査会ノ審査ヲ経テ裁決ヲ為スベシ

第四条　関東州船員保険審査会ハ大使ノ監督ニ属シ前二条ノ審査ヲ為ス

第五条　関東州船員保険審査会ハ会長及委員ヲ以テ之ヲ組織ス

会長ハ関東局監理部長ヲ以テ之ニ充ツ

委員ハ左ニ掲グル者ヲ以テ之ニ充ツ大使之ヲ命ズ

一　官吏、公吏又ハ学識経験アル者　三人

二　被保険者ヲ雇傭スル船舶所有者　三人

三　被保険者側ヲ代表シ得ル者　三人

前項ニ於テ被保険者ヲ雇傭スル船舶所有者トアルハ船舶所有者ガ国ナル場合ニ於テハ関係官吏トシ公共団体ナル場合ニ於テハ関係官公吏、其ノ他ノ法人ナル場合ニ於テハ業務ヲ執行スル社員若ハ役員又ハ支配人トス

主トシテ船員保険ノ事務ニ従事スル官吏ハ委員タルコトヲ得ズ

委員ノ任期ハ官吏又ハ公吏トシテ委員タル者ヲ除クノ外三年トス但シ特別ノ事由アル場合ニ於テハ任期中之ヲ解任スルコトヲ妨ゲズ

第六条　本令ニ規定スルモノノ外関東州船員保険審査会ニ関シ必要ナル事項ハ大使之ヲ定ム

第七条　第二条第一項ノ審査ノ請求若ハ訴ノ提起又ハ第三条第一項ノ議決ノ申請ハ処分又ハ決定ノ通知ヲ受ケタル日ヨリ三十日以内ニ之ヲ為スベシ此ノ場合ニ於テ審査ノ請求ニ付テハ宥恕スベキ事由アリト認ムルトキハ期限経過後ニ於テモ仍之ヲ受理スルコトヲ得ルモノトシ訴ノ提起ニ付テハ関東州裁判事務取扱令ニ於テ依ルコトヲ定メタル民事訴訟法第百五十八条第二項及第百五十九条ノ規定ヲ準用ス

第八条　船員保険法ニ依ル被保険者タリシ者ガ被保険者ト為リタル場合又ハ被保険者タリシ者ガ船員保険法ニ依ル被保険者ト為リタル場合ノ保険給付ニ関シテハ大使別段ノ定ヲ為スノトヲ得

附　則

本令ハ昭和十五年三月一日ヨリ之ヲ施行ス但シ保険給付及費用ノ負担ニ関スル規定ハ船員保険法中保険給付及費用負担ニ関スル規定ノ内地ニ於ケル施行ノ日ヨリ之ヲ施行ス

保険給付及費用ノ負担ニ関スル規定施行ノ日前十五年間ニ於

テ船員保険法ノ被保険者ト為ルベキ資格ヲ有スル船員トシテ船舶ニ乗組ミタル者ノ其ノ乗組ミタル期間ハ其ノ者ガ被保険者ト為リタルトキハ之ヲ同日前十五年間ニ於テ被保険者ト為ルベキ資格ヲ有スル船員トシテ船舶ニ乗組ミタル期間ト看做シ船員保険法附則第二項ノ規定ヲ適用ス

◎関東州及南洋群島ニ於ケル簡易生命保険及郵便年金ニ関スル件

昭和十六年三月三十一日
勅令第三百二十一号

朕関東州及南洋群島ニ於ケル簡易生命保険及郵便年金ニ関スル件ヲ裁可シ茲ニ之ヲ公布セシム（総理、厚生、拓務大臣副署）

関東州及南洋群島ニ於ケル簡易生命保険ニ関シテハ簡易生命保険及簡易生命保険令ニ、郵便年金ニ関シテハ郵便年金法及郵便年金令ニ依ル但シ簡易生命保険法中商法トアルハ関東州裁判事務取扱令又ハ南洋群島裁判事務取扱令ニ於テ依ルコトヲ定メタル商法トス

附　則

本令ハ昭和十六年四月一日ヨリ之ヲ施行ス

○昭和十六年勅令第三百二十一号中改正

昭和十七年三月三十日
勅令第二百九十二号

但書中「商法トス」ヲ「商法トシ簡易生命保険令中民法トアルハ関東州裁判事務取扱令又ハ南洋群島裁判事務取扱令ニ於テ依ルコトヲ定メタル民法トス」ニ改ム

附　則

本令ハ昭和十七年四月一日ヨリ之ヲ施行ス

○昭和十六年勅令第三百二十一号中改正

昭和十九年四月七日
勅令第二百三十八号

但書中「簡易生命保険令」ノ下ニ「及郵便年金令」ヲ加フ

附　則

本令ハ公布ノ日ヨリ之ヲ施行ス

◎簡易生命保険及郵便年金ニ関シテハ簡易生命保険規則其ノ他逓信大臣ノ定ムル所ニ依ルノ件

昭和十六年四月一日
関東局令第三十三号

簡易生命保険及郵便年金ニ関シテハ簡易生命保険規則、簡易生命保険団体特別取扱規則、郵便年金規則、団体郵便年金規則其ノ他逓信大臣ノ定ムル所ニ依ル

附　則

本令ハ公布ノ日ヨリ之ヲ施行ス

簡易生命保険及郵便年金事務郵便振替貯金特別扱規則ハ之ヲ廃止ス

◎関東州ニ於ケル住宅組合ニ関スル件

大正十一年十一月十六日
勅令第四百九十四号

朕関東州ニ於ケル住宅組合ニ関スル件ヲ裁可シ茲ニ之ヲ公布セシム（総理大臣副署）

関東州ニ於ケル住宅組合ニ関シテハ住宅組合法ニ依ル但シ主務大臣又ハ地方長官ノ職務ハ関東長官之ヲ行フ

附　則

本令ハ大正十一年十二月一日ヨリ之ヲ施行ス

○関東庁官制等ノ改正ニ際シ憲兵令其ノ他ノ勅令中改正等ノ件（抄）

昭和九年十二月二十六日
勅令第三百九十五号

第四十八条　大正十一年勅令第四百九十四号中左ノ通改正ス

但書ヲ左ノ如ク改ム

但シ主務大臣ノ職務ハ満洲国駐箚特命全権大使、地方長官ノ職務ハ関東州庁長官之ヲ行フ

附　則

本令ハ公布ノ日ヨリ之ヲ施行ス

◎関東州住宅営団令

昭和十八年六月二日
勅令第四百七十五号

朕関東州住宅営団令ヲ裁可シ茲ニ之ヲ公布セシム（総理、大東亜大臣副署）

関東州住宅営団令

第一章　総則

第一条　関東州住宅営団ハ労務者其ノ他庶民ノ住宅ノ供給ヲ図ルコトヲ目的トス

関東州住宅営団ハ法人トス

第二条　関東州住宅営団ハ其ノ主タル事務所ヲ大連市ニ置ク

関東州住宅営団ハ満洲国駐箚特権大使ノ認可ヲ受ケ必要ノ地ニ従タル事務所ヲ設置スルコトヲ得

第三条　関東州住宅営団ノ資本金ハ四十万円トシ政府之ヲ出資ス
第四条　関東州住宅営団ハ定款ヲ以テ左ノ事項ヲ規定スベシ
一　目的
二　名称
三　事務所ノ所在地
四　資本金額及資産ニ関スル事項
五　役員及会議ニ関スル事項
六　業務及其ノ執行ニ関スル事項
七　関東州住宅債権ノ発行ニ関スル事項
八　会計ニ関スル事項
九　公告ノ方法
十　定款変更ノ方法
定款ハ大使ノ認可ヲ受ケ之ヲ変更スルコトヲ得
第五条　関東州住宅営団ハ大使ノ定ムル所ニ依リ登記ヲ為スコトヲ要ス
前項ノ規定ニ依リ登記スベキ事項ハ登記ノ後ニ非ザレバ之ヲ以テ第三者ニ対抗スルコトヲ得ズ
第六条　関東州住宅営団ニハ所得税ヲ課セズ
関東州住宅営団ノ事業、建物ノ建設若ハ取得又ハ土地ノ取得ニ対シテハ地方税ヲ課スルコトヲ得ズ但シ関東州住宅営団ノ事業ニ対シテハ特別ノ事情ニ基キ大使ノ認可ヲ受ケタル場合ハ比ノ限ニ在ラス
第七条　関東州住宅営団ニ付解散ヲ必要トスル事由発生シタル場合ニ於テ其ノ処置ニ関シテハ別ニ之ヲ定ム

第八条　関東州住宅営団ニ非ザル者ハ住宅営団ナル名称ヲ用フルコトヲ得ズ
第九条　関東州裁判事務取扱令ニ於テ依ルコトヲ定メタル民法第四十四条、第五十条、第五十四条、第五十五条及第五十七条並に非訟事件手続法第五十三条第一項ノ規定ハ関東州住宅営団之ヲ準用ス

第二章　役員

第十条　関東州住宅営団ニ理事長一人、理事二人以上及監事二人以上ヲ置ク
理事長ハ関東州住宅営団ヲ代表シ其ノ業務ヲ総理ス
理事ハ定款ノ定ムル所ニ依リ関東州住宅営団ヲ代表シ理事長ヲ輔佐シテ関東州住宅営団ノ業務ヲ掌理ス
理事ハ定款ノ定ムル所ニ依リ理事長事故アルトキハ其ノ職務ヲ代理シ理事長缺員ノトキハ其ノ職務ヲ行フ
監事ハ関東州住宅営団ノ業務ヲ監査ス
第十一条　理事長、理事及監事ハ大使之ヲ命ズ
理事長及理事ノ任期ハ三年、監事ノ任期ハ二年トス
第十二条　理事長及理事ハ定款ノ定ムル所ニ依リ従タル事務所ノ業務ニ関シ一切ノ裁判上又ハ裁判外ノ行為ヲ為ス権限ヲ有スル代理人ヲ選任スルコトヲ得
第十三条　理事長及理事ハ他ノ職業ニ従事スルコトヲ得ズ但シ大使ノ認可ヲ受ケタルトキハ比ノ限ニ在ラズ
第十四条　関東州住宅営団ニ評議員若干人ヲ置キ大使之ヲ命ズ
評議員ハ業務経営ニ関スル重要ナル事項ニ付理事長ノ諮問

ニ応ジ必要アルトキハ之ニ対シ意見ヲ述ブルコトヲ得
評議員ハ名誉職トシ其ノ任期ハ二年トス

第三章　業務

第十五条　関東州住宅営団ハ左ノ業務ヲ行フ
一　住宅ノ建設及経営
二　住宅ノ建設及経営ノ受託
三　一団地ノ住宅ノ建設又ハ経営ノ場合ニ於ケル乗合自動車、市場、食堂、浴場、保育所、授産場、集会所其ノ他ノ施設ノ建設及経営
四　住宅ノ建設ノ為ニスル資金ノ貸付
五　住宅ノ賣買及貸借ノ仲介
六　前各号ノ業務ニ附帯スル事業

第四章　関東州住宅債券

第十六条　関東州住宅営団ハ払込資本金額ノ十倍ヲ限リ関東州住宅債券ヲ発行スルコトヲ得
第十七条　関東州住宅債券ハ額面金額五十円以上トシ無記名式利札附トス但シ応募者又ハ所有者ノ請求ニ依リ記名式ト為スコトヲ得
第十八条　関東州住宅債券ハ割引ノ方法ヲ以テ之ヲ発行スルコトヲ得
第十九条　関東州住宅営団ハ関東州住宅債券借換ノ為一時第十六条ノ制限ニ依ラズ関東州住宅債券ヲ発行スルコトヲ得
前項ノ規定ニ依リ関東州住宅債券ヲ発行シタルトキハ発行後一月以内ニ其ノ発行額面金額ニ相当スル旧関東州住宅債券ヲ償還スベシ
第二十条　政府ハ関東州住宅債券ノ元本ノ償還及利息ノ支払ニ付保証スルコトヲ得
第二十一条　関東州住宅債券ハ賣出ノ方法ヲ以テ之ヲ発行スルコトヲ得
第二十二条　関東州住宅営団ニ於テ関東州住宅債券ヲ発行セントスルトキハ大使ノ認可ヲ受クベシ
第二十三条　関東州住宅債券ノ消滅時効ハ元金ニ在リテハ十五年、利子ニ在リテハ五年ヲ以テ完成ス
第二十四条　関東州住宅債券ノ所有者ハ関東州住宅営団ノ財産ニ付他ノ債権者ニ先チテ自己ノ債権ノ弁済ヲ受ケル権利ヲ有ス
前項ノ規定ハ関東州裁判事務取扱令ニ於テ依ルコトヲ定メタル民法ノ一般ノ先取特権ノ行使ヲ妨グルコトヲ得ズ
第二十五条　関東州所得税令中国債以外ノ公債ニ関スル規定ハ関東州住宅債券ニ之ヲ準用ス
第二十六条　本章ニ規定スルモノヲ除クノ外関東州住宅債券ニ関シ必要ナル事項ハ大使之ヲ定ム

第五章　会計

第二十七条　関東州住宅営団ノ事業年度ハ毎年四月ヨリ翌年三月迄トス
第二十八条　関東州住宅営団ハ毎事業年度ニ於ケル剰余金中ヨリ大使ノ定ムル積立金ヲ扣除シテ猶残額アルトキハ剰余金ノ配当ヲ為スコトヲ得但シ払込ミタル出資額ニ対シ年三分五厘ノ割合ヲ超エルコトヲ得ズ
第二十九条　関東州住宅営団ハ左ノ方法ニ依ルノ外業務上ノ

余裕金ヲ運用スルコトヲ得ズ

一　国債、地方債又ハ大使ノ認可ヲ受ケタル有価証券ノ取得ヲ爲スコト

二　銀行若ハ金融組合ヘノ預金又ハ郵便貯金ト爲スコト

第三十条　関東州住宅営団ハ設立ノ時及毎年業年度ノ初ニ於テ財産目録、貸借対照表及損益計算書ヲ作成シ定款ト共ニ之ヲ各事務所ニ備置クコトヲ要ス

債権者ハ業務時間内何時ニテモ前項ニ掲グル書類ノ閲覧ヲ求ムルコトヲ得

第六章　監督

第三十一条　関東州住宅営団ハ大使之ヲ監督ス

第三十二条　関東州住宅営団ハ大使ノ認可ヲ受クルニ非ザレバ剰余金ノ処分ヲ爲スコトヲ得ズ

第三十三条　関東州住宅営団ハ毎年事業年度ノ初ニ於テ事業計画ヲ定メ大使ノ認可ヲ受クベシ之ヲ変更セントスルトキ亦同ジ

第三十四条　大使ハ関東州住宅営団ニ対シ業務及財産ノ状況ニ関シ報告ヲ爲サシメ、検査ヲ爲シ其ノ他監督上必要ナル命令ヲ発シ又ハ処分ヲ爲スコトヲ得

第三十五条　大使ハ関東州住宅営団監理官ヲ置キ関東州住宅営団ノ業務ヲ監視セシム

関東州住宅営団監理官ハ何時ニテモ関東州住宅営団ノ業務及財産ノ状況ヲ検査スルコトヲ得

関東州住宅営団監理官ハ必要アリト認ムルトキハ何時ニテモ関東州住宅営団ニ命ジテ業務及財産ノ状況ヲ報告セシムルコトヲ得

関東州住宅営団監理官ハ関東州住宅営団ノ諸般ノ会議ニ出席シテ意見ヲ陳述スルコトヲ得

第三十六条　役員ガ法令、定款若ハ大使ノ命令ニ違反シ又ハ公益ヲ害スル行爲シタルトキハ大使ハ之ヲ解任スルコトヲ得

第七章　罰則

第三十七条　左ノ場合ニ於テハ関東州住宅営団ノ理事長、理事又ハ監事ヲ千円以下ノ過料ニ処ス

一　本令ニ依リ認可ヲ受クベキ場合ニ於テ其ノ認可ヲ受ケザルトキ

二　本令ニ規定セザル業務ヲ営ミタルトキ

三　第十六条又ハ第十九条第二項ノ規定ニ違反シ住宅債券ノ発行ヲ爲シ又ハ償還ヲ爲サザルトキ

四　第二十九条ノ規定ニ違反シ業務上ノ余裕金ヲ運用シタルトキ

五　大使ノ監督上ノ命令又ハ処分ニ違反シタルトキ

六　第三十五条第二項又ハ第三項ノ規定ニ依ル関東州住宅営団監理官ノ検査ヲ拒ミ、妨ゲ若ハ忌避シ又ハ其ノ命ズル報告ヲ爲サザルトキ

第三十八条　左ノ場合ニ於テハ関東州住宅営団ノ理事長、理事又ハ監事ヲ五百円以下ノ過料ニ処ス

一　第五条第一項ノ規定ニ基キテ発スル命令ニ違反シ登記ヲ爲スコトヲ怠リ又ハ不正ノ登記ヲ爲シタルトキ

二　第三十条ノ規定ニ違反シ書類ヲ備置カザルトキ其ノ書

類ニ記載スベキ事項ヲ記載セズ若ハ不正ノ記載ヲ為シタルトキ又ハ正当ノ事由ナクシテ其ノ閲覧ヲ拒ミタルトキ

第三十九条　第八条ノ規定ニ違反シ住宅営団ナル名称ヲ用ヒタル者ハ五百円以下ノ過料ニ処ス

附　則

第四十条　本令施行ノ期日ハ大使之ヲ定ム

第四十一条　大使ハ設立委員ヲ命ジ関東州住宅営団ノ設立ニ関スル事務ヲ処理セシム

第四十二条　設立委員ハ定款ヲ作成シ大使ノ認可ヲ受クベシ

第四十三条　定款ニ付大使ノ認可アリタルトキハ設立委員ハ遅滞ナク出資ノ払込ヲ稟請スベシ

第四十四条　出資ノ払込アリタルトキハ設立委員ハ遅滞ナク其ノ事務ヲ関東州住宅営団理事長ニ引継グベシ

第四十五条　関東州住宅営団ハ主タル事務所ノ所在地ニ於テ設立ノ登記ヲ為スニ因リテ成立ス

○関東州住宅営団令中改正

昭和十九年六月十四日
勅令第四百号

関東州住宅営団令中左ノ通改正ス

第三条中「四十万円」ヲ「八十万円」ニ改ム

附　則

本令ハ公布ノ日ヨリ之ヲ施行ス

○関東州住宅営団令中改正

昭和二十年八月十六日
勅令第四百七十三号

第三条中「八十万円」ヲ「百二十万円」ニ改ム

附　則

本令ハ公布ノ日ヨリ之ヲ施行ス

◎関東州及南満洲鉄道附属地並ニ南洋群島ニ於ケル入営者職業保障ニ関スル件

昭和六年十月三十一日
勅令第二百六十三号

朕関東州及南満洲鉄道付属地並ニ南洋群島ニ於ケル入営者職業保障ニ関スル件ヲ裁可シ茲ニ之ヲ公布セシム（総理、拓務大臣副署）

関東州及南満洲鉄道付属地並ニ南洋群島ニ於ケル入営者ノ職業保障ニ関シテハ入営者職業保障法ニ依ル但シ同法中勅令トアルハ関東州及南満洲鉄道付属地ニ在リテハ関東庁令、南洋群島ニ在リテハ南洋庁令トス

附　則

本令ハ昭和六年十一月一日ヨリ之ヲ施行ス

〇関東庁官制改正ニ際シ憲兵令其ノ他ノ勅令中改正等ノ件（抄）

昭和九年十二月二十六日
勅令第三百九十五号

第四十七条　昭和六年勅令第二百六十三号中左ノ通改正ス

「関東庁令」ヲ「関東局令」ニ改ム

附　則

本令ハ公布ノ日ヨリ之ヲ施行ス

〇昭和十二年勅令第六百八十五号（抄）

昭和十二年十二月一日
勅令第六百八十五号

第二十八条　昭和六年勅令第二百六十三号中左ノ通改正ス

「南満洲鉄道付属地並ニ」及「及南満洲鉄道付属地」ヲ削ル

附　則

本令ハ公布ノ日ヨリ之ヲ施行ス

◎関東州土地収用令

大正十五年一月二十五日
勅令第二号

朕関東州土地収用令ヲ裁可シ茲ニ之ヲ公布セシム（総理大臣副署）

関東州土地収用令

第一条　公共ノ利益ト為ルヘキ事業ノ為必要アルトキハ本令ニ依リ其ノ事業ニ要スル土地ヲ収用シ又ハ使用スルコトヲ得

本令ニ於テ使用ト称スルハ権利ノ制限ヲ包含ス

第二条　土地ニ関スル所有権以外ノ権利、水ノ使用ニ関スル権利及工作物其ノ他土地ノ定着物ニ関スル権利ハ本令ニ準シ之ヲ収用シ又ハ使用スルコトヲ得

土地ニ属スル土石砂礫ハ本令ニ準シ之ヲ収用スルコトヲ得

第三条　土地ヲ収用シ又ハ使用スルコトヲ得ル事業ハ関東長官之ヲ認定ス

関東長官前項ノ認定ヲ為シタルトキハ起業者、事業ノ種類及収用シ又ハ使用スヘキ土地ノ細目ヲ公告シ又ハ之ヲ関係人ニ通知スヘシ

本令ニ於テ関係人トハ収用シ又ハ使用スヘキ土地物件ノ所有者及其ノ土地物件ニ関シテ権利ヲ有スル者ヲ謂フ

第二項ノ公告又ハ通知アリタル後其ノ土地物件ニ関シテ権利ヲ取得シタル者ハ関係人ト看做サス但シ既存ノ権利ヲ承継シタル者ハ此ノ限ニ在ラス

第四条　起業者前条第一項ノ認定ヲ受ケムトスルトキハ民政署長ヲ経テ関東長官ニ申請スヘシ但シ国ノ起業ニ係ルトキハ主務官庁ヨリ関東長官ニ協議スヘシ

第五条　天災事変ニ際シ急施ヲ要スル事業ノ為土地ヲ使用スルノ必要アルトキハ起業者ノ申請ニ依リ民政署長又ハ民政支署長ハ其ノ事業ノ認定ヲ為スコトヲ得但シ国ノ起業ニ係ルトキハ主務官庁ヨリ民政署長又ハ民政支署庁ニ通知スヘシ

前項ノ使用ノ期間ハ六月ヲ超ユルコトヲ得ス

第一項ノ認定又ハ通知ヲ為シタルトキハ起業者ハ直ニ其ノ土地ヲ使用スルコトヲ得

第六条　土地ノ収用又ハ使用ニ関シ関係人ノ受クヘキ損失ハ起業者之ヲ補償スヘシ

第七条　第三条第二項ノ公告又ハ通知アリタルトキハ起業者ハ其ノ収用又ハ使用スヘキ土地ニ関スル権利ヲ取得スル為関係人ニ協議ヲ為スヘシ

第八条　前条ノ協議調ハサルトキ又ハ協議ヲ為スコト能ハサルトキハ起業者ハ民政署長ノ裁決ヲ求ムルコトヲ得

起業者前項ノ裁決ヲ求メタルトキハ同時ニ其ノ旨ヲ関係人ニ通知スヘシ

第五条ノ使用ニ因リ生スル損失又ハ第十九条ノ損失ノ補償ニ付協議調ハサルトキハ関係人ハ民政署長ノ裁決ヲ求ムルコトヲ得

第九条　起業者又ハ関係人民政署長ノ裁決ニ不服アルトキハ裁決書ノ謄本ノ送達ヲ受ケタル日ヨリ三十日以内ニ関東長官ノ裁定ヲ求ムルコトヲ得

前項ノ裁定ヲ求メタル場合ト雖モ土地ノ収用又ハ使用ヲ停止セス

第十条　裁定又ハ裁決ヲ為スニ必要アリト認ムルトキハ当該官庁ハ鑑定人、事実参考人、起業者又ハ関係人ヲ呼出シ其ノ意見又ハ供述ヲ聴クコトヲ得

前項ノ場合ニ於テ鑑定人及事実参考人ノ旅費、手当其ノ他審査ニ関スル費用ハ起業者ノ負担トス

第十一条　第三条第二項ノ公告又ハ通知アリタル後二年以内ニ起業者カ土地物件ニ関スル権利ヲ取得セス又ハ民政署長ノ裁決ヲ求メサルトキハ事実ノ認定ハ基ノ効力ヲ失フ

第十二条　収用又ハ使用スヘキ土地ニ在ル物件ハ移転料ヲ補償シテ移転セシムルコトヲ得

前項ノ場合ニ於テ物件ヲ移転スルニ因リテ従来用ヒタル目的ニ供スルコト能ハサルトキハ所有者ハ其ノ物件ノ収用ヲ請求スルコトヲ得

第一項ノ移転料其ノ物件ノ相当価格ヲ超ユルトキハ起業者ハ其ノ物件ノ収用ヲ請求スルコトヲ得

第十三条　土地ノ一部ヲ収用スルニ因リテ残地ヲ従来用ヒタル目的ニ供スルコト能ハサルトキハ所有者ハ其ノ土地ノ全部ノ収用ヲ請求スルコトヲ得

第十四条　土地ノ使用カ三年以上ニ亙ルトキ又ハ土地ノ形質ヲ変更スルトキハ所有者ハ其ノ土地ノ収用ヲ請求スルコトヲ得

第十五条　第三条第二項ノ公告又ハ通知アリタル後民政署長

ノ許可ヲ受ケスシテ土地ノ形質ヲ変更シ、工作物ノ新築、改築、増築若ハ大修繕ヲ為シ又ハ物件ヲ附加増置シタル関係人ハ之ニ関スル損失ノ補償ヲ請求スルコトヲ得ス

第十六条　土地物件ヲ収用シタルトキハ収用ノ時期ニ於テ所有権ハ起業者之ヲ取得シ其ノ土地物件ニ関スル他ノ権利ハ消滅ス

土地ヲ使用シタルトキハ其ノ権利ハ使用ノ時期ニ於テ起業者之ヲ取得シ其ノ土地ニ存スル他ノ権利ノ行使ハ使用ノ期間之ヲ停止ス但シ使用ヲ妨ケサルモノハ此ノ限ニ在ラス

第十七条　第五条ノ使用ノ場合ヲ除クノ外起業者ハ収用又ハ使用ノ時期迄ニ補償金ヲ関係人ニ払渡スヘシ但シ払渡スコト能ハサル事由アルトキハ之ヲ供託スヘシ

関係人ハ収用又ハ使用ノ時期迄ニ土地若ハ物件ヲ起業者ニ引渡シ又ハ物件ノ移転ヲ為スヘシ

第十八条　起業者前条ノ払渡又ハ供託ヲ為ササルトキハ関東長官ノ認定、裁定及民政署長ノ裁決ハ其ノ効力ヲ失フ但シ関係人カ損害賠償ノ請求ヲ為スコトヲ妨ケス

第十九条　第三条第二項ノ公告又ハ通知アリタル後起業者カ事業ヲ廃止シ又ハ変更シタルニ因リ関係人ノ受ケタル損失ハ起業者之ヲ補償スヘシ

第二十条　起業者過失ナクシテ関係人ヲ確知スルコト能ハサルトキ又ハ関係人其ノ義務ヲ履行スルコト能ハサルトキハ市長又ハ会長ハ関係人ニ代リテ之ヲ処理スヘシ

第二十一条　義務者本令若ハ本令ニ基キテ発スル命令ニ依ル義務ヲ履行セス又ハ之ヲ履行スルモ一定ノ期間内ニ終了スル見込ナキトキハ民政署長又ハ民政支署長ハ自ラ之ヲ執行シ又ハ第三者ヲシテ之ヲ執行セシメ其ノ費用ハ義務者ノ負担ト為スコトヲ得

前項ノ規定ニ依ルコト能ハサルトキハ民政署長又ハ民政支署長ハ直接ニ義務ノ履行ヲ強制スルコトヲ得

第二十二条　第十条第二項及前条ノ費用ヲ納付セサル者アルトキハ国税滞納処分ノ例ニ依リ之ヲ徴収スルコトヲ得

第二十三条　本令又ハ本令ニ基キテ発スル命令ニ依ル起業者ノ権利義務ハ事業ト共ニ其ノ承継人ニ移転ス

本令又ハ本令ニ基キテ発スル命令ニ依リテ為シタル手續其ノ他ノ行為ハ起業者又ハ関係人ノ承継人ニ対シテモ其ノ効力ヲ有ス

第二十四条　本令ニ規定スルモノノ外土地ノ収用又ハ使用ニ関シ必要ナル事項ニ付テハ関東長官ノ定ムル所に依ル

附　則

本令施行ノ期日ハ関東長官之ヲ定ム

○関東庁官制等ノ改正ニ際シ憲兵令其ノ他ノ勅令中改正等ノ件（抄）

昭和九年十二月二十六日
勅令三百九十五号

第四十九条　関東州土地収用令左ノ通改正ス

第三条第一項中「関東長官」ヲ「満洲国駐箚特命全権大使」ニ、同条第二項中「関東長官前項ノ認定ヲ為シタルトキハ

起業者、事業ノ種類及」ヲ「前項ノ認定ノ公告アリタルトキハ関東州庁長官ハ」ニ、同条第四項中「第二項」ヲ「第三項」ニ改メ同条第一項ノ次ニ左ノ一項ヲ加フ

大使前項ノ認定ヲ為シタルトキハ起業者、事業ノ種類及起業地ヲ公告スベシ

第四条中「関東長官」ヲ「大使」ニ改ム

第五条第一項中「又ハ民政支署長」ヲ削ル

第七条中「第三条第二項」ヲ「第三条第三項」ニ改ム

第九条第一項中「関東長官」ヲ「関東州庁長官」ニ改ム

第十一条及第十五条中「第三条第二項」ヲ「第三条第三項」ニ改ム

第十八条中「関東長官ノ認定、裁定」ヲ「大使ノ認定、関東州庁長官ノ裁定」ニ改ム

第十九条中「第三条第二項」ヲ「第三条第三項」ニ改ム

第二十一条中「又ハ民政支署長」ヲ削ル

第二十四条中「関東長官」ヲ「大使」ニ改ム

附　則

本令ハ公布ノ日ヨリ之ヲ施行ス

○昭和十二年勅令第六百八十五号（抄）

昭和十二年十二月一日
勅令第六百八十五号

第三十二条　関東州土地収用令中左ノ通改正ス

第四条、第五条、第八条、第十五条及第二十一条中「民政署長」ノ下ニ「（大連市ノ区域ニ在リテハ関東州庁長官）」ヲ加フ

第十一条及第十八条中「民政署長」ヲ「関東州庁長官又ハ民政署長」ニ改ム

○関東州土地収用令中改正

昭和十四年四月二十六日
勅令第二百四十七号

第四条、第五条、第八条、第十五条及第二十一条中「民政署長（大連市ノ区域ニ在リテハ関東州庁長官）」ヲ「市長又ハ民政署長」ニ改ム

第九条中「民政署長」ヲ「市長又ハ民政署長」ニ改ム

第十一条中「関東州庁長官又ハ民政署長」ヲ「市長若ハ民政署長」ニ改ム

第十八条中「関東州庁長官又ハ民政署長」ヲ市長又ハ民政署長」ニ改ム

附　則

本令ハ昭和十四年五月一日ヨリ之ヲ施行ス

従前ノ第四条ノ規定ニ依リ関東州庁長官又ハ民政署長ヲ経テ大使ニ為シタル認定ノ申請ハ市ノ区域ニ在リテハ之ヲ同条ノ改正規定ニ依リ市長ヲ経テ大使ニ為シタル認定ノ申請ト看做シ従前ノ第五条又ハ第八条ノ規定ニ依リ関東州庁長官又ハ民政署長ニ為シタル認定若ハ裁決ノ申請又ハ通知ハ市ノ区域ニ在リテハ之ヲ同条ノ改正規定ニ依リ市長ニ為シタル認定若ハ

裁決ノ申請又ハ通知ト看做シ従前ノ第十五条ノ規定ニ依リ関東州庁長官又ハ民政署長ノ爲シタル許可ハ市ノ区域ニ在リテハ之ヲ同条ノ改正規定ニ依リ市長ノ爲シタル許可ト看做ス

◎関東州公有水面埋立令

昭和十五年六月八日
勅令第三百九十四号

朕関東州公有水面埋立令ヲ裁可シ茲ニ之ヲ公布セシム
（総理大臣副署）

関東州公有水面埋立令

第一条　関東州ニ於ケル公有水面ノ埋立ニ関シテハ本令ニ規定スルモノヲ除クノ外公有水面埋立法ニ依ル但シ同法第一条第三項、第三条、第二十六条、第四十四条乃至第四十六条、第四十八条及第四十九条ノ規定ハ此ノ限ニ在ラズ

公有水面埋立法中不動産登記法トアルハ関東州裁判事務取扱令ニ於テ依ルコトヲ定メタル不動産登記法、勅令トアルハ関東局令、主務大臣トアルハ満洲国駐箚特命全権大使、地方長官トアルハ関東州庁長官、市町村長トアルハ市長又ハ民政署長、入漁権トアルハ関東州漁業令第二十二条ノ規定ニ依リ入漁ヲ為スコトヲ得ル権利トシ同法第四十二条中第三条乃至第十一条、第十四条、第十五条、第三十一条、第三十七条及第四十四条トアルハ第四条乃至第十一条、第十四条、第十五条、第三十一条及第三十七条トス

第二条　本令ハ関東州計画令ニ依ル溝渠又ハ溜池ノ変更ノ為必要ナル埋立ニ付之ヲ適用セズ

第三条　公有水面埋立法第十五条ノ場合ニ於テ補償金額ニ付協議調ハズ又ハ協議ヲ為スコト能ハザルトキハ関東州庁長官ノ裁定ヲ求ムベシ

第四条　公有水面埋立法第二十四条及第二十五条ノ規定ハ関東州計画令第三十九条ノ規定ノ適用ヲ妨ゲズ

附　則

本令施行ノ期日ハ大使之ヲ定ム（昭和十五年関東局令第六十一号で昭和十五年八月一日から施行）本令施行ノ際必要ナル事項ハ大使之ヲ定ム

◎関東州土地調査令

大正三年五月十二日
勅令第八十七号

朕関東州土地調査令ヲ裁可シ茲ニ之ヲ公布セシム（総理、外務大臣副署）

関東州土地調査令

第一条　関東都督府ニ臨時土地調査部ヲ署キ土地ノ調査測量並土地ノ所有者及其ノ彊界ニ付査定ヲ為サシム

前項ノ外臨時土地調査部ハ土地ノ所有者又ハ利害関係人ノ申請ニ因リ土地ノ官民有区分ノ争ニ付査定ヲ為ス

第二条　臨時土地調査部ノ部長ハ関東都督府高等官中ヨリ其ノ他ノ職員ハ関東都督府職員中ヨリ関東都督之ヲ命ス

第三条　臨時土地調査部第一条ノ査定ヲ為シタルトキハ三十日間之ヲ公示スヘシ

第四条　前条ノ査定ニ対シ不服アル土地ノ所有者又ハ利害関

係人ハ公示期留満了後三十日内ニ関東都督府土地審査委員会ノ裁決ヲ求ムルコトヲ得

第五条　前条ノ期間内ニ不服ノ申立ナキトキハ土地ノ所有者及利害関係人ノ権利ハ確定ス

第六条　臨時土地調査部ハ土地台帳及地図ヲ調製シ査定又ハ裁決ニ依リテ確定シタル土地ニ関スル事項ヲ登録スヘシ

附　則

本令ハ公布ノ日ヨリ之ヲ施行ス

○関東庁官制等ノ改正ニ際シ憲兵令其ノ他ノ勅令中改正等ノ件（抄）

昭和九年十二月二十六日
勅令第三百九十五号

第九十六条　左ノ勅令ハ之ヲ廃止ス

関東州土地調査令

附　則

本令ハ公布ノ日ヨリ之ヲ施行ス

◎関東州ニ於ケル水路測量標ニ関スル件

大正二年十二月二十四日
勅令第三百十四号

朕関東州ニ於ケル水路測量標ニ関スル件ヲ裁可シ玆ニ之ヲ公布セシム（総理、海軍、外務大臣副署）

関東州ニ於ケル水路測量標ニ関シテハ官有地ニ関スル事項ヲ除クノ外水路測量標条例ニ依ル

附　則

本令ハ公布ノ日ヨリ之ヲ施行ス

◎関東州州計画令

昭和十三年二月二十一日
勅令第九十二号

朕関東州州計画令ヲ裁可シ玆ニ之ヲ公布セシム（総理、大蔵大臣副署）

関東州州計画令

第一章　総則

第一条　本令ニ於テ州計画ト称スルハ関東州ニ於ケル市街地ノ構成、農耕地ノ創設又ハ改良其ノ他土地ノ利用開発ノ為ニ必要ナル公共ノ利益ト為ルベキ重要施設ノ計画ヲ謂フ

第二条　州計画及州計画事業ノ決定ハ満洲国駐箚特命全権大使之ヲ為ス其ノ変更及廃止ニ付亦同ジ

第三条　州計画ノ決定並ニ其ノ変更及廃止ニ付テハ関東州州計画評議会ノ意見ヲ聞クベシ但シ大使災害其ノ他特別ノ事情ニ因リ緊急ノ必要アリト認ムルトキ及軽微ナル変更ヲ為サントスルトキハ此ノ限ニ在ラズ

第四条　関東州州計画評議会ニ関シ必要ナル事項ハ大使之ヲ定ム

第五条　州計画若ハ州計画事業ヲ決定シ又ハ之ヲ変更シ若ハ廃止シタルトキハ直ニ其ノ要領ヲ告示ス

第六条　州計画事業ハ大使ノ定ムル所ニ依リ行政官庁之ヲ施行ス

法令又ハ政府ノ命令ニ依リ施行ノ義務アル事項ニ付テハ其ノ義務者ハ大使ノ認可ヲ受ケ州計画事業トシテ之ヲ執行スルコトヲ得

前項ノ場合ヲ除クノ外公共団体又ハ私人ハ大使ノ特許ヲ受ケ州計画事業ヲ執行スルコトヲ得

大使ハ前二項ノ認可又ハ特許ニ必要ト認ムル条件ヲ附スルコトヲ得

第七条　行政官庁州計画事業ヲ執行セントスルトキ又ハ大使前条ノ規定ニ依ル認可若ハ特許ヲ為シタルトキハ大使ノ定ムル所ニ依リ直ニ其ノ旨ヲ告示ス告示事項ヲ変更シタルトキ亦同ジ

第八条　州計画事業ノ執行ニ要スル費用ハ行政官庁之ヲ執行スル場合ニ在リテハ大使ノ定ムル所ニ依リ國庫又ハ関東州地方費、其ノ他ノ者之ヲ執行スル場合ニ在リテハ其ノ者ノ負担トス

第九条　大使必要アリト認ムルトキハ其ノ定ムル所ニ依リ州計画事業ニ因リ著シク利益ヲ受クル者ヲシテ其ノ受クル利益ノ限度ニ於テ前条ノ費用ノ全部又ハ一部ヲ負担セシムルコトヲ得

第十条　第五条ノ規定ニ依ル州計画事業決定ノ告示アリタル後道路、広場、河川、港湾、公園其ノ他大使ノ指定スル施設ニ関スル州計画事業ニ必要ナル土地ノ境域内ニ於テ土地ノ形質ヲ変更シ、建築物其ノ他ノ土地ニ定着スル工作物ノ新築、改築、増築、大修繕、移転若ハ除却ヲ為シ、物件ヲ附加増置シ又ハ大使ノ指定スル樹木土石ノ類ヲ採取セントスル者ハ関東州庁長官ノ許可ヲ受クベシ但シ大使ニ於テ許可ヲ要セズト定メタルモノニ付テハ此ノ限ニ在ラズ

関東州庁長官ハ前項ノ許可ニ州計画事業ノ執行上必要ナル条件ヲ附スルコトヲ得

関東州庁長官ハ第一項ノ条件ニ違反シタル者ニ対シ原状回復其ノ他必要ナル措置ヲ命ズルコトヲ得

前三項ノ許可、条件及命令ハ第一項ノ土地物件ノ権利ノ承継人ニ対シテ亦其ノ効力ヲ有ス

第十一条　州計画若ハ州計画事業ノ決定又ハ州計画事業ノ執行ノ為必要アルトキハ当該官吏、吏員又ハ事業執行者ハ大使ノ定ムル所ニ依リ他人ノ占有スル土地ニ立入リ調査若ハ測量ヲ為シ又ハ之ガ為已ムコトヲ得ザルトキハ其ノ土地ニ存スル障害物ヲ変更若ハ除却スルコトヲ得

前項ノ規定ハ第六条ノ認可又ハ特許ヲ受ケントスル者其ノ認可又ハ特許ノ申請ノ為必要アル場合ニ之ヲ準用ス

前二項ノ規定ニ依ル行為ニ因リ損害ヲ受ケタル者アルトキハ大使ノ定ムル所ニ依リ国庫若ハ関東州地方費、事業執行者ハ第六条ノ認可若ハ特許ヲ受ケントスル者之ヲ補償スベシ

第十二条　州計画事業ノ執行ニ付関東州土地収用令ヲ適用スル場合ニ於テハ州計画事業ノ決定ヲ以テ同令第三条第一項

ノ事業ノ認定、第七条ノ告示ヲ以テ同令第三条第二項ノ公告ト看做ス

州計画事業トシテノ建築敷地造成ノ為収用シタル土地ノ管理及処分ニ関シ必要ナル事項ハ大使之ヲ定ム

第十三条　大使ハ州計画事業ニ因リ生ジタル営造物ノ管理者ヲ指定スルコトヲ得

大使ハ前項ノ営造物ノ維持管理ニ関シ必要ナル定ヲ為スコトヲ得

第十四条　住所又ハ居所ノ不明其ノ他ノ事由ニ依リ本令又ハ本令ニ基キテ発スル命令ニ依ル書類ノ送付ヲ為スコト能ハザルトキハ大使ノ定ムル所ニ依リ公告ヲ為スベシ

前項ノ規定ニ依リ公告ヲ為シタル場合ニ於テ其ノ公告ヲ為シタル日ノ翌日ヨリ起算シ二十日ヲ経過シタルトキハ其ノ末日ニ於テ前項ノ書類ノ到達アリタルモノト看做ス

第十五条　本令若ハ本令ニ基キテ発スル命令又ハ之ニ依リテ為ス処分ニ依リ私人ノ義務ニ属スル負担金ヲ滞納スル者アル場合ニ於テハ行政官庁又ハ公共団体ハ国税徴収ノ例ニ依リ之ヲ徴収スルコトヲ得

前項ノ徴収金ノ先取特権ノ順位、追徴、還付及時効ニ付テハ徴収者ガ行政官庁ナル場合ニ於テハ国ノ徴収金、公共団体ナル場合ニ於テハ其ノ公共団体ノ徴収金ノ例ニ依ル

第十六条　本令ニ定ムルモノヲ除クノ外州計画又ハ州計画事業ニ関シ必要ナル事項ハ大使之ヲ定ム

第二章　土地ノ利用開発ノ統制

第十七条　大使ハ土地ノ用途ヲ統制スル為住居地域、商業地域、工業地域又ハ農業地域ヲ設定スルコトヲ得

住居地域内ノ土地ハ住居ノ安寧ヲ害スル虞アル用途ニ、商業地域又ハ工業地域内ノ土地ハ夫々商業又ハ工業ノ利便ヲ害スル虞アル用途ニ、農業地域内ノ土地ハ農業、林業、牧畜業、塩業其ノ他原始産業ノ利便ヲ害スル虞アル用途ニ之ヲ供スルコトヲ得ズ

第十八条　大使ハ衛生、保安、経済等ニ関シ特ニ必要アリト認ムルトキハ前条ノ各地域内ニ特別地区ヲ設定スルコトヲ得

前項ノ特別地区ノ種類ハ大使之ヲ定ム

第十九条　大使ハ土地ノ状況ニ依リ特ニ景観ヲ保育スル必要アリト認ムルトキハ景観地区ヲ設定スルコトヲ得

第二十条　大使ハ建築物其ノ他ノ土地ニ定着スル工作物ノ敷地トシテ土地ヲ使用スル場合ニ於テ其ノ面積若ハ敷地内ニ存セシムベキ空地又ハ建築物其ノ他ノ土地ニ定着スル工作物ノ位置、高サ、構造若ハ設備ヲ統制スル為必要ナル区域ヲ設定スルコトヲ得

第二十一条　大使ハ土地ノ状況ニ依リ特ニ必要アリト認ムルトキハ前条ノ区域内ニ特別地区ヲ設定シ其ノ地区内ニ於ケル建築物其ノ他ノ土地ニ定着スル工作物ノ敷地若ハ敷地内ニ存セシムベキ空地ノ最小限度又ハ建築物其ノ他ノ土地ニ定着スル工作物ノ高サノ最低限度若ハ最高限度ヲ定ムルコトヲ得

前項ノ特別地区ノ種類ハ大使之ヲ定ム

第二十二条　第十七条乃至前条ノ規定ニ依ル地域、区域又ハ地区（特別地区ヲ含ム以下之ニ同ジ）ノ設定ハ州計画ノ施

設トシテ之ヲ為スベシ其ノ変更又ハ廃止ニ付亦同ジ

第二十三条　大使ハ建築物其ノ他ノ土地ニ定着スル工作物ノ配列ヲ統制スル為第二十条ノ区域内ニ建築線ヲ指定スルコトヲ得

前項ノ建築線ニ関シ必要ナル事項ハ大使之ヲ定ム

第二十四条　第十七条乃至第二十一条ノ地域、区域又ハ地区内ニ於ケル土地又ハ建築物其ノ他ノ地上物件ニ関スル工事又ハ権利ニ関スル制限ニ付テハ本令ニ別段ノ定アル場合ヲ除クノ外大使之ヲ定ム

第二十五条　土地ノ使用左ノ各号ノ一ニ該当スルトキハ行政官庁ハ相当ノ期間ヲ指定シ土地ノ区劃形質ノ変更、建築物ノ除却、改築、修繕、使用禁止若ハ使用停止又ハ地上物件ノ収去其ノ他必要ナル措置ヲ命ズルコトヲ得

一　保安上危険ト認ムルトキ

二　衛生上有害ト認ムルトキ

三　本章ノ規定又ハ本章ノ規定ニ基キテ発スル命令ニ違反シタルトキ

四　地域、区域又ハ地区ノ設定其ノ他ノ場合ニ於テ従来ノ土地ノ使用ガ本章ノ規定又ハ本章ノ規定ニ基キテ発スル命令ニ違反スルニ至リタルトキ

第十条第四項ノ規定ハ前項ノ命令ニ之ヲ準用ス

第一項第四号ノ規定ニ依リ措置ヲ命ズルトキハ大使ノ定ムル所ニ依リ通常生ズベキ損害ヲ補償ス

第二十六条　本章ノ規定ハ大使ノ定ムル所ニ依リ建築物其ノ他ノ土地ニ定着スル工作物ニシテ工事中ノモノ又ハ工事ニ着手セザルモ設計アルモノニ之ヲ準用スルコトヲ得

第三章　土地整理

第二十七条　本章ニ於テ土地整理ト称スルハ土地ノ利用ヲ増進スル目的ヲ以テ本令ニ依リ左ノ各号ノ一ニ該当スル事項ヲ行フコトヲ謂フ

一　土地ノ交換、分合、地目変換、区劃形質ノ変更又ハ水面ノ埋立若ハ干拓

二　道路、広场、河川、運河、溝渠、堤防、溜池、公園等ノ新設、変更又ハ廃止

三　前二号ノ事項施行ノ為若ハ施行ノ結果又ハ土地整理ニ附随シテ行フ土地整理施行地（以下整理施行地ト称ス）ノ利用上必要ナル設備又ハ工事

第二十八条　土地整理ハ州計画事業トシテ施行スル場合ヲ除クノ外大使ノ定ムル所ニ依リ土地ノ所有者其ノ他ノ権利者ニ限リ之ヲ施行スルコトヲ得

第二十九条　第六条第三項ノ規定ハ土地整理ニ付テハ私人ニ之ヲ適用セズ

第三十条　第二十八条ノ土地ノ所有者其ノ他ノ権利者土地整理ヲ施行セントスルトキハ大使ノ定ムル所ニ依リ其ノ認可ヲ受クベシ

第三十一条　大使前条ノ規定ニ依ル認可ヲ為シタルトキハ直ニ其ノ要領ヲ告示ス

第三十二条　州計画事業トシテ土地整理ヲ施行スル場合ニ於テ大使必要アリト認ムルトキハ其ノ定ムル所ニ依リ土地整理区域（以下整理区域ト称ス）内ノ土地ノ所有者其ノ他ノ

権利者ヲシテ第八条ノ費用ノ全部又ハ一部ヲ負担セシムルコトヲ得

第三十三条　整理施行地又ハ其ノ上ニ存スル工作物ニ付権利ヲ有スル者ハ大使ノ定ムル場合ヲ除クノ外整理施行ニ対シテ異議ヲ述ブルコトヲ得ズ

第三十四条　第十一条ノ規定ハ行政官庁土地整理ニ関スル調査ノ為必要アル場合、第三十条ノ認可ヲ受ケントスル者其ノ認可ノ申請ノ為必要アル場合又ハ第三十条ノ規定ニ依ル土地整理施行者（以下整理施行者ト称ス）整理施行準備ノ為必要アル場合ニ之ヲ準用ス

第三十五条　整理施行者ハ整理施行ノ為必要アルトキハ大使ノ定ムル所ニ依リ整理区域内ノ建築物其ノ他ノ地上物件ヲ移転シ、除却シ又ハ破毀スルコトヲ得

前項ノ規定ノ適用ニ因リ通常生ズベキ損害ハ大使ノ定ムル所ニ依リ整理施行者之ヲ補償スベシ

第三十六条　州計画事業トシテ土地整理施行ノ為必要アルトキハ行政官庁ハ大使ノ定ムル所ニ依リ換地予定地及相当ノ期限ヲ指定シテ整理区域内ニ於ケル建築物其ノ他ノ工作物ノ所有者ニ対シ其ノ移転ヲ命ジ又ハ其ノ占有者ニ対シ立退ヲ命ズルコトヲ得

前項ノ規定ノ適用ニ因リ通常生ズベキ損害ハ大使ノ定ムル所ニ依リ州計画事業執行者之ヲ補償スベシ

第三十七条　整理施行地ニ付漁業権存スル場合ニ於テハ整理施行者ハ大使ノ定ムル所ニ依リ漁業権者ニ対シ整理施行ニ因リ通常生ズベキ損害ヲ補償スベシ

整理施行者ハ前項ノ規定ニ依リ損害ノ補償ヲ為シタル後ニ非ザレバ工事ニ着手スルコトヲ得ズ但シ其ノ損害ノ補償ヲ受クル権利者ノ同意ヲ得タルトキ又ハ第五十条ノ規定若ハ大使ノ定ムル所ニ依リ補償金ノ供託ヲ為シタルトキハ此ノ限ニ在ラズ

第三十八条　整理施行区域内ノ土地又ハ其ノ上ニ存スル工作物ニ付権利ヲ有スル者ハ土地整理ノ為受ケタル損害ノ補償ヲ請求スルコトヲ得ズ但シ本令又ハ本令ニ基キテ発スル命令ニ別段ノ定アルトキハ此ノ限ニ在ラズ

第三十九条　土地整理施行ノ為道路、広場、河川、運河、溝渠、堤防、溜池、公園等ノ全部又ハ一部ヲ廃止シタルニ因リ不用ニ帰シタル国有地ハ無償ニテ之ヲ整理施行地ノ所有者ニ交付ス

土地整理施行ニ依リ開設シタル道路、広場、河川、運河、溝渠、堤防、溜池、公園等ニシテ民有ニ属スル土地ハ無償ニテ之ヲ国有地ニ編入ス但シ大使ニ於テ特ニ指定スル土地ハ此ノ限ニ在ラズ

第四十条　換地ハ従前ノ土地ノ地目、地積、等位等ヲ標準トシテ之ヲ交付スベシ但シ地目、地積、等位等ヲ以テ相殺ヲ為スコト能ハザル部分ニ関シテハ金銭ヲ以テ之ヲ清算スベシ

特別ノ事情ニ因リ前項ノ規定ニ依ルコト能ハザルモノノ処分ニ関シテハ大使ノ定ムル所ニ依ル

整理施行者ガ大使又ハ関東州庁長官以外ノ者ナルトキハ前二項ノ規定ニ依ル処分ハ大使ノ認可ヲ受クベシ

大使又ハ関東州庁長官第一項及第二項ノ処分ヲ為シ又ハ前項ノ認可ヲ為シタルトキハ之ヲ告示ス

第四十一条　従前ノ土地ノ全部又ハ一部ニ付登記シタル所有権以外ノ権利又ハ処分ノ制限アルトキハ之ニ対スル換地ノ交付ハ其ノ権利又ハ処分ノ制限ノ目的タル土地又ハ其ノ部分ヲ指定シテ之ヲ為スベシ

第四十二条　換地ハ別段ノ定アル場合ヲ除クノ外第四十条第四項ノ告示ヲ為シタル日ノ翌日ヨリ之ヲ従前ノ土地ト看做ス

前項ノ規定ハ行政上又ハ裁判上ノ処分ニシテ従前ノ土地ニ専属スルモノニ影響ヲ及ボサズ

第四十三条　賃借地ニ付土地整理施行ニ因リ賃借ヲ為シタル目的ヲ達スルコト能ハザルトキハ賃借人ハ契約ノ解除ヲ為スコトヲ得

前項ノ場合ニ於テ賃借人ハ整理施行者ニ対シ解除ニ因リ生ジタル損害ノ補償ヲ請求スルコトヲ得

前項ノ規定ニ依リ賃借人ニ対シ損害ノ補償ヲ為シタルトキハ整理施行者ハ大使ノ定ムル所ニ依リ賃貸人ニ対シ求償スルコトヲ得

第四十四条　土地整理施行ニ因リ賃借地ノ利用ヲ妨ゲラルルトキハ賃借人ハ借賃ノ相当ノ減額又ハ前払シタル借賃ノ相当ノ払戻ヲ請求スルコトヲ得

土地整理施行ニ因リ著シク賃借地ノ利用ヲ増シタルトキハ賃貸人ハ借賃ノ相当ノ増額ヲ請求スルコトヲ得

前項ノ請求アリタル場合ニ於テ賃借人ハ契約ノ解除ヲ為シ其ノ義務ヲ免ルルコトヲ得

第四十五条　土地整理施行ニ因リ地上権、永小作権又ハ地役権ヲ設定シタル目的ヲ達スルコト能ハザルトキハ地上権者、永小作権者又ハ地役権者ハ其ノ権利ヲ抛棄スルコトヲ得

第四十三条第二項及第三項ノ規定ハ前項ノ場合ニ之ヲ準用ス

第四十六条　整理施行地ノ上ニ存スル地役権ハ整理施行ノ後仍従前ノ土地ノ上ニ存ス

土地整理施行ニ因リ地役権者ガ其ノ権利ヲ行使スル利益ヲ受クルコトヲ要セザルニ至リタルトキハ其ノ地役権ハ消滅ス

土地整理施行ニ因リ従前ト同一ノ利益ヲ受クルコト能ハザルニ至リタル地役権者ハ其ノ利益ヲ保存スル範囲内ニ於テ地役権ノ設定ヲ請求スルコトヲ得

第四十七条　第四十四条ノ規定ハ地上権、永小作権又ハ地役権ニ之ヲ準用ス

第四十八条　第四十三条乃至前条ノ規定ニ依ル賃貸借ノ解除、地上権若ハ永小作権ノ抛棄、地役権ノ抛棄若ハ設定又ハ借賃、地代、小作料若ハ地役ノ対価ノ減額、払戻若ハ増額ノ請求ハ第四十条第四項ノ告示ノ日ノ翌日ヨリ起算シ三十日ヲ経過シタルトキハ之ヲ為スコトヲ得ズ

第四十九条　整理施行地又ハ其ノ上ニ存スル建物ガ登記シタル先取特権、質権又ハ抵当権ノ目的タル場合ニ於テ第三十五条第二項、第三十六条第二項、第三十八条又ハ第四十条

第一項若ハ第二項ノ規定ニ依リ払渡スベキ金銭アルトキハ整理施行者ハ其ノ金額ヲ供託スベシ但シ整理施行地又ハ其ノ上ニ存スル建物ニ付前記ノ権利ヲ有スル者ノ同意ヲ得タルトキハ此ノ限ニ在ラズ

前項ノ規定ハ整理施行地又ハ其ノ上ニ存スル建物ガ訴訟ノ目的タル為訴訟当事者ヨリ請求アリタル場合ニ之ヲ準用ス

登記シタル先取特権者、質権者若ハ抗当権者又ハ訴訟当事者ハ前二項ノ規定ニ依リ供託シタル金銭ニ対シテモ其ノ権利ヲ行フコトヲ得

前三項ノ規定ハ第三十四条ノ規定ニ依リ払渡スベキ金銭アル場合ニ之ヲ準用ス

第五十条　整理施行地ニ付存スル漁業権ガ登録シタル先取特権又ハ抵当権ノ目的タル場合ニ於テ第三十七条ノ規定ニ依リ補償金ヲ払渡スベキトキハ整理施行者ハ其ノ金額ヲ供託スベシ但シ先取特権者又ハ抵当権者ノ同意ヲ得タルトキハ此ノ限ニ在ラズ

前項ノ規定ハ整理施行地ニ付存スル漁業権ガ訴訟ノ目的タル為訴訟当事者ヨリ請求アリタル場合ニ之ヲ準用ス

登録シタル先取特権者若ハ抵当権者又ハ訴訟当事者ハ前二項ノ規定ニ依リ供託シタル金銭ニ対シテモ其ノ権利ヲ行フコトヲ得

第五十一条　数人共同シテ土地整理ヲ施行スル場合ニ於テ共同施行者ガ其ノ事業ノ為ニ為シタル借入金、其ノ利息其ノ他土地整理ノ施行ニ因リテ生ジタル債務ニ付テハ共同施行者連帯シテ其ノ責ニ任ズ但シ大使別段ノ定ヲ為シタルトキハ此ノ限ニ在ラズ

国ハ前項ノ責ニ任ゼズ

第五十二条　土地整理施行ノ認可ヲ申請セントスル者又ハ整理施行者ハ整理施行地ヲ管轄スル登記所ニ就キ無手数料ニテ土地整理ニ関シ必要ナル簿書図面ノ閲覧又ハ謄寫ヲ求ムルコトヲ得但シ登記所ハ必要アリト認ムルトキハ大使ノ定ムル所ニ依リ請求者ノ資格ニ関スル証明書ヲ提出セシムルコトヲ得

第五十三条　整理施行区域内ノ土地及其ノ上ニ存スル建物ノ登記ニ付テハ大使ハ別段ノ定ヲ為スコトヲ得

第五十四条　土地整理ノ施行ニ関シ整理施行地ノ所有者其ノ他ノ権利者ニ属スル権利義務ハ当該権利ト共ニ其ノ承継人ニ移転ス

本章ノ規定又ハ本章ノ規定ニ基キテ発スル命令ニ依リ為シタル処分、手続其ノ他ノ行為ハ整理施行地又ハ其ノ上ニ存スル物件ニ付権利ヲ有スル者ノ承継人ニ対シテモ其ノ効力ヲ有ス

第五十五条　本章ニ定ムルモノヲ除クノ外土地整理ニ関シ必要ナル事項ハ大使之ヲ定ム

附　則

本令施行ノ期日ハ大使之ヲ定ム（昭和十五年関東局令第四十八号で昭和十五年七月一日から施行）

◎関東州及南満洲鉄道附属地電気事業令

昭和十年四月十七日 勅令第八十五号

朕関東州及南満洲鉄道附属地電気事業令ヲ裁可シ茲ニ之ヲ公布セシム（総理大臣副署）

関東州及南満洲鉄道附属地電気事業令

第一条　関東州及南満洲鉄道附属地ニ於ケル電気事業ニ関シテハ本令ニ定ムルモノヲ除クノ外電気事業法（第二十九条及第三十二条ノ規定ヲ除ク）ニ依ル但シ同法中勅令トアルハ関東局令、主務大臣トアルハ満洲国駐箚特命全権大使トス

第二条　電気事業者ハ必要アルトキハ大使ノ定ムル所ニ依リ他人ノ土地ニ立入リ電気工作物ノ施設ニ関スル調査若ハ測量ヲ為シ又ハ工事ノ為他人ノ土地ニ立入ルコトヲ得

電気事業者ハ電気工作物ノ修理又ハ巡視ノ為必要アルトキハ其ノ工作物ヲ施設シタル他人ノ土地又ハ建造物ニ立入ルコトヲ得但シ日没ヨリ日出迄ノ間ニ於テハ危険急迫ノ場合ニ非ザレバ占有者ノ意ニ反シテ邸宅又ハ建造物ニ立入ルコトヲ得ズ

第三条　電気事業者ハ必要アルトキハ大使ノ定ムル所ニ依リ電線路ノ施設ニ関スル測量又ハ施設若ハ保守ニ障害ヲ及ボスベキ植物ヲ伐除シ又ハ移植スルコトヲ得

第四条　電気事業者ハ道路、橋梁、溝渠、河川、堤防其ノ他公共ノ用ニ供セラルル土地ノ地上又ハ地中ニ電線路ヲ施設スル必要アルトキハ其ノ効用ヲ妨ゲザル限度ニ於テ其ノ管理者ノ許可ヲ受ケテ之ヲ使用スルコトヲ得

管理者正当ノ事由ナクシテ前項ノ許可ヲ拒ミ其ノ他不相当ナル措置ヲ為シタルトキハ大使ハ電気事業者ノ申請ニ依リ使用ヲ許可シ又ハ措置ノ変更ヲ命ズルコトヲ得

第五条　電気事業者ハ必要アルトキハ大使ノ定ムル所ニ依リ現在ノ使用方法ヲ妨ゲザル限度ニ於テ他人ノ地上ノ空間若ハ地中ニ電線路ヲ施設シ又ハ建造物ノ存在セザル他人ノ土地ニ電線ノ支持物ヲ建設スルコトヲ得

第六条　第二条、第三条及前条ノ場合ニ於テ現ニ生ジタル損失ハ電気事業者之ヲ補償スベシ

前項ノ補償金額ニ付当事者間ニ協議調ハズ又ハ協議ヲ為スコト能ハザルトキハ大使ノ定ムル所ニ依リ行政官庁之ヲ裁定ス裁定ニ不服アル者ハ其ノ通知ヲ受ケタル日ヨリ三十日内ニ大使ノ裁決ヲ求ムルコトヲ得

第七条　電線路ヲ施設シタル土地ノ近接地又ハ第五条ノ規定ニ依リ電線路ヲ施設シタル土地ノ所有者又ハ占有者ハ土地ノ使用方法ヲ変更スル為必要アルトキハ大使ノ定ムル所ニ依リ電気事業者ニ対シ障害ノ予防又ハ除却ニ必要ナル方法ヲ施スコトヲ請求スルコトヲ得

前項ノ工事ニ要スル費用ハ大使別段ノ定ヲ為ス場合ヲ除クノ外電気事業者ノ負担トス但シ其ノ工事ヲ為シタル後正当ノ事由ナクシテ予定ノ変更ヲ為サザルトキハ請求者ノ負担トス

第八条　電気事業者ハ地中電気工作物ヲ施設スル場合ニ於テ他人ニ属スル地中工作物ノ位置ヲ変更スル必要アルトキハ当該工作物ノ効用ヲ妨ゲザル限度ニ於テ其ノ位置ヲ変更シ又ハ其ノ工作物ノ所有者ヲシテ其ノ変更ヲ為サシムルコトヲ得

前項ノ場合ニ於テ其ノ工作物ノ所有者ト協議調ハズ又ハ協議ヲ為スコト能ハザルトキハ大使ノ定ムル所ニ依リ其ノ許可ヲ受クベシ

第九条　電気工作物相互間及電気工作物ト其ノ工作物トノ間ニ於ケル障害防止ノ為必要ナル施設ニ関スル事項ハ大使之ヲ定ム

第十条　前二条ニ規定スル工事又ハ施設ニ関スル費用ノ負担、損失ノ補償其ノ他ノ事項ハ大使別段ノ定ヲ為ス場合ヲ除クノ外当事者間の協議ニ依ル協議調ハズ又ハ協議ヲ為スコト能ハザルトキハ大使之ヲ裁定ス

第十一条　官庁ニ於テ電気事業ヲ営マントスルトキハ大使ノ承認ヲ受クベシ電気事業法第三条第二項ノ事項ヲ変更セントスルトキ亦同ジ

官庁ニ於テ営ム電気事業ニ関シテハ電気事業法第三条乃至第五条、第十六条、第十八条乃至第二十三条、第二十五条乃至第二十八条、第三十条及第三十五条乃至第三十八条ノ規定ハ之ヲ適用セズ

附　則

本令施行ノ期日ハ大使之ヲ定ム

本令施行前ニ為シタル許可、認可、処分、手続其ノ他ノ行為ニシテ本令中之ニ相当スル規定アルモノハ本令ニ依リ之ヲ為シタルモノト看做ス但シ其ノ許可又ハ認可ニ附シタル条件ニシテ本令ニ抵触スルモノハ其ノ効力ヲ失フ

本令ニ依リ新ニ許可又ハ認可ヲ受クベキモノト為リタル事項ニシテ本令施行ノ際現ニ存スルモノハ之ヲ本令ニ依リ許可又ハ認可ヲ受ケタルモノト看做ス

○関東州及南満洲鉄道附属地電気事業令中改正

昭和十五年六月十二日
勅令第四百二号

「関東州及南満洲鉄道附属地電気事業令」ヲ「関東州電気事業令」ニ改ム

第一条中「及南満洲鉄道附属地」ヲ削ル

第十一条ヲ削ル

附　則

本令施行ノ期日ハ満洲国駐箚特命全権大使之ヲ定ム

◎旅順港ニ関スル件

明治四十三年七月一日
勅令第三百四号

朕旅順港ニ関スル件ヲ裁可シ茲ニ之ヲ公布セシム（総理、陸軍、外務、海軍）

大臣）副署）
第一条　門外国艦船ハ旅順港中西港ニ出入スルコトヲ得但シ旅順港規則ニ遵拠スヘシ
第二条　関東都督ハ旅順港境域内ニ於テ関東州防禦営造物地帯令及旅順港規則ニ抵触セサル限リ必要ナル規定ヲ設ケ又ハ処分ヲ為スコトヲ得但シ内閣総理大臣ノ特ニ指定シタル事項ニ付テハ予メ旅順鎮守府司令長官ト協議ヲ為スコトヲ要ス

附　則

本令ハ公布ノ日ヨリ之ヲ施行ス

○明治四十三年勅令第三百四号中改正

大正三年三月十四日
勅令第二十七号

第二条中「内閣総理大臣」ヲ「外務大臣」ニ、「旅順鎮守府司令長官」ヲ「旅順要港部司令官」ニ改ム

附　則

本令ハ大正三年四月一日ヨリ之ヲ施行ス

○明治四十三年勅令第三百四号中改正

大正八年四月十二日
勅令第百三号

左ニ掲クル勅令中「関東都督」ヲ「陸軍大臣」ニ、「旅順要港部司令官」ヲ「海軍大臣」ニ改ム
明治四十三年勅令第三百四号

附　則

本令ハ公布ノ日ヨリ之ヲ施行ス

◎関東州水先規則（抄）

昭和四年七月二十五日
関東庁令第二十一号

改正　昭和八年六二号、九年五六号、一一年六一号、一八年六九号

第一条　水先人ハ水先免状ヲ有スルコトヲ要ス
水先人ニ非ザル者ハ水先区ニ於テ船舶ノ水路ヲ嚮導スルコトヲ得ズ
第二条　水先区ハ左ノ三区トス
旅順港水先区　旅順港取締規則第一条ニ規定スル水域
大連港水先区　大連港規則第一条ニ規定スル水域
普蘭店港水先区　普蘭店港規則第一条ニ規定スル水域
第三条　各水先区ニ於ケル水先人ノ定数左ノ如シ
旅順港水先区　二人以内
大連港水先区　八人以内

普蘭店港水先区　二人以内

第四条　水先免状ハ帝国臣民ニシテ水先人試験ニ合格シタル者ニ之ヲ下付ス

第十条　水先人試験ハ関東海務局長之ヲ行フ

第十五条　水先人試験ハ体格検査及学術試験トス

第十六条　水先人其ノ業務ニ従事スルトキハ水先免状ヲ携帯スベシ

第十九条　水先人ヲ要召セントスル船舶ハ昼間ニ在リテハ国際信号PT又ハGヲ掲ゲ、夜間ニ在リテハ一分毎ニ一閃光ヲ発スルカ又ハ汽笛長声ヲ四発スベシ

水先人前項ノ信号ヲ認知シタルトキハ直ニ之ニ応ジ水路ノ嚮導ヲ為スベシ

第二十二条　水先人水路ヲ嚮導スベキ船舶ニ乗船シタルトキハ直ニ其ノ氏名及水先人タルコトヲ船長ニ告知スベシ水先業務練習者ヲ随伴シタルトキ亦同ジ

第二十四条　水先人ヲ要召シタル船長ハ別表ニ定ムル所ニ依リ水路嚮導料ヲ水先人ニ支払フベシ

第二十七条　水先人ハ毎月水路嚮導ヲ為シタル日時、船舶ノ名称、国籍、総屯数、所有者氏名、代理店名及吃水ヲ記シタル報告書ヲ翌月五日迄ニ関東海務局長ニ提出スベシ

第三十一条　水先人其ノ業務ニ従事スルニ当リ左ノ各号ノ一ニ該当スルトキハ関東海員審判所ノ裁決ヲ以テ之ヲ懲戒ス

一　過失、懈怠又ハ不当ノ行為ニ因リ船舶ニ損害ヲ加ヘ若ハ之ヲ沈没セシメ又ハ航路標識其ノ他ノ営造物ヲ毀損シタルトキ

二　過失、懈怠又ハ不当ノ行為ニ因リ人ヲ死傷ニ致シタルトキ

三　業務ヲ怠リ又ハ業務上ノ義務ニ違反シタルトキ

四　乱酔、粗暴其ノ他ノ失行アリタルトキ

水先人ノ懲戒ニ関シ本令ニ規定ナキモノニ付テハ関東州海員懲戒令ヲ準用ス

第三十四条　水先人業務ヲ怠リ因テ航路標識其ノ他ノ営造物ヲ毀損シタルトキハ百円以上二百円以下ノ罰金ニ処ス

第三十五条　左ノ各号ノ一ニ該当スル者ハ二百円以下ノ罰金ニ処ス

一　水先人ニ非ズシテ水路ノ嚮導ヲ為シタル者

二　水先免状行使ノ停止中水路ノ嚮導ヲ為シタル者

三　水路免状ヲ貸与シテ之ヲ行使セシメタル者

四　正当ノ事由ナクシテ水路要召ニ応ゼザリシ者又ハ水路要召ニ応ズルモ正当ノ事由ナクシテ水路ノ嚮導ヲ為サザリシ者

五　船舶ノ吃水又ハ積量ニ付水先人ニ対シ虚偽ノ告知ヲ為シタル者

◎関東州ニ於ケル船舶ノ海上衝突予防ニ関シテハ海上衝突予防法ニ依ルノ件

明治四十三年六月十三日
関東都督府令第十八号

関東州ニ於ケル船舶ノ海上衝突予防ニ関シテハ海上衝突豫防法ニ依ル

附　則

本令ハ公布ノ日ヨリ之ヲ施行ス

◎関東州ニ行ハルル命令ニ依ル日本船舶ニ関スル件

大正十四年四月二十一日
勅令第百三十七号

朕関東州ニ行ハルル命令ニ依ル日本船舶ニ関スル件ヲ裁可シ茲ニ之ヲ公布セシム（総理、逓信大臣副署）

左ノ名号ノ一ニ該当スルモノヲ除クノ外関東長官ノ許可ヲ受ケスシテ内地ト関東州外ノ地トノ間ニ於テ物品又ハ旅客ノ運送ヲ為ス船舶ハ関東州ニ行ハルル命令ニ依ル日本船舶タルコトヲ得ス

一　内地、朝鮮、台湾、関東州又ハ樺太ニ於テ建造シタル船舶

二　外国ニ於テ建造シ一旦内地、朝鮮又ハ台湾ニ輸入シタル船舶

三　関東州ニ主タル営業所ヲ有シ主トシテ関東州ニ出入スル物品又ハ旅客ノ運送ヲ為ス海上運送業者ノ所有スル船舶

関東長官第一項ノ許可ヲ与ヘムトスルトキハ逓信大臣ニ協議スヘシ

附　則

本令ハ公布ノ日ヨリ之ヲ施行ス

関東州ニ行ハルル命令ニ依ル日本船舶ニシテ本令施行ノ際現ニ其ノ登録アルモノニハ本令ヲ適用セス

○関東庁官制等ノ改正ニ際シ憲兵令其ノ他ノ勅令中改正等ノ件（抄）

昭和九年十二月二十六日
勅令第三百九十五号

第九十四条　大正十四年勅令第百三十七号中左ノ通改正ス

第一項中「関東長官」ヲ「満洲国駐箚特命全権大使」ニ改ム

第二項中「関東長官」ヲ「大使」ニ改ム

附　則

本令ハ公布ノ日ヨリ之ヲ施行ス

○昭和十八年勅令第八百五十六号（抄）

昭和十八年十一月一日
勅令第八百五十六号

第一条　左ニ掲グル勅令中「逓信大臣」ヲ「運輸通信大臣」ニ改ム

大正十四年勅令第百三十七号

附　則

本令ハ公布ノ日ヨリ之ヲ施行ス

○大正九年勅令第百九十号外百四十勅令中改正ノ件（抄）

昭和二十年五月十九日
勅令第三百七号

第九条　左ニ掲グル勅令中「運輸通信大臣」ヲ「運輸大臣」ニ改ム

大正十四年勅令第百三十七号

附　則

本令ハ公布ノ日ヨリ之ヲ施行ス

◎関東州船籍令

明治四十四年十二月三十日
関東都督府令第三十五号

改正　大正三年関東庁令二三号　昭和四年庁令八三号　昭和六年庁令一五号
昭和九年庁令四〇号　昭和一七年関東局令九三号

第一条　左ノ船舶ヲ以テ日本船舶トス

一　官庁又ハ公署ノ所有ニ属スル船舶

二　関東州ニ住所ヲ有スル日本臣民ノ所有ニ属スル船舶

三　関東州ニ本店ヲ有スル商事会社ニシテ合名会社ニ在リテハ無限責任社員ノ全員、合資会社及株式合資会社ニ在リテハ無限責任社員ノ全員、株式会社ニ在リテハ取締役全員カ日本臣民ナルモノノ所有ニ属スル船舶

四　関東州ニ主タル事務所ヲ有スル法人ニシテ其ノ代表者ノ全員カ日本臣民ナルモノノ所有ニ属スル船舶

第一条ノ二　左ノ船舶ハ其ノ所有者ニ於テ満洲国駐箚特命全権大使ノ許可ヲ受ケ之ヲ日本船舶ト為スコトヲ得

一　関東州民籍規則ニ依リ本籍ヲ有スル者（以下関東州人ト称ス）ニシテ関東州ニ住所ヲ有スルモノノ所有ニ属スル船舶

二　関東州ニ本店ヲ有スル商事会社ニシテ合名会社ニ在リテハ社員ノ全員、合資会社及株式合資会社ニ在リテハ無限責任社員ノ全員、株式会社ニ在リテハ取締役ノ全員カ関東州人又ハ日本臣民及関東州人ナルモノノ所有ニ属スル船舶

三　関東州ニ主タル事務所ヲ有スル法人ニシテ其ノ代表者ノ全員カ関東州人又ハ日本臣民及関東州人ナルモノノ所有ニ属スル船舶

第一条ノ三　前条ニ依リ許可ヲ受ケムトスルトキハ前条各号ノ一ニ掲クル条件ヲ具備スルコトヲ証スヘキ書類及其ノ所有スル船舶ノ明細書ヲ添ヘ関東海務局（以下海務局ト称ス）ヲ経テ大使ニ申請スヘシ

第一条ノ四　第一条ノ二ニ依リ許可シタルトキハ之ヲ告示ス

第二条　日本船舶ニ非サレハ日本国旗ヲ掲クルコトヲ得ス

第三条　船舶法第一条ニ依リ日本船舶タルモノ及本令ニ依リ日本船舶タルモノニ非サレハ関東州不開港場ニ寄港シ又ハ関東州各港ノ間ニ於テ物品又ハ旅客ノ運送ヲ為スコトヲ得ス但シ条約若ハ法令ニ別段ノ定アルトキ海難若ハ捕獲ヲ受ケムトスルトキ又ハ大使ノ許可ヲ得タルトキハ此ノ限ニ在ラス

第四条　日本船舶ノ所有者ハ大連市、旅順市又ハ普蘭店ニ船籍港ヲ定メ海務局ニ船舶ノ積量ノ測度ヲ申請スルコトヲ要ス

第五条　日本船舶ノ所有者ハ登記ヲ為シタル後海務局ニ船舶ノ登録ヲ申請スルコトヲ要ス

海務局ハ其ノ登録ヲ為シタルトキハ船舶国籍証書ヲ交付スルコトヲ要ス

第六条　船籍港外ニ於テ船舶ヲ製造シ若ハ之ヲ取得シタルトキハ其ノ船籍港ニ到着スル迄州内ニ在リテハ海務局ニ内地、樺太、台湾、朝鮮ニ在リテハ該船舶所在地ノ管海官庁又ハ地方官庁ニ外国ニ在リテハ該船舶所在地若ハ其ノ近傍駐在帝国領事館ニ仮船舶国籍証書ノ交付ヲ申請シ船舶国籍証書ニ代用スルコトヲ得

仮船舶国籍証書ノ効力ハ海務局ヨリ交付シタルトキハ三箇月管海官庁又ハ地方官庁ヨリ交付シタルトキハ六箇月領事館ヨリ交付シタルトキハ一箇年ヲ以テ限トス但シ引続キ二度以上仮船舶国籍証書ノ交付ヲ受ケタル場合ニハ初度ノ仮船舶国籍証書ニ記載シタル日附ヨリ起算シ本文ノ期限ヲ経過シタルトキハ其ノ効力ヲ失フ

船舶カ船籍港ニ到達シタルトキハ仮船舶国籍証書ノ有効期間満了前ト雖其ノ効力ヲ失フ

第七条　日本船舶ハ日本ノ国旗ヲ掲ケ且其ノ名称、船籍港、番号、積量、喫水ノ尺度其ノ他ノ事項ヲ標示スルコトヲ要ス

第八条　日本船舶ハ別段ノ定メアル場合ヲ除クノ外船舶国籍証書又ハ仮船舶国籍証書ヲ請受ケタル後ニ非サレハ日本国旗ヲ掲ケ又ハ之ヲ航行セシムルコトヲ得ス

第九条　日本船舶ノ名称ハ海務局ノ許可ヲ得ルニ非サレハ之ヲ変更スルコトヲ得ス

第十条　船舶所有者カ其ノ船舶ヲ修繕シタル場合ニ於テ其ノ積量ニ変更ヲ生シタルモノト認ムルトキハ遅滞ナク海務局ニ其ノ船舶ノ積量ノ改測ヲ申請スルコトヲ要ス

第十一条　登録シタル事項ニ変更ヲ生シタルトキハ船舶所有者ハ遅滞ナク其ノ変更ノ登録ヲ為スコトヲ要ス

第十二条　船舶国籍証書ニ記載シタル事項ニ変更ヲ生シタル

トキハ船舶所有者ハ其ノ書換ヲ申請スルコトヲ要ス

第十三条　船舶国籍証書ヲ滅失シ又ハ毀損シタルトキハ遅滞ナク其ノ再交付若ハ書換ヲ申請スルコトヲ要ス

第十四条　船籍港外ニ於テ前二条ノ事実ヲ生シタルトキハ第六条ニ依リ仮船舶国籍証書ノ交付ヲ申請スルコトヲ得

第十五条　前三条ノ規定ハ仮船舶国籍調書ニ之ヲ準用ス

第十六条　船舶カ滅失若ハ沈没シタルトキ解撤セラレタルトキ又ハ船籍ヲ喪失シ若ハ第十七条ニ掲クル船舶トナリタルトキハ遅滞ナク抹消ヲ請ヒ且船舶国籍証書ヲ返還スルコトヲ要ス船舶ノ存否カ六箇月分明ナラサルトキ亦同シ

前項ノ場合ニ於テ船舶所有者カ抹消手続ヲ為ササルトキハ海務局ハ二箇月内ニ之ヲ為スヘキコトヲ催告シ尚其ノ手続ヲ為ササルトキハ職権ヲ以テ抹消ノ登録ヲ為スコトヲ要ス

第十七条　前十三条ノ規定ハ総噸数二十屯未満ノ船舶及端舟其ノ他櫓櫂ノミヲ以テ運転シ又ハ主トシテ櫓櫂ヲ以テ運転スル舟ニハ之ヲ適用セス

前項ニ掲クル船舶ノ船籍及其ノ積量ノ測度ニ関スル規程ハ別ニ之ヲ定ム

第十八条　本令ノ施行ニ関シテハ本令ニ定ムルモノヲ除クノ外逓信省令船舶法施行細則ニ依ル但シ同細則中官報トアルハ関東局局報、船舶法第四条、第五条第二項、第九条、第十三条、第十四条第一項、第十四条第二項、第十六条、第十七条トアルハ各関東州船籍令第四条、第五条第一項、第十条、第十四条、第十六条第一項、第十六条第二項、第六条第一項、第六条第二項トス

第十九条　船舶積量ノ測度ニ関シテハ船舶積量測度法、逓信省令船舶積量測度規程及逓信省令簡易船舶積量測度規程ニ依ル但シ主務大臣ノ職務ハ大使之ヲ行フ

第二十条　船舶ノ登録ヲ受クルトキハ左ノ区別ニ従ヒ手数料ヲ納付スヘシ

一	新規登録	毎十屯	五十銭
二	転籍	毎十屯	二十銭
三	登録ノ抹消	毎十屯	二十銭
四	登録ノ変更	船舶毎一箇	三十銭

船舶ノ屯数ハ総屯数ニ依ル但シ十屯未満ノ端数ハ十屯トシテ計算ス

第二十一条　日本国旗ヲ掲クルコトヲ得サル船舶ニシテ之ヲ掲ケタルトキハ第八条ノ場合ヲ除クノ外船長ヲ五十円以上二百円以下ノ罰金又ハ一箇年以下ノ懲役ニ処ス第三条ノ規定ニ違反シタルトキ又ハ日本船舶ニシテ国籍ヲ詐ル目的ヲ以テ日本ノ国籍ニ非サル旗章ヲ掲ケタルトキ亦同シ

第二十二条　第七条ノ規定ニ従ヒテ日本ノ国旗ヲ掲ケサルトキ又ハ第八条ノ規定ニ違反シタルトキハ船長ヲ二百円以下ノ罰金ニ処ス

第二十三条　第七条ニ定メタル事項ヲ船舶ニ標示セサルトキ又ハ第九条乃至第十三条第十五条又ハ第十六条ノ規定ニ違反シタルトキハ船舶所有者ヲ二百円以下ノ罰金ニ処ス

第二十四条　本令ノ規定ニ依リ船舶国籍証書又ハ仮船舶国籍証書ヲ返還スヘキ場合ニ於テ正当ノ事由ナクシテ其ノ義務ヲ怠リタルトキハ船舶所有者ヲ科料ニ処ス

第二十五条　本令ノ罰則中船長ニ適用スヘキモノハ船長ニ代ハリテ其ノ職務ヲ行フ者ニモ之ヲ適用シ船舶所有者ニ適用スヘキモノハ船舶管理人ニモ之ヲ適用ス

第二十六条　本令ノ罰則ハ船舶所有者カ未成年者若ハ禁治産者ナルトキハ之ヲ其ノ法定ノ代理人ニ適用シ会社其ノ他ノ法人ニ在リテハ其ノ代表者ニ之ヲ適用ス但シ船舶管理ニ関シ未成年者カ成年者ト同一ノ能力ヲ有スル場合ハ此ノ限ニ在ラス

附　則

本令ハ明治四十五年一月一日ヨリ之ヲ施行ス

従来ノ船舶ニシテ本令ノ適用ヲ受クヘキモノハ本令施行ノ日ヨリ三箇月内ニ本令ニ依リ其ノ手続ヲ為スコトヲ要ス

○大正三年関東都督府令第二十三号附則

本令ハ公布ノ日ヨリ之ヲ施行ス

従前ノ方法ニ依リ屯数ヲ以テ種量ノ測度ヲ受ケタル船舶ノ積量改測ニ関シテハ船舶積量改測規則ニ依ル但シ管海官庁ノ事務ハ海務局之ヲ行フ

前項ノ改測前ニ於テ関東州船籍令第十条ノ申請ニ因リ積量ヲ改測スル場合ニ於テハ従前ノ例ニ依リ之ヲ測度スルコトヲ得

従前ノ方法ニ依リ測度シタル船舶ノ積量ハ本令ノ測度方法ニ依リ之ヲ改測スル迄本令ニ依リ測度シタルモノト看做ス

○昭和九年関東庁令第四十号附則

本令施行ノ際現ニ関東州ニ船籍港ヲ有スル日本船舶ハ第一条各号ニ掲グル船舶ニ非ザルモノト雖モ之ヲ本令ニ依ル日本船舶ト看做ス

◎関東州船舶登記令

明治四十四年十二月三十日
関東都督府令第三十六号

第一条　船舶ノ登記ニ関シテハ本令ニ別段ノ規定アルモノヲ除クノ外船舶登記規則及船舶登記取扱手続ニ依ル

第二条　所有権ノ登記ヲ申請スル場合ニ於テ登記権利者カ会社其ノ他ノ法人ナルトキハ申請ニ其ノ本店又ハ主タル事務所ノ所在地及関東州船籍令第一条ニ掲ケタル社員、無限責任社員、取締役若ハ代表者ノ氏名ヲ記載シ且之ヲ証スル登記ノ謄本、抄本又ハ登記済証及社員、無限責任社員、取締役又ハ代表者ノ三分ノ二以上カ日本人ナルコトヲ証スル民政署長ノ書面其ノ他之ヲ証スルニ足ルヘキ書面ヲ添付スヘシ

前項ノ規定ハ南満洲鉄道株式会社カ所有権ノ登記ヲ申請スル場合ニ之ヲ適用セス

関東州水産組合カ所有権ノ登記ヲ申請スル場合ニ於テハ組合長ヲ以テ登記名義人トス

附　則

本令ハ明治四十五年一月一日ヨリ之ヲ施行ス

◎関東州船鑑札規則

明治四十四年十二月三十日
関東都督府令第三十八号

第一条　関東州船籍令第一条ニ該当スル船舶ニシテ総屯数二十屯未満又ハ積石数二百石未満ノモノハ左ニ掲クルモノヲ除クノ外大連又ハ旅順ニ船籍港ヲ定メ其ノ所有者ヨリ海務局ニ第一号書式ニ依リ甲種船鑑札ノ交付ヲ申請スヘシ

一　総屯数五屯未満又ハ積石数五十石未満ノ帆船

二　端舟其ノ他櫓櫂ノミヲ以テ運轉シ又ハ主トシテ櫓櫂ヲ以テ運轉スル舟

第二条　海務局ニ於テ甲種船鑑札交付ノ申請ヲ受ケタルトキハ積量ノ測度ヲ為スヘシ

海務局ニ於テ積量測度ヲ為シタルトキハ第二号書式ノ甲種船鑑札ヲ申請人ニ交付スヘシ

第三条　第一条各号ニ掲クル船舶ノ所有者ハ尺度ヲ記載セル第三号書式ニ依リ海務局ニ乙種船鑑札ノ交付ヲ申請スヘシ

第四条　海務局ニ於テ乙種船鑑札交付ノ申請ヲ受ケタルトキハ其ノ記載事項ヲ審査シ適当ナリト認メタルトキハ第四号書式ノ乙種船鑑札ヲ申請人ニ交付スヘシ

第五条　船鑑札ニ関シテハ本令ニ於テ定ムルモノヲ除クノ外船鑑札規則ニ依ル

第六条　本令ハ内地ニ船籍港ヲ定メタル船舶ニ之ヲ適用セス

第七条　本令ハ関東州水産組合ノ所有ニ属スル船舶ニ之ヲ適用ス

附　則

本令ハ明治四十五年一月一日ヨリ之ヲ施行ス

従来ノ船舶ニシテ本令ノ適用ヲ受クヘキモノハ本令施行ノ日ヨリ三箇月以内ニ本令ニ依ル船鑑札交付ノ申請ヲ為スヘシ

（書式省略）

◎船舶取締規則

大正二年十月十六日
関東都督府令第三十三号

第一条　本令ハ大連港及旅順港以外ノ関東州港湾ニ出入スル船舶ニ之ヲ適用ス

第二条　左ニ掲クル船舶ハ関東州港湾ニ出入スルコトヲ得

一　総屯数二十屯未満積石数二百石未満ノ船舶

二　支那形船舶

第三条　船舶ニシテ入港シタルトキハ直ニ所轄民政署、支署、出張所又ハ警察官吏派出所ニ第一号又ハ第二号様式ノ着港届ヲ差出スヘシ

第四条　船舶ニシテ出港セムトスルトキハ所轄民政署、支署、出張所又ハ警察官吏派出所ニ第三号又ハ第四号様式ノ出港届ヲ差出シ第五号様式ノ出港許可証ヲ受クルニ非サレハ出港スルコトヲ得ス但シ出港五時間以前ニ出港届ノ手続ヲ了シタルトキハ出港許可証ヲ受ケサルモ妨ケナシ

第五条　左ノ各号ノ一ニ該当スル船舶ハ港外ニ仮泊シ検疫信号ヲ掲ケ警察官吏ノ検査ヲ経テ其ノ許可ヲ受ケタル後ニ非

サレハ他港ニ進航シ陸地又ハ他船ト交通シ船客船員ヲ上陸セシメ物件ノ陸揚ヲ為スコトヲ得ス但シ検疫信号ノ設備ナキカ又ハ之ヲ揚クルモ応答ナク上陸スルニ非サレハ警察官吏ニ告知スルヲ得サル場合ニ於テ告知ノ為上陸スルハ此ノ限ニ在ラス

一　現ニ伝染病又ハ之ニ疑ハシキ患者又ハ死者アルモノ

二　航海中伝染病又ハ之ニ疑ハシキ患者又ハ死者アリタルモノ

三　伝染病流行地ヲ発シ若ハ其ノ地ヲ経テ来航シ又ハ伝染病毒ニ汚染シタル船舶ト交通シ其ノ他伝染病毒ニ汚染シタル疑アルモノ

検疫信号ハ昼間ニ在リテハ黄旗ヲ掲ケ夜間ニ在リテハ紅白ニ灯ヲ上下ニ連掲スルモノトス

検疫信号ニ対スル応答ハ昼間ニ在リテハ白旗ヲ夜間ニ在リテハ白灯ヲ左右ニ動揺スルモノトス

伝染病トハ虎列刺、赤痢、腸窒扶私、「パラチフス」、痘瘡、発疹窒扶私、猩紅熱、実布垤利亜、「ペスト」ヲ謂フ

第六条　入港後伝染病患者又ハ其ノ疑似症患者ヲ発生シタル船舶ニハ前条ノ規定ヲ準用ス

第七条　前二条ノ場合ニ於テ当該吏員ハ船舶所在地ニ於テ完全ニ防疫上必要ナル処置ヲ為スヲ得スト認ムルトキハ其ノ船舶ニ対シ検疫所其ノ他適当ノ地点ニ廻航ヲ命スルコトヲ得

第八条　当該官吏ニ於テ必要ト認ムルトキハ何時ニテモ船舶ニ臨検シ又ハ泊地ノ指定変更其ノ他必要ノ事項ヲ命スルコトヲ得

第九条　船舶ニシテ警察官吏ノ救援ヲ要スル場合ハ昼間ニ在リテハ萬国船舶信号ノG旗ヲ掲ケ夜間ニ在リテハ藍火又ハ閃火ヲ示スヘシ

第十条　船舶ニシテ火ヲ失シタルトキハ時鐘若ハ之ニ類似ノ振鳴器ヲ連打シ又ハ汽笛ヲ連吹シ昼間ニ在リテハ萬国船舶信号ノNM旗ヲ掲ケ夜間ハ号火、火箭等ヲ用井見易キ発火信ヲ為シ且断エス紅灯ヲ上下スヘシ

前項ノ外危急ノ場合ニ遭遇シ救助ヲ要スルトキ亦同シ但シ昼間ハ萬国船舶信号ノNC旗ヲ掲クヘシ

第十一条　船舶ハ所轄警察官署ノ許可ヲ得ルニ非サレハ屍体、武器又ハ爆発物ヲ搭載シ又ハ陸揚スルコトヲ得ス

船舶ニシテ爆発物ヲ搭載シタルトキハ昼間ニ在リテハ赤旗、夜間ニ在リテハ紅灯ヲ掲ヒ安全ナル位置ニ碇泊シ警察官吏ノ指揮ヲ受クヘシ

第十二条　第五条第六条第九条及第十条ノ信号ハ西洋形以外ノ船舶ニ在リテハ昼間ハ赤旗、夜間ハ紅灯ヲ以テ之ニ代フルコトヲ得

第十三条　船舶ノ碇泊、船客船員ノ乗降、貨物ノ積卸ハ特ニ定メラレタル地点アルトキハ其ノ地点以外ニ於テ之ヲ為スコトヲ得ス

第十四条　船舶ハ航路ノ障害ト為ルヘキ場所ニ碇泊スヘカラス

第十五条　塵芥、灰燼、土砂其ノ他船舶ニ障害ヲ及ホスノ虞アル物件ハ之ヲ港内ニ投棄スヘカラス

第十六条　第七条ニ依リ検疫所ニ廻航ヲ命シタル船舶ノ消毒其ノ他ノ費用ハ船長又ハ其ノ代理者ヨリ之ヲ納付スヘシ

第十七条　民政署長又ハ支署長ハ船舶ニ危害ヲ及ホスノ虞アル難破物、委棄物其ノ他ノ物件ヲ期間ヲ定メ義務者ヲシテ之ヲ取除キ又ハ破壊セシムルコトヲ得

前項ノ場合ニ於テ義務者其ノ義務ヲ履行セス又ハ之ヲ履行スルモ充分ナラスト認ムルトキハ民政署長又ハ支署長ニ於テ之ヲ施行シ又ハ第三者ヲシテ施行セシメ其ノ費用ハ義務者ヨリ之ヲ徴収スルコトヲ得

第十八条　本令及本令ニ基キ為シタル処分ニ違反シタル者ハ二百円以下ノ罰金又ハ科料ニ処ス

船舶ニ在リテハ前項ノ規定ハ船長又ハ船長ニ代リ其ノ職務ヲ行フ者ニ之ヲ適用ス

第十九条　当該官庁ハ本令ニ依ル罰金、科料若ハ費用ノ完納又ハ相当担保物ノ提供アルマテ当該船舶ノ出港ヲ許ササルコトアルヘシ

附　則

第二十条　本令ハ大正三年一月一日ヨリ之ヲ施行ス

第二十一条　明治三十九年九月府令第七号港湾出入船舶取締規則ハ之ヲ廃止ス

（以下様式省略）

◎関東州ニ行ハルル命令ニ依ル日本船舶及関東州ノ港湾ニ出入スル其ノ他ノ船舶ノ無線電信施設ニ関スル件

昭和二年六月八日
勅令第百六十五号

朕関東州ニ行ハルル命令ニ依ル日本船舶及関東州ノ港湾ニ出入スル其ノ他ノ船舶ノ無線電信施設ニ関スル件ヲ裁可シ茲ニ之ヲ公布セシム（総理大臣副署）

関東州ニ行ハルル命令ニ依ル日本船舶及関東州ノ港湾ニ出入スル其ノ他ノ無線電信施設ニ関シテハ船舶無線電信施設法ニ依ル但シ同法中主務大臣トアルハ関東長官、日本船舶トアルハ関東州ニ行ハルル命令ニ依ル日本船舶トス

附　則

本令ハ昭和二年十一月一日ヨリ之ヲ施行ス

○関東州船舶安全令附則（抄）

昭和九年八月一五日
勅令第二百五十三号

第五条　昭和二年勅令第百六十五号ハ之ヲ廃止ス

◎関東州臨時船舶管理令

昭和十二年十月六日
勅令第五百八十号

朕関東州臨時船舶管理令ヲ裁可シ茲ニ之ヲ公布セシム

（総理大臣副署）

関東州臨時船舶管理令

第一条　関東州ニ於ケル船舶管理ニ関シテハ臨時船舶管理法第十一条、第十三条及二十三条ノ規定ヲ除クノ外同法ニ依ル但シ同法中日本船舶トアルハ関東州ニ行ハルル命令ニ依ル日本船舶、日本船舶（関東州ニ行ハルル命令ニ依ル日本船舶ヲ含ム）トアルハ日本船舶（内地、朝鮮及台湾ニ於テ行ハルル法令ニ依ル日本船舶ヲ含ム）、船舶職員法トアルハ関東州船舶職員令トス

第二条　満洲国駐箚特命全権大使臨時船舶管理法第三条乃至第七条ノ規定ニ依ル命令ヲ発シ又ハ処分ヲ為サントスルトキハ逓信大臣ニ協議スベシ

附　則

本令施行ノ期日ハ大使之ヲ定ム（昭和十二年関東局令第九十八号で同年十月十一日から施行）

本令ハ支那事変終了後一年内ニ之ヲ廃止スルモノトス

○関東州臨時船舶管理令中改正

昭和十七年五月二十日
勅令第五百二十三号

附則第二項中「支那事変」ヲ「大東亜戦争」ニ改ム

附　則

本令ハ公布ノ日ヨリ之ヲ施行ス

○昭和八年勅令第八百五十六号（抄）

昭和十八年十一月一日
勅令第八百五十六号

第一条　左ニ掲ゲル勅令中「逓信大臣」ヲ「運輸通信大臣」ニ改ム

関東州臨時船舶管理令

附　則

本令ハ公布ノ日ヨリ之ヲ施行ス

○昭和二十年勅令第三百七号（抄）

昭和二十年五月十九日
勅令第三百七号

第九条　左ニ掲ゲル勅令中「運輸通信大臣」ヲ「運輸大臣」ニ改ム

関東州臨時船舶管理令

附　則

本令ハ公布ノ日ヨリ之ヲ施行ス

◎関東州及南洋群島船舶保護令

昭和十六年四月十六日
勅令第四百五十八号

朕関東州及南洋群島船舶協議令ヲ裁可シ茲ニ之ヲ公布セシム

（総理、拓務、海軍大臣副署）

関東州及南洋群島船舶保護令

関東州及南洋群島ニ於ケル船舶保護ニ関シテハ船舶保護法ニ依ル但シ同法第三条第二項中関係各大臣（朝鮮総督、台湾総督及樺太庁官ヲ含ム）トアルハ関東州ニ在リテハ満洲国駐箚特命全権大使、南洋群島ニ在リテハ南洋庁長官トシ同法第十一条中道府縣、市町村トアルハ関東州ニ在リテハ関東州地方費、市トス

附　則

本令ハ船舶保護法施行ノ日ヨリ之ヲ施行ス（昭和十六年勅令第四百五十七号で昭和十六年四月二十日から施行）

◎関東州船舶安全令

昭和九年八月十五日
勅令第二百五十三号

朕関東州船舶安全令ヲ裁可シ茲ニ之ヲ公布セシム

（総理、拓務大臣副署）

関東州船舶安全令

第一条　関東州ニ於ケル船舶ノ堪航性及人命ノ安全ニ関シテハ本令ニ定ムルモノヲ除クノ外船舶安全法ニ依ル但シ同法中主務大臣トアルハ関東長官、勅令トアルハ関東庁令、日本船舶トアルハ関東州ニ行ハルル命令ニ依ル日本船舶、無線電信法トアルハ関東州及南満洲鉄道付属地電気通信令トス

第二条　関東州ノ船籍ヲ取得スル目的ヲ以テ内地、朝鮮、台湾又ハ樺太ニ於テ船舶ヲ製造スル者ハ関東州ノ管海官庁ニ船舶安全法令第六条第一項又ハ第二項ノ製造検査ヲ申請スルコトヲ得

関東州ノ管海官庁ハ前項ノ規定ニ依ル検査ニ合格シタル船舶ニ対シテハ合格証明書ヲ交付ス

船舶安全法第六条第四項ノ規定ハ前項ノ船舶ニ之ヲ準用ス

第三条　関東長官ハ船舶安全法第二条一項ノ規定ヲ適用セザル船舶ノ堪航性及人命ノ安全ニ関シ同法第二十七条及第二十八条ニ規定スル事項ヲ除クノ外必要ナル規則ヲ設クルコトヲ得

附　則

第四条　本令施行ノ期日ハ関東長官之ヲ定ム（昭和九年九月二十八日関東庁令第三十八号で同年十月一日から施行）

船舶安全法第二条第一項第十一号ニ関スル規定及同法第二十七条ノ規定ニ付テハ各別ニ関東長官ノ定メル日迄本令第一

条ノ規定ヲ適用セズ

第五条　昭和二年勅令第百六十五号ハ之ヲ廃止ス

第六条　本令施行ノ際現ニ存スル船舶ニシテ本令ニ依リ満載吃水線ノ標示ヲ要スルモノニ付テハ関東長官ノ定ムル所ニ依リ満載吃水線ニ関スル検査ヲ受クル迄之ヲ標示セザルコトヲ得

第七条　従前ノ規定ニ依リ船舶検査証書若ハ仮証書ヲ受有スル船舶又ハ之ヲ受有セズシテ航行ノ用ニ供スル船舶ニ付テハ左ノ各号ノ一ニ該当スルニ至ル迄船舶検査及無線電信施設ニ関シ仍従前ノ規定ニ依ル

一　航行期間満了ノ為従前ノ規定ニ依リ検査ヲ受クベキトキ

二　従前ノ規定ニ依リ船舶検査証書又ハ仮証書ヲ受有セズシテ航行ノ用ニ供シ得ザルニ至リタルトキ

第八条　前条ノ船舶同条各号ノ一ニ該当スルニ至リタルトキハ関東長官ノ定ムル所ニ依リ検査ヲ受クベシ

前項ノ検査ニ合格シタル船舶ニハ船舶検査証書ヲ交付ス但シ其ノ有効期間ハ四年以内ニ於テ管海官庁ノ定メタル期間トス

前項ノ有効期間ノ満了ハ船舶安全法第五条第一項ノ規定ノ適用ニ付テハ之ヲ同法第十条ニ規定スル有効期間ノ満了ト看做ス

○関東庁官制等ノ改正ニ際シ憲兵令其ノ他ノ勅令中改正等ノ件（抄）

昭和九年十二月二十六日
勅令第三百九十五号

第九十五条　関東州船舶安全令中左ノ通改正ス

第一条但書中「関東長官」ヲ「満洲国駐箚特命全権大使」ニ、「関東庁令」ヲ「関東局令」ニ改ム

第三条、第四条第二項、第六条及第八条一項中「関東長官」ヲ「大使」ニ改ム

附　則

本令ハ公布ノ日ヨリ施行ス

○昭和十二年勅令第六百八十五号（抄）

昭和十二年十二月一日
勅令第六百八十五号

第五十二条　関東州船舶安全令中左ノ通改正ス

第一条中「関東州及南満洲鉄道附属地電気通信令」ヲ関東州電気通信令」ニ改ム

附　則

本令ハ公布ノ日ヨリ施行ス

◎関東州木船保険令

昭和十八年七月二十八日
勅令第六百二十四号

朕関東州木船保険令ヲ裁可シ茲ニ之ヲ公布セシム（総理、逓信、大東亜大臣副署）

関東州木船保険令

第一条　満洲国駐箚特命全権大使ハ其ノ定ムル所ニ依リ関東州ニ船籍港ヲ定ムル日本船舶タル木船（漁船ヲ除ク以下同ジ）ノ所有者ニ対シ木船保険法ニ依ル木船保険組合（以下単ニ木船保険組合ト称ス）ノ組合員ト為ルベキコトヲ命ズルコトヲ得

第二条　木船保険組合ガ関東州ニ従タル事務所ヲ設ケテ保険事業ヲ行ハントスルトキハ大使ノ定ムル所ニ依リ其ノ旨ヲ届出ヅベシ

第三条　木船保険組合ニ非ザルモノハ木船保険組合又ハ之ニ類似スル名称ヲ用フルコトヲ得ズ

第四条　木船保険組合ノ役員其ノ他ノ職員ハ之ヲ法令ニ依リ公務ニ従事スル職員ト看做ス

第五条　保険料、追徴金又ハ過怠金ヲ滞納スル者アル場合ニ於テ木船船舶保険組合ノ請求アルトキハ市又ハ会ハ市税又ハ会税ノ例ニ依リ之ヲ処分ス此ノ場合ニ於テ木船保険組合ハ其ノ徴収金額ノ百分ノ四ヲ市又ハ会ニ交付スベシ

前項ニ規定スル徴収金ノ先取特権ノ順位ハ市又ハ会ノ徴収金ニ次グモノトス

第六条　木船保険組合ハ大使ノ定ムル所ニ依リ登記ヲ為スベシ

前項ノ規定ニ依リ登記スベキ事項ハ登記ノ後ニ非ザレバ之ヲ以テ第三者ニ対抗スルコトヲ得ズ

第七条　大使必要アリト認ムルトキハ木船保険組合ニ対シ木船保険組合ノ関東州ニ於ケル業務及財産ノ状況ニ関シ報告ヲ為サシメ、検査ヲ為シ、定款ノ変更ヲ命ジ其ノ他監督上必要ナル命令ヲ発シ又ハ処分ヲ為スコトヲ得

第八条　大使ハ予算ノ範囲内ニ於テ木船保険組合ニ対シ木船保険組合ノ事務ノ執行ニ関スル費用ノ一部ヲ補助スルコトヲ得

第九条　保険金ニ関スルニ不服アル者ハ木船保険審査会ニ審査ヲ請求シ其ノ決定ニ不服アルトキハ関東法院ニ訴ヲ提起スルコトヲ得

前項ノ審査ノ請求ハ時効ノ中断ニ関シテハ之ヲ裁判上ノ請求ト看做ス

第十条　木船保険組合ノ為シタル保険料、追徴金若ハ過怠金ノ賦課若ハ徴収ノ処分又ハ第五条第一項ノ規定ニ依ル滞納処分ニ不服アル者ハ大使ニ裁決ノ申請ヲ為スコトヲ得

第十一条　審査ノ請求、訴ノ提起又ハ裁決ノ申請ハ処分又ハ決定ノ通知ヲ受ケタル日ヨリ三十日以内ニ之ヲ為スベシ此ノ場合ニ於テ審査ノ請求又ハ裁決ノ申請ニ付テハ宥恕スベキ事由アリト認ムルトキハ期間経過後ニ於テモ仍

之ヲ受理スルコトヲ得

第十二条　第一条ノ木船ノ所有者同条ノ規定ニ依ル命令ニ違反シタルトキハ千円以下ノ過料ヲ処ス

第十三条　左ノ場合ニ於テハ木船保険組合ノ理事長、理事又ハ監事ヲ千円以下ノ過料ニ処ス

一　第二条ノ規定ニ依ル届出ヲ為サズ又ハ虚偽ノ届出ヲ為シタルトキ

二　第七条ノ規定ニ依ル報告ヲ為サズ若ハ虚偽ノ報告ヲ為シタルトキ、同条ノ規定ニ依ル検査ヲ拒ミ、妨ゲ若ハ忌避シタルトキ又ハ同条ノ規定ニ依ル命令若ハ処分ニ違反シタルトキ

第十四条　第六条第一項ノ規定ニ基キテ発スル命令ニ違反シ登記ヲ為スコトヲ怠リ又ハ不正ノ登記ヲ為シタルトキハ木船保険組合ノ理事長ヲ五百円以下ノ過料ニ処ス

第十五条　第三条ノ規定ニ違反シ木船保険組合又ハ之ニ類似スル名称ヲ用ヒタル者ハ五百円以下ノ過料ニ処ス

附　則

本令施行ノ期日ハ大使之ヲ定ム（昭和十八年関東局令第百九号で同年九月一日から施行）

◎大正六年法律第二十九号施行ニ関スル件

（大正六年七月二十五日勅令第七十一号）

朕大正六年法律第二十九号施行ニ関スル件ヲ裁可シ茲ニ之ヲ公布セシム（総理、内務、外務、逓信大臣副署）

大正六年法律第二十九号ハ之ヲ朝鮮、台湾及樺太ニ施行ス関東州ニ於ケル大正六年法律第二十九号第二条第一項ノ船舶ノ譲渡又ハ其ノ引渡ヲ受クル権利ノ譲渡ニ関シテハ同法ニ依ル

朝鮮、台湾、樺太及関東州ニ於ケル大正六年法律第二十九号ニ依ル納付金ニ関スル事項ハ逓信大臣ノ主管トス

附　則

本令ハ公布ノ日ヨリ之ヲ施行ス

（参照）大正六年法律第二十九号は「造船奨励金下付停止ニ関スル法律」で、昭和八年三月十五日法律第十一号で廃止された。

◎大正十三年法律第二号ヲ施行スル等ノ件（抄）

（大正十三年八月十四日勅令第百九十一号）

沿革　昭和六年五月勅令第九十七号改正

朕大正十三年法律第二号大正十二年条約第二号海軍軍備制限ニ関スル条約及昭和六年条約第一号千九百三十年「ロンドン」海軍条約ノ実施ニ関スル法律ヲ朝鮮、台湾及樺太ニ施行スル等ノ件ヲ裁可シ茲ニ之ヲ公布セシム（総、逓、海、外、大臣副署）

関東州及南洋群島ニ於テハ大正十二年条約第二号海軍軍備制限ニ関スル条約及昭和六年条約第一号千九百三十年「ロンドン」海軍条約ノ実施ニ関シテハ前項ノ法律ニ依ル

附　則

本令ハ大正十三年九月一日ヨリ之ヲ施行ス

◎外国ニ駐在スル帝国ノ大使、公使、領事官又ハ貿易事務官ノ朝鮮、台湾又ハ関東州ニ船籍ヲ有スル帝国船舶及其ノ船員ニ関スル職権ノ件

大正六年五月五日
勅令第四十八号

朕外国ニ駐在スル帝国ノ大使、公使、領事官又ハ貿易事務官ノ朝鮮、台湾又ハ関東州ニ船籍ヲ有スル帝国船舶及其ノ船員ニ関スル職権ノ件ヲ裁可シ茲ニ之ヲ公布セシム（総理、内務、外務大臣副署）

外国ニ駐在スル帝国ノ大使、公使、領事官又ハ貿易事務官ハ朝鮮、台湾又ハ関東州ニ船籍ヲ有スル帝国船舶及其ノ船員ニ関シテハ内地ニ船籍ヲ有スル帝国船舶及其ノ船員ニ関シ有スル職権ト同一ノ職権ヲ有ス

附　則

本令ハ大正六年六月一日ヨリ之ヲ施行ス

◎関東州船舶職員令

昭和十一年九月五日
勅令第三百十一号

朕関東州船舶職員令ヲ裁可シ茲ニ之ヲ公布セシム（総理大臣副署）

関東州船舶職員令

第一条　関東州ニ於ケル船舶ノ職員ニ関シテハ本令ニ定ムルモノヲ除クノ外船舶職員法ニ依ル但シ同法中日本船舶トアルハ関東州ニ行ハルル命令ニ依ル日本船舶、船舶安全法トアルハ関東州船舶安全令ニ於テ依ルコトヲ定メタル船舶安全法、刑法トアルハ関東州裁判事務取扱令、逓信大臣トアルハ満洲国駐箚特命全権大使トス

第二条　逓信大臣ノ授与シタル海技免状ハ本令ニ依リ大使ノ授与シタルモノト看做ス

第三条　台湾総督ノ授与シタル海技免状ニシテ大使ニ於テ本令ニ依リ授与シタルモノト同等ト認メタルモノハ之ヲ本令ニ依リ大使ノ授与シタルモノト看做ス

第四条　大使ハ関東州船舶安全令ニ於テ依ルコトヲ定メタル船舶安全法第二条第一項目ノ規定ヲ適用セザル船舶ニ於テ船舶職員ニ該当スル職務ヲ執ル者ノ資格ニ関シ必要ナル規則ヲ設クルコトヲ得

附　則

本令施行ノ期日ハ大使之ヲ定ム（昭和十一年関東局令第五十三号で昭和十一年九月十日から施行）

◎関東州船員令

昭和十三年十二月二十四日
勅令第七百八十三号

朕関東州船員令ヲ裁可シ茲ニ之ヲ公布セシム（総理大臣副署）

関東州船員令

第一条　関東州ニ船籍港ヲ有スル日本船舶ノ船員ニ関シテハ

船員法第四十四条、第四十五条及第四十八条ノ規定ヲ除クノ外同法ニ依ル但シ同法中日本船舶トアルハ関東州ニ行ハルル命令ニ依ル日本船舶、船舶法第二十条ニ規定スル船舶トアルハ総噸数二十噸未満ノ船舶及端舟其ノ他櫓櫂ノミヲ以テ運転シ又ハ主トシテ櫓櫂ヲ以テ運転スル舟、商法トアルハ関東州裁判事務取扱令ニ於テ依ルコトヲ定メタル商法、勅令トアルハ関東局令、北海道、府県、市町村トアルハ市、會トス

第二条　満洲国駐箚特命全権大使ハ船員法第一条第一項各号ニ掲ゲル船舶ノ乗組員ノ監督ニ関シ必要ナル規則ヲ設クルコトヲ得

附　則

本令施行ノ期日ハ大使之ヲ定ム（昭和十四年関東局令第十二号で昭和十四年四月一日から施行）

本令施行前ニ生ジタル事項ニ付テハ仍従前ノ例ニ依ル但シ関東州裁判事務取扱令ニ於テ依ルコトヲ定メタル刑法第六条ノ規定ノ適用ヲ妨ゲズ

◎関東州海員懲戒令

昭和十一年九月五日
勅令第三百十二号

朕関東州海員懲戒令ヲ裁可シ茲ニ之ヲ公布セシム（総理大臣副署）

関東州海員懲戒令

関東州ニ於ケル海員ノ懲戒ニ関シテハ海員懲戒法第八条乃至第十四条、第三十六条及第三十九条乃至第四十三条ノ規定ヲ除クノ外同法ニ依ル但シ同法中逓省トアルハ関東局、地方海員審判所又ハ海員審判所トアルハ関東海員審判所、刑事訴訟法トアルハ関東州裁判事務取扱令、官報トアルハ関東局局報トシ同法第十五条ノ報告ヲ為スベキ官吏及吏員ハ海務局官吏及警察官吏トス

附　則

本令ハ昭和十一年九月十日ヨリ之ヲ施行ス

本令ハ本令施行前ニ生ジタル事件ニ付亦之ヲ適用ス但シ従前ノ規定ニ依リ審理ヲ完了シタルモノニ付テハ此ノ限ニ在ラズ

◎関東州ニ於ケル航空ニ関スル件

昭和二年八月十六日
勅令二百六十七号

朕関東州ニ於ケル航空ニ関スル件ヲ裁可シ茲ニ之ヲ公布セシム（総理大臣副署）

関東州ニ於ケル航空ニ関シテハ第三十九条、第四十二条及第四十七条ヲ除クノ外航空法ニ依ル但シ同法第三十三条中日本国外トアルハ関東州外、日本国内トアルハ関東州内、日本国トアルハ関東州トシ第三十四条及第四十一条中日本国外トアルハ関東州外、日本国内トアルハ関東州内トシ第三十五条中日本各地ノ間トアルハ関東州各地ノ間トシ第三十七条第二項中土地収用法トアルハ関東州土地収用令トス

附　則

本令ハ公布ノ日ヨリ之ヲ施行ス

○昭和二年勅令第二百六十七号中改正

昭和十二年五月三十一日
勅令第二百三十八号

「同法」ノ下ニ「第三条中勅令トアルハ関東局令トシ」ヲ加ヘ「第三十五条中日本各地ノ間トアルハ関東州各地ノ間トシ」ヲ「第三十五条中日本各地ノ間トアルハ関東州各地ノ間、日本国外トアルハ関東州外、日本国内トアルハ関東州内トシ」ニ改ム

附　則

本令ハ昭和十二年六月一日ヨリ之ヲ施行ス

◎関東都督府ニ於ケル郵便電信及電話ノ業務ニ関シ郵便法、郵便為替法、郵便貯金法、鉄道船舶郵便法及電信法ノ規定ヲ準用スル件

明治三十九年八月三十日
勅令第二百二十九号

朕関東都督府ニ於ケル郵便電信及電話ノ業務ニ関シ郵便法、郵便為替法、郵便貯金法、鉄道船舶郵便法及電信法ノ規定ヲ準用スル件ヲ裁可シ茲ニ之ヲ公布セシム（外務大臣副署）

関東都督府ニ於ケル郵便電信及電話ノ業務ニ関シテハ郵便法、郵便為替法、郵便貯金法、鉄道船舶郵便法及電信法ノ規定ヲ準用ス

附　則

本令ハ明治三十九年九月一日ヨリ之ヲ施行ス

○明治三十九年勅令第二百二十九号中改正

明治四十年七月十日
勅令第二百五十八号

明治三十九年勅令第二百二十九号中「及電信法」ヲ「、電信法、電信線電話線建設条例」ニ改む

○明治三十九年勅令第二百二十九号中改正

大正四年十月二十六日
勅令第百八十七号

明治三十九年勅令第二百二十九号中「電信法、」ノ下ニ「無線電信法、」ヲ加フ

附　則

本令ハ大正四年十一月一日ヨリ之ヲ施行ス

○関東州及南満州鉄道附属地電気通信令付則

昭和八年七月二十二日
勅令第百九十七号

明治三十九年勅令第二百二十九号中「関東都督府」ヲ「関東庁」ニ改メ「電信及電話」及「、電信法、無線電信法、電信線電話線建設条例」ヲ削ル

「本令施行前明治三十九年勅令第二百二十九号ニ依リ私設シタル電信、電話、無線電信又ハ無線電話ハ本令ニ依ル専用通信施設ト看做ス」

(参照)「 」内は関東州及南満洲鉄道附属地電気通信令中改正の経過規定である。

○関東庁官制等ノ改正ニ際シ憲兵令其ノ他ノ勅令中改正等ノ件(抄)

昭和九年十二月二十六日
勅令第三百九十五号

第九十二条　明治三十九年勅令第二百二十九号中左ノ通改正ス

「関東庁」ヲ「関東局」ニ改ム

附　則

本令ハ公布ノ日ヨリ之ヲ施行ス

◎明治三十九年勅令第二百二十九号施行ニ関スル件

明治三十九年九月一日
関東都督府令第四号

明治三十九年八月勅令第二百二十九号施行ニ関シテハ特ニ規定スルモノノ外総テ逓信省令及告示ニ依ル

◎関東州及南満洲鉄道附属地電気通信令

昭和八年七月二十二日
勅令第百九十七号

朕枢密顧問ノ諮詢ヲ経テ関東州及南満洲鉄道附属地電気通信令ヲ裁可シ茲ニ之ヲ公布セシム(総理、拓務大臣副署)

関東州及南満洲鉄道附属地電気通信令

第一条　関東州及南満洲鉄道附属地ニ於ケル電信、電話、無線電信及無線電話ニ関シテハ条約ニ定ムルモノノ外本令ノ定ムル所ニ依ル但シ軍用ノ電信、電話、無線電信及無線電話ニ関シテハ別ニ定ムル所ニ依ル

第二条　公衆通信ノ用ニ供スル電信、電話、無線電信及無線電話ハ満洲電信電話株式会社及関東長官ノ特許ヲ受ケタル者ヲシテ之ヲ経営セシム

第三条　公衆通信ノ用ニ供セザル電信、電話、無線電信又ハ

無線電話ハ左ニ掲グルモノニ限リ関東長官ノ定ムル所ニ依リ其ノ許可ヲ受ケ之ヲ私設スルコトヲ得但シ関東長官ノ指定シタルモノニ付テハ其ノ許可ヲ受ケルコトヲ要セズ

一　一邸宅内又ハ一構内ニ於テ専用ニ供スル目的ヲ以テ施設スルモノ

二　鉄道業、航空業其ノ他ノ電信、電話、無線電信又ハ無線電話ノ専用ヲ必要トスル事業ニ用フル目的ヲ以テ施設スルモノ

三　電報送受ノ為施設者ノ専用ニ供スル目的ヲ以テ電信局トノ間ニ施設スルモノ但シ無線電信又ハ無線電話ニ付テハ公衆通信ノ用ニ供スル電信、電話、無線電信又ハ無線電話ノ連絡ナキ陸地、船舶又ハ航空機ニ施設スルモノ限ル

四　公衆通信ノ用ニ供スル電信、電話、無線電信又ハ無線電話ノ連絡ナク且前号ノ規定ニ依ルヲ不適当トスル陸地ト陸地、船舶又ハ航空機トノ間ニ於テ同一人ノ特定事業ニ専用スル目的ヲ以テ陸地、船舶又ハ航空機ニ施設スルモノ

五　航行ノ安全ニ備フル目的ヲ以テ船舶又ハ航空機ニ施設スルモノ

六　同一人ノ特定事業ニ用フル船舶又ハ航空機相互間ニ於テ事業ノ専用ニ供スル目的ヲ以テ船舶又ハ航空機ニ施設スルモノ

七　気象通信又ハ報時通信ニ専用スル目的ヲ以テ施設スルモノ

八　無線電話ニ依ル放送事項聴取ニ専用スル目的ヲ以テ施設スルモノ

九　無線電信又ハ無線電話ニ関スル実験ニ専用スル目的ヲ以テ施設スルモノ

第四条　関東長官ハ其ノ定ムル所ニ依リ前条ノ規定ニ依リ施設シタル電信、電話、無線電信又ハ無線電話（以下専用通信施設ト称ス）ヲ公衆通信又ハ軍事上必要ナル通信ノ用ニ供セシムルコトヲ得

第五条　専用通信施設又ハ其ノ施設ノ目的以外ニ之ヲ使用スルコトヲ得ズ但シ関東長官ノ定ムル所ニ依リ船舶遭難通信、航空機遭難通信、気象通信、報時通信其ノ他公益上必要ナル通信ニ之ヲ使用スルコトヲ妨ゲズ

第六条　外国ノ船舶又ハ航空機ニ装置シタル無線電信又ハ無線電話ハ第三条ノ規定ニ依リ施設シタルモノヲ除クノ外之ヲ使用スルコトヲ得ズ但シ船舶遭難通信、航空機遭難通信及航行中電信局又ハ電話局トノ通信ニ使用スルコトヲ妨ゲズ

第七条　関東長官ハ公衆通信上又ハ軍事上必要ト認ムルトキハ専用通信施設ノ許可ヲ取消シ又ハ其ノ設備ノ変更、使用ノ制限若ハ使用ノ停止ヲ命ズルコトヲ得無線電信又ハ無線電話ノ混信防遏ノ為必要ト認ムルトキ亦同ジ

第八条　関東長官ハ公安ノ為必要ト認ムルトキハ区域ヲ定メ公衆通信ノ用ニ供スル電信、電話、無線電信又ハ無線電話ニ依ル通信ノ制限又ハ停止ヲ命ズルコトヲ得

第九条　関東長官ハ公安ノ為必要ト認ムルトキハ専用通信施

設又ハ外国ノ船舶若ハ航空機ニ装置シタル無線電信若ハ無線電話ノ使用ノ制限、停止又ハ其ノ機器及附属具ノ除却ヲ命ズルコトヲ得

前項ノ場合ニ於テ必要ト認ムルトキハ関東長官ハ当該官吏ヲシテ機器及附属具ニ封印シ又ハ之ヲ除却セシムルコトヲ得

第十条　電信、電話、無線電信又ハ無線電話ニ依ル通信ニシテ公安ヲ害シ又ハ風俗ヲ壊乱スルモノト認ムルトキハ関東長官ノ指定シタル官庁ハ当該電信、電話、無線電信若ハ無線電話ノ施設者又ハ当該通信ヲ発スル者ニ対シ其ノ通信ノ停止ヲ命ズルコトヲ得

第十一条　専用通信施設ノ施設者本令、本令ニ基キテ発スル命令又ハ之ニ基キテ為ス処分ニ違反シタルトキハ関東長官ハ当該施設ノ許可ヲ取消シ又ハ其ノ施設ノ使用ノ停止ヲ命ズルコトヲ得

第十二条　専用通信施設ノ施設者当該施設ヲ廃止シタルトキハ関東長官ノ命ズル所ニ依リ其ノ機器及工作物ヲ撤去スルコトヲ要ス当該施設ノ許可ノ効力消滅シタルトキ亦同ジ

第十三条　無線電信又ハ無線電話ハ船舶遭難通信又ハ航空機遭難通信ノ取扱ノ依頼ヲ受ケタルトキハ之ヲ拒ムコトヲ得ズ

無線電信又ハ無線電話ハ船舶遭難通信又ハ航空機遭難通信アリタル場合ニ於テハ直ニ応答シ救助上最便宜ノ位置ニ在ル無線電信又ハ無線電話ニ之ヲ通報スベシ

前項ノ場合ニ於テ特定ノ事項ノ通報ヲ求メラレタルトキハ前項ノ規定ニ依ラズ直ニ其ノ通報ヲ為スコトヲ要ス

第十四条　関東長官ハ不法ニ電信、電話、無線電信又ハ無線電話ヲ施設スル者アリト認メタルトキハ当該官吏ヲシテ其ノ施設ノ場所ニ立入リ機械及工作物ノ検査、機器及附属具ノ除却其ノ他相当ノ措置ヲ為サシムコトヲ得

第十五条　関東長官ハ専用通信施設ノ機器、其ノ装置又ハ運用ニ関シ監督上必要ト認ムルトキハ当該官吏ヲシテ其ノ施設ノ場所ニ立入リ機器、工作物、運用状況及関係書類ノ検査ヲ為サシムルコトヲ得

第十六条　前二条ノ規定ニ依リ当該官吏電信、電話、無線電信又ハ無線電話ノ施設ノ場所ニ立入ル場合ニ於テハ其ノ身分ヲ証明スベキ証票ヲ携帯スベシ

第十七条　第三条ノ規定ニ依リ施設スル無線電信又ハ無線電話ノ機器、其ノ装置及運用ニ関スル制限並ニ其ノ通信ニ従事スル者ノ資格配置定員ハ関東長官ノ定ムル所ニ於ル

第十八条　電信、電話、無線電信又ハ無線電話ノ取扱ニ関シテ公衆通信ノ用ニ供スル電信、電話、無線電信又ハ無線電話ノ経営者（以下事業者ト称ス）関東長官ノ定ムル所ニ依ルノ外損害賠償ノ責ニ任ゼズ

第十九条　公衆通信ノ用ニ供スル電信、電話、無線電信又ハ無線電話ノ線路ノ建設、保守又ハ測量ノ為必要アルトキハ事業者ハ他人ノ土地ニ立入リ又ハ之ニ測量標ヲ設置スルコトヲ得但シ日没ヨリ日出迄ノ間ニ於テハ急迫ノ場合ニ非ザレバ占有者ノ意ニ反シテ邸宅又ハ構内ニ立入ルコトヲ得ズ

前項ノ規定ニ依リ邸宅又ハ構内ニ立入ル場合ニハ占有者ニ

予メ之ヲ通知スベシ
前二項ノ規定ニ依リ他人ノ土地、邸宅又ハ構内ニ立入ル者ハ其ノ身分ヲ証明スベキ証票ヲ携帯スベシ

第二十条　公衆通信ノ用ニ供スル電信、電話、無線電信又ハ無線電話ノ線路ノ建設又ハ通信ニ障碍アル竹木其ノ他ノ植物ハ己ムヲ得ザルモノニ限リ関東長官ノ定ムル所ニ依リ事業者其ノ代除若ハ移植ヲ所有者其ノ他ノ権利者ニ対シ請求シ又ハ自ラ之ヲ伐除スルコトヲ得

第二十一条　公衆通信ノ信用ニ供スル電信、電話、無線電信又ハ無線電話ノ線路ノ建設又ハ通信ニ障碍アル瓦斯支管、水道支管、電灯線、電力線基ノ他ノ工作物ハ己ムヲ得ザルモノニ限リ関東長官ノ定ムル所ニ依リ事業者其ノ移転ヲ所有者其ノ他ノ権利者ニ対シ請求シ又ハ自ラ之ヲ移転スルコトヲ得

第二十二条　事業者ハ必要アルトキハ他人ノ土地ニ公衆通信ノ用ニ供スル電信、電話、無線電信又ハ無線電話ノ線路ヲ建設スルコトヲ得此ノ場合ニ於テハ其ノ土地ノ所有者又ハ其ノ他ノ権用者ニ予メ之ヲ通知スベシ
前項ノ規定ニ依リ他人ノ土地ニ電信、電話、無線電信又ハ無線電話ノ線路ノ支持物ヲ建設シタルトキハ事業者ハ請求ニ依リ其ノ支持物一本毎ニ一年四銭ノ土地使用料ヲ支払フベシ

第二十三条　事業者ハ道路、橋梁、溝渠、河川、提防其ノ他公共ノ用ニ供セラルル土地ニ公衆通信ノ用ニ供スル電信、電話、無線電信又ハ無線電話ノ線路ヲ建設スル必要アルトキハ其ノ効用ヲ妨ゲザル限度ニ於テ其ノ管理者ノ許可ヲ受ケテ之ヲ使用スルコトヲ得
管理者正当ノ事由ナクシテ前項ノ許可ヲ拒ミタルトキハ関東長官ハ事業者ノ申請ニ依リ使用ヲ許可スルコトヲ得

第二十四条　左ニ掲ゲルモノハ事業者之ヲ補償スベシ
一　第十九条ノ規定ニ依ル立入又ハ測量標設置ノ為現ニ生ジタル損害
二　第二十条ノ規定ニ依リ伐除シタル植物ノ価額又ハ同条ノ規定ニ依ル植物ノ移植ノ費用
三　第二十一条ノ規定ニ依ル工作物ノ移転ノ費用
前項ノ補償金額ハ当事者間ノ協議ニ依ル協議調ハズ又ハ協議ヲ為スコト能ハザルトキハ関東長官之ヲ裁定ス

第二十五条　公衆通信ノ用ニ供スル電信、電話、無線電信又ハ無線電話ノ線路ヲ建設シタル土地又ハ其ノ隣接地ノ所有者又ハ占有者ハ関東長官ノ定ムル所ニ依リ事業者ニ対シ電信、電話、無線電信又ハ無線電話ノ線路ノ位置ノ変更其ノ他土地ノ使用ニ対スル障碍ノ予防又ハ除却ニ必要ナル方法ヲ施スコトヲ請求スルコトヲ得

第二十六条　不法ニ電信若ハ電話ヲ施設シタル者、不法ニ施設シタル電信若ハ電話ヲ使用シタル者又ハ第三条ノ規定ニ依リ施設シタル電信若ハ電話ノ許可ノ効力消滅シタル後其ノ電信若ハ電話ヲ使用シタル者ハ千円以下ノ罰金ニ処ス
不法ニ無線電信若ハ無線電話ヲ施設シタル者、不法ニ施設シタル無線電信若ハ無線電話ヲ使用シタル者又ハ第三条ノ規定ニ依リ施設シタル無線電信若ハ無線電話ノ許可ノ効力

消滅シタル後其ノ無線電信若ハ無線電話ヲ使用シタル者ハ一年以下ノ懲役又ハ千円以下ノ罰金ニ処ス

第二十七条　第三条ノ規定ニ依リ施設シタル電信又ハ電話ヲ其ノ施設ノ目的以外ニ使用シタル者ハ五百円以下ノ罰金ニ処ス

第三条ノ規定ニ依リ施設シタル無線電信又ハ無線電話ヲ其ノ施設ノ目的以外ニ使用シタル者ハ千円以下ノ罰金ニ処ス

第二十八条　第二条ノ場合ニ於テ電信、電話、無線電信又ハ無線電話ヲ他人ノ用ニ供シ因テ金銭物品ヲ収得シタルトキハ之ヲ没収ス若ハ其ノ全部又ハ一部ヲ没収スルコト能ハザルトキハ其ノ価額ヲ追徴ス

第二十九条　第四条ノ場合ニ於テ正当ノ事由ナクシテ専用通信施設ノ供用ヲ拒ミタル者ハ千円以下ノ罰金ニ処ス

第三十条　本令ニ依ル電信又ハ電話ノ使用ノ制限若ハ停止又ハ設備ノ変更、除却若ハ撤去ノ命令ニ従ハザル者ハ五百円以下ノ罰金ニ処ス電信又ハ電話ノ事務ニ従事スル者ハ使用ノ制限又ハ停止ノ命令ニ違反シテ使用シタルトキハ其ノ従事者ニ付亦同ジ

第六条ノ規定ニ違反シタル者又ハ本令ニ依ル無線電信若ハ無線電話ノ使用ノ制限、停止若ハ設備ノ変更、除却、撤去ノ命令ニ従ハザル者ハ千円以下ノ罰金ニ処ス無線電信又ハ無線電話ノ事務ニ従事スル者使用ノ制限又ハ停止ノ命令ニ違反シテ使用シタルトキハ其ノ従事者ニ付亦同ジ

第三十一条　事業者ノ取扱中ニ係ル電信、電話、無線電信又ハ無線電話ノ通信ノ秘密ヲ侵シタル者ハ一年以下ノ懲役又ハ五百円以下ノ罰金ニ処ス

電信、電話、無線電信又ハ無線電話ノ事務ニ従事スル者前項ノ通信ノ秘密ヲ漏泄シタルトキハ二年以下ノ懲役又ハ千円以下ノ罰金ニ処ス

本条ノ罪ハ告訴ヲ待テ之ヲ論ズ

第三十二条　無線電信又ハ無線電話ニ依リ知得タル前条ニ該当セザル無線電信又ハ無線電話ノ通信ノ秘密ヲ漏泄シタル者ハ一年以下ノ懲役又ハ五百円以下ノ罰金ニ処ス

前項ノ罪ハ告訴ヲ待テ之ヲ論ズ

第三十三条　自己若ハ他人ニ利益ヲ与ヘ又ハ他人ニ損害ヲ加フル目的ヲ以テ電信、電話、無線電信又ハ無線電話ニ依リ虚偽ノ通信ヲ発シタル者ハ二年以下ノ懲役又ハ千円以下ノ罰金ニ処ス

電信、電話、無線電信又ハ無線電話ノ事務ニ従事スル者前項ノ行為ヲ為シタルトキハ五年以下ノ懲役又ハ二千円以下ノ罰金ニ処ス

第三十四条　公益ヲ害スル目的ヲ以テ電信、電話、無線電信又ハ無線電話ニ依リ虚偽ノ通信ヲ発シタル者ハ五年以下ノ懲役又ハ二千円以下ノ罰金ヒ処ス

電信、電話、無線電信又ハ無線電話ノ事務ニ従事スル者前項ノ行為ヲ為シタルトキハ十年以下ノ懲役ニ処ス

第三十五条　船舶遭難又ハ航空機遭難ノ事実ナキニ拘ラズ無線電信又ハ無線電話ニ依リ遭難通信ヲ発シタル者ハ三月以上十年以下ノ懲役ニ処ス

無線電信又ハ無線電話ノ事務ニ従事スル者前項ノ行為ヲ為

シタルトキハ一年以上ノ有期懲役ニ処ス
第三十六条　無線電信又ハ無線電話ニ依リ公安ヲ害シ又ハ風俗ヲ壊乱スル通話ヲ発シタル者ハ二年以下ノ懲役又ハ千円以下ノ罰金ニ処ス
無線電信又ハ無線電話ノ事務ニ従事スル者前項ノ行為ヲ為シタルトキハ五年以下ノ懲役又ハ二千以下ノ罰金ニ処ス
第三十七条　公衆通信ノ用ニ供スル電信又ハ無線電信ノ事務ニ従事スル者事業者ノ取扱中ニ係ル電報ヲ正当ノ事由ナクシテ開披、毀損、隠匿若ハ放棄シタルトキ又ハ受取人ニ非ザル者ニ交付シタルトキハ三年以下ノ懲役又ハ千円以下ノ罰金ニ処ス
但シ刑法第二百五十八条又ハ第二百五十九条ニ該当スル場合ハ刑法ノ例ニ依ル
第三十八条　電信、電話、無線電信又ハ無線電話ノ事務ニ従事スル者正当ノ事由ナクシテ公衆通信又ハ軍事上必要ナル通信ノ取扱ヲ為サザルトキ又ハ之ヲ遅延セシメタルトキハ一年以下ノ懲役又ハ五百円以下ノ罰金ニ処ス
第三十九条　無線電信又ハ無線電話ノ事務ニ従事スル者正当ノ事由ナクシテ第十三条ノ規定ニ依ル船舶遭難通信若ハ航空機遭難通信ノ取扱ヲ為サザルトキ又ハ之ヲ遅延セシメタルトキハ一年以上ノ有期懲役ニ処ス
船舶遭難通信又ハ航空機遭難通信ノ取扱ヲ妨害シタル者ハ罰前項ニ同ジ
第四十条　電信、電話、無線電信又ハ無線電話ニ依ル公衆通信若ハ軍事上必要ナル通信ヲ妨害シ又ハ之ヲ妨害スベキ行為ヲ為シタル者ハ七年以下ノ懲役又ハ千円以下ノ罰金ニ処ス
第四十一条　公衆通信ノ用ニ供スル電信、電話、無線電信又ハ無線電話ノ線路ノ測量、建設、保守又ハ巡視ヲ妨害シタル者ハ三年以下ノ懲役又ハ五百円以下ノ罰金ニ処ス
第四十二条　公衆通信ノ用ニ供スル電信、電話、無線電信又ハ無線電話ノ線路ノ電気動体又ハ其ノ支持物ニ物品ヲ縣ケ若ハ擲チ、動物若ハ舟筏ヲ繋ギ又ハ之ヲ汚穢シタル者ハ十円以下ノ科料ニ処ス
公衆通信ノ用ニ供スル電信、電話、無線電信又ハ無線電話ノ線路ノ測量標ヲ毀棄又ハ汚穢シタル者ハ罰金前項ニ同ジ
第四十三条　関東長官ノ指定シタル水底電信線路若ハ水底電話線路ノ区域内ニ於テ船舶ヲ繋留シ、漁業採藻ヲ為シ若ハ土砂ヲ掘鑿シ又ハ水底電信線路若ハ水底電話線路ノ号標ニ舟筏ヲ繋ギ若ハ其ノ号標ヲ毀棄シタル者ハ千円以下ノ罰金ニ処ス
水底電信線路若ハ水底電話線路ノ布設又ハ修理ノ為其ノ位置ヲ示ス浮標又ハ其ノ布設若ハ修理ニ従事スル船舶ヨリ関東長官ノ指定シタル距離内ニ於テ前項ノ行為ヲ為シ又ハ航行シタル者ハ罰前項ニ同ジ
第四十四条　第二十六条、第二十七条、第三十条乃至第四十一条乃前条ノ未遂罪ハ之ヲ罰ス
第四十五条　本令ニ基キテ為ス当該官吏ノ職務ノ執行ヲ拒ミ、之ヲ妨ゲ若ハ忌避シ又ハ第十四条若ハ第十五条ノ規定ニ依ル検査ノ際当該官吏ノ尋問ニ対シ答弁ヲ為サズ若ハ

虚偽ノ陳述ヲ為シタル者ハ百円以下ノ罰金又ハ科料ニ処ス

第四十六条　官署事務ノ専用ニ供スル電信、電話、無線電信又ハ無線電話ニ付テハ関東長官ニ於テ別段ノ定ヲ為シタル場合ヲ除クノ外本令中専用通信施設ニ関スル規定ヲ準用ス

第四十七条　電信、電話、無線電信又ハ無線電話ニ非ザル電気通報信号施設ニ関シテハ関東長官ハ其ノ定ムル所ニ依リ本令ヲ準用スルコトヲ得

第四十八条　関東長官ハ無線電信又ハ無線電話ニ依ル公衆通信又ハ軍事上必要ナル通信ニ及ボス障碍ヲ防止スル為必要ト認ムルトキハ高周波電流ヲ発生スル設備ニシテ電信、電話、無線電信、無線電話又ハ前条ノ電気通報信号施設ニ非ザルモノニ関シ其ノ施設者ニ対シ設備ノ変更又ハ特殊ノ設備ヲ命ズルコトヲ得此ノ場合ニ於テ設備ノ変更又ハ特殊ノ設備ニ要シタル費用ハ関東長官ノ定ムル所ニ依リ之ヲ補償ス

附　則

本令施設ノ期日ハ関東長官之ヲ定ム

明治三十九年勅令第二百二十九号中「関東都督府」ヲ「関東庁」ニ改メ「電信及電話」及「、電信法、無線電信法、電信線電話線建設条例」ヲ削ル

本令施行前明治三十九年勅令第二百二十九号ニ依リ私設シタル電信、電話、無線電信又ハ無線電話ハ本令ニ依ル専用通信施設ト看做ス

○関東州及南満洲鉄道附属地電気通信令中改正

昭和九年十二月二十六日
勅令第三百九十四号

関東州及南満洲鉄道附属地電気通信令中左ノ通改正ス

第二条中「関東長官」ヲ「満洲国駐箚特命全権大使」ニ改ム

第三条乃至第五条、第七条乃至第十二条、第十四条、第十五条、第十七条、第十八条、第二十条、第二十一条、第二十三条乃至第二十五条、第四十三条乃第四十六条乃至第四十八条中「関東長官」ヲ「大使」ニ改ム

附　則

本令ハ公布ノ日ヨリ之ヲ施行ス

○関東州及南満洲鉄道附属地電気通信令中改正

昭和十二年十二月一日
勅令第六百八十四号

「関東州及南満洲鉄道附属地電気通信令」ヲ「関東州電気通信令」ニ改ム

第十一条中「及南満洲鉄道附属地」ヲ削ル

附　則

本令ハ公布ノ日ヨリ之ヲ施行ス

本令施行前南満洲鉄道附属地ニ於テ従前ノ規定ニ違反スル行

為ヲ為シタル者ノ処罰ニ関シテハ仍従前ノ例ニ依ル

◎関東庁逓信官署ニ於ケル電信電話ノ業務ノ廃止ニ関スル件（抄）

昭和八年九月一日
関東庁令第三十三号

第一条　左ニ掲グル命令ハ之ヲ廃止ス

一　関東庁電報規則
一　電報料金後納規則
一　満鮮間予約新聞電報規則
一　電信為替特別取扱規則
一　電話規則
一　明治四十一年関東都督府令第十七号
一　大正六年関東都督府令第十五号
一　市内専用電話規則
一　警備電鈴規則

◎郵便電信電話等ニ関スル料金ノ徴収嘱託ノ件

大正五年八月十四日
勅令第二百号

改正　大正一一年第一九二号　昭和一八年第三五一号

朕郵便電信電話等ニ関スル料金ノ徴収嘱託ノ件ヲ裁可シ茲ニ之ヲ公布セシム

内地、朝鮮、台湾、関東州及南洋群島ニ於ケル郵便、電信及電話官署ハ相互ニ郵便、電信、電話、無線電信及無線電話ニ関スル料金ノ徴収ヲ嘱託スルコトヲ得

前項ノ嘱託ニ依リ生シタル費用ハ嘱託ヲ受ケタル官署ノ支弁トス

◎内地満洲国間ヲ連絡スル有線電気通信施設ノ建設及保存ニ関スル件

昭和十三年二月一日
勅令第五十九号

朕内地満洲国間ヲ連絡スル有線電気通信施設ノ建設及保存ニ関スル件ヲ裁可シ茲ニ之ヲ公布セシム（総、逓、拓、大臣副署）

逓信大臣ハ必要ト認ムル地ニ事務所ヲ設ケ内地満洲国間ヲ連絡スル有線電気通信施設ノ建設及保存ニ関スル事務ヲ行ハシムルコトヲ得

附　則

本令ハ公布ノ日ヨリ之ヲ施行ス

○昭和十八年勅令第八百五十六号（抄）

昭和十八年十一月一日
勅令第八百五十六号

第一条　左ニ掲グル勅令中「逓信大臣」ヲ「運輸通信大臣」ニ改ム

昭和十三年勅令第五十九号

附　則

本令ハ公布ノ日ヨリ之ヲ施行ス

○大正九年勅令第百九十号外百四十勅令中改正ノ件（抄）

昭和二十年五月十九日
勅令第三百七号

第四十八条　昭和十三年勅令第五十九号中左ノ通改正ス

「運輸通信大臣」ヲ「逓信院総裁」ニ改ム

附　則

本令ハ公布ノ日ヨリ之ヲ施行ス

◎関東州ニ於ケル簡易生命保険及郵便年金ノ事務取扱ニ関スル件

昭和十六年三月三十一日
勅令第三百二十三号

朕関東州ニ於ケル簡易生命保険及郵便年金ノ事務取扱ニ関スル件ヲ裁可シ茲ニ之ヲ公布セシム（総理、厚生、大蔵大臣副署）

第一条　関東逓信局官署郵便局ハ簡易生命保険及郵便年金ノ現業事務ヲ掌ル

関東逓信官署逓信局ハ前項ノ現業事務ノ管理ニ関スル事務及簡易生命保険及郵便年金ノ積立金ノ貸付調査ニ関スル事務並ニ簡易生命保険ノ被保険者保健施設ニ関スル事務ヲ掌ル

第二条　前条第一項ノ場合ニ於テ簡易生命保険特別会計及郵便年金特別会計ニ属スル現金ノ支払ニ付テハ当該郵便局ノ出納官吏又ハ出納員ヲシテ其ノ取扱ニ係ル歳入金、歳出金及歳入歳出外現金ヲ交互ニ繰替使用セシムルコトヲ得

第三条　第一条ノ事務取扱ニ関スル規程ハ満洲国駐箚特命全権大使大東亜大臣ヲ経由シ逓信大臣ニ協議シテ之ヲ定メ前条ノ繰替使用ニ関スル手續ハ逓信大臣及大東亜大臣大蔵大臣ニ協議シテ之ヲ定ム

附　則

本令ハ昭和十六年四月一日ヨリ之ヲ施行ス

○昭和十八年勅令第八百五十七号（抄）

昭和十八年十一月一日
勅令第八百五十七号

第三条　左ニ掲グル勅令中「逓信大臣」ヲ「運輸通信大臣」ニ改ム

昭和十六年勅令第三百二十三号

附　則

本令ハ公布ノ日ヨリ之ヲ施行ス

○昭和十六年勅令第三百二十三号中改正

昭和十九年四月十九日
勅令第二百八十号

第二条中「簡易生命保険特別会計及郵便年金特別会計」ヲ「簡易生命保険及郵便年金特別会計」ニ改ム

附　則

本令ハ昭和十九年度ヨリ之ヲ適用ス

○大正九年勅令第百九十号外百四十勅令中改正ノ件（抄）

昭和二十年五月十九日
勅令第三百七号

第三十八条　昭和十六年勅令第三百二十三号中左ノ通改正ス

第三条中「経由シ運輸通信大臣」ヲ「経由シ内閣総理大臣」ニ、「運輸通信大臣及大東亜大臣大蔵大臣ニ協議シテ」ヲ「大東亜大臣及大蔵大臣」ニ改ム

附　則

本令ハ公布ノ日ヨリ之ヲ施行ス

◎在満日本人ノ身分ニ関スル満洲国裁判ノ効力ニ関スル法律

昭和十八年三月十三日
法律第五十六号

朕帝国議会ノ協賛ヲ経タル在満日本人ノ身分ニ関スル満洲国裁判ノ効力ニ関スル法律ヲ裁可シ玆ニ之ヲ公布セシム（総理、司法、大東亜大臣副署）

満洲国ノ法院ガ同国ニ住所ヲ有スル日本人ノ身分ニ関スル事件ノ為ノ特別手続ニ依リ隠居、廃家、親族会、相続又ハ遺言ニ付為シタル裁判又ハ処分ハ非訟事件手続法ニ之ニ相当スル規定アル場合ニ限リ裁判所ガ同法ニ依リテ為シタルモノト同一ノ効力ヲ有ス

附　則

本法施行ノ期日ハ勅令ヲ以テ之ヲ定ム（昭和十八年勅令第二百十号で昭和十八年四月一日から施行）

◎関東都督府及所属官署ノ民事訴訟ニ関シ国ヲ代表スル件

明治四十年三月二十六日
勅令第五十七号

朕関東都督府及所属官署ノ民事訴訟ニ関シ国ヲ代表スル件ヲ裁可シ玆ニ之ヲ公布セシム（総理、外務大臣副署）

第一条　関東都督府ハ其ノ所管又ハ監督スル事務ニ係ル民事訴訟ニ付国ヲ代表ス

第二条　関東都督府ハ府令ヲ以テ所属官署中其ノ司掌事務ニ係ル民事訴訟ニ付国ヲ代表スル者ヲ定ムルコトヲ得
第三条　前二条ノ場合ニ於テ国ヲ代表シ訴訟ヲ為ス者ハ各官庁ノ長官又ハ長官ノ指定シタル所属官吏トス

○関東庁官制等ノ改正ニ際シ憲兵令其ノ他ノ勅令中改正等ノ件（抄）

昭和九年十二月二十六日
勅令第三百九十五号

第七十二条　明治四十年勅令第五十七号中左ノ通改正ス
第一条中「関東都督府」ヲ「関東局」ニ改ム
第二条中「関東都督」ヲ「満洲国駐箚特命全権大使」ニ、「府令」ヲ「関東局令」ニ改ム

附　則

本令ハ公布ノ日ヨリ之ヲ施行ス

◎関東州訴訟費用臨時措置令

昭和十九年七月二十六日
勅令第四百八十三号

朕関東州訴訟費用臨時措置令ヲ裁可シ茲ニ之ヲ公布セシム
（総理、大東亜大臣副署）
関東州訴訟費用臨時措置令
関東州ノ戦時ニ於ケル民事訴訟費用及刑事訴訟費用ニ関スル特例ハ訴訟費用等臨時措置法第二条及第三条ノ規定ニ依ル但シ同法第二条中民事訴訟費用法トアルハ関東州裁判事務取扱令ニ於テ依ルコトヲ定メタル民事訴訟費用法（以下民事訴訟費用法ト称ス）トシ訴訟費用等臨時措置法第三条中民事訴訟費用法（他ノ法律ニ於テ準用スル場合ヲ含ム以下同じ）トアルハ民事訴訟費用法、刑事訴訟費用法（他ノ法律ニ於テ準用スル場合ヲ含ム以下同ジ）トアルハ関東州裁判事務取扱令ニ於テ依ルコトヲ定メタル刑事訴訟費用法（以下刑事訴訟費用法ト称ス）、裁判所トアルハ法院、予審判事トアルハ予審判官、受託判事トアルハ受託判官トス

附　則

本令ハ公布ノ日ヨリ之ヲ施行ス
本令施行前要シタル費用ニ付テハ仍従前ノ例ニ依ル
戦時終了ノ際ニ於テ必要ナル経過規定ハ満洲国駐箚特命全権大使之ヲ定ム

◎関東州内外国人私有財産権確認ニ関スル件

明治四十年八月二十日
関東都督府告示第六十号

関東州内ニ於ケル外国人私有財産権ノ確認ニ関スル件ハ自今関東都督府法院ヲシテ之ヲ取扱ハシム

◎関東州外外国人私有財産権確認ニ関スル件

明治四十年八月三十日
関東都督府告示第六十五号

関東州外当府管内ニ於ケル外国人私有財産権確認申請ハ所轄領事館ニ於テ取扱フコトニ決定セラレタリ

（参照）　州外外国人私有財産権確認ニ関スル件（明治四十年九月六日第一二八号外務大臣電報）　関東州外ニ於ケル外国人私有財産権確認ハ単ニ行政上ノ手続ニ依ルコトト為シ所轄領事ニ於テ関係者ノ申立ヲ受理シタル上都督府ト打合セ決定ヲ与フルコトトシ其ノ旨各関係領事ニ電訓セリ

◎関東州ニ於ケル戦時犯罪処罰ノ特例ニ関スル件

昭和十七年一月十日
勅令第九号

朕関東州ニ於ケル戦時犯罪処罰ノ特例ニ関スル件ヲ裁可シ茲ニ之ヲ公布セシム（総理大臣副署）

関東州ニ於ケル戦時犯罪処罰ノ特例ニ関シテハ昭和十六年法律第九十八号ニ依ル但シ同法中刑法トアルハ関東州裁判事務取扱令ニ於テ依ルコトヲ定メタル刑法トス

附　則

本令ハ公布ノ日ヨリ之ヲ施行ス

◎関東州経済関係罰則整備令

昭和十九年四月十五日
勅令第二百六十九号

朕関東州経済関係罰則整備令ヲ裁可シ茲ニ之ヲ公布セシム（総理、大東亜大臣副署）

関東州経済関係罰則整備令

関東州ニ於ケル経済関係罰則ノ整備ニ関シテハ昭和十九年法律第四号ニ依ル但シ同法中国家総動員法トアルハ関東州国家総動員令ニ於テ依ルコトヲ定メタル国家総動員法、勅令トアルハ関東局令、本法トアルハ本令、刑法トアルハ関東州裁判事務取扱令ニ於テ依ルコトヲ定メタル刑法トス

附　則

本令ハ昭和十九年四月二十日ヨリ之ヲ施行ス

◎関東州犯罪即決例

大正八年六月五日
勅令第二百七十四号

朕関東州犯罪即決例ヲ裁可シ茲ニ之ヲ公布セシム（総理大臣副署）

関東州犯罪即決例

第一条　関東庁民政署長、民政支署長又ハ其ノ職務ヲ代理スル官吏ハ其ノ管轄区域内ニ於ケル左ノ犯罪ヲ即決スルコトヲ得

一　拘留又ハ科料ノ刑ニ該ルヘキ罪

二　三月以下ノ懲役又ハ百円以下ノ罰金若ハ科料ノ刑ニ処スヘキ賭博ノ罪及拘留又ハ科料ノ刑ニ処スヘキ刑法第二百八条ノ罪

三　三月以下ノ懲役禁錮若ハ拘留又ハ百円以下ノ罰金若ハ科料ノ刑ニ処スヘキ行政法規違反ノ罪

第二条　即決ハ裁判ノ正式ヲ用ヰス被告人ノ陳述ヲ聴キ証憑ヲ取調ヘ直ニ其ノ言渡ヲ為スヘシ

被告人ヲ呼出スノ必要ナトキ又ハ之ヲ呼出スモ出頭セサルトキハ主ニ其ノ言渡書ノ謄本ヲ本人又ハ其ノ住所ニ送達スルコトヲ得

第三条　即決ノ言渡ヲ受ケタル者之ニ服セサルトキハ地方法院ニ正式裁判ノ申立ヲ為スコトヲ得

第四条　即決ノ言渡書ニハ被告人ノ氏名、年令、身分、職業、住所、犯罪ノ事実、適用シタル法条、言渡シタル刑、正式裁判ノ申立期間並言渡ヲ為シタル官吏ノ官職氏名及年月日ヲ記載シ所属官署ノ印ヲ押捺スヘシ

第五条　正式裁判ノ申立ヲ為ス者ハ即決ノ言渡ヲ為シタル官署ニ申立書ヲ差出スヘシ其ノ期間ハ第二条第一項ノ場合ニ於テハ言渡ノ即日ヨリ三日、同条第二項ノ場合ニ於テハ言渡書送達ノ即日ヨリ五日トス但シ被告人遠隔又ハ交通不便ノ地ニ在ルトキハ刑事訴訟法第十六条ノ規定ヲ準用ス

正式裁判ノ申立書ヲ受ケタル官署ハ速ニ関係書類ヲ地方法院検察官ニ送致スヘシ

第六条　即決ノ言渡ハ正式裁判ノ申立期間ノ経過ニ因リ確定判決ト同一ノ効力ヲ生ス

第七条　民政署長、民政支署長又ハ其ノ職務ヲ代理スル官吏ハ懲役又ハ禁錮ノ言渡ヲ受ケタル被告人ニ対シ勾留状ヲ発スルコトヲ得

前項ノ勾留状ニ関シテハ刑事訴訟法中勾留状ニ関スル規定ヲ準用ス

第八条　拘留ノ言渡ヲ為シタル場合ニ於テ必要アルトキハ第五条ニ定メタル期間内被告人ヲ留置スルコトヲ得但シ言渡シタル刑期ニ相当スル日数ヲ過クルコトヲ得ス

第九条　罰金又ハ科料ノ言渡ヲ為シタル場合ニ於テハ其ノ金額ヲ仮納セシムヘシ若納メサルトキハ一円ヲ一日ニ折算シテ被告人ヲ留置ス其ノ一円ニ満タサルモノト雖尚一日ニ計算ス

第十条　留置セラレタル者正式裁判ノ申立ヲ為シ呼出状ノ送達アリタルトキハ主ニ其ノ留置ヲ釈クヘシ

第十一条　第八条ノ規定ニ依ル留置ノ日数ハ之ヲ拘留ノ刑期ニ算入シ第九条ノ規定ニ依ル留置ノ日数ハ一日ヲ一円ニ折算シテ之ヲ罪金又ハ科料ノ金額ニ算入ス

附　則

本令ハ大正八年六月十日ヨリ之ヲ施行ス

○関東庁官制中改正ノ件附則第四項

大正十年六月三日
勅令第二百四十七号

関東州犯罪即決例第一条及第七条中「民政署長、民政支署長

又ハ其ノ職務ヲ代理スル官吏」ヲ「警務署長又ハ警務支署長」ニ改ム

○関東州犯罪即決例中改正

大正十四年二月十八日
勅令第十四号

第一条中「関東庁警務署長又ハ警務支署長」ヲ「関東庁民政支署長、警察署長又ハ警察支署長」ニ改ム

第五条中「刑事訴訟法第十六条ノ規定」ヲ「刑事訴訟法第八十二条第一項及第三項ノ規定」ニ改ム

第七条中「警務署長又ハ警務支署長」ヲ「民政支署長、警察署長又ハ警察支署長」ニ改ム

附　則

本令ハ公布ノ日ヨリ之ヲ施行ス

○関東庁官制等ノ改正ニ際シ憲兵令其ノ他ノ勅令中改正等ノ件（抄）

昭和九年十二月二十六日
勅令第三百九十五号

第七十三条　関東州犯罪即決例中左ノ通改正ス

第一条中「関東庁民政支署長、警察署長又ハ警察支署長」ヲ「警察署長」ニ改ム

第七条第一項中「民政支署長、警察署長又ハ警察支署長」ヲ「警察署長」ニ改ム

附　則

本令ハ公布ノ日ヨリ之ヲ施行ス

◎関東州ニ於ケル司法警察官ノ職務代行ニ関スル件

昭和八年六月八日
勅令第百五十一号

朕関東州ニ於ケル司法警察官ノ職務代行ニ関スル件ヲ裁可シ茲ニ之ヲ公布セシム（総理、拓務大臣副署）

関東州ニ於ケル司法警察官ノ職務ハ已ムヲ得ザル場合ニ於テハ巡査ヲシテ之ヲ行ハシムルコトヲ得

附　則

本令ハ公布ノ日ヨリ施行ス

◎関東州少年令

昭和十九年十一月十一日
勅令第六百二十九号

朕関東州少年令ヲ裁可シ茲ニ之ヲ公布セシム（総理、海軍、大東亜、陸軍大臣副署）

関東州少年令

第一章　通則

第一条　本令ニ於テ少年トハ二十歳ニ満タザル者ヲ謂フ

第二条　少年ノ刑事処分ニ関スル事項ハ本令ニ定ムルモノノ

外一般ノ例ニ依ル

第三条　本令ハ陸軍刑法第八条及第九条並ニ海軍刑法第八条及第九条ニ掲グル者ニハ之ヲ適用セズ

前項ニ規定スル者ノ刑事処分ニ関シテハ少年法第一条、第二条、第七条、第八条及第十条乃至第十四条ノ規定ニ依ル

第二章　保護処分

第四条　刑罰法令ニ触ルル行為ヲ為シ又ハ刑罰法令ニ触ルル行為ヲ為ス虞アル少年ニ対シテハ左ノ処分ヲ為スコトヲ得

一　条件ヲ付シテ保護者ニ引渡スコト

二　寺院、教会、保護団体又ハ適当ナル者ニ委託スルコト

三　関東少年保護司ノ観察ニ付スルコト

四　関東少年院ニ送致スルコト

五　病院ニ送致又ハ委託スルコト

前項各号ノ処分ハ適宜併セテ之ヲ為スコトヲ得

第五条　前条第一項第二号乃至第五号ノ処分ハ二十五歳ニ至ル迄其ノ執行ヲ継続シ又ハ其ノ執行ノ継続中何時ニテモ之ヲ取消シ若ハ変更スルコトヲ得

第六条　少年ニシテ刑ノ執行猶予ノ言渡ヲ受ケ又ハ仮出獄ヲ許サレタル者ハ猶予又ハ仮出獄ノ期間内少年保護司ノ観察ニ付ス

前項ノ場合ニ於テ必要アルトキハ第四条第一項第一号、第二号、第四号又ハ第五号ノ処分ヲ為スコトヲ得

前項ノ規定ニ依リ第四条第一項第四号ノ処分ヲ為シタルトキハ其ノ執行ノ継続中少年保護司ノ観察ヲ停止ス

第三章　刑事処分

第七条　罪ヲ犯ス時十六歳ニ満タザル者ニハ死刑及無期刑ヲ科セズ死刑又ハ無期刑ヲ以テ処断スベキトキハ十年以上十五年以下ニ於テ懲役又ハ禁錮ヲ科ス

前項ノ規定ハ関東州裁判事務取扱令ニ於テ依ルコトヲ定メタル刑法第七十三条、第七十五条又ハ第二百条ノ罪ヲ犯シタル者ニハ之ヲ適用セズ

第八条　少年ニ対シ長期三年以上ノ有期ノ懲役又ハ禁錮ヲ以テ処断スベキトキハ其ノ刑ノ範囲内ニ於テ短期ト長期トヲ定メ之ヲ言渡ス但シ短期五年ヲ超ユル刑ヲ以テ処断スベキトキハ短期ヲ五年ニ短縮ス

前項ノ規定ニ依リ言渡スベキ刑ノ短期ハ五年ヲ、長期ハ十年ヲ超ユルコトヲ得ズ

前二項ノ規定ハ刑ノ執行猶予ノ言渡ヲ為スベキ場合ニハ之ヲ適用セズ

第九条　懲役又ハ禁錮ノ言渡ヲ受ケタル少年ニ対シテハ特ニ設ケタル監獄又ハ監獄内ノ特ニ分界ヲ設ケタル場所ニ於テ其ノ刑ヲ執行ス

本人二十歳ニ達シタル後ト雖モ二十五歳ニ至ル迄ハ前項ノ規定ニ依リ執行ヲ継続スルコトヲ得

第十条　少年ニシテ懲役又ハ禁錮ノ言渡ヲ受ケタル者ニハ左ノ期間ヲ経過シタル後仮出獄ヲ許スコトヲ得

一　無期刑ニ付テハ七年

二　第七条第一項ノ規定ニ依リ言渡シタル刑ニ付テハ三年

三　第八条第一項及第二項ノ規定ニ依リ言渡シタル刑ニ付テハ其ノ刑ノ短期ノ三分ノ一

第十一条　少年ニシテ無期刑ノ言渡ヲ受ケタル者仮出獄ヲ許サレタル後其ノ処分ヲ取消サルルコトナクシテ十年ヲ経過シタルトキハ刑ノ執行終リタルモノトス

少年ニシテ第七条第一項又ハ第八条第一項及第二項ノ規定ニ依リ刑ノ言渡ヲ受ケタル者仮出獄ヲ許サレタル後其ノ処分ヲ取消サルルコトナクシテ仮出獄前ニ刑ノ執行ヲ為シタルト同一ノ期間ヲ経過シタルトキ亦前項ニ同ジ

第十二条　少年ノ仮出獄ニ関スル規程ハ満洲国駐箚特命全権大使之ヲ定ム

第十三条　少年ニ対シテハ労役場留置ノ言渡ヲ為サズ

第十四条　少年ノ時犯シタル罪ニ因リ死刑又ハ無期刑ニ非ザル刑ニ処セラレタル者ニシテ其ノ執行ヲ終ヘ又ハ執行免除ヲ受ケタルモノハ人ノ資格ニ関スル法令ノ適用ニ付テハ将来ニ向テ刑ノ言渡ヲ受ケザリシモノト看做ス

少年ノ時犯シタル罪ニ付刑ニ処セラレタル者ニシテ刑ノ執行猶予ノ言渡ヲ受ケタルモノハ其ノ猶予期間中刑ノ執行ヲ終ヘタルモノト看做シ前項ノ規定ヲ適用ス

前項ノ場合ニ於テ刑ノ執行猶予ノ言渡ヲ取消サレタルトキハ人ノ資格ニ関スル法令ノ適用ニ付テハ其ノ取消サレタル時刑ノ言渡アリタルモノト看做ス

第四章　少年審判手続

第十五条　関東高等法院上告部ノ特別権限ニ属スル罪ヲ犯シタル者ハ関東少年審判所ノ審判ニ付セズ

第十六条　左ニ記載シタル者ハ法院又ハ検察官ヨリ送致ヲ受ケタル場合ヲ除クノ外少年審判所ノ審判ニ付セズ

一　死刑、無期又ハ短期三年以上ノ懲役若ハ禁錮ニ該ルベキ罪ヲ犯シタル者

二　十六歳以上ニシテ罪ヲ犯シタル者

第十七条　刑事手続ニ依リ審理中ノ者ハ少年審判所ノ審判ニ付セズ

第十八条　少年審判所ニ於テ保護処分ヲ為スベキ少年アルコトヲ認知シタル者ハ之ヲ少年審判所又ハ其ノ職員ニ通告スベシ

第十九条　通告ヲ為スニハ其ノ事由ヲ開示シ成ルベク本人及其ノ保護者ノ氏名、住所、年令、職業、性行等ヲ申立テ且参考ト為ルベキ資料ヲ差出スベシ

通告ハ書面又ハ口頭ヲ以テ之ヲ為スコトヲ得口頭ノ通告アリタル場合ニ於テハ少年審判所ノ職員其ノ申立ヲ録取スベシ

第二十条　少年審判所審判ニ付スベキ少午アリト思料シタルトキハ事件ノ関係及本人ノ性行、境遇、経歴、心身ノ状況、教育ノ程度等ヲ調査スベシ

心身ノ状況ニ付テハ成ルベク医師ヲシテ診察ヲ為サシムベシ

第二十一条　少年審判所ハ少年保護司ニ命ジテ必要ナル調査ヲ為サシムベシ

第二十二条　少年審判所ハ事実ノ取調ヲ保護者ニ命ジ又ハ之ヲ保護団体ニ嘱託スルコトヲ得

保護者及保護団体ハ参考ト為ルベキ資料ヲ差出スコトヲ得

第二十三条　少年審判所ハ参考人ニ出頭ヲ命ジ調査ノ為必要

ナル事実ノ供述又ハ鑑定ヲ為サシムルコトヲ得

前項ノ場合ニ於テ必要ト認ムルトキハ供述又ハ鑑定ノ要領ヲ録取スベシ

第二十四条　参考人ハ大使ノ定ムル所ニ依リ費用ヲ請求スルコトヲ得

第二十五条　少年審判所及少年保護司ハ其ノ職務ヲ行フニ付公務所又ハ公務員ニ対シ嘱託ヲ為シ其ノ他必要ナル補助ヲ求ムルコトヲ得

第二十六条　少年審判所ハ必要ニ依リ何時ニテモ少年保護司ヲシテ本人ヲ同行セシムルコトヲ得

第二十七条　少年審判所ハ事情ニ従ヒ本人ニ対シ仮ニ左ノ処分ヲ為スコトヲ得

一　条件ヲ付シ又ハ付セズシテ保護者ニ預クルコト
二　寺院、教会、保護団体又ハ適当ナル者ニ委託スルコト
三　病院ニ委託スルコト
四　少年保護司ノ観察ニ付スルコト

巳ムコトヲ得ザル場合ニ於テ本人ヲ仮ニ少年院ニ委託スルコトヲ得

第一項第一号乃至第三号ノ処分アリタルトキハ本人ヲ少年保護司ノ観察ニ付ス

第二十八条　前条ノ処分ハ何時ニテモ之ヲ取消シ又ハ変更スルコトヲ得

第二十九条　前三条ノ規定ニ依ル処分ヲ為シタル場合ニ於テハ速ニ其ノ旨ヲ保護者ニ通知スベシ

第三十条　少年審判所調査ノ結果ニ因リ審判ヲ開始スベキモノト思料シタルトキハ審判期日ヲ定ムベシ

第三十一条　審判ヲ開始セザル場合ニ於テハ第二十七条ノ処分ハ之ヲ取消スベシ

第二十九条ノ規定ハ前項ノ場合ニ之ヲ準用ス

第三十二条　少年審判所審判ヲ開始スル場合ニ於テ必要アルトキハ本人ノ為付添人ヲ付スルコトヲ得

本人、保護者又ハ保護団体ハ少年審判所ノ許可ヲ受ケ付添人ヲ選任スルコトヲ得

付添人ハ保護事業ニ従事スル者又ハ少年審判所ノ許可ヲ受ケタル者ヲ以テ之ニ充ツベシ

第三十三条　審判期日ニハ関東少年審判官及関東少年審判所書記出席スベシ

少年保護司ハ審判期日ニ出席スルコトヲ得

審判期日ニハ本人、保護者及付添人ヲ呼出スベシ但シ実益ナシト認ムルトキハ保護者ハ之ヲ呼出サザルコトヲ得

第三十四条　少年保護司、保護者及付添人ハ審判ノ席ニ於テ意見ヲ陳述スルコトヲ得

前項ノ場合ニ於テハ本人ヲ退席セシムベシ但シ相当ノ事由アルトキハ本人ヲ在席セシムルコトヲ得

第三十五条　審判ハ之ヲ公行セズ但シ少年審判所ハ本人ノ親族、保護事業ニ従事スル者其ノ他相当ト認ムル者ニ在席ヲ許スコトヲ得

第三十六条　少年審判所審理ヲ終ヘタルトキハ第三十七条乃至第四十一条ノ規定ニ依リ終結処分ヲ為スベシ

第三十七条　刑事訴追ノ必要アリト認メタルトキハ事件ヲ管

轄法院ノ検察官ニ送致スベシ
法院又ハ検察官ヨリ送致ヲ受ケタル事件ニ付新ナル事実ノ発見ニ因リ刑事訴追ノ必要アリト認メタルトキハ管轄法院ノ検察官ノ意見ヲ聴キ前項ノ手続ヲ為スベシ
前二項ノ規定ニ依ル処分ヲ為シタルトキハ其ノ旨ヲ本人及保護者ニ通知スベシ
検察官ハ第一項又ハ第二項ノ規定ニ依リ送致ヲ受ケタル事件ニ付為シタル処分ヲ少年審判所ニ通知スベシ
第三十八条　条件ヲ付シテ保護者ニ引渡スベキモノト認メタルトキハ保護者ニ対シ本人ノ保護監督ニ付必要ナル条件ヲ指示シ本人ヲ引渡スベシ
第三十九条　寺院、教会、保護団体又ハ適当ナル者ニ委託スベキモノト認メタルトキハ委託ヲ受クベキ者ニ対シ本人ノ処遇ニ付参考ト為ルベキ事項ヲ指示シ保護監督ノ任務ヲ委嘱スベシ
第四十条　少年保護司ノ監察ニ付スベキモノト認メタルトキハ少年保護司ニ対シ本人ノ保護監督ニ付必要ナル事項ヲ指示シ観察ニ付スベシ
第四十一条　少年院又ハ病院ニ送致又ハ委託スベキモノト認メタルトキハ其ノ長ニ対シ本人ノ処遇ニ付参考ト為ルベキ事項ヲ指示シ本人ヲ引渡スベシ
第四十二条　少年審判所ノ審判ニ付テハ始末書ヲ作リ審判ヲ経タル事件及終結処分ヲ明確ニシ其ノ他必要ト認メタル事項ヲ記載スベシ
第四十三条　少年審判所第三十八条、第三十九条又ハ第四十一条ノ規定ニ依ル処分ヲ為シタルトキハ保護者、受託者又ハ少年院若ハ病院ノ長ニ対シ成績報告ヲ求ムルコトヲ得
第四十四条　少年審判所第三十八条又ハ第三十九条ノ規定ニ依ル処分ヲ為シタルトキハ少年保護司ヲシテ其ノ成績ヲ視察シ適当ナル指示ヲ為サシムルコトヲ得
第四十五条　少年審判所第三十八条乃至第四十一条ノ規定ニ依ル処分ヲ為シタル後審判ヲ経タル事件第十五条又ハ第十六条第一項ニ記載シタルモノトナルコトヲ発見キタルトキハ法院又ハ検察官ヨリ送致ヲ受ケタル場合ト雖モ管轄法院ノ検察官ノ意見ヲ聴キ処分ヲ取消シ事件ヲ検察官ニ送致スベシ
禁錮以上ノ刑ニ該ル罪ヲ犯シタル者ニ付第四条第一項第二号又ハ第四号ノ処分ヲ継続スルニ適セザル事情アリト認メタルトキ亦前項ニ同ジ
第四十六条　少年審判所本人ヲ寺院、教会、保護団体若ハ適当ナル者ニ委託シ又ハ病院ニ送致若ハ委託シタルトキハ委又ハ送致ヲ受ケタル者ニ対シ之ニ因リ生ジタル費用ノ全部又ハ一部ヲ給付スルコトヲ得
第四十七条　第二十四条及前条ノ費用並ニ少年院ニ於テ生ジタル費用ハ少年審判所ノ命令ニ依リ本人又ハ本人ヲ扶養スル義務アル者ヨリ全部又ハ一部ヲ徴収スルコトヲ得
関東州裁判事務取扱令ニ於テ依ルコトヲ定メタル非訟事件手続法第二百八条ノ規定ハ前項ノ費用ノ徴収ニ之ヲ準用ス

第五章　刑事手続

第四十八条　検察官少年ニ対スル刑事事件ニ付第四条ノ処分

ヲ為スヲ相当ト思料シタルトキハ事件ヲ少年審判所ニ送致スベシ

第四十九条　第四条ノ処分ヲ受ケタル少年ニ対シテハ審判ヲ経タル事件又ハ之ヨリ軽キ刑ニ該ルベキ事件ニシテ処分前ニ犯シタルモノニ付刑事訴追ヲ為スコトヲ得ズ但シ第四十五条ノ規定ニ依リ処分ヲ取消シタル場合ハ此ノ限ニ在ラズ

第五十条　少年ニ対スル刑事事件ニ付テハ第二十条ノ調査ヲ為スベシ

少年ノ身上ニ関スル事項ノ調査ハ少年保護司ニ嘱託シテ之ヲ為サシムルコトヲ得

第五十一条　法院ハ公判期日前前条ノ調査ヲ為シ又ハ受命判官ヲシテ之ヲサシムルコトヲ得

第五十二条　法院又ハ予審判官ハ職権ヲ以テ又ハ検察官ノ申立ニ因リ第二十七条ノ規定ニ依ル処分ヲ為スコトヲ得

検察官又ハ司法警察官ハ関東州裁判事取扱令ニ依リ勾留ヲ為シ得ル事由アル場合ニ於テハ前項ノ処分ヲ為スコトヲ得

第二十八条及第二十九条ノ規定ハ前二項ノ場合ニ之ヲ準用ス

第五十三条　勾留状ハ已ムコトヲ得ザル場合ニ非ザレバ少年ニ対シテ之ヲ発スルコトヲ得ズ

拘置監ニ於テハ特別ノ事情アル場合ヲ除クノ外少年ヲ独居セシムベシ

第五十四条　少年ノ被告人ハ他ノ被告人ト分離シ其ノ接触ヲ避ケシムベシ

第五十五条　少年ニ対スル被告事件ハ他ノ被告事件ト牽連スル場合ト雖モ審理ニ妨ナキ限リ其ノ手続ヲ分離スベシ

第五十六条　法院ハ事情ニ依リ公判中一時少年ノ被告人ヲ退廷セシムルコトヲ得

第五十七条　第一審法院又ハ控訴法院審理ノ結果ニ因リ被告人ニ対シ第四条ノ処分ヲ為スヲ相当ト認メタルトキハ少年審判所ニ送致スル旨ノ決定ヲ為スベシ

検察官ハ前項ノ決定ニ対シ即時抗告ヲ為スコトヲ得

第五十八条　第五十二条第一項又ハ第二項ノ処分ハ事件ヲ少年審判所ニ送致スル場合ヲ除クノ外事件ヲ終局セシムル裁判ノ確定ニ因リ其ノ効力ヲ失フ

検察官公訴ヲ提起セザルトキハ事件ヲ少年審判所ニ送致スル場合ヲ除クノ外第五十二条第二項ノ処分ヲ取消スベシ

第二十九条ノ規定ハ前項ノ場合ニ之ヲ準用ス

事件ヲ少年審判所ニ送致スル場合ニ於テハ第五十二条第一項又ハ第二項ノ処分ハ前条第一項ノ決定確定シタル時又ハ第四十八条ノ規定ニ依ル検察官ノ処分アリタル時ニ於テ少年審判所之ヲ為シタルモノト看做ス

第五十九条　第三十二条、第三十三条第二項第三項及第三十四条ノ規定ハ公判ノ手続ニ、第四十六条及第四十七条ノ規定ハ捜査、予審又ハ公判ノ手続ニ之ヲ準用ス

第六章　罰則

第六十条　少年審判所ノ事件又ハ少年ニ対スル刑事事件ニ係ル事項ハ之ヲ新聞紙其ノ他ノ出版物ニ掲載スルコトヲ得ズ

前項ノ規定ニ違反シタルトキハ新聞紙ニ在リテハ編輯人及発行人、其ノ他ノ出版物ニ在リテハ著作者及発行者ヲ一年

以下ノ禁錮又ハ千円以下ノ罰金ニ処ス

附　則

本令施行ノ期日ハ大使之ヲ定ム

関東州思想犯保護観察令第一項中「、第十二条」ヲ削リ「非訟事件手続法トス」ヲ「非訟事件手続法、少年法トアルハ関東州少年令トス」ニ改ム

◎関東州少年院令

昭和十九年十一月十一日
勅令第六百三十号

朕関東州少年院令ヲ裁可シ茲ニ之ヲ公布セシム（総理、大東亜大臣副署）

関東州少年院令

第一条　関東州少年院ニ収容シタル者ノ在院ハ二十五歳ヲ超ユルコトヲ得ズ

第二条　関東州少年令第二十七条又ハ第五十二条ノ処分ニ依リ仮ニ少年院ニ委託シタル者ハ特ニ区劃シタル場所ヲ設ケテ之ヲ置ク

第三条　在院者ニハ其ノ性格ヲ矯正スル為厳格ナル紀律ノ下ニ錬成ヲ施ス

第四条　少年院ノ長ハ満洲国駐箚特命全権大使ノ定ムル所ニ依リ在院者ヲ懲戒スルコトヲ得

第五条　少年院ノ長ハ已ムコトヲ得ザル事由アル場合ニ於テハ関東州少年審判所ノ許可ヲ受ケ未成年ノ在院者及仮退院者ノ為親権者又ハ後見人ノ職務ニ属スル行為ヲ為スコトヲ得

第六条　少年院ノ長少年審判所ヨリ送致シタル在院者ニ対シ執行ノ目的ヲ達シタリト認ムルトキハ少年審判所ノ許可ヲ受ケ之ヲ退院セシムベシ

第七条　少年院ノ長ハ少年審判所ヨリ送致シタル在院者ニ対シ少年審判所ノ許可ヲ受ケ条件ヲ指定シテ仮ニ退院ヲ許スコトヲ得

仮退院ヲ許サレタル者ハ仮退院ノ期間内関東少年保護司ノ観察ニ付ス

第八条　仮退院者指定ノ条件ニ違背シタルトキハ少年院ノ長ハ少年審判所ノ許可ヲ受ケ仮退院ヲ取消スノトヲ得

第九条　在院者又ハ仮退院者逃走シタルトキハ少年審判所及少年院ノ職員ハ之ヲ逮捕スルコトヲ得

関東州少年令第二十五条ノ規定ハ前項ノ場合ニ之ヲ準用ス

第十条　本令ニ規定スルモノヲ除クノ外在院者ノ処遇ニ関スル規程ハ大使之ヲ定ム

少年院ノ長ハ大使ノ認可ヲ受ケ在院者ノ処遇ニ関スル細則ヲ定ムベシ

第十一条　前二条ノ規定ハ関東州少年令第二十七条又ハ第五十二条ノ処分ニ依リ仮ニ少年院ニ委託シタル者ニ之ヲ準用ス

附　則

本令施行ノ期日ハ大使之ヲ定ム

◎関東州ニ於ケル刑事ニ関スル件

明治四十一年十月十三日
勅令第二百五十七号

朕関東州ニ於ケル刑事ニ関スル件ヲ裁可シ茲ニ之ヲ公布セシム（総理、陸軍、外務、海軍大臣副署）

関東州ニ於ケル刑事ニ関シテハ別ニ定ムルモノノ外陸軍刑法、海軍刑法、陸軍刑法施行法及海軍刑法施行法ニ依ル

附　則

本令ハ公布ノ日ヨリ之ヲ施行ス

◎関東州軍人軍属犯罪即決令

昭和十六年五月一日
勅令第五百三十三号

朕関東州軍人軍属等犯罪即決令ヲ裁可シ茲ニ之ヲ公布セシム

（総理、陸軍、海軍大臣副署）

関東州軍人軍属等犯罪即決令

関東州ニ於ケル軍人軍属等ノ犯罪ノ即決ニ関シテハ陸軍ノ軍人軍属等ニ在リテハ陸軍軍人軍属等犯罪即決法ニ、海軍ノ軍人軍属等ニ在リテハ海軍軍人軍属等犯罪即決法ニ依ル

附　則

本令ハ公布ノ日ヨリ之ヲ施行ス

◎旅順警備府令（抄）

昭和八年四月二十日
軍令海第二号

第一条　旅順港ニ旅順警備府ヲ置ク

第二条　旅順警備府ハ所管警備区ノ防禦及警備、満洲国沿海ノ警備並ニ所管ノ出師準備ニ関スルコトヲ掌リ所属各部ヲ監督スル所トス

第三条　旅順警備府ニハ必要ニ応ジ艦船部隊ヲ附属ス

第四条　旅順警備府ニ要港部ヲ置キ海軍港務部ニ準ジ旅順港ノ港務ニ関スルコトヲ掌ラシム

第七条　旅順警備府ニ司令長官ヲ置ク

司令長官ハ親補トス

第十三条　司令長官ハ所管警備区及満洲国沿海ノ警備ニ関シテハ当該区域警備ノ任務ヲ有スル艦隊司令長官又ハ司令長官ト気脈ヲ通ズベシ

第十四条　司令長官ハ満洲国駐箚特命全権大使ヨリ其ノ地方ノ安寧ヲ維持スル為兵力ノ請求アリタルトキ事急ナレバ直ニ之ニ応ズルコトヲ得但シ満洲国駐箚特命全権大使ノ請求ヲ待ツノ遑ナキトキハ便宜兵力ヲ用ヒルコトヲ得

前項ノ場合ニ於テハ事後速ニ海軍大臣及軍令部総長ニ報告スベシ

第十五条　司令長官ハ関東州防禦営造物地帯令及旅順港規則ノ施行ニ関シテハ所在憲兵ヲ指揮スルコトヲ得

◎関東州ニ於ケル戦時行政職権特例ニ関スル件

昭和二十年三月二十八日
勅令第百四十一号

朕関東州ニ於ケル戦時行政職権特例ニ関スル件ヲ裁可シ茲ニ之ヲ公布セシム（総理、大東亜大臣副署）

第一条 大東亜戦争ニ際シ関東州庁長官ハ満洲国駐箚特命全権大使ノ定ムル所ニ依リ関東州ニ於ケル各般ノ行政ノ統一及推進ニ任ジ必要アルトキハ関東逓信官署逓信局長又ハ関東海務局長ニ対シ必要ナル指揮ヲ為スコトヲ得

第二条 大東亜戦争ニ際シ大使ハ其ノ定ムル所ニ依リ関東州庁長官ヲシテ関東州ニ係ル大使ノ職権ノ一部ヲ行ハシムルコトヲ得

附　則

本令ハ公布ノ日ヨリ之ヲ施行ス

◎関東州ニ於ケル市会議員ノ任期延長ニ関スル件

昭和十八年八月十四日
勅令第六百七十一号

昭和十八年十月三十一日任期満了スベキ関東州ニ於ケル市ノ市会議員ノ任期ハ昭和十九年十月三十一日迄之ヲ延長ス

附　則

本令ハ公布ノ日ヨリ之ヲ施行ス

○昭和十八年勅令第六百七十一号中改正

昭和十九年四月二十二日
勅令第三百号

「昭和十九年」ヲ「昭和二十年」ニ改ム

附　則

本令ハ公布ノ日ヨリ之ヲ施行ス

○昭和十八年勅令第六百七十一号中改正

昭和二十年七月二十四日
勅令第四百二十七号

「昭和二十年」ヲ「昭和二十一年」に改メ左ノ二項ヲ加フ

前項ノ場合ニ於テ選挙ニ依ル市会議員ニ欠員ヲ生ジタルトキハ満洲国駐箚特命全権大使ノ定ムル所ニ依リ選任シタル市会議員ヲ以テ之ヲ補充スルコトヲ得

関東州市制第七条第二項ノ規定ハ前項ノ場合ニハ之ヲ適用セズ

附　則

本令ハ公布ノ日ヨリ之ヲ施行ス

◎在満学校組合令

（昭和十二年十二月一日 勅令第六百九十五号）

朕在満学校組合令ヲ裁可シ茲ニ之ヲ公布セシム（総理、外務大臣副署）

在満学校組合令

第一条　学校組合ハ法人トス満洲国駐箚特命全権大使ノ監督ヲ承ケ条約及法令ノ範囲内ニ於テ満洲国内ニ居住スル帝国臣民ノ教育ニ関スル事務ヲ処理ス

第二条　学校組合ノ廃置、名称及区域ハ大使之ヲ定ム

学校組合ノ廃置又ハ区域変更ノ場合ニ於テ組合ノ事務及財産ニ付必要ナル事項ハ大使之ヲ定ム

第三条　条約ノ定ムル所ニ従ヒ帝国ノ教育行政権ニ服スベキ帝国臣民ニシテ組合ノ区域内ニ居住スルモノハ大使ノ定ムル所ニ依リ其ノ組合員トス

組合員ハ本令ニ依リ営造物ヲ共用スル権利ヲ有シ組合ノ負担ヲ分任スル義務ヲ負フ

第四条　学校組合ハ組合員ノ権利義務又ハ組合ノ事務ニ関スル事項ニ付組合規則ヲ設クルコトヲ得

組合規則ハ一定ノ公告式ニ依リ之ヲ告示スベシ

第五条　学校組合ニ組合長ヲ置ク大使之ヲ任免ス

組合長ハ名誉職トス

大使必要ト認ムル場合ニ於テハ其ノ指定スル官吏ヲシテ組合長ノ職務ヲ行ハシムルコトヲ得

第六条　組合長ハ組合ノ一切ノ事務ヲ担任シ組合ヲ代表ス

組合長ハ組合ノ吏員ヲ指揮監督ス

組合長ハ組合ノ事務ニ関シ其ノ職権ニ属スル事務ノ一部ヲ組合ノ官吏又ハ吏員ニ委任シ又ハ臨時代理セシムルコトヲ得

第七条　学校組合ニハ組合長ノ外大使ノ定ムル所ニ依リ有給又ハ名誉職ノ吏員ヲ置クコトヲ得大使之ヲ任免ス

前項ノ吏員ハ組合長ノ命ヲ承ケ事務ニ従事ス

第八条　組合ニ出納吏ヲ置ク

出納吏ハ組合ノ官吏又ハ吏員ノ中ヨリ大使之ヲ命ズ

出納吏ハ出納事務ヲ掌ル

第九条　官吏ノ組合ノ事務ニ関スル職務関係ハ本令中別段ノ定アル場合ヲ除クノ外国ノ行政ニ関スル其ノ職務関係ノ例ニ依ル

第十条　組合長ノ諮問ニ応ゼシムル為組合ニ協議会ヲ置ク

協議会ハ議長及協議会員ヲ以テ之ヲ組織ス

協議会ハ組合長ヲ以テ議長トス

協議会員ノ定数ハ五人以上三十人以内ニ於テ大使之ヲ定ム

第十一条　協議会員ハ組合員中ヨリ大使之ヲ選任ス

協議会員ハ名誉職トス

協議会員ノ任期ハ三年トス但シ補欠協議会員ノ任期ハ其ノ前任者ノ残任期間トス

協議会員職務ヲ怠リ又ハ体面ヲ汚損スル行為アリタルトキハ大使之ヲ解任スルコトヲ得

第十二条　組合長ハ組合ニ関スル左ノ事項ヲ協議会ニ諮問ス

ベシ

一　組合規則ヲ設ケ又ハ改廃スルコト
二　歳入歳出豫算ヲ定ムルコト
三　基本財産、特別基本財産及積立金穀等ノ設置、管理及処分ニ関スルコト
四　不動産ノ管理及処分ニ関スルコト
五　財産及営造物ノ管理方法ヲ定ムルコト但シ法令ニ規定アルモノハ此ノ限ニ在ラズ
六　法令ニ定ムルモノヲ除クノ外使用料、手数料、組合費及夫役現品ノ賦課徴収ニ関スルコト
七　組合債ニ関スルコト但シ第二十三条第二項ノ借入金ヲ除ク
八　歳入歳出豫算ヲ以テ定ムルモノヲ除クノ外新ニ義務ヲ負担シ又ハ権利ノ抛棄ヲ為スコト
九　組合ノ訴訟及和解ニ関スルコト
十　其ノ他法令ニ定ムル事項

組合長必要ト認ムルトキハ前項各号ニ掲グル事項ノ外組合ニ関スル事項ヲ協議会ニ諮問スルコトヲ得

組合長ハ組合ノ決算ヲ協議会ニ報告スベシ

第十三条　協議会成立セザルトキ、会議ヲ開クコト能ハザルトキ又ハ諮問ニ応ゼザルトキハ組合長ハ前条第一項ノ規定ニ拘ラズ大使ノ指揮ヲ請ヒ諮問ヲ経ズシテ其ノ事項ヲ処分スルコトヲ得

協議会ニ諮問スベキ事項ニ関シ臨時急施ヲ要スル場合ニ於テ協議会成立セザルトキ又ハ組合長ニ於テ之ヲ招集スルノ暇ナシト認ムルトキハ組合長ハ前条第一項ノ規定ニ拘ラズ諮問ヲ経ズシテ之ヲ処分スルコトヲ得

前二項ノ規定ニ依ル処分ニ付テハ次回ノ会議ニ於テ之ヲ協議会ニ報告スベシ

第十四条　組合長、協議会員其ノ他ノ名譽職員ハ職務ノ為要スル費用ノ弁償ヲ受クルコトヲ得

組合長其ノ他ノ名譽職吏員ニハ費用弁償ノ外勤務ニ応ジ報酬ヲ給スルコトヲ得

費用弁償及報酬ニ関シ必要ナル事項ハ大使之ヲ定ム

第十五条　有給吏員ノ給料、給与及旅費ニ関シ必要ナル事項ハ大使之ヲ定ム

第十六条　有給吏員ニハ退隠料、退職給与金、死亡給与金又ハ遺族扶助料ヲ給スルコトヲ得

退隠料、退職給与金、死亡給与金及遺族扶助料ニ関シ必要ナル事項ハ大使之ヲ定ム

第十七条　収益ノ為ニスル組合ノ財産ハ基本財産トシテ之ヲ維持スベシ

組合ハ特定ノ目的ノ為特別ノ基本財産ヲ設ケ又ハ金穀等ヲ積立ツルコトヲ得

第十八条　組合ハ営造物ノ使用ニ付使用料ヲ徴収スルコトヲ得

組合ハ特ニ個人ノ為ニスル事務ニ付手数料ヲ徴収スルコトヲ得

第十九条　組合ハ満洲国内ニ居住スル帝国臣民ノ教育ニ関シ必要アル場合ニ於テハ寄附又ハ補助ヲ為スコトヲ得

第二十条　組合ハ其ノ必要ナル費用及法令ニ依リ組合ノ負担ニ属スル費用ヲ支弁スル義務ヲ負フ
組合ハ其ノ財産ヨリ生ズル収入、使用料、手数料其ノ他組合ニ属スル収入ヲ以テ前項ノ支出ニ充テ仍不足スルトキハ組合費及夫役現品ヲ賦課徴収スルコトヲ得
第二十一条　組合費、夫役現品、使用料及手数料ニ関スル事項ニ付テハ法令ヲ以テ定ムルモノヲ除クノ外組合規則ヲ以テ之ヲ規定スベシ
組合費、使用料及手数料ノ賦課徴収ニ関スル事項ニ付テハ組合規則中ニ五円以下ノ過料ヲ科スル規定ヲ設クルコトヲ得
第二十二条　組合費其ノ他組合ニ属スル徴収金ノ督促、滞納処分、追徴及還付ニ付テハ国税ノ例ニ依ル
前項ノ徴収金ハ国税ニ次デ先取特権ヲ有ス
第一項ノ徴収金ノ徴収ハ満洲国官公署ニ嘱託スルコトヲ得
第二十三条　組合ハ其ノ永久ノ利益ト為ルベキ事業、旧債償還又ハ天災事変ノ為必要アル場合ニ限リ組合債ヲ起スコトヲ得
組合ハ豫算内ノ支出ヲ為ス為一時ノ借入金ヲ為スコトヲ得
前項ノ借入金ハ其ノ会計年度内ノ収入ヲ以テ償還フベシ
第二十四条　組合ハ毎会計年度歳入歳出豫算ヲ調製スベシ
組合ノ会計年度ハ政府ノ会計年度ニ依ル
第二十五条　組合ノ徴収金及支払金ニ関スル時効ニ付テ政府ノ徴収金及支払金ノ例ニ依ル
第二十六条　大使ハ組合ノ監督上必要アル場合ニ於テハ事務ノ報告ヲ為サシメ、書類帳簿ヲ徴シ及実地ニ就キ事務ヲ視察シ又ハ出納ヲ検閲スルコトヲ得
大使ハ組合ノ監督上必要ナル命令ヲ発シ又処分ヲ為スコトヲ得
第二十七条　組合ニ於テ法令ニ依テ負担シ又ハ大使ノ職権ニ依テ命ズル費用ヲ豫算ニ載セザルトキハ大使ハ理由ヲ示シテ其ノ費用ヲ豫算ニ加フルコトヲ得
第二十八条　大使ハ吏員ニ対シ懲戒ヲ行フコトヲ得其ノ懲戒処分ハ譴責、五十円以下ノ過怠金及解職トス
第二十九条　左ニ掲グル事項ハ大使ノ認可ヲ受クベシ
一　組合規則ヲ設ケ又ハ改廃スルコト
二　組合債ヲ起シ竝ニ起債ノ方法、利息ヲ定率及償還ノ方法ヲ定メ又ハ之ヲ変更スルコト但シ第二十三条第二項ノ借入金ハ此ノ限ニ在ラズ
三　歳入歳出豫算ヲ定ムルコト
四　其ノ他法令ニ定ムル事項
組合ノ決算ハ之ヲ大使ニ報告スベシ
第三十条　本令ニ規定スルモノヲ除クノ外組合吏員ノ服務規律竝ニ出納吏及吏員ノ賠償責任、身元保証及事務引継、組合協議会及協議会員、組合ノ財務、組合ノ監督其ノ他ニ関シ必要ナル事項ハ大使之ヲ定ム
第三十一条　大使ハ学校組合ノ事務ノ一部ヲ共同処理セシムル為必要アリト認ムルトキハ其ノ指定スル学校組合ヲ以テ組織スル学校組合連合会ヲ設置スルコトヲ得
学校組合連合会ニ於テ共同処理スベキ事務ノ範囲ハ大使

之ヲ定ム
学校組合連合会ハ法人トス
第三十二条　連合会ニハ連合会長其ノ他ノ有給又ハ名誉職ノ吏員ヲ置ク大使之ヲ任免ス
連合会長ノ諮問ニ応ゼシムル為連合会ニ評議会ヲ置ク
評議会ハ議長及評議会員ヲ以テ之ヲ組織ス
評議会ハ連合会長ヲ以テ議長トシ学校組合長ヲ以テ評議会員トス
第三十三条　連合会ニ関シテハ法令中別段ノ定アル場合ヲ除クノ外学校組合ニ関スル規定ヲ準用ス
第三十四条　本令中官吏ニ関スル規定ハ待遇官吏ニ之ヲ準用ス

附　則

本令ハ公布ノ日ヨリ之ヲ施行ス

◎関東州及南満洲鉄道附属地並ニ南洋群島ニ於ケル資源調査ニ関スル件

昭和四年十一月二十日
勅令第三百二十八号

朕関東州及南満洲鉄道付属地並ニ南洋群島ニ於ケル資源調査ニ関スル件ヲ裁可シ茲ニ之ヲ公布セシム（総理、拓務大臣副署）
関東州及南満洲鉄道付属地並ニ南洋群島ニ於ケル資源調協ニ関シテハ資源調査法ニ依ル

附　則

本令ハ昭和四年十二月一日ヨリ之ヲ施行ス

○昭和十二年勅令第六百八十五号（抄）

昭和十二年十二月一日
勅令第六百八十五号

第五十五条　昭和四年勅令第三百二十八号中左ノ通改正ス
「南満洲鉄道付属地並ニ」ヲ削ル

◎関東州国勢調査令

昭和十四年五月十二日
勅令第三百十号

朕関東州国勢調査令ヲ裁可シ茲ニ之ヲ公布セシム（総理大臣副署）

関東州国勢調査令

第一条　関東州国勢調査ハ十年毎ニ一回之ヲ施行ス
前項ノ規定ニ依ル調査後五年ニ該ル年ニ於テ簡易ナル調査ヲ施行ス
前二項ノ規定ニ依ル調査ノ外必要アルトキハ臨時ニ調査ヲ施行スルコトヲ得
第二条　前条第一項及第二項ノ規定ニ依ル調査ヲ行フベキ時期ハ明治三十五年法律第四十九号第一条第一項及第二項ノ規定ニ依ル調査ヲ行フベキ時期ニ依ル
第三条　本令ニ定ムルモノヲ除クノ外関東州国勢調査ノ施行ニ関シ必要ナル事項ハ満洲国駐箚特命全権大使之ヲ定

ム

附　則

本令ハ公布ノ日ヨリ之ヲ施行ス

◎関東州国勢調査令ノ昭和二十年ニ於ケル特例ニ関スル件

昭和二十年四月二十一日
勅令第二百三十五号

朕関東州国勢調査令ノ昭和二十年ニ於ケル特例ニ関スル件ヲ裁可シ茲ニ之ヲ公布セシム（総理、大東亜大臣副署）

関東州国勢調査令第一条第二項ノ規定ニ拘ラズ関東州国勢調査ハ昭和二十年ニ於テハ之ヲ施行セズ

◎関東州及南洋群島ニ於ケル統計資料実地調査ニ関スル件

昭和十六年四月二日
勅令第三百七十九号

朕関東州及南洋群島ニ於ケル統計資料実地調査ニ関スル件ヲ裁可シ茲ニ之ヲ公布セシム（総理、拓務大臣副署）

関東州及南洋群島ニ於ケル農業、労働及技術ニ関スル統計資料蒐集ノ為ノ実地調査ニ関シテハ大正十一年法律第五十二号ニ依ル

附　則

本令ハ公布ノ日ヨリ之ヲ施行ス

外地法制誌［第6部］
―関東州租借地と南満洲鉄道附属地（中編）― **第1巻**

2004年3月復刻版第1刷 発行

揃本体価 30,000円（+税）
税込価格 33,000円

編　集　浅野豊美
発行者　北村正光
発行所　株式会社 龍溪書舎

〒173-0027 東京都板橋区南町43－4－103
TEL 03(3554)8045 振替 00130-1-76123
FAX 03(3554)8444

落丁・乱丁はおとりかえいたします。
揃：ISBN4-8447-0408-7

印刷：武内印刷
製本：高橋製本